哲学家 2021 (1)
PHILOSOPHERS

中国人民大学哲学院 编

臧峰宇 主编

人民出版社

目　　录

☞【我们的哲学年轮】

☞【会议实录】

Contents

☞【Logic】

☞【Forumfor PH.D Candidates】

☞【Careers of Philosophers】

☞【In the Spotlight】

编者前言

臧峰宇

　　65 年前,中国人民大学哲学系成立,当年招收五年制本科生,在高考前以单独考试的形式择优录取,入学的 1956 级本科生有 200 人,包括在职干部和优秀高中生,由此正式开始了人大哲学学科建设、人才培养和学术研究的历程。直至 1969 年 10 月中国人民大学停办,其间人大哲学系制定了完整的培养方案,编写出版了内部使用的马克思主义哲学和伦理学教材,发表了一些有代表性的哲学教学与研究成果。连同 1950 年创办的人大马列主义研究生班哲学分班以及 1953 年更名的哲学教师研究班所做的前期探索,大批哲学专业毕业生从这里走向全国高校和科研机构,使人大哲学系成为新中国哲学教育的"工作母机"。

　　值此人大哲学学科成立 65 周年之际,本刊新增"我们的哲学年轮"栏目,编发了陈先达教授的《我与哲学系》、陈晏清教授的《中国人民大学的教育影响了我的一生》和宋志明教授的《我成为中国人民大学首批哲学博士》。陈先达教授祝哲学院全体中青年教师,齐心协力,拧成一股绳。尺有所短,寸有所长,合则同利,离则俱伤。可以有观点不同,不要有门户之见。并以诗句"壁间剑鞘莫生尘"期待后来者。陈晏清教授回顾了在人大哲学系求学期间记忆最深、感想最多的往事,认为人大哲学院越办越强,最重要、最基本的原因,就是锻造、坚守和发扬了优良学术传统。在这种学术精神哺育下成长的学生,既能守正,又能创新。作为中国人民大学第一批博士研究生,宋志明教授回忆了求学岁月难忘的经历,阐述了在写作博士论文期间形成的哲学史研究的路径,记录了其博士论文出版的过程。

　　本期的"马克思主义哲学"栏目包括三篇论文,安启念教授在《从轴心时代到新轴心时代》一文中指出,轴心时代的文化影响了相应国家及周边地区此后两千多年的历史发展,但受极端个人主义驱动的西方文化引发了人类文明的生存危机,新轴心时代要求人类实现对科学技术和物质生产的自觉控制,通过各国平等协商,构建人类命运共同体。杨威博士在《马克思的现代性诊断及其与后现代哲学的差别》一文中分析了马克思的现代性诊断及其与后现代哲学的差别,认为马克思的现代性诊断包含一系列重要的政治关切、形而上学批判以及对现代社会的总体把握,但在路径与范式、实践性特质与建设性诉求上存在差别。魏博梳理了 19 世纪末 20 世纪初的日本阳明学运动在一定程度上为马克思主义在日本的传播提供了思想上的准备,他在《阳明学运动与日本马克思主义在中国的早期传播》一文中分析了自 20 世纪 20 年代日本马克思主义著作对中国先进知识分子的影响。

关于"中国哲学",本期发表了曹峰教授的《返本与开新:基于中国哲学研究的思考》、杨春长将军的《"执两用中"是重要的思想方法和治事规律》与张朝松博士的《论冯友兰对孟子"浩然之气"说之观察转进》。曹峰教授认为,做出生动的学问,要充分利用出土文献,激活传统文献自身的话语,理出符合思想史本来面貌的脉络,从而实现中国哲学研究的返本与开新。杨春长将军指出,"执两用中"思想对中华传统文化与历史实践的发展产生过长久深远的影响,对培育人们的文化心理、政治心理与思维方式、生产方式和生活方式、社会治理方式发生过重要作用,是做好实际工作的一种实在的方法论。张朝松博士探讨了冯友兰对孟子"浩然之气"说的论述和理解上的超越与转进,认为这从一个侧面再现了"浩然之气"在"用语言讲""用行为讲"中成为华夏民族可宝贵的"精神哲学"传统。

本期"科学技术哲学"栏目包括三篇论文。其中,王前教授等在《我国科技伦理教育的关键》一文中从"知行合一"角度强调科技伦理教育要注重伦理意识、道德情感和道德行为的统一,注重发挥体验式、情境式、案例式、开放式教学的作用,提出有针对性的评价与管理措施。李建会教授等在《非还原物理主义视域下的"实现"概念辨析》一文中通过分析功能类型、确定类型、子集类型与维度类型四种实现类型,指出应按照其出现的语境和理论作用来确认"实现"内涵,需要一定的约束条件来最大限度地发挥其功能使命。陈佳博士在《工匠精神与技术哲学》一文中探究了工匠精神的技术哲学向度,认为由技入道的技术本质观、心传体知的技术认识论、斧工蕴道的技术方法论、天人合一的技术价值观和至臻求善的技术伦理观体现了工匠精神中蕴含的技术哲学观点。

在"逻辑学"栏目中,孙中原教授在《墨家的论证逻辑》一文中用现代科学方法,总论墨家论证逻辑的精髓,分论其演绎、归纳、类比、综合、譬喻(譬)、比辞(侔)、援例(援)与归谬(推)等论证形式的性质与功能,阐述了墨家论证逻辑的科学系统性与强劲生命力。许涤非副教授在《康德与弗雷格的逻辑观》一文中分析了康德和弗雷格对于"对象"和"概念"的不同界定,认为他们哲学理论的不同并不意味着二者的逻辑观不同,康德关于逻辑的纯形式的观点可以容纳弗雷格的新逻辑。高坤博士在《哥德尔与数学自然主义》一文中认为,哥德尔所表现的那种对数学实践的尊重精神,可以被称为"实质事实主义",他在探讨哥德尔与数学自然主义的过程中,阐述了"哲学忝列末位原则"。

本期的"博士生论坛"包括三篇文章,牛晓迪阐述了齐格蒙特·鲍曼对现代性与大屠杀的分析与道德反思,认为面对现代性视域中个体道德责任感的消解,鲍曼提出对他者负责的道德规范作为应对策略,强调重视现代性视域中的道德问题。张雨凝阐述了孟德斯鸠对自然法的解构,主张孟德斯鸠在解构传统自然理性的先天自然法的同时,批判了近代自然权利的经验自然法。孟德斯鸠"法的精神"的实质性基础体现为,制定法律需要的不是虚构抽象的政治观念,而是对社会事实审慎而丰富的政治生活经验。赵可意以《北山录》"天地始"为中心,指出神清在知识基础上对佛教宇宙观进行了本土化改造,在与印度原始佛教宇宙观对比探究中理解中唐时期宇宙观的发展面貌。在"学术会议实录"中,本期刊发了11年前在人大哲学院召开的《夏甄陶文集》出版座谈会实录的第二部分,由此完整再现了当时学界围绕《夏甄陶文集》出版热烈而深入研讨的情景。

　　自本刊扩展为半年刊一年多来,收到很多同人和哲学爱好者的来稿,感谢大家对《哲学家》的关注和支持。我们将本期文章作为对人大哲学学科成立65周年的一个独特的纪念,希望本刊伴随人大哲学学科发展的未来探索,持续以厚重的学术话语呈现思想中的时代。

2021年盛夏
于中国人民大学人文楼

【马克思主义哲学】

从轴心时代到新轴心时代

安启念[*]

内容提要：在轴心时代，中国、印度、巴勒斯坦地区和古希腊分别形成了四种各具特色的文化，这些文化影响了相应国家及周边地区此后两千多年的历史发展。欧洲的文艺复兴运动曲解巴勒斯坦地区和古希腊的文化成果，以适应市民阶层的需要，形成了以极端个人主义和弘扬科学理性为特征的西方文化，催生了资本主义，促进了西方国家的现代化。现代化运动席卷全球，西方文化在一个时期取得了对东方文化的胜利。但是，受极端个人主义驱动的对自然界和全世界的无限征服引发了人类文明的生存危机，历史开启了新轴心时代。新轴心时代要求人类抛弃极端个人主义所追求的价值目标，从全人类的利益出发，实现对科学技术和物质生产的自觉控制，综合而言，就是要通过各个国家的平等协商，构建人类命运共同体。历史进入了新轴心时代，这是我们认识当今世界与把握历史发展趋势的总体背景。

关键词：轴心时代　现代化运动　人类文明的危机　新轴心时代　构建人类命运共同体

1955 年，一份由十几位著名科学家署名、习惯上被称作《罗素—爱因斯坦宣言》的文献问世。宣言就原子弹的巨大破坏力量，向世人提出警告：科学家要学会"新思维"，即站在全人类的立场，而不是站在民族的、阶级的立场思考问题，因为他们手中拥有了可以毁灭整个世界的力量。1968 年"罗马俱乐部"成立，它组织专家深入研究核武器的使用以及资源、环境、人口、粮食等"全球性问题"，发表了一系列报告。报告强调：物质生产的增长将在资源等诸多方面陆续达到极限；人类文明能否持续发展成为严重问题。大半个世纪过去了，当今人类文明在资源、环境、气候以及各种大规模杀伤性武器的使用等方面所面临的威胁，不仅依然存在，而且更为严重。2020 年年初暴发的新冠肺炎疫情，在人类生活全球化的背景下，时至今日仍在全球肆虐，何时能够有效地控制疫情，我们不得而知。第二次世界大战后，美国逐渐成为唯一的超级大国，称霸世界的野心不断膨胀，挑起了一场又一场战争，以武力威胁一切阻碍它成为世界霸主的国家。战争阴霾日益浓重，笼罩全球。

---

* 安启念，中国人民大学哲学院教授。

站在历史的高度来看,人类的未来令人担忧。我们正处在前所未有的、关乎全人类命运的重大的历史关头。究其原因,这种局面与历史上的轴心时代直接相关。人类文明今天所处的困境是轴心时代历史影响的产物。人们对轴心时代的概念并不陌生,但是对它的研究不够充分。本文尝试从历史哲学的高度,运用历史唯物主义,对轴心时代及其影响加以分析,以期为理解和认识当今时代及其发展趋势提供宏观的理论背景。

一、轴心时代

轴心时代的概念源自德国历史哲学家卡尔·雅斯贝斯的《历史的起源与目标》(1949)一书。雅斯贝斯提出:"世界历史的轴心位于公元前500年左右,它存在于公元前800年到前200年间发生的精神进程之中。那里有最深刻的历史转折。我们今天所了解的人从那时产生。这段时间简称为轴心时代。"①他进一步说,在那个时代,

> 在中国生活着孔子和老子,产生了中国哲学的所有流派,包括墨子、庄子、列子和其他数不清的哲学家。在印度产生了《奥义书》,生活着释迦牟尼,就像在中国一样,哲学的所有可能性不断发展,形成了怀疑主义、唯物主义、诡辩派、虚无主义。在伊朗,琐罗亚斯德(Zarathustra)传播着一幅具有挑战性的世界图景,它描绘了善与恶的斗争。在巴勒斯坦,以利亚(Elias)、以赛亚(Jesaias)、耶利米(Jeremias)、第二以赛亚(Deutero-jesaia)等先知纷纷出现。在希腊,有荷马,有哲学家巴门尼德、赫拉克利特、柏拉图,许多悲剧作家以及修昔底德、阿基米德。这些名字所代表的一切,都在这短短几个世纪中几乎是同时地在中国、印度和西方形成,且他们并不知道彼此的存在。②

雅斯贝斯把轴心时代主要理解为文化的急剧发展,或者说理解为文化突进,然后用文化突进来解释历史的转折。雅斯贝斯认为,轴心时代之所以被称作"轴心",是因为这一时代的文化突进使得人类历史以它为轴发生转折:

> 延续上千年的古文明普遍结束于轴心时代,轴心时代融化、吸收了它们,使它们没落,……轴心时代以前的诸文明可能非常灿烂,像是巴比伦、埃及、印度河文明和中国的原始文明,但是所有这一切看起来就像是还在沉睡之中。只有在那些进入了轴心时代,被新开端所吸纳的元素中,古文明才能得以存续。③

---

① 卡尔·雅斯贝斯:《历史的起源与目标》,李夏菲译,桂林:漓江出版社,2019年,第9页。
② 雅斯贝斯:《历史的起源与目标》,李夏菲译,桂林:漓江出版社,2019年,第9—10页。
③ 雅斯贝斯:《历史的起源与目标》,李夏菲译,桂林:漓江出版社,2019年,第16页。

人类依靠轴心时代所发生的、创造的、思考的事物生活,直到今天。处于轴心时代三个区域(中国、印度、西方)之外的人们,要么始终处于轴心时代之外,一直停留在"原始民族"阶段,甚至走向灭绝;要么与这三个精神辐射中心中的一个发生接触,从而被历史接纳。"世界历史从轴心时代中获得了唯一的结构和统一,这种统一至少持续到今天。"①

轴心时代是雅斯贝斯历史观的中心概念。他依据轴心时代概念把人类历史分为四个阶段:1. 史前阶段。这是普罗米修斯的时代,人学会用火,学会制造工具,有了语言,脱离动物,成为人;2. 古文明阶段。这时,两河流域、尼罗河流域、印度河流域、黄河流域出现古文明,出现了国家、文字以及体现人的精神文化的各种产品;3. 轴心时代和由它所开启的历史阶段,即从轴心时代直至今天的人类历史;4. 由于科学技术革命的发生,一个新的历史阶段正在到来。

轴心时代概念的提出是雅斯贝斯的重要贡献。但是,我们从雅斯贝斯的论述可以看出,他对轴心时代概念的理解存在着明显的不足,或者说,他并没有真正地理解自己提出的这一概念。首先,他没有说明公元前 500 年左右为什么会产生文化突进并由此而形成轴心时代;其次,他没有说明不同地区轴心时代文化突进的特点,以及它们是如何成为历史轴心的。以上的不足之处极大地影响了轴心时代概念对人类历史和当今时代所能做出的解释。

文化的爆发性发展是轴心时代的突出特点,毫无疑问,这样的发展必须以长时间的文化积累为基础。事实上,中国和印度在轴心时代之前都经历了长达两千多年的文化发展,巴勒斯坦地区和希腊本身文化发展起步较晚,但是由于其地理位置的特点,它们广泛吸收了两河流域和埃及几千年的文化成果。更重要的是,文化是社会生活实践需要的产物,除了长期的文化积累以外,轴心时代的文化突进之秘密在于当时社会生活的发展变化。恩格斯说:"社会一旦有技术上的需要,这种需要就会比十所大学更能把科学推向前进。"②具体来说,轴心时代的文化突进,一方面是因为物质生产力的发展产生了脑力劳动、体力劳动的分工,出现了祭司、史官、教育者、文学家、艺术家、科学技术专家,也即社会中有了专门从事文化创造的人;另一方面是因为生活实践中出现了多方面的、复杂而又系统的现实需要,这种需要有力推动并制约着文化创造。后面这一点尤为重要,是理解轴心时代的关键。

随着科学技术和物质生产力的发展,人利用和改造自然的物质生产活动不断深入、不断丰富,规模不断扩大,人们积累的自然知识也日益丰富。知识积累到一定程度之时,必定会产生认识世界整体以及人在世界中的地位的需要,并由此提出宇宙论问题。此外,生产的发展意味着分工的复杂化,社会出现阶级划分,人与人之间的政治等级、伦

---

① 雅斯贝斯:《历史的起源与目标》,李夏菲译,桂林:漓江出版社,2019 年,第 18 页。
② 《马克思恩格斯文集》第 10 卷,北京:人民出版社,2009 年,第 668 页。

理关系复杂化,利益冲突日益普遍、尖锐。为了维护社会的整体利益,迫切需要建立伦理道德理论以规范人与人的关系。最后,社会出现阶级和阶级剥削、压迫,战争频频发生,人对人的奴役普遍存在,个人的命运跌宕起伏,生活往往充满着痛苦、苦难。人应当如何在社会中立足? 怎样应对命运挑战和人间苦难? 人生的意义何在? 这些问题成为人们的普遍关切。概括地说,人类文明发展到一定阶段,会自然而然地提出关于宇宙观、人生观和价值观的问题,面对浩瀚无垠的宇宙、与自己利益对立的他人、充满苦难的人生,人的灵魂需要安顿。这是进入文明阶段后人类社会逐渐形成的普遍需要,是轴心时代得以出现的决定性因素。轴心时代的文化成果,其价值就在于满足了这些需要,从而为个人和社会的存在与发展提供了理论指导。

在人类文明的早期,地理环境明显地影响着人们的生产方式和生活方式,进而影响着他们的文化发展。生活在不同地区的人们同样处在轴心时代,在心理和文化诉求上既有共同之处,又互有区别。这决定了轴心时代不同地域文明的文化突进表现出不同的特点。① 这种情况在中国、印度、巴勒斯坦地区和希腊都可看到。

中国地处北温带,四季分明,黄河、长江流域早在距今 6000—7000 年前便出现农业文明。农业文明体现出人与自然的和谐,人对土地的依赖。早在周朝初期,甚至更早,以辩证法为中心的《易经》就含有天人合一、致中和的思想。中国的东部和南部是浩瀚的海洋,西北是沙漠戈壁,西南是青藏高原,北部是气候恶劣的蒙古高原和西伯利亚。中国的环境比较安全但相对封闭。公元前 11 世纪,周王朝建立,王室分封了大大小小几百个诸侯国。周王室制礼作乐,对诸侯国之间、诸侯国内部以及诸侯国和中央政权之间的关系做了规定,以期人们各安其位,保证社会稳定,共同拱卫中央政权。到公元前 8 世纪,王室衰微,礼崩乐坏,中国历史进入春秋战国时期。公元前 3 世纪,周朝灭亡,国家重新统一。春秋战国正是所谓轴心时代时期。数百年内,诸侯国之间,乃至同一个诸侯国内部不同等级的个人之间,为了利益相互争夺,社会失序,战乱不断。国家四分五裂,民众痛苦不堪。重新建立统一的行为规则调节人们的上下左右关系,恢复内部的秩序和统一,成为社会的普遍需要。

旧秩序的衰落和社会剧变为人们的思想创新提供了广阔空间,中国社会一时间百花齐放、百家争鸣。孔子的思想集中反映了时代的需要。他的学说博大精深,其基本思想是"内圣外王"。内圣是指个人的人格和道德修养,即所谓"修身",培养人独立自强、仁爱自律;外王是指"齐家、治国、平天下",使人们各安其位,国家井然有序。内圣是基础,外王是目的。孔子的学说不关心彼岸世界是否存在,把人的注意力集中在人际关系上;要求人们克己复礼,以求天下归仁。它宣传中庸之道,信奉天人合一,服从天命,不

---

① 顺便指出,雅斯贝斯对进入轴心时代的地区表述不够严格。他曾列举了中国、印度、巴勒斯坦、希腊、伊朗五个地区,但有时讲前面四个而不提伊朗,更多的时候又只讲中国、印度、西方。所谓西方,其文化内容涉及巴勒斯坦地区和希腊。本文对轴心时代文化特点的分析,以中国、印度、巴勒斯坦和希腊为例。

鼓励对外征服、开拓。老子以"道"为基础建立了完整的宇宙观。他注重事物联系变化的辩证法，但与孔子一样重视以道德调节人际关系，并提出道法自然、上善若水、无为而治。墨子主张兼爱，法家主张严刑峻法，等等。诸子百家的理论各有特色，然而从总体上看，聚焦建立和维护不平等但有秩序的人际关系，强调个人服从整体，建立人与人、人与自然的和谐，这些是轴心时代中国文化的特点。

印度地处热带，森林密布，周边有印度洋和喜马拉雅山脉拱卫，但西北部门户洞开，形成通往欧洲及中亚的通道。公元前16世纪，印度被来自欧洲的雅利安人征服，按照种族、职业，形成四大种姓以及种姓以外的贱民。再加上种姓内部的阶层，整个社会分为几百个不可改变的等级。大多数人被固定在社会下层，一生在苦难中挣扎，生活成为无边的苦海。外族的不断侵略和内部的战乱更加重了印度人民的苦难。苦难中的广大民众迫切需要心灵慰藉，需要找到一条脱离苦海的道路。印度古老的婆罗门教和哲学经典《奥义书》，一直宣传轮回业报，声称转世者的转世形态取决于他前世的所作所为，只有前世积德行善才能获得福报，在来世少受痛苦。释迦牟尼创立佛教，继承并进一步发扬上述思想。佛教创建了完整的宇宙观，用地、水、火、风和虚空解释世界，但它主要关注的是人生。它提出人世充满苦难，鼓励人们积德行善，努力修行，直至觉悟到"四大皆空"，得到涅槃，跳出轮回，彻底脱离苦海。佛教让饱受生活苦难的人在来世和离世中看到了希望，痛苦的心灵得到抚慰。

巴勒斯坦地区没有独立产生悠久的古代文化，但它是欧、亚、非三大洲文化交流和贸易往来的必经之地。独特的地理位置使它成为印度、埃及、两河流域以及希腊文化的交汇之地。犹太人的先民于公元前第二个一千年从两河流域来到此地，为了避灾，一度迁居埃及，沦为奴隶，再经千辛万苦回到巴勒斯坦地区。接下来，他们先后被亚述人、巴比伦人、波斯人、希腊人、罗马人灭国，饱受打击与蹂躏，苦难深重。犹太人自己无力在现实世界彻底摆脱异族蹂躏，他们迫切需要得到精神上的鼓励，保持对未来的希望和民族团结。概括而言，他们渴望得到拯救。在轴心时代，出于对民族拯救的渴望，以色列的先知们通过书写自己民族的历史阐述了对唯一的神耶和华的崇拜；以和上帝订立约定的形式为犹太人确立了基本的行为准则。到公元前5世纪，他们基本完成了犹太教《圣经》，即基督教《圣经》旧约的写作修订。① 先知书写的犹太教《圣经》提出：上帝耶和华是唯一的神，他创造了世界；人是上帝的创造物，带有上帝的精神气息，享有自由，生而平等；犹太人是上帝选定要加以拯救并赋予重任的民族；上帝和以色列人建立约定，为人的行为制定规范，破坏规定必遭上帝惩罚；"摩西十诫"对人与神、人与人的关系从十个方面做了规定，并借助神的力量使这些规定获得神圣性、绝对性；人因祖先偷

---

① 有的学者认为，旧约《圣经》最受重视的内容诞生于犹太人"巴比伦之囚"时期。公元前6世纪，犹太王国两次被新巴比伦王国所灭，其王室、贵族、祭司、工匠及民众，数万人被掳往巴比伦，沦为"巴比伦之囚"，前后持续约60年。参见赫伯特·乔治·韦尔斯：《世界史纲》，吴文藻等译，上海：华东师范大学出版社，2019年，第190—192页。

食禁果而带有原罪,只有遵从上帝的教诲自我改造自我约束才能得到拯救。先知们谴责了社会不公,对穷人表示同情。

希腊地处巴尔干半岛南端,三面临海,岛屿众多;耕地较少,便于航海。希腊自古手工业和商业发达,经济力量雄厚。公元前 8 世纪,即进入轴心时代以后,由于铁器普遍使用,希腊的生产力有了很大发展,各个城邦积极对外侵略扩张,四处殖民,掠夺财富和奴隶。最有影响的城邦雅典,有近 40% 的人口是奴隶。轴心时代的希腊文明是奴隶主的文明。这些奴隶主无须从事生产劳作和家务劳动,他们热衷于政治活动、航海贸易和对外战争。为此,他们重视教育,崇尚科学,热爱体育,享受生活。这样的生产方式和生活方式,使轴心时代的希腊人独立自由,充满自信,敢于冒险,开拓进取。他们积极探索宇宙奥秘,赞美人体之美,充分肯定人对现世物质幸福的追求与享受。

希腊人独特的精神风貌在文化上得到充分反映。这些拥有大量闲暇时间的奴隶主创造了灿烂的文学、艺术、史学、自然科学和哲学,创造了民主政治和奥林匹克运动。轴心时代产生的希腊哲学,是希腊人科学认识和精神需要的集中反映。哲学的出现意味着天人不分的神话时代结束,人类开始了自觉的精神生活。早期的希腊哲学本着科学理性精神,面向自然,从人、从人的认识而不是从神出发,用水、火、气、土,用数字、原子,解释世界,建立了充满辩证法精神的世界观。苏格拉底、柏拉图等人把人们的注意力从自然哲学领域引向人的现实生活。哲学家们提出"人是万物的尺度",关注伦理道德问题,对正义、勇敢、诚实、智慧、国家等等问题进行深入思考,以理性的形式解释世界与人生。

由上所述可以看出,公元前 5 世纪前后世界上的确在四个不同地区同时出现了文化突进。不同地区的文化成果因文化背景和生活实践需要的不同而各具特色,但是都包含了对整个宇宙以及对人与自然、社会、他人的关系和对人生及个人精神世界的认识。这些成果是人类文化史上的高峰。它们既是对以往几千年文化成果的总结,又是反映当时社会生活现实需要的重大创新。人类文化由此趋于成熟,有了质的飞跃。它们既满足了当下社会的文化需要,又为未来社会的发展奠定了基础,决定了这些地区及周边国家的社会特征和发展方向。它们得以产生的公元前 5 世纪前后,也因此成为人类历史上的轴心时代。

二、轴心时代的历史影响

雅斯贝斯之所以提出轴心时代概念,是因为公元前 5 世纪前后亚洲和欧洲四个地区产生的文化,极大地影响甚至决定了此后人类的历史发展。这种影响的确存在,它的结果,就是今天席卷全球的现代化运动。

中华文明是典型的农耕文明,重视人与自然之间、人与人之间的和谐统一,成为轴心时代诸子百家及其以后中国文化的共同特点。中国文化的主要代表是孔子创建的儒家学说。公元前 1 世纪，汉武帝接受了董仲舒的建议，"罢黜百家，独尊儒术"，确立了儒家在社会生活中的统治地位。此后两千多年儒家思想发挥了调节缓和社会矛盾的作用，中国社会基本上保持了稳定。改朝换代只是短时的震荡。周边民族在经济、文化诸方面远远落后于中国，中国自然成为文化高地。北方的游牧民族不断侵扰，即使成功征服了中原地区，也很快接受了中国的先进文化，融入中华民族之中。周边国家，例如朝鲜、越南、日本，很早就接受了中国文化，儒家学说贯穿在他们的社会生活之中。轴心时代的中国文化对东亚、东南亚地区的历史产生了重大影响，而且一直延续至今。

佛教是轴心时代印度的主要文化成果，诞生之初，很快传入斯里兰卡，随后扩散至东南亚其他国家。佛教与中国文化有互补之处。公元元年前后佛教进入中国，迅速传播，历久不衰。著名历史学家陈寅恪说：

> 佛教于性理之学 metaphysics，独有深造，足救中国之缺失，而为常人所欢迎。惟其中之规律，多不合于中国之风俗习惯，如祀祖、娶妻等，故昌黎等攻辟之。然辟之而另无以济其乏，故终难遏之，于是佛教大盛。宋儒若程若朱，皆深通佛教者，既喜其义理之高见详尽，足以救中国之缺失，而又忧其用夷复夏也。乃求得而两全之法，避其名而居其实，取其珠而还其椟。采佛理之精粹以之注解四书五经，名为阐明古学，实则吸取异教。声言尊孔辟佛，实则佛之义理，已浸渍濡染，与儒教之传宗，合而为一。此先儒爱国济世之苦心，至可尊敬而曲谅之者也。故佛教实有功于中国甚大。……自得佛教之禅助，而中国之学问，立时增长元气，别开生面。①

中国文化主要关注天人关系和人际关系，对形而上的因素，包括未来世界、人生苦难、个人心理，分析提炼不够。佛教深度融入中国文化，使中国哲学在宋明两代登上新的高峰。越南、朝鲜、日本长期受到中国文化尤其是儒学的浸润，佛教也经过中国分别于公元 2 世纪、4 世纪和 6 世纪传入越南、朝鲜和日本。

中印两国轴心时代创造的文化各有特点，但在如下两点上是共同的：第一，不鼓励人对物质幸福的追求与享受，扼制人的独立性、主体性和开拓冒险精神；第二，没有认识到科学理性及其重要价值。由于这种文化的影响，亚洲国家在轴心时代以后两千多年中基本保持稳定，发展缓慢，长期停留在农业经济和封建社会。

在轴心时代巴勒斯坦地区和希腊所创造的文化，同样影响了社会历史，只是道路更曲折，影响更为重大。公元前 63 年，犹太人的土地被作为行省并入罗马的版图。此后犹太人几次起义，均惨遭镇压，公元 1 世纪时，他们彻底失去家园，流浪全球。轴心时代犹太人先知所创造的文化，通过犹太教和作为犹太教异端而在公元初诞生的基督教而

---

① 吴学昭：《吴宓与陈寅恪》，北京：清华大学出版社，1992 年，第 10—11 页。转引自方立天：《中国佛教哲学要义》上卷，北京：中国人民大学出版社，2003 年，第 2—3 页。

保存下来。早期基督教在罗马帝国备受迫害,公元313年获得合法地位,392年被宣布为罗马帝国国教。

公元前338年,崛起于希腊北部的马其顿人打败希腊联军,占领希腊全境并四处征战,建立起地跨南欧、北非、西亚的庞大的亚历山大帝国,希腊文化迅速向这些地区扩散。公元前323年亚历山大去世,帝国分裂。来自西方的罗马人于公元前168年占领马其顿,公元前146年征服希腊全境。公元前30年,最后一个由亚历山大建立的希腊化王国,以埃及为中心的托勒密王朝,被罗马人征服,希腊的政治影响画上了句号。但是,罗马人仰慕并接受了先进的希腊文化,希腊文化很快在罗马帝国全境扩散。公元476年西罗马帝国被北方蛮族所灭,蛮族本身接受了西罗马帝国的文化遗产,希腊罗马文化和基督教传遍欧洲各国。罗马帝国以及欧洲各国接受希腊文化和基督教,是因为在它们身上找到了自己所需要的东西。

罗马帝国是罗马人不断发动侵略战争而建立的,强盛时面积500万平方公里,版图包括整个欧洲以及西亚、北非,地中海是它的内海。从公元前27年立国,到公元1453年君士坦丁堡沦陷,罗马帝国绵延1400多年。它在经济上主要实行奴隶制和农奴制。土地由皇帝或国王以分封形式赏赐给各级贵族,贵族进一步分给骑士和其他领主,奴隶和农奴耕种各级领主的土地,并承受超经济剥削。与经济上的奴隶制及农奴制相适应,罗马帝国的政治生活,基本特征是自上而下的封建专制统治。经济生活与政治生活的特点,决定了罗马帝国的文化需要。早在希腊灭亡以前,罗马人便崇尚希腊文化。有人说:"罗马人对文明的主要贡献在于将希腊文化据为己有,适度改变,然后传播给从未直接接触过希腊文化的不同民族——高卢人、日耳曼人、不列颠人和伊比利亚人。"①罗马人接受希腊文化,主要集中在可以给帝国统治者带来享受的建筑、雕塑、戏剧、音乐以及具有实用价值的科学知识上,对人的培养教育是教会的任务,而中世纪的教会已经与基督教创建时有了很大的不同。

基督教原是犹太教的一个宗派,产生于公元1世纪中叶罗马帝国的巴勒斯坦地区。它是受压迫的犹太人的宗教,包含对统治者罗马人和富人的仇恨。它信奉拯救者耶稣基督,强调四海之内皆兄弟,教徒应该结为团体,互助友爱。它给人归宿感。② 起初基督教在罗马帝国备受迫害,但是它对爱的宣传逐渐为人接受。统治者看到可以利用它安定人心,缓和社会矛盾,还可以通过控制教会,维护自己的统治,于是转而接受、支持基督教,直到把它奉为国教。一旦成为国教,基督教会便拥有了作为神在人间的代表,凌驾于社会之上的地位。比照世俗政权,教会建立了以教皇为首的等级森严的教阶制

---

① 斯塔夫里阿诺斯:《全球通史。1500年以前的世界》,吴象婴等译,上海:上海社会科学院出版社,1992年,第192—193页。

② 恩格斯据此认为原始基督教,即公元1世纪末以前的基督教,具有社会主义的性质,是"希望在彼岸世界,在天国,在死后的永生中,在即将来临的'千年王国'中实现社会改造,而不是在现世里"。(《马克思恩格斯选集》第4卷,北京:人民出版社,1995年,第458页)

度。在世俗生活中处于底层的普通教徒，在教会内一样任人摆布。从公元 4 世纪起，教会开始使用"教宗"（即教皇）称号。教会是社会生活的中心，宣扬一切教徒，包括君王，都必须服从教宗。著名的《教宗敕令》(1075 年)称："1.罗马教会由上帝独自建立;2.只有罗马主教才能正当地被认为具有普遍管辖权……7.只有教宗才是众世俗君王应该亲吻其脚之人;8.只有教宗的名字才应该在教会中念诵;9.他可以废黜皇帝;10.他可以改换主教……14.任何人都不得修改他的判决，而只有他才可以修改所有的判决;15.他自己不能被任何人所审判;16.罗马教会永不犯错……20.他可以解除臣民对邪恶君王的忠诚。"①围绕世俗权力问题，教会与皇帝、国王明争暗斗，成为罗马帝国和欧洲政治生活的重要内容。在思想领域，基督教成为封建专制统治的意识形态，教会全权负责对人们的思想管控。基督教强调人的"原罪"，提倡禁欲主义。和教会思想不一致的人，被视为"异端"。神学家阿奎那号召教会与政权联手镇压他们。他说："异端是一种罪，不仅要用绝罚令使他们不玷污教会，而且应该将他们处死使他们从世上灭绝。它们是比制造假币更为严重的罪行，因为钱币只是使我们肉身活着，而信仰却是关乎灵魂的得救。如果造假币者要被世俗君王处死，那处死异端不是更正当吗!"②本着这样的精神，中世纪欧洲建立宗教裁判所。中世纪结束以后，意大利思想家、自然科学家布鲁诺由于支持日心说，在 1600 年被宗教裁判所判为"异端"，烧死在罗马鲜花广场。

罗马帝国所信奉的，实际上是经过封建统治者从自己的需要出发选择、曲解的基督教。轴心时代犹太人先知宣扬的人的自由、平等、尊严，人与神的契约以及上帝对人的拯救，不见踪影。教会上层人物一如世俗帝王，对教徒可以任意生杀予夺。大多数人不仅在物质上和政治上深受教会与贵族的剥削压迫，而且在精神上受到统治者借助教会实行的严格控制。人性受到压抑。希腊文化描绘的自由、独立、自信、敢于斗争、开拓进取、追求现世物质幸福的人不见了，人变成匍匐在神的脚下甘愿受教会和帝王驱使的奴仆。

公元 476 年，西罗马帝国皇帝被蛮族废弃，宣告灭亡。蛮族各部在欧洲建立自己的国家，今日欧洲的政治格局逐渐形成。这些欧洲国家全面继承了罗马帝国:政治上实行封建制，国王、贵族、骑士作为不同等级的封建主，握有土地;他们建立庄园，普遍推行农奴制。农奴制的生产方式与政治上的封建专制统治相契合，结为一体。这种专制统治需要有自己的意识形态，在整个中世纪，欧洲各国普遍继承了罗马帝国片面理解甚至刻意曲解改造过的希腊文化和基督教理论。

文艺复兴运动使情况发生了根本变化。像靴子一样插入地中海的意大利，因其地理之便，成为欧洲与北非、西亚、中东，以及印度、中国、东南亚，进行联系——主要是开展贸易活动——最便利的地方。日益活跃的贸易活动，在意大利，尤其是沿海地区，催

---

① 转引自游斌:《基督教史纲》,北京:北京大学出版社,2010 年,第 159 页。

② 游斌:《基督教史纲》,北京:北京大学出版社,2010 年,第 180 页。

生出许多商人和手工业者,即所谓市民阶层聚居的城市,如佛罗伦萨、威尼斯、热那亚、比萨、那不勒斯、米兰等等。商人和手工业者不再依附于封建领主,他们是独立的自由民,以追逐利润为唯一目的。获取利润又是为了满足自己的物质文化需要,享受人生。他们相互平等,勇于开拓,依契约行事,崇尚法制,以民主方式管理城市。这是一些与农奴以及封建领主完全不同的人,他们的文化诉求与服务于封建专制统治扼杀人性的基督教格格不入。他们渴望新的文化。

公元 7 世纪中叶,伊斯兰教在阿拉伯半岛诞生。穆斯林迅速崛起,不到一个世纪,成为阿拉伯半岛和波斯的主宰,随后占领了叙利亚、埃及、整个北非,并越过直布罗陀海峡,把西班牙的多数领地收入囊中。穆斯林在埃及、叙利亚地区获得大量古希腊以及埃及的科学、哲学、历史、文学等方面的著作,把它们译为阿拉伯文。随着侵略战争,他们把这些文化成果带到了欧洲。公元 11 世纪末,欧洲国家受罗马教皇的鼓动,在将近 200 年的时间里发动了 9 次针对穆斯林的"十字军东征",又有许多希腊、埃及的著作流入欧洲。15 世纪,在伊斯兰教势力的打击下,不少拜占庭学者和艺术家逃往意大利,带去了众多古代希腊的文献及艺术品。其中许多是欧洲人从未接触过的,例如《荷马史诗》以及大量的希腊哲学著作。《荷马史诗》是希腊神话故事的主要来源,其中描写的诸神,与人同形同性,是体现古希腊人道主义思想的主要文学作品。古希腊的艺术品则充分展现了人体的力量与自然美。

欧洲新出现的市民,在这些文学、哲学著作和艺术品中看到希腊人对人、人性、人的欲望和世俗生活的高度肯定,看到了对科学理性的颂扬,找到了自己需要的东西。他们受到极大鼓舞,如饥似渴地把这些著作翻译为拉丁文,运用新出现的印刷术,在欧洲各地的市民中广泛传播。从但丁、达·芬奇到莎士比亚,一大批体现希腊文化精神的作品问世。欧洲出现了长达三个多世纪以弘扬人道主义为旗帜的文艺复兴运动。有学者把相关的思想概括为四个要点:1. 赞美人生以及人的价值、尊严;2. 大力宣传人的意志自由和个性自由发展;3. 反对禁欲主义,提倡尘世的享乐;4. 反对宗教愚昧,弘扬科学理性,提倡社会民主。① 文艺复兴运动是轴心时代历史影响中最重要的事件,它决定了此后人类文明的走向。

希腊人的独立、自信、追求现世物质享受、崇尚理性、开拓进取精神,鼓舞了广大市民和其他欧洲人。人取代神,成为生活的中心。欧洲很快面目一新:哥白尼的日心说,以伽利略、牛顿为代表的近代物理学,以及整个近代科学,都诞生了。1500 年前后的"地理大发现",为资产阶级获得资源和进行殖民,开拓出无比巨大的空间。培根提出"科学就是力量"的口号,运用科学知识改造自然、发展工业,成为人们的普遍追求。1517 年马丁·路德公布了批评罗马教皇和各级教会腐败的"九十五条论纲",掀起了轰轰烈烈的宗教改革运动。基督教教会自上而下的集权管理制度和由此诞生的腐败受到

---

① 参见陈小川等:《文艺复兴史纲》,北京:中国人民大学出版社,1986 年,第 45—50 页。

批判。教徒获得解放,可以不再以教会为中介直接接受和领悟神的教导。基督教新教由此诞生,资产阶级的逐利行为得到来自宗教的肯定,基督教也具有了人的色彩。与此同时,出身市民阶层的资产阶级成长壮大。到 18 世纪,蒸汽机问世,工业革命兴起。资产阶级革命在荷兰、英国、法国等地先后完成。同时,古希腊文化对科学理性的推崇,借助工业革命的力量发展为波澜壮阔的启蒙运动。资产阶级在它掌握政权的地方摧毁封建专制统治,建立了自己的民主制度。生产的工业化、经济的市场化、政治的民主化,高举人道主义旗帜弘扬科学理性的人,成为现代国家的基本特征。资产阶级掀起轰轰烈烈的现代化运动,清除了欧洲的封建主义污泥浊水。无论在物质方面还是在精神方面,欧洲都迅速崛起,日益强大。

　　资产阶级的成功,从文化的角度看,是文艺复兴运动重新解读的轴心时代巴勒斯坦地区和古希腊文化的产物。中世纪的封建主用经过曲解的基督教,例如神对世界的控制和人的原罪说,遮蔽、否定希腊文化的人道主义精神;资产阶级与之相反,利用经过曲解的希腊文化——把人解释为像动物一样追求欲望满足的极端个人主义者——抹杀人的精神追求以及精神对物质欲望的遏制,用它来理解的人道主义重建了欧洲文化,包括改造基督教。雅各布·布克哈特这样概括文艺复兴对意大利的影响,他说:

　　　　要是我们现在试图概括一下那个时代的意大利性格的主要特点,……我们将得到如下的一些结果。这种性格的根本缺陷同时也就是构成它的伟大的一种条件,那就是极端个人主义。个人首先从内心里摆脱了一个国家的权威,这种权威事实上是专制的和非法的,……他的爱情大部分是为了满足欲望,转向与另外一个同样发展了的个性,就是说转向于他的邻人的妻子。在一切客观的事实、法律和无论哪一类约束面前,他保留着由他自己做主的感情,而在每一个个别事件上,则要看荣誉或利益、激情或计算、复仇或自制哪一个在他自己的心里占上风而独立地做出他的决定。

　　　　所以,如果说广义的和狭义的利己主义都同样是一切恶行的根源,那么更高度发展了的意大利人由于这个理由比起那个时代的其他民族的成员来是更趋向于不道德的。①

他还说:

　　　　早期对于上帝的信仰是从基督教和基督教的外部象征,即教会,得到它的来源和主要支持的。当教会已经变得腐败时,人们应该划清界限,……腐败的教会担负着最重大的责任。它用最强暴的手段建立了一种学说(它已经歪曲了这个学说以

---

① 　雅各布·布克哈特:《意大利文艺复兴时期的文化》,何新译,北京:商务印书馆,1991 年,第445 页。

为它自己的权利地位的扩张服务)作为绝对真理。它认为自己是神圣不可侵犯的,所以是安全的,于是沉湎于最无耻的放纵,并且为了能在这种状态中维持住,予民族的道德心和智力以致命的打击,……①

亚当·斯密的"经济人"设想,霍布斯关于自然状态下人与人是狼与狼的关系的思想,都是文艺复兴的产物。资产阶级的人道主义,高度肯定人、人性、人的价值以及人对物质享受的追求,为资本主义确立了价值目标,提供了源源不竭的发展动力;对科学理性的赞扬,对人的自由、平等和契约精神的肯定,给资本主义发展科学技术征服自然和建设现代社会,指出可靠途径。两者的结合造成了资本主义工业文明的迅速发展,催生了资本主义的现代化运动。

轴心时代文化的历史影响到此并未结束。资本的本性是无限的自我增值,侵略扩张是资本主义的本质特征。这种侵略扩张,在世界的东方,表现为激烈的文化冲突。中国和印度在轴心时代分别产生了以儒学为代表的中国文化和体现印度文化基本精神的佛教。由于地理障碍,在将近两千年的时间里,欧洲文化与亚洲文化,尤其是与中国文化,很少交流,亚洲国家长期停滞于封建社会。科学技术的进步使地球变小,资本主义借着"地理大发现",走向世界。首先是西班牙、葡萄牙、英国、法国等欧洲强盗瓜分美洲,然后是资本主义列强入侵非洲、亚洲。1503年,印度的克钦落入葡萄牙之手,到19世纪,资本主义国家对亚洲的侵略达到高潮。1840年的鸦片战争,迫使中国签订屈辱的《南京条约》,国门打开;1860年英法联军攻陷北京,火烧圆明园。1858年整个印度成为英国的殖民地。1853年美国叩响日本国门,1868年日本开始"明治维新","脱亚入欧"。马克思说:"资产阶级,由于一切生产工具的迅速改进,由于交通的极其便利,把一切民族甚至最野蛮的民族都卷到文明中来了。它的商品的低廉价格,是它用来摧毁一切万里长城、征服野蛮人最顽强的仇外心理的重炮。它迫使一切民族——如果它们不想灭亡的话——采用资产阶级的生产方式;它迫使它们在自己那里推行所谓的文明,即变成资产者。一句话,它按照自己的面貌为自己创造出一个世界。"②

欧洲列强侵略亚洲,是资本主义与封建主义的冲突,其背后是西方资本主义文化与东方封建主义文化的较量。文艺复兴运动打破了中世纪基督教加在欧洲人身上的精神枷锁,他们成为极端个人主义者,举起科学理性的旗帜,高呼"知识就是力量"的口号,为了个人物质利益征服自然,像狼一样去竞争、去战斗。科学技术突飞猛进,工业革命风起云涌,资本主义世界的西方人凭借坚船利炮扑向亚洲。儒家文化培养起来尊孔读经口称"君子喻于义,小人喻于利"的中国人,忍受或者幻想脱离现实苦难寄希望于来世的佛教徒,以及印度教徒,不可能抵御西方强盗的侵略。"落后就要挨打。"为了生

① 雅各布·布克哈特:《意大利文艺复兴时期的文化》,何新译,北京:商务印书馆,1991年,第447页。
② 《马克思恩格斯文集》第2卷,北京:人民出版社,2009年,第35—36页。

存,亚洲人不得不接受西方文化,进行文化启蒙,发展科学技术,走现代化之路。

不仅仅是亚洲,放眼今天的世界,所有的国家都自觉不自觉地踏上了欧洲人开辟的现代化道路。轴心时代的历史影响以西方文化培育的现代化运动在全球兴起告一段落。

三、文明转折与新轴心时代

现代化运动席卷全球,但是历史并没有就此终结。现代化给人类社会带来历史性进步,同时也造成前所未有的严重后果:全人类第一次遇到生死存亡的巨大威胁,人类文明面临重大的历史性转折。

当今世界有三个问题最引人关注。第一是人与自然的冲突。地球是人类的母亲,今天的人类正在扼杀自己的母亲。早在 1972 年,罗马俱乐部就率先提出"增长的极限"问题,指出人类发展物质生产以获取更多物质财富的欲望是无限的,但是地球是有限的,人类正在接近有限的地球资源为人类物质生产的增长设置的极限。此后环境、生态、气候、人口、粮食、瘟疫、大规模杀伤性武器的使用等危及全人类生存、需要人类共同应对的"全球性问题",迅速引起人们关注。然而半个多世纪以来,这些问题更加触目惊心,气象问题尤为突出。不少科学家和学术机构发出警告:如果在近期(有人提出在2030 年以前)人类不能遏制气候变暖趋势,气温升高将变得无法控制,人类难逃灭顶之灾。2021 年全球各种极端天气频发,程度之严重令人目瞪口呆。北纬 52 度的地区竟然多日气温高达 49.6 摄氏度;中东地区最高气温达到 70 摄氏度以上;大部分处于北极圈内常年冰冻的格陵兰大雨倾盆,巨量冰川垮塌消融,如果全部融化,海平面将上升 7.2米。地球正在变得不适合人类居住。著名物理学家霍金说:人类如果不能在 200 年内移居别的星球,就将会灭亡。这类警告不绝于耳。

第二是人与人的冲突。第二次世界大战以后,美国成为资本主义世界无可争议的"盟主",苏联解体使它野心急剧膨胀,妄想征服世界,充当全球霸主。出于称霸全球的目的,几十年来美国四处发动战争。与此同时,全球化进程迅速发展,不同国家之间,甚至不同文明之间,联系与交流日益频繁紧密,也因此引发从经济利益到意识形态和文化观念的频繁碰撞冲突,战争时有发生。核扩散至今未能有效控制,科学技术的发展又使武器花样不断翻新,效率显著提高。现代战争很可能摧毁全部人类文明,自有人类以来,战争对人类生存的威胁从来没有像今天这样严酷。

第三是科学技术的发展。科学技术是科学理性的集中体现,是人类改造自然发展生产力进而推动社会进步的重要力量。但是它也带来了众多负面影响,前面提到的资源、气候、大规模杀伤性武器的制造与使用等等全球性问题就体现了科学技术及其成果的破坏性作用。1953 年 DNA 的双螺旋结构被发现,遗传密码被破解。通过改造基因来改变物种性状的基因工程随之问世。今天,量子计算机的出现和人工智能的发展,使

PHILOSOPHERS 2021 (1)

得人类有可能彻底掌握蛋白质的结构并获得对它加以改造的技术。人类可以按照自己的需要制造出"上帝"都没有创造的物种。这项技术可以用于农牧业和医学,为人类服务,但同时也可以让那些握有权力、财富或者相关技术的人,通过基因改造使自己以及自己的后代变得更健康、更聪明、更有进取心、意志更顽强,甚至长生不老。相对于占人口大多数的普通人,他们完全成为另一个生物物种:拥有理想的生物性状,长生不老,掌握人工智能以及各种高科技成果,生活中的大多数工作由他们制造并控制的机器人完成……他们是无所不能的"神人"。大多数人则成为另外一个低级的生物物种——一无所用的"无用之人"。他们连出卖劳动力的资格都没有,因为机器人比他们更强壮、更聪明。[①] 有人说,这些占人口多数的"无用之人"在"神人"眼中就像今天的臭虫在人类眼中一样令人厌恶。想象一下二者之间会产生怎样的激烈对抗与冲突,这令人不寒而栗。

上述三个问题,今天随处可见,相关论述与警示屡见不鲜。它们涉及的不是剥削、压迫、掠夺等公平、道德方面的问题,而是全人类的生死存亡。汤因比被誉为 20 世纪最伟大的历史学家,他说:"既然化身于人性中的贪欲已经用充足的技术力量将自己武装起来,这一高潮也许就是人类邪恶而愚蠢地将生物圈加以摧毁,从而将生命全部消灭……我们不能预见未来,但可以预言,我们正在接近一个道德上的分叉点,它与 2000万或 2500 万年前人类和类人猿道路上的生物学分叉一样具有决定性的意义。"[②]他所说的正是当今人类面临的作为生物种类走向灭亡的危险。

汤因比不仅对人类文明面临的危机做了高度概括,而且指出了产生危机的原因,即"人性中的贪欲已经用充足的技术力量将自己武装起来"。在这里可以清楚地看到,其实危机的根源正是布克哈特概括的文艺复兴培养起来的极端个人主义,正是被资产阶级片面解读的希腊文化。极端的个人主义使人的欲望无限膨胀,弘扬科学理性使科学技术飞速发展从而赋予人们越来越强大的征服自然以及相互征服的力量。然而无可奈何的是,人类只有一个地球。同时,科学技术的发展促进了全球化浪潮的兴起,全球化导致人与人之间利益的意识形态的冲突日益普遍与深刻,一旦出现使用大规模杀伤性武器的战争,其后果整个人类无法承受。今天人类文明面临的巨大危机正是由此而来。

如果我们再做进一步的分析,会发现危机的产生有更深一层的原因,它和整个轴心时代的文化有关。人由动物进化而来,维持个体生存和繁殖后代是动物的本能,是它们的生理特点决定的。人也一样。中国自古流行"人为财死,鸟为食亡""食色,性也"的说法,是说追求物质欲望的满足是一切动物的也是人的本性。基督教旧约圣经讲人的"原罪",也把趋利避害作为人的根本。到轴心时代为止,在长期的历史发展中,人的动物本能固然促进了物质进步文化繁荣,但也造成人与人的对立、冲突。人毕竟与动物有

---

① 参见尤瓦尔·赫拉利:《未来简史:从智人到智神》,林俊宏译,北京:中信出版集团,2017 年。
② 阿诺德·汤因比:《人类与大地母亲》,徐波等译,上海:上海人民出版社,1992 年,第 31 页。

别,除了物质需要,人有自由、亲情、审美、情感等精神需要,这些需要常常与动物本能相悖。物质需要是生理需要,是更基本的需要,制约决定着精神需要。进入文明社会出现私有财产以后,利益争夺使社会分裂,精神堕落。这一方面危及社会稳定和物质生产,另一方面使人的精神需要无法实现,陷入深层的痛苦。这是轴心时代文化的总体背景。全球不同的地区因特点不同形成不同的文化,共同之处是都包含着节制物质欲望动物本能的内容。中国针对"内斗"、动乱,提出了"义利之辨",产生以寻求中庸、和谐共生为主要特点的先秦文化;印度鼓励人们节制欲望、善待生命、看空现世生活、寄希望于来世;犹太人提出上帝与人的约定,例如"摩西十诫",以克服物质欲望的膨胀,实现相互友爱,维护民族团结;希腊人勇于征服、冒险、开拓进取,享受生活,然而他们拥有丰富的精神生活及精神追求,与物质需要相平衡。

轴心时代的文化成果都是围绕人与自然的关系、人与人的关系、人的精神生活特别是灵与肉的关系展开的。说到底,它们建立在对人的动物性承认、肯定的基础上,只是同时对人追求物质利益行为的负面效应做了批评限制。人的动物性是历史的深层动力,是轴心时代文化的底色。恩格斯借用黑格尔的思想,指出:"恶是历史发展的动力的表现形式……自从阶级对立产生以来,正是人的恶劣的情欲——贪欲和权力欲成了历史发展的杠杆。"[1]兴起于文艺复兴运动中的市民阶层、资产阶级,抛弃了轴心时代文化中对人的贪欲和权力欲的制约,公开提出人和人的关系是狼和狼的关系,自觉追求物质利益和物质欲望的满足,轴心时代文化中作为不言而喻的前提的人的动物性,被发挥到了极致。正是这种动物般的对物质享受的追求,成为推动资本主义文明的强大动力,并随着资本主义的扩张风行世界。它既创造了灿烂的现代文明,也造成了人类的生存危机。

由此可见,人类文明面临的危机,是因为人类无节制地追求物质欲望的满足,自觉不自觉地被动物本能所支配,其深层原因与轴心时代的文化有关。人类只有一个地球,要继续生存,只能改变自己,不再一味追求物质利益、物质欲望的满足,否则不可能解决人与自然、人与人的对立,不可能克服迫在眉睫的生存危机。轴心时代所创造的辉煌文化,影响人类历史两千多年,人类文明陷入危机,这表明这种影响走到了历史尽头。

人类迫切需要寻找新的发展方向和道路,需要确立新的价值目标与发展方向。这将是人对自身的重新认识,是新文化的创造。其基本内容是克服物质利益、物质欲望对人的支配,是人与自身发展动物阶段的彻底告别。这是人类文明价值目标的根本改变,一旦实现了这一改变,轴心时代的影响便告终结,人类文明就完成了一次意义甚至超过轴心时代的新的历史转折,进入崭新阶段。今天,在生存危机的压力之下,人类文明实际上已经开始了这种转折,迈入新的轴心时代。

面对未来,汤因比对中国文化寄予厚望:

① 《马克思恩格斯文集》第 4 卷,北京:人民出版社,2009 年,第 291 页。

哲学家

将来统一世界的大概不是西欧国家,也不是西欧化的国家,而是中国。并且正因为中国有担任这样的未来整治任务的征兆,所以今天中国在世界上才有令人惊叹的威望。中国的统一政府在以前的两千两百年间,除了极短的空白时期外,一直是在政治上把几亿民众统一为一个整体的。而且统一的中国,在政治上的宗主权被保护国所承认。文化的影响甚至渗透到遥远的地区,真是所谓"中华王国"。实际上,中国从公元前221年以来,几乎在所有时代,都成为影响半个世界的中心。最近500年,全世界在政治以外的各个领域,都按西方的意图统一起来了。恐怕可以说正是中国肩负着不止给半个世界而且给整个世界带来政治统一与和平的命运。①

他还说:"世界统一是避免人类集体自杀之路。在这一点上,现在各民族中具有最充分准备的,是两千年来培育了独特思维方法的中华民族。"②

也有不少人寄希望于宗教。《全球伦理——世界宗教议会宣言》称:

我们知道,宗教并不能解决世界上的环境、经济和社会问题。然而,宗教可以提供单靠经济计划、政治纲领或法律条款不能得到的东西:即内在取向的改变,以及从一种错误的途径向一种新的生命方向的转变。③

中国文化包含遏制人的欲望膨胀和协调人与自然、人与人的关系的内容,对解决人类文明面临的危机无疑具有积极意义。但是,它所说的远非问题的全部,也不是问题的关键。从根本上讲,如前所述,当前人类的生存危机,是轴心时代文化内在包含的人的动物性借助科学技术不断膨胀的必然结果,根源在人的价值目标。人类要真正克服危机,必须彻底摆脱动物性对自己的支配。宗教涉及人的价值目标,但它只是道德说教,在现实生活面前苍白无力。

在这里,马克思主义显示出了独特的意义。随着资本主义的灭亡,人类历史将告别人的动物阶段,由物支配人转向人支配物,这是马克思恩格斯的基本思想。马克思说:资产阶级的生产关系产生了人与自然、人与人的激烈对抗,这是社会生产过程的最后一个对抗形式,在资产阶级社会的胎胞里发展的生产力,同时又创造着解决这种对抗的物

---

① 汤因比、池田大作:《展望二十一世纪——汤因比与池田大作对话录》,荀春生等译,北京:国际文化出版公司,1985年,第289页。

② 汤因比、池田大作:《展望二十一世纪——汤因比与池田大作对话录》,荀春生等译,北京:国际文化出版公司,1985年,第295页。

③ 孔汉思、库舍尔(编):《全球伦理——世界宗教议会宣言》,何光沪译,成都:四川人民出版社,1997年,第13页。汤因比也说:"宗教主张的最重要的戒律就是'克制自己才是人类的第一课题'……最近由于人类征服自然,结果增长了骄傲自满,同时也增强了放纵贪欲的力量。"——《展望二十一世纪——汤因比与池田大作对话录》,第308页。

质条件,"人类社会的史前时期就以这种社会形态而告终"。① 恩格斯说:一旦社会占有了生产资料,"社会生产内部的无政府状态将为有计划的自觉的组织所代替。个体生存斗争停止了。于是,人在一定意义上才最终地脱离了动物界,从动物的生存条件进入真正人的生存条件"。② 他们的论述与历史事实完全一致。如前所述,正是资产阶级把以往用宗教、道德掩饰、遏制的人的动物性释放出来,把追求物质财富、物质欲望的满足,公开确立为自己的价值目标并以它为原则组织社会生活,导致了人类文明的危机。马克思、恩格斯认为,资产阶级、资本主义制度,为自己的灭亡创造了条件,而未来社会意味着人类社会史前时期的终结,意味着"人在一定意义上才最终地脱离了动物界,从动物的生存条件进入真正人的生存条件"。显而易见,上述他们在 100 多年前的论述,对于理解今天的生活实际,具有重要的现实意义。他们指出的这种重大的历史转折,正是我们今天面临的新轴心时代。

轴心时代历时 5 个世纪,新轴心时代的文化及制度建设也必将是一个漫长的历史过程。现在不可能对它们做出具体的描述,但是马克思、恩格斯为我们指出了基本的原则,这就是:未来社会的物质生产和社会生活将处于联合起来的人的自觉控制之下。恩格斯说:一旦最终脱离动物界,"人们周围的、至今统治着人们的生活条件,现在受人们的支配和控制,人们第一次成为自然界的自觉的和真正的主人,因为他们已经成为自身的社会结合的主人了。人们自己的社会行动的规律,这些一直作为异己的、支配着人们的自然规律而同人们相对立的规律,那时就将被人们熟练地运用,因而将听从人们的支配。……至今一直统治着历史的客观的异己的力量,现在处于人们自己的控制之下了。只是从这时起,人们才完全自觉地自己创造自己的历史;……这是人类从必然王国进入自由王国的飞跃。"③马克思则说:在自由王国,"社会化的人,联合起来的生产者,将合理地调节他们和自然之间的物质变换,把它置于他们的共同控制之下,而不让它作为盲目的力量来统治自己;靠消耗最小的力量,在最无愧于和最适合于他们的人类本性的条件下来进行这种物质变换。"④物质变换就是物质生产,脱离动物阶段后,它将不再像以往那样支配人,而处于联合起来的生产者的自觉控制之下,本着最符合人类本性的原则来安排。

马克思说:"哲学家们只是用不同的方式解释世界,而问题在于改变世界。"⑤新轴心时代是一场新的文化突进,更是除旧布新、触及各方利益的深刻社会变革。这将是一个漫长的历史过程,每一步都充满斗争,文化创新只有在社会实践中才有可能。

2012 年,中共十八大提出要倡导"人类命运共同体"意识,强调人类只有一个地球,

---

① 《马克思恩格斯文集》第 2 卷,北京:人民出版社,2009 年,第 592 页。
② 《马克思恩格斯文集》第 9 卷,北京:人民出版社,2009 年,第 300 页。
③ 《马克思恩格斯文集》第 9 卷,北京:人民出版社,2009 年,第 300 页。
④ 《马克思恩格斯文集》第 7 卷,北京:人民出版社,2009 年,第 928—929 页。
⑤ 《马克思恩格斯文集》第 1 卷,北京:人民出版社,2009 年,第 506 页。着重号来自作者(编者注)。

各国共处一个世界，密切联系，命运与共。以此为基础，2015 年，习近平总书记在联合国大会上提出，要构建以合作共赢为核心的新型国际关系，打造人类命运共同体。此后，构建人类命运共同体思想写入中国共产党党章和中华人民共和国宪法，在国际上产生了广泛影响，得到了积极回应。这一思想的核心是强调人类只有一个地球，生活在同一个地球村里。资源枯竭、气候变暖、环境污染、传染病全球流行、跨国犯罪等是人类所面对的共同威胁。不论人们生活在哪个国家，信仰如何，是否自愿，实际上已经处于一个命运共同体中，你中有我，我中有你，一荣俱荣，一损俱损。因此，人类应该秉持共商、共建、共享的全球治理原则，完善治理体系，在各个方面推动交流、合作、共赢。2015 年 12 月 12 日在巴黎举行的第 21 届联合国气候变化大会上，178 个国家和地区共同签署应对气候变化的《巴黎协定》。为了控制全球气温升高，协定对 2020 年后全球主要国家的碳排放，尤其是物质生产中的碳排放，做出统一安排。《巴黎协定》于 2016 年 11 月 4 日起正式实施。这是人类面对生存危机联合起来自觉控制物质生产的初步尝试，是人类文明进入新轴心时代的生动体现。出于一己私利，美国曾退出《巴黎协定》，但迫于气候变暖事实的威胁与国际社会的压力，不久又重新返回这一协定。现实生活充分地说明，构建人类命运共同体理念深刻反映了历史发展规律，它的提出与实践是中国共产党为全人类作出的重要贡献。

当今，世界新冠肺炎疫情肆虐，极端天气频现，美国称霸世界引起的对立、冲突使全球陷入长期动荡。这是对新轴心时代的呼唤。只有从人类历史迈入新轴心时代的角度出发，才能深入准确地理解当今世界的乱象与危机，理解"构建人类命运共同体"理念的重大意义。

轴心时代历时 500 多年，而从以反思工业文明、着重研究全球性问题为宗旨的罗马俱乐部成立（1968 年）算起，新轴心时代迄今只有 50 多年。即使再往前推，从提出共产主义理想、结束人的动物阶段的马克思主义的诞生（1848 年）算起，也还不到 200 年。新轴心时代将是一种新的文化突进，我们尚不可能对它给出明确的定义，尚不可能对未来的文化特点做出具体描述与论证，它注定是一个漫长、艰苦、充满斗争的过程。但是，轴心时代开辟的道路已经走到尽头，历史在呼唤新的轴心时代，这是确定无疑的。这个结论不是得自理论论证，而是来自历史事实。今天人类文明正在经历的各种重大事件，都可以在这种文明转折的大背景下得到深入合理的解释。

马克思对现代性的诊断
及其与后现代哲学的差异

杨 威[*]

内容提要：通过对商品、资本和异化的分析，马克思以独特的理论路径对现代性进行了诊断。这种诊断彰显了马克思哲学的后现代维度，包含着一系列重要的政治关切、形而上学批判以及对现代社会的总体把握。然而，马克思哲学的后现代维度与后现代哲学具有重要的差异，它对现代性的批判并非导致碎片化的否定和颠覆。对马克思哲学的启蒙式理解或后现代性理解都是有失偏颇的，事实上，马克思是现代性的批判性重建者。他不仅完成了现代性的病理学诊断，而且对它的发生原因和未来前景进行了诠释，做出了预言，从而形成了一种健全的、超越性的现代性立场。

关键词：马克思 现代性 后现代哲学

马克思是对现代性现象进行批判性反思的真正先驱。美国学者贝斯特和科尔纳在《后现代转向》中曾指出："卡尔·马克思是第一位使现代与前现代形成概念并在现代性方面形成全面理论观点的主要社会理论家。"[①]由于马克思主义为中国的现代化进程提供着极为重要的话语资源和思想指导，因此，考察马克思的现代性诊断并辨析它与后现代哲学之间的差异不仅具有理论上的重要性，而且对于当代中国现代化道路的实践探索也具有启发意义。

一、马克思对现代性诊断的独特路径

马克思对现代社会及其运行逻辑做出了独特而深刻的洞察。他虽然并没有直接使用过"现代性"这个词，却无疑在对资本主义社会进行深刻批判的过程中间接地对现代性做出了诊断。马克思花费一生的主要精力所从事的政治经济学批判，其实就包含着

---

* 杨威（1982— ），哲学博士，军事科学院党的创新理论研究中心副研究员，主要研究方向为党的创新理论、当代国外马克思主义。本文为上海市哲学社会科学规划一般课题"巴塔耶与马克思经济哲学思想比较研究"（项目编号：2018BKS008）的阶段性成果。

① 斯蒂芬·贝斯特、道格拉斯·科尔纳：《后现代转向》，陈刚等译，南京：南京大学出版社，2002 年，第100 页。

对现代性的深刻洞察和批判性揭示。正如俞吾金教授所说:"马克思对现代性的诊断是从特殊的路径出发的,这一路径就是经济哲学的路径,它决定着马克思所使用的概念的特殊性。"①通过对商品、资本、异化的分析,马克思对现代性的本质做出了深刻的阐述,而且,这也与对现代性的抽象化的外在批判形成了重要区别。

马克思现代性诊断的起点是"商品"。从"商品"出发,而不是从一般的"物"出发,这是马克思进行现代性批判的一个重要特质。首先,这并不意味着马克思在理论思考的抽象力上的欠缺。在《资本论》第一版序言中,马克思指出,政治经济学的研究方法不同于物理、化学的研究方法。"分析经济形式,既不能用显微镜,也不能用化学试剂。二者必须用抽象力来代替。"②这表明马克思显然具有运用抽象力来把握现代社会经济运行的理论自觉。"物"的确是一个更为抽象、更为基本的哲学概念。但是,抽象本身不是理论的目的,切中时代脉搏的抽象才是理论的目的。把商品作为起点,表明了对商品经济普遍化的把握,而商品经济的普遍化恰恰是现代社会与传统社会的区别所在。其次,这意味着马克思有意避开了近代哲学进行纯粹抽象的窠臼。马克思的理论旨趣不在于像传统的哲学教科书那样强调"世界统一于物质",而是要把握物质在现代社会的具体形态及其支撑逻辑,进而揭示现代社会中人与人之间的真实的社会关系。从这个意义上说,经济哲学的路径显然比作为空洞概念体系的一般哲学蕴含着更为丰富的内容。最后,这意味着一种对具体的历史规定性的彰显。马克思不是从人与物的关系出发抽象地、二元论地谈论物,而是如同海德格尔所指出的那样,深入到历史之本质性的维度中。③ 也正是在这样的理论视域中,经济发展及其背后的架构,或者说,人们的日常生活、社会运动与形而上学的建构过程才能被作为一个整体来加以把握。显然,这是进行现代性解读时更能够把握社会现实的路径。

马克思现代性诊断的核心是"资本"。资本构成了现代性现象的核心和灵魂。可以说,在现代社会,资本逻辑占据了统摄性地位。一般意义上的物、人和劳动生产过程只有在资本逻辑的框架之下才能得到充分理解。资本虽然以物的方式呈现出来,"但资本不是物,而是一定的、社会的、属于一定历史社会形态的生产关系,后者体现在一个物上,并赋予这个物以独特的社会性质"④。从生产资料总和的角度也不足以解读资本,因为资本只是已经转化为资本的生产资料。对于资本逻辑的把握,至少应该要抓住两点:第一,从其效用表现上说,一切有质性规定的东西都被数量化了,进而被纳入了无限增长的机制。这种数量化意味着异质性事物的同质化。在这种同质化过程中,一切都被敉平在矢量增长的无尽空间,连时间也被空间化而成为可以操作和经营以生产剩余价值的对象了。第二,从其根底上说,资本逻辑不仅是经济学意义上的资本运行过

① 俞吾金:《马克思对现代性的诊断及其启示》,《中国社会科学》2005 年第 1 期。
② 马克思:《资本论》第 1 卷,中央编译局编译,北京:人民出版社,2018 年,第 8 页。
③ 参见《海德格尔选集》上册,孙周兴译,上海:上海三联书店,1996 年,第 383 页。
④ 马克思:《资本论》第 3 卷,中央编译局编译,北京:人民出版社,2018 年,第 922 页。

程,而且要从哲学上进行理解。在这个意义上,资本其实是"现代社会结构化的一种方式以及人类自我认同的社会存在模式"①。也可以说,资本与现代形而上学是一体的,它们共同构成了现代性的基本支柱。"在现代性由以开展出来的世界中,资本和现代形而上学有着最本质的内在联系,或者毋宁说,有着最关本质的'共谋'关系。"②这就意味着,批判资本逻辑首先必须超越现代形而上学,放弃在流动的现代性中寻求确定依据的期待,而要从不断循环往复地结构化的过程来看待资本,把握现代社会生活过程。

马克思现代性诊断的出路在于"异化"的扬弃。马克思现代性诊断的经济哲学路径使他关注人本身的活动,尤其是在现代社会中表现为异化的生产劳动。异化理论提出了要以真正的对象化来反对异化,这其实主要是一种人类学意义上的思考。这种思考归根到底属于一种外在的价值评价,还不足以充分说明资本主义社会的内在逻辑,不足以揭示资本增殖、劳动异化的内在秘密。对马克思来说,停留在早期的异化理论阶段是远远不够的。这也是马克思后来进一步深入到《资本论》的写作之中的原因。即使如此,从现代性诊断的角度来说,马克思的异化理论仍然相当重要。它具有突出的批判性贡献,也构成了巴塔耶、鲍德里亚等众多后现代思想家们解读现代性的重要思想资源。异化的扬弃,意味着要恢复不能被数量化所通约的事物自身内在的价值,具体来说,就是向着未被异化遮蔽的人类生存的本原状态回溯复归。这事实上就是为现代性引入了一种内置于其中且具有价值优先性的维度,既构成了对现代性的反思和批判,也寓言式地指出了现代性的出路。

二、马克思哲学的后现代维度

马克思对现代性的诊断无疑包含批判的态度,但是,对于马克思哲学是否能够被划入后现代哲学还有很多争议。这里首先要确立一种"后现代"的判定标准。按照利奥塔的观点,区分现代与后现代的主要依据在于是否诉诸"元叙事",或者说,是否具有一种形而上学的根基。利奥塔说:"简化到极点,我们可以把对元叙事的怀疑看作是'后现代'。"③所谓元叙事,就是具有合法化功能的叙事。它突出体现在对普遍真理的尊奉,或者表现为一种黑格尔式的无所不包的纯思辨理论叙事。如果说后现代哲学相对于近现代哲学有一种转折性变化的话,那么,这种变化的关键就在于近现代哲学都有一种基础性的概念,并试图借助这种基础性的概念来说明世界,而后现代哲学则以各种各样的方式拒斥这一点。利奥塔认为,具有合法化形式的马克思主义属于一种"元叙

---

① 仰海峰:《〈资本论〉的哲学》,北京:北京师范大学出版社,2017年,第96页。

② 吴晓明:《论马克思对现代性的双重批判》,《学术月刊》2006年第2期。

③ Jean-François Lyotard.*The Postmodern Condition:A Report on Knowledge*.trans.Geoff Bennington and Brian Massumi,Minneapolis:University of Minnesota Press,1984,p.xxiv.

事",换言之,马克思哲学从总体上说应该是批判性的现代哲学,至少不能简单地把马克思哲学划入后现代哲学。

尽管马克思哲学不属于后现代哲学,但是马克思哲学又的确能够发展成一种批判性的知识形式。在与后现代哲学形成参照和对话的意义上,关注马克思哲学的后现代维度不仅是可行的,而且对于更深入地领会马克思哲学的精神实质和当代意义也具有重要价值。接下来,我们主要从后现代维度来讨论马克思哲学。

首先,马克思哲学超越了纯粹理论建构的旨趣,从一开始就具有政治的关切。马克思对于政治的关切对马克思哲学的历史生成情境及其思想的出发点具有决定性的影响。美国学者卡弗认为,马克思早年对黑格尔哲学的研究其实并非纯粹的哲学讨论,而毋宁说"是一种政治介入"。① 按照卡弗的看法,对于马克思与黑格尔之间的思想关系不能从纯粹哲学的角度而应该具体联系当时的时代背景来加以把握。应当看到,马克思不是那种纯粹学术型的哲学家,他所关注的也不是纯哲学的问题,而是透过哲学的争论来表达一种政治关注和政治观点。后现代哲学普遍蕴含着对于政治诉求的彰显,有时通过美学问题表现出来,以探索性的方式使感性经验得到充分张扬,有时则表现为结构性的差异,传达出对整个现代性体系的拒斥或反叛。总的来说,在后现代哲学中,透过理论表达而凸显出来的态度和立场开始变得举足轻重;与此相比,在传统哲学中统摄全局的那种体系框架则隐退而去,不复重要。马克思哲学同样表现出这些特点,即不是要追求概念提炼和体系构建,而是要进行一种批判性的思考。正如马克思所说:"对实践的唯物主义者即共产主义者来说,全部问题都在于使现存世界革命化,实际地反对并改变现存的事物。"②马克思主义的哲学语言表达着政治的观点和政治的诉求,同样,只有结合其内在的政治诉求而不是作为抽象的哲学体系来领会马克思哲学,才有可能真正把握其精髓要义。这种政治诉求并不是通过对资本主义的外在否定来体现,而是通过内在的扬弃来完成的。这种内在的扬弃突出体现在对资本逻辑的透彻分析,由此也形成了马克思独特的经济哲学路径。

其次,马克思哲学体现了对现代形而上学本身的批判。形而上学批判构成了马克思哲学的思想内容及其表述方式的重要部分。从理性的批判延伸到对理性思辨本身的批判,是马克思完成的哲学变革之一。马克思哲学也由此体现出对启蒙以来理性精神的继承和超越。同时,相比非理性主义哲学流派而言,马克思并没有像叔本华或尼采那样用非理性的意志或欲望来说明现代人的行为方式,而是看到了意志和欲望得以构成的深层社会基础。从马克思哲学的基本观点来看,可以认为意志或欲望形而上学本质上也是资本形而上学。作为理性或欲望主体的人,无论表现为资本家还是工人,都只是

---

① 参见张双利:《马克思与黑格尔之间的思想关系再论——访特雷尔·卡弗教授》,《哲学动态》2017年第8期。

② 《马克思恩格斯选集》第1卷,中央编译局编译,北京:人民出版社,2012年,第155页。

资本增殖的工具和载体;理性形而上学或意志形而上学,说到底都体现了资本主义发展的内在要求。因此,对资本的批判必然包含着对现代形而上学的批判,而对形而上学的批判只有深入到对资本的批判才能完成。

俞吾金教授将马克思的资本形而上学批判概括为一种可以称为"资本诠释学"的重要理论。这种资本诠释学同时包含着批判的、实践的和权力分析的维度,它深入研究了现代社会的经济生活,因而超越了叔本华、尼采只是基于物理、生理和心理的意志形而上学,对现代社会做出了更有穿透力的批判。

> 资本不仅是现代经济学的谜底,也是主体形而上学,尤其是意志(或欲望)形而上学的谜底。换言之,只有当人们认识到,正是资本形而上学主宰着现代社会的日常生活和思想意识时,他们才有可能对现代社会做出真正有分量的、批判性的考察。①

可以说,马克思通过批判资本及其形而上学,成为了形而上学批判的真正完成者。正如海德格尔指出的:"形而上学就是柏拉图主义。尼采把他自己的哲学标示为颠倒了的柏拉图主义。随着这一已经由卡尔·马克思完成了的对形而上学的颠倒,哲学达到了最极端的可能性。"②马克思所完成的"哲学的终结",实际上就是这种形而上学批判的彻底完成,而从这种视角来看,无论是凝结在资本中的社会权力,还是与之配套的、蛊惑人心的理性思辨,都不应当再成为束缚人、统治人的异己力量。

最后,马克思对于现代社会的分析具有总体把握的特征,这种总体把握体现为一种由意义引导的、不断结构化的运作过程。马克思从黑格尔法哲学进入政治经济学,用政治经济学理论来理解市民社会及其经济活动,但是,这并不意味着他要构造一种静态的、作为知性科学的政治经济学体系,而是要把握被观念浸润着的动态的物质生产过程或经济活动。马克思和黑格尔在关注观念、意义和社会变化方面,是具有一致性的。比如,在理解现代历史变化时,发生在法律和财产权关系上的观念变化就相当重要。

卡弗教授指出,马克思所关注的恰恰是意义在社会中如何产生的问题。"马克思的观点是一种以理解变化为目的的关于社会意义的产生和流转过程的观点。""我们有某个观念,然后我们会在实践活动中不断地重复这个观念,对于我们来说这个观念于是就由于这些实践活动而成为可理解的。"③从这个意义上说,《资本论》也是一本关于意义如何被生产出来的著作。商品、货币、价值、资本和财产等都是现代社会中的关键性观念。这些观念在人们的实践活动中被重复,因此被理解。马克思对于这些概念如何

① 俞吾金:《资本诠释学:马克思考察、批判现代社会的独特路径》,《哲学研究》2007年第1期。
② 《海德格尔选集》下册,孙周兴编,上海:上海三联书店,1996年,第1244页。
③ 转引自张双利:《马克思与黑格尔之间的思想关系再论——访特雷尔·卡弗教授》,《哲学动态》2017年第8期。

在人们的实践活动中实践和重复进行了具体考察，最终发现和揭示出一种由概念构成的逻辑。概念的逻辑运动，在黑格尔那里表现为逻辑学，在马克思这里则被还原为包含着观念的实践过程。人们相信商品、货币、资本、价值和财产等观念，就会在此基础上创造一个世界，就会有相应的教育活动、财产关系以及司法与宗教架构。观念和事物都具有开放性、流动性，都在不断地、循环往复地进行着结构化，并因此表现出一个社会的整体变迁。如果从这个层面来理解马克思哲学，那么马克思哲学无疑包含着可以与后结构主义哲学沟通的思想空间。尤其是巴特勒（Judith Butler）的施为性（performativity）思想揭示了文化意义在实践中不断地得到强化和维系，对于理解马克思哲学蕴含的这种观念引导的再结构化过程具有深刻的启发。可见，从后现代维度关注和理解马克思哲学，也意味着对马克思哲学当代意义的不断激活。

三、马克思哲学与后现代哲学的差异

通过对马克思哲学后现代维度的简单勾勒，可以发现它与后现代哲学之间存在诸多相通或近似之处。后现代哲学与马克思哲学都以批判精神或解构倾向对人类生存处境和现实政治状况做出了反思，都在批判资本主义制度安排及其内在精神所代表的现代性，并在这种批判的过程中确立或是凸显了自身。可以说，两者在精神气质上有着"家族相似性"。然而，这种相似性并不能说明两者就可以等同或者混为一谈。必须注意到，马克思哲学与后现代哲学之间仍然存在着多方面的重要差异。

关于马克思哲学与后现代哲学的差异可以从不同的角度加以陈述。在这方面学者们已经有所讨论，比如由于思想旨趣与时代状况不同，马克思哲学着眼于对资本主义宏观状况的批判，而后现代哲学则更多是着眼于对资本主义微观领域的剖析；马克思哲学从总体上说仍然有一套宏观的、总体性的社会历史话语，用以描述社会形态的更替和世界发展的普遍趋势，而后现代哲学则拒绝了这种宏大叙事，转向了对多元化、碎片化、边缘化现象的关注；由于物质条件与政治斗争形势不同，马克思关注如何使"现存世界革命化"，在革命运动中消除资产阶级的经济与政治霸权，彻底推翻资本主义制度，而处于发达资本主义时代的后现代哲学则转换斗争策略，试图从意识形态和文化批判入手，实现对资产阶级文化霸权的解构等等。在此基础上，还有思维范式和理论路径方面的差异仍然值得进一步的关注。

首先是思维范式上的差异，即马克思哲学仍然依赖辩证法，而后现代哲学则崇尚异质学（heterology）。恩斯特·拉克劳曾说："马克思的论述逻辑从深层上说是黑格尔主义的。"①在他看来，马克思的辩证法是对黑格尔辩证法的沿袭，而黑格尔的辩证法又从根本上受同质性逻辑的束缚，是在理性思维的范围内囊括千差万别的万物的总体。与

---

① Ernesto Laclau, *On Populist Reason*, London and New York：Verso，2005，p.141.

辩证法相对立,后现代哲学往往倡导或体现了一种可以称之为异质学的思维范式。异质学关注的是不能被通约、不能被同一性所把握的异质性因素。这些异质性因素"是一种剩余,不能被辩证法或其他类似的手法所把握"。①

毫无疑问,马克思对辩证法的理解和运用,远不是像传统马克思主义哲学所简单化、公式化地概括的那样,将其归结为"正、反、合"和"对立统一规律",而是如前文所述,还包含着对意义生产和概念运动的深刻把握。但是,马克思哲学中的辩证法与后现代哲学的异质学仍然存在着差异。这种差异的最根本表现就在于:如果说辩证法在思维运演的过程中还遵循着同一性的框架,还保留着从总体上驾驭纷繁复杂的世界的意图,那么,异质学则自觉突出了对于同质性的拒斥、对同一性的回避,放弃了总体性的框架,强调了一种对于独特性的固守。简言之,虽然马克思哲学具有与后现代哲学相通的精神特质,但是其形式和表达却仍然与后现代哲学存在根本性的差异。这里需要说明的是,虽然恩斯特·拉克劳提及的辩证法与异质学的差异很具有启发性,有助于我们把握马克思哲学与后现代哲学在思维范式上的差异,但是,其中关于马克思沿袭黑格尔辩证法的指认却并不完全准确。事实上,辩证法应当被看作是马克思的"论述逻辑",而并不是马克思考察问题的全部方法。马克思是根据对具体资料和实际情况的考察来做出论断的。正如《德意志意识形态》中所说的:"对现实的描述会使独立的哲学失去生存环境,能够取而代之的充其量不过是从对人类历史发展的考察中抽象出来的最一般的结果的概括。"②马克思的方法是对具体问题的具体分析,是在去除预设思想框架的基础上对事物全貌的总体考察。由此看来,马克思的历史唯物主义作为一种哲学思维也可以说超越了异质学,避免了由于一味关注异质性因素而可能陷入的思维范式的反向偏执。

在理论路径方面,如果说马克思哲学和后现代哲学都批判和拒斥了理论建构,那么,两者在此基础上的走向却并不一致,马克思哲学走向了改变世界的革命实践,后现代哲学的路径则走向了探索生存边界的内在经验,并衍生出文化分析和话语理论等思想成果。作为后现代主义思想源泉的巴塔耶曾经以"痛苦"(supplice)等内在经验范畴反抗近代以来的理性思考,以语言自相抵消的耗费、消解作为指称工具的语言;此后,鲍德里亚从对物体系的分析过渡到对资本主义符码系统的解读;利奥塔在反对宏大叙事的同时,也表明了以往宏观的革命政治的不可能。作为晚期资本主义的理论思潮,后现代哲学在对其所处的社会文化状况进行批判的同时走向了文化批判和语言游戏,在微观政治实践和支离破碎的理论游戏中,更多的只是实现了理论颠覆的快感和语言自身的消解,在激进的姿态下并没有实质性地作用于现实。借用约翰·塞尔的话说:"事实

---

① Ernesto Laclau, *On Populist Reason*, London and New York: Verso, 2005, p.223.
② 《马克思恩格斯选集》第 1 卷,中央编译局编译,北京:人民出版社,2012 年,第 153 页。

是使陈述成其为真的条件,但事实并不等于对它们的语言描述。"①然而,后现代哲学却在很多时候将语言层面的解构游戏作为目标了。马克思哲学的实践特质,使它与这些后现代哲学区别了开来。马克思哲学在完成形而上学批判之后,从处在现实的、可以通过经验观察到的、在一定条件下进行的发展过程中的人出发,描绘能动的生活过程,进而实际地反对并改变现存的状况,进行"武器的批判"。如果说马克思哲学是从实践层面来反证形而上学的虚妄,使哲学从天国回到此岸的人间,那么,后现代哲学则主要从思维和语言层面来消解形而上学的思维模式,从而实现理论形态的转换。

在此基础上,我们要看到马克思的现代性诊断始终具有为革命实践奠基的作用。它不仅是抽象的分析或美学的反抗,也不仅是外在的道德否定或单纯浪漫主义的诉求,而是在认识到观念作用的同时始终结合着现实进行考察,进行着深入到对象本身的有内容的批判。在对于商品经济和剩余价值进行的分析中,这一点得到了充分的体现。这种具有现实性的、有内容的批判构成了批判性与实践性的结合,使马克思哲学具有了面向现实的穿透力。同时,马克思的现代性诊断仍然坚持着人类中心主义的立场,而后现代哲学则摒弃了这一点。普罗米修斯式的人道主义,是贯穿于马克思文本中的重要母题之一。正是从这种立场出发,我们可以看到,"支配马克思批判和革命活动的道德前景不是财富和权力,而是个人的全面发展"。② 马克思承认个人自由本身具有独立的价值,并且以个人自由及其联系的多样性和丰富性作为衡量社会进步的评价标准。事实上这就使现代性的价值立场得到了延续,也说明了马克思既是西方现代性传统的批判者,同时也是其继承者。这种批判与继承的并存,构成了马克思哲学的批判性与建设性的统一。在这个意义上,我们可以说"马克思哲学才是真正的建设性的后现代主义"。③ 它对于现代性的批判并非导致碎片化的否定和颠覆,而是包含着对未来现实道路的昭示。

通过梳理马克思的现代性诊断及其与后现代哲学的差异,我们可以更加全面地认识和定位马克思哲学。对马克思哲学的启蒙式理解或后现代性理解都是有失偏颇的。事实上,马克思是现代性的批判性重建者。他不仅完成了现代性的病理学诊断,而且对其发生原因和未来前景进行了诠释,做出了预言,从而形成了一种健全的、超越性的现代性立场。从这种理解出发,我们不能只是把作为指导思想的马克思主义视为一种具有中国特色的启蒙话语或是一个用以指导追赶现代化进程的思想体系,我们必须同时超越现代性的参照体系,在批判性、革命性与实践性、建设性的协调统一中,走出一条独具特色的社会发展新路。

---

① 约翰·塞尔:《心灵、语言和社会》,李步楼译,上海:上海译文出版社,2001 年,第 23 页。
② 汪行福:《马克思与现代性问题》,《现代哲学》2004 年第 4 期。
③ 何中华:《重读马克思》,济南:山东人民出版社,2009 年,第 504 页。

阳明学运动与日本马克思主义
在中国的早期传播

魏 博*

内容提要：19 世纪末 20 世纪初，日本阳明学运动在与各种思想的冲突与融合中塑造了日本学人的实践精神，在一定程度上为马克思主义在日本的传播提供了思想上的准备。在东亚，日本学人最早研究马克思主义，在 1904—1932 年间，马克思、恩格斯的经典著作就被陆续翻译成日文出版，在此过程中形成了具有一定特色的早期日本马克思主义学派。自 20 世纪 20 年代开始，日本马克思主义著作纷纷传播到中国，影响了中国先进的知识分子。至 20 世纪 30 年代末，由于中日战争爆发和一些日本马克思主义者的"转向"，中国学者对日本马克思主义著作的译介有所减弱。

关键词：日本阳明学运动　日本马克思主义　日译马克思主义经典

19 世纪末 20 世纪初，日本发生了一场以倡导"心即理""致良知"和"知行合一"为主要内容的阳明学运动。① 在此过程中，阳明心学的知行观及其启蒙精神对日本学人产生了深深的触动，使之推崇良知之心和革新意识，反思造成社会贫富差距的根源，重塑日本学人的文化心理结构。可以说，阳明心学与日本各种社会思潮的冲突与融合，形成了一种具有革命性的哲学观念，在一定程度上为马克思主义在日本的传播提供了思想上的准备。

* 魏博，中国人民大学哲学院博士后。本文为贵州省哲学社会科学规划国学单列重大课题"阳明心学与马克思哲学在中国的早期传播"（批准号：16GZGX04）阶段性成果。

① 关于阳明学与日本阳明学运动的关系，崔在穆认为，作为"方法"的阳明学在东亚的传播和发展过程中与当地具体情况结合，形成了一种"私"。日本的阳明学就是其中一种"私"，其方法的核心是致良知论，参见崔在穆：《东亚阳明学》，朴姬福、靳煜译，北京：中国人民大学出版社，2009 年，第 4 页；沟口雄三认为，中国的阳明学与日本的阳明学不是同质的，两者无论在理论、方法、内容和历史作用都是不同的，日本阳明学具有独特的"日本性"，参见沟口雄三：《李卓吾·两种阳明学》，孙军悦、李晓东译，北京：三联书店，2014 年，第 203 页；邓红认为，应区分作为纯粹学术研究的阳明学和作为社会运动的阳明学，后者是经过三宅雪岭、高瀬五次郎、井上哲次郎等"学术包装"而来的社会运动，参见邓红：《日本的阳明学与中国研究》，广西：广西师范大学出版社，2018 年，第 7—15 页。本文谈及的主要是更为宽泛意义上的阳明学运动，表明阳明心学作为一种社会思潮在日本发生的影响和作用。

一、阳明学运动与早期日本马克思主义者

在明治维新之前,阳明学与朱子学都从中国传入了日本,其中朱子学占据了江户时代统治地位两百余年。随着林家朱子学逐渐官学化,朱子学与德川幕府的政治与文教制度以及意识形态结合起来。① 林氏后人以朱子学者的身份世袭了林罗山在幕府中的官职,他们为宣扬朱子学而创办的忍冈私塾逐渐转变为官方直属的昌平坂学问所。在昌平黉的示范作用下,各藩逐步将各自辖区内的私塾组织成藩校。宽政时代的朱子学借助幕府的政治力量,以昌平黉和各个藩校为载体,有组织地向外辐射自身的影响力。②

另一方面,德川幕府需要以朱子学为其意识形态支撑。幕府用朱子学来教化武士贵族,以巩固其统治。从《武家诸法度》中可见,文教被置于首位,提出"文武弓马道专可相嗜事",如此方能"以诗书之泽,销兵革之气",并结合"四书五经",框定儒学道德的基本原则。③ 通过尊崇儒学的纲常伦理,构建"君有君道,父有父道,为臣而忠,为子而孝,其尊卑贵贱之位,古今不可乱"的名分论,固化封建的身份制度,欲使农民与"町人"永世供养武士贵族。④ 以"宽政异学之禁"为标志,朱子学达到日本封建时代意识形态的顶峰。

与朱子学相比,阳明学是一门近代化的学问,其近代化的条件体现在两方面:一是其受众的构成,二是其与西方思想学说的关系。在江户时代,阳明学主要是在底层百姓中传播的一种私学,它在幕末和明治维新初期才逐渐兴盛起来。⑤ 与朱子学仰仗官方直辖的学校传播不同,阳明学"混迹"于民间的私塾中,当时在日本比较有名的私塾包括安井息轩的三计塾、广濑淡窗的咸宜园、村上佛山的水哉园、三岛中州的二松学社、池田草庵的青谿书院和大盐平八郎的洗心洞。⑥

日本阳明学的受众主要是农村和文化落后地区的下级武士、中小地主、商人和农民。与幕府的贵族、上层武士和地方的大名相比,他们是统治集团的边缘人物或者说被统治阶级。⑦ 由于他们中的许多人不被地方的藩校所接纳,只能进入私人开办的学塾

① 参见王玉强:《近世日本朱子学的确立》,北京:社会科学文献出版社,2017 年,第 107—114、171—178 页。

② 参见王玉强:《近世日本朱子学的确立》,北京:社会科学文献出版社,2017 年,第 186—191 页。

③ 参见王玉强:《近世日本朱子学的确立》,北京:社会科学文献出版社,2017 年,第 179、189 页;朱谦之:《日本的朱子学》,北京:人民出版社,2000 年,第 161 页;冈田武彦等:《日本人与阳明学》,北京:台海出版社,2017 年,第 83—85 页。

④ 参见朱谦之:《日本的朱子学》,北京:人民出版社,2000 年,第 192 页;朱谦之:《日本哲学史》,北京:人民出版社,2002 年,第 28 页。

⑤ 参见冈田武彦等:《日本人与阳明学》,钱明译,北京:台海出版社,2017 年,第 5—7 页。

⑥ 参见刘岳兵等:《明治儒学与近代日本》,上海:上海古籍出版社,2005 年,第 190—200 页。

⑦ 参见永田广志:《日本封建制意识形态》,刘绩生译,北京:商务印书馆,2003 年,第 178 页;朱谦之:《日本的古学及阳明学》,北京:人民出版社,2000 年,第 209 页。

中学习。在私塾中学习的目的也更多的是学习谋生的技能。这些私塾不仅传授汉学，还传授西洋的技艺和学说。相反，朱子学者在当时几乎全是西方科学技术即"兰学"的反对者，仅有改学于阳明学派的佐藤一斋门下的佐久间象山对西洋学说持略微积极的态度："东洋道德西洋艺，匡廓相依完圈模。"① 在这种情况下，日本阳明学的倡导者在总体上对西洋学说持比较开放的态度，甚至促进彼此相互影响和融合，促使阳明学近代化。

此外，阳明学当时在日本学界广为接受与其思想特质有关。启蒙以来，一种学说所映射的近代与古代的分野主要在于它是否确立了主体性观念，阳明学则是当时最接近于这一标准的学说，其核心"不是有关国家的思考，不是国体论，而是个人的修身、齐家，是人在私生活中的道德准则"。② 中江树藤曾在《原人说》中将依据至上的原则而行事的人道称为"人格"，并在《持敬图说》中进一步说明，"圣人之心"是"清明纯粹自然而然"的，要想保持这份纯粹的道德之心，必须要"持敬"。③ 这一强调个体道德实践的心性之学与强调启蒙与自由的实践理性原则最为接近。

不仅如此，日本近代的阳明学运动还强调平等与个体解放，具有极强的政治行动力。三重松庵依据阳明学而主张人人平等，反对朱子学派的君臣父子之说，强调君与臣虽生来并不平等，但是人格都是平等的，具有相同的良知之心。④ 大盐中斋更是率领其洗心洞的儒生联合大阪的农民和穷人起义，日本马克思主义讲座派的学者羽仁五郎曾评价"大盐起义"是"反封建思想压迫的近代思想生长的开端"。⑤ 因为在起义的"檄文"中，大盐中斋强调日本国内的民众并无悬殊的智识差别，造成贫富贵贱的根源在于幕府的"不仁"的统治。⑥ 这样的观念在否定幕府统治的合法性的同时，强调了民众的政治身份与统治者的政治身份的形式平等，并呼吁作为平等的民众的日本国民起来反对封建的不义统治，使日本民众从封建意识形态中解放出来，为近代日本形成"国民"概念确立了思想基础。

明治维新之后，日本天皇为了对抗西方自由民权思潮，重塑民众的道德观念，于1890年颁布了《教育敕语》。⑦ 自幼在汉学私塾和洋学塾受到双重熏陶的井上哲次郎是为敕语进行"衍义"的最佳人选。⑧ 在写作《敕语衍义》九年后，井上哲次郎出版了《日本阳明学派之哲学》，他将江户时代的阳明学进行了意识形态化的整理和论证。井上以"心即理""致良知"和"知行合一"为主要内容，构筑了明治维新之后日本阳明学

① 朱谦之:《日本的朱子学》,北京:人民出版社,2000 年,第 530—531 页。
② 永田广志:《日本封建制意识形态》,刘绩生译,北京:商务印书馆,2003 年,第 179 页。
③ 朱谦之:《日本的古学及阳明学》,北京:人民出版社,2000 年,第 221—222 页。
④ 参见朱谦之:《日本的古学及阳明学》,北京:人民出版社,2000 年,第 263 页。
⑤ 朱谦之:《日本的古学及阳明学》,北京:人民出版社,2000 年,第 332 页。
⑥ 参见朱谦之:《日本的古学及阳明学》,北京:人民出版社,2000 年,第 340—342 页。
⑦ 参见刘岳兵等:《明治儒学与近代日本》,上海:上海古籍出版社,2005 年,第 52—60 页。
⑧ 参见刘岳兵等:《明治儒学与近代日本》,上海:上海古籍出版社,2005 年,第 60 页。

的基本面貌。"致良知"本来是来自个体内心的体悟,强调人同此心,心同此理,但是,在实际生活中,由于个体的内心标准不同,"良知"沦为一种空洞的形式。井上哲次郎以《教育敕语》为外部标准,倡议日本国民将这个"天理"内化为自己的"心性",并按照"天理"来行动,如此完成了"天皇制绝对主义"的思想构建。以此为标志,倡导国民道德运动的日本阳明学运动兴盛起来,塑造了明治维新之后日本众多思想家的心性和内在文化结构。

井上哲次郎在《衍义叙》中谈道,

> 盖《敕语》之旨意,在于修孝悌忠信之德行,以固国家之基础;培养共同爱国之心,以备不虞之变。……若以孝悌忠信及共同爱国之主义,则日本国民不出数十年,必大改其面貌。由维新之于今日,其主要成于形体之改良,由今至后,与形体改良之相共,将应期待精神上之改良也。①

可见,《教育敕语》推动国民道德运动的目的在于以传统儒学的道德教化为手段,形成日本国民的爱国主义情绪。其实,这个传统儒学在井上哲次郎那里就是经过他改造的日本阳明学。井上哲次郎在《衍义》中认为,"致良知"的功夫可以增进国民的道德素质,抵抗不良思想的侵蚀。② 而且,较之西方思想学说,阳明学与日本的国民性更为接近。他甚至将阳明学与武士道精神加以同质化阐述:

> 阳明学和武士道特别相似……武士道的精神在于实行,即以他们的生命为赌注断然实现目的,这就是武士道的精神。这和阳明学知行合一的实践精神是一致的。③

日本阳明学运动的核心议题之一是主体与实体或个人与国家的关系。井上哲次郎对这一议题的规划与回答在日本影响甚广。西田几多郎曾在东京帝国大学受教于井上哲次郎,传统哲学和西方思想学说构成了其哲学体系中不可分割的整体。以《善的研究》为代表的西田哲学是一种典型的从自我内部观看世界的"心学"路径。④ 传统阳明学中的"无我"概念强调的是"我"不受污染的澄明状态,西田则强调了"无我"中的"无"的纯粹性,这一改造使传统阳明学得以与以康德、费希特等思想为代表的观念论

---

① 刘岳兵等:《明治儒学与近代日本》,上海:上海古籍出版社,2005年,第89—90页。
② 参见邓红:《日本的阳明学与中国研究》,桂林:广西师范大学出版社,2018年,第44页。
③ 邓红:《日本的阳明学与中国研究》,桂林:广西师范大学出版社,2018年,第45页。
④ 参见西田几多郎:《西田几多郎哲学选辑》,黄文宏译,台北:联经出版事业股份有限公司,2013年,第32—33页。

相对接。① 在他看来，"心之体"就是"绝对无"，亦即观念论中的"绝对自由意志"，人与世界都从这个"无据"的端绪中生发出来。而在西田对"善"的阐释中可见"致良知"的踪影。他认为，"善是我们内在性的要求即理想的实现，换言之就是意志的发展完成"，即"人格的实现"。以善为目的的行为必须从"最严肃的内在要求"而非"情欲"出发。当人们按照善去行动时，就认识了"我"的本真之意。在西田看来，善的行动就是"与神意冥合"的知行合一。②

西田的学生三木清认为，西田的行动理论是非社会性的，这种心理主义的向度无法与历史理论相融合。他从马克思主义角度批判了西田理论的非唯物性和非历史性。在三木清看来，理论的出发点不能是"绝对无"一类的观念，而应是"基础经验"，因为"基础经验不受逻各斯指导，反而自行指导、要求、产生逻各斯的经验"，而对人的行为的考察应当在历史中进行。③ 三木清的"理论的谱系学"的结构是"基础经验——人学——意识形态"的三项图式。"基础经验"带有西田的"纯粹经验"的影子，但是，不同于西田的内在化倾向，三木清的"基础经验"指的是人与人之间的复杂变动的交往关系所构成的全体，这显然带有马克思主义的"社会存在"的含义。人在交往关系中对自我的解释就是"人学"，它是基础经验与意识形态的中间环节。在三木清看来，基础经验指代的是社会整体的行为方面，意识形态指代的是对社会整体的认识方面，他的人学要达到社会整体的认识与行动的统一。传统阳明学的"知行合一"在三木清的马克思主义学说中获得了一种超越个体的社会含义。他认为，"只有实践的唯物论，即所谓战斗的唯物论（der kämpfende Materialismus）才能够把现代不仅作为结果同时也作为过程来把握"。④

总的来说，阳明学运动对日本马克思主义者的影响是错综复杂的。在马克思主义传入日本的时候，人们对它并没有形成系统的认识，往往是根据自己的教育和处境来部分地认识它，他们中的绝大部分都曾在传统的私塾中接受过包括阳明学在内的儒学教育。一方面，他们对马克思主义的认识或多或少受到了包括阳明学在内的儒学的影响。例如，中江兆民少时曾在藩校师从奥官慥斋研习阳明学，尔后将此与卢梭的思想结合，形成了其自由民权思想，他的学生幸德秋水深受其影响，曾对友人说自己"是从儒家进入社会主义"的。⑤ 一些马克思主义者对资本主义的分析和对社会主义的认识里也带有阳明学的印记，例如河上肇的道德经济观。从其思想的形成来源看，河上肇很可能受到了阳明学者三岛中州和涩泽荣一的义利合一观的影响。三岛中州在《义利合一论》

① 关于阳明学对"无我"的传统解释，参见张崑将：《阳明后学对自我理论的分化与深化》，载蔡振丰、林永强、张政远主编：《东亚传统与现代哲学中的自我与个人》，台北：台湾大学出版中心，2015 年，第 107—108 页。关于西田的对"无我"的理解，参见西田几多郎：《西田几多郎哲学选辑》，黄文宏译，台北：联经出版事业股份有限公司，2013 年，第 34、38—39 页。

② 滨田恂子：《近代日本思想史》，周俊宇译，香港：商务印书馆，2017 年，第 49—50 页。

③ 滨田恂子：《近代日本思想史》，周俊宇译，香港：商务印书馆，2017 年，第 70—71 页。

④ 参见刁榴：《三木清的哲学研究》，北京：社会科学文献出版社，2008 年，第 72 页。

⑤ 朱谦之：《日本哲学史》，北京：人民出版社，2002 年，第 233、285 页。

中批判朱子学的重义轻利观,认为义与利就像理与气一样,"到底义利合一不相离也"。① 三岛中州的"经济道德观"深刻影响了涩泽荣一,他认为,解决资本主义的劳资对立的矛盾仅仅靠社会改革是不足够的,还要恢复"家族主义"的风俗。② 虽然河上肇并不像涩泽荣一那样打算调和阶级矛盾,但是他几乎穷尽了一生精力来探讨道德与经济的调和,认为实现社会主义的关键在于培养人们"纯无我纯爱他"的高尚道德。③

在另一方面,阳明学提倡的道德因素也是促使他们投身社会运动的内在因素之一。三木清的哲学带有很强的实践性质,这与他的社会活动是相吻合的,他一生追求"从行动者的立场思索,从思者的立场行动"。④ 阳明学的这种实践与思想合一的特点也影响了后来的马克思主义者,如三枝博音、本多谦三、古在由重、户坂润和河上肇。例如,河上肇就是出于认同阳明心学的吉田松阴提倡"文人经世"的精神而由文学转入法学。因为他们的革命活动,山川均和堺利彦甚至被称为"红色的阳明学者"。⑤ 日本的马克思主义者为了贫苦大众而进行革命的精神在一定程度上映现了他们所认同的"致良知"和"知行合一"的理念,并反映了鲜明的时代面貌。因此,三岛由纪夫将阳明学称为"革命哲学",认为"马克思主义取代了阳明学"。⑥

二、日本学界对马克思主义经典著作的翻译与日本马克思主义的最初形成

在东亚,日本学人最早研究马克思主义,马克思恩格斯的经典著作在1904—1932年间就被陆续翻译成日文。⑦ 从日本学界对马克思主义的接受与理解到形成具有一定特色的日本马克思主义,大致可以分为三个阶段:一是零散的只言片语式的接触;二是出版介绍性的读物与马克思主义经典文本的译介;三是运用马克思主义理论进行论战和制定策略。以"大逆事件"为分水岭,在此之前日本学人开始知晓马克思主义,并逐步翻译并介绍其理论著作。这些研究贯穿了从明治晚期到大正早期这一历史阶段,此间马克思主义传入日本起到了启蒙的作用。

最初谈及马克思主义、共产党或社会主义等概念时,日本的知识界往往是从负面角度理解的。例如,加藤弘之在《真政大意》中认为共产主义是"最有害的制度"。⑧ 井上

---

① 刘岳兵等:《明治儒学与近代日本》,上海:上海古籍出版社,2005年,第345页。
② 刘岳兵等:《明治儒学与近代日本》,上海:上海古籍出版社,2005年,第351页。
③ 王家骅、杨志书:《河上肇的思想历程与儒学》,《日本研究》1994年第4期。
④ 刁榴:《三木清的哲学研究》,北京:社会科学文献出版社,2008年,第175页。
⑤ 邓红:《日本的阳明学与中国研究》,桂林:广西师范大学出版社,2018年,第50页。
⑥ 吉田和男:《塑造日本人心性的阳明学》,张静、明磊译,北京:东方出版社,2015年,第215页。
⑦ 参见韩立新:《"日本马克思主义":一个新的学术范畴》,《学术月刊》2009年第9期。
⑧ 参见葛奇蹊:《明治时代日本国家主义者的社会主义批判》,《河北工程大学学报(社会科学版)》2014年第1期。

哲次郎则认为,主张社会主义的激进分子往往不加以区分就完全否定了私产的合理性,其结果是精神道德的萎靡和由"筋肉劳动者"组成的下等的世界。① 小崎弘道在《论近世社会党之原因》中最早谈到了"马克思主义"一词,但他是从宣传基督教和反社会主义的立场来介绍的。② 在明治维新之后,日本的国力日益上升,经济结构日益资本主义化,随之而来是各种骚动和罢工逐渐出现,另一些知识分子开始从积极的角度接受和解释马克思主义。1900 年前后,日本学界出版了不少宣传马克思主义和社会主义的著作,例如,井村知至的《社会主义》、福井准造的《近世社会主义》、久松义典的《近世社会主义评论》、西川光次郎的《人道之义士,社会主义之父——马克思》、岛田三郎的《社会主义概评》以及辛德秋水的《二十世纪之怪物帝国主义》等。这些著作介绍了马克思主义学说的基本特点和主要内容,并基于剩余价值学说强调了社会主义必然代替资本主义的观点。③

这些著作不是直接来自于对马克思、恩格斯和列宁的经典文本的阅读,而是来自对其他类似的介绍性读物的综合,因而不可避免地受到其他非马克思主义学说的影响。这种综合产生了以片山潜的《我的社会主义》、幸德秋水的《社会主义神髓》以及堺利彦与森近运平合著的《社会主义纲要》为代表的日本早期马克思主义研究的重要成果。以《社会主义神髓》为例,该书阐述了大众贫困的原因、产业制度的进化、社会主义的主张与贡献,以及社会党的运动,认为大众贫困的原因在于生产资料被资本家和地主垄断,而解决的办法在于"社会人民共有"。④

随着对马克思主义和其他社会主义思想的传播,阅读马克思主义经典著作的需求也进一步强化。这时,一些马克思主义经典著作陆续被翻译成日文。根据渡边春男的叙述,

> 1904 年 11 月的《平民新闻》一周年号上,初次刊登了幸德秋水和堺利彦合译的《共产党宣言》,接着在 1906 年 7 月的《社会主义研究》杂志上,介绍了堺利彦翻译的《科学的社会主义》。再往后,从 1909 年 5 月开始在《社会新闻》报上,刊出了尚未全部完成的安部矶雄译的《资本论》。⑤

这一时期日本学界的翻译工作侧重于满足社会实践的需要,一方面论证工人运动的合理性,另一方面正确地指引工人运动。堺利彦在回顾《平民新闻》创刊一周年的情况时说,"为一周年纪念刊登什么? 大家长期酝酿,结果终于决定为《共产党宣

---

① 参见井上哲次郎:《私产之种类与其道德价值》,《改造》(上海 1919)1921 年第 7 期。

② 参见张卉编译:《马克思主义在日本》,《当代国外社会主义问题》1985 年第 1 期。

③ 参见田永、田梦霞:《日本马克思主义研究对中国的传播贡献》,《日本问题研究》2014 年第 4 期。

④ 参见幸德秋水:《社会主义神髓》,马采译,北京:商务印书馆,1962 年,第 3—5 页。

⑤ 渡边春男:《第一次大战前马克思主义在日本的流传》,贾纯译,《外国问题研究》1982 年第 2 期。

言》，……这一实现，对我来说感到非常痛快，非常光荣"，因为"在其一周年能够发表《共产党宣言》的日译本，它表明，平民社运动开始走向了正确的道路"。①

选择首先翻译《共产党宣言》的另一个理由在于，《资本论》在理论上更为晦涩难懂，在当时日本实际的社会运动中难以迅速彰显其理论力量。同时，由于当时日本的社会主义者往往是无政府主义者和马克思主义者混杂在一起，《共产党宣言》中直接而激进的革命宣言是无政府主义者和马克思主义者的共同愿望，在某种意义上可以将两者联合在一起。事实上，《共产党宣言》确实促进了日本工人运动的蓬勃发展。在幸德秋水和大杉荣为代表的直接行动派的影响下，在 1908 年 6 月发生了"赤旗事件"，社会主义者与警察发生了直接的冲突。工人运动的发展进一步要求翻译更多的马克思主义创始人的著作的新译本。幸德秋水和堺利彦合译了《共产党宣言》新译本，堺利彦第一次翻译了恩格斯的《家庭、私有制和国家的起源》。这时日本社会主义者的一些综合性著作得以发表，如安部矶雄的《社会主义简史》、田添铁二的《社会主义史》、石川旭山的《日本社会主义史》、木山野次郎的《社会主义运动史》、山路爱山的《现代社会问题和社会主义者》等。②

这些激进的著作随后遭到日本当局的查禁与没收。两年后的"大逆事件"使包括幸德秋水在内的 12 名日本社会主义者惨遭杀害。无论是日本社会民主党中支持争取普选权的斗争的议会政策派，还是坚持采用无政府工团主义的直接行动派，均遭到日本天皇政权的残酷镇压。③ 其中，仅堺利彦一人由于 1908 年的一次欢迎同志出狱事件被捕入狱两年而所幸逃过一劫。堺利彦回顾当时的情景说：

> "大逆事件"的结果是，所有的社会主义出版物一律被禁止，在全国范围进行大搜捕，同志们的集会、言论自由全部被剥夺、甚至有的同志家也不能回，社会主义运动一时像是完全消灭了。④

至此，日本的社会主义运动进入严冬时期，无论是社会运动还是理论活动都暂时告一段落。在"大逆事件"之后，从大正早期到昭和早期日本知识分子在理论和实践中运用马克思主义理论进行论战和制定斗争策略。在这期间产生了以马克思主义为中心的三大论战：关于价值理论的论战、关于地租理论的论战与关于日本资本主义的论战。这一时期的研究成果有福本和夫的《唯物史观的构成过程》、栉田民藏的《关于马克思价

---

① 参见滕颖：《试论日本社会主义运动的先驱——堺利彦》，《哲学研究》1983 年第 2 期。

② 参见高尔德别耳格：《日本工人运动和社会主义运动的第三阶段（1907—1917）》，《外国问题研究》1982 年第 2 期。

③ 参见片山潜：《关于马克思主义在日本的诞生与发展问题》，刘国瑞译，《国际共运史研究资料》1984 年第 2 期。

④ 参见滕颖：《试论日本社会主义运动的先驱——堺利彦》，《哲学研究》1983 年第 2 期。

值概念的考察》、山田盛太郎的《价值论中的矛盾和扬弃》、猪俣津南雄的《谁让马克思矛盾了?》、向坂逸郎的《地租论研究》以及河上肇的《资本论入门》等。

1919 年 5 月,由堺利彦和大杉荣等创立的卖文社以《资本论解说》为题出版了高畠素之翻译的考茨基的《卡尔·马克思的经济学说》,它在日本被认为是《资本论》第一卷的权威介绍书。从 1920 年开始,高畠素之用几乎 10 年的时间陆续翻译和出版了《资本论》三卷的全译本:大镫阁版的第一卷出版于 1920—1921 年,大镫阁版的第三卷出版于 1921—1922 年,第二卷则于 1923—1924 年改由而立社出版,新潮社于 1925—1926 年出版了全面改订本。最后,改造社于 1927—1928 年出版定本,并收入于大镫阁版《马克思全集》。① 高畠版的三卷《资本论》最初分为 10 册,它不仅是第一个日文全译本,也是二战前唯一的全译本,更是亚洲第一个全译本。

随着《资本论》日文全译本的出版以及前两次论战的理论积累,日本的知识界对《资本论》的理解达到了全新的水平。十月革命后,日本的社会主义运动受到了极大的鼓舞,从事马克思主义研究的知识分子有了将《资本论》的理论应用于对日本社会的现状分析与现实改造的迫切需求。后来,日本共产党发表了 1927 年纲领,把日本应该采取的革命战略划分为两个阶段,先是资本主义民主革命,然后是社会主义革命。这一纲领促使日本的马克思主义者内部对日本的资本主义性质进行了激烈论战,从而形成了早期日本马克思主义的两大派别:讲座派和劳农派。讲座派支持 1927 年纲领,强调日本社会具有半封建半资本主义的性质,又称为"半半主义";劳农派则否定日本资本主义带有半封建的性质,从而反对 1927 年纲领,主张直接进行打倒以金融寡头为代表的资产阶级的社会主义革命。

这一论战在理论上极大地促进了日本马克思主义,涌现出了大量的日本马克思主义经典著作与代表。讲座派出版了《日本资本主义发达史讲座》系列丛书,其代表人物主要有山田盛太郎、平野义太郎、野吕荣太郎、大家金之助、小林良正、服部之总、羽仁五郎以及山田胜次郎,代表作有野吕荣太郎的《日本资本主义发展史》和服部之总的《明治维新史》等。劳农派则以《改造》《中央公论》《大原社会问题研究所杂志》和《先驱》等刊物为阵地,发表了大量论文,其代表人物有山川均、河上肇、铃木茂三郎、栉田民藏、向坂逸郎、土屋乔雄、猪俣津南雄、圆田宗司以及伊藤好道。②

另一方面,早期日本马克思主义者出于对唯物主义哲学的兴趣,翻译了《德意志意识形态》。《德意志意识形态》日译本晚于《共产党宣言》和《资本论》等著作出版的一个重要原因在于,它作为一份手稿被发表得较晚。但是,早期日本马克思主义者对其非常重视。在《德意志意识形态》"费尔巴哈"章于 1926 年以德文第一次公开发表之时,

---

① 参见党为:《1921 年以前马克思学说在日本的传播——兼及中国的转译》,《湖北社会科学》2012 年第 3 期。

② 参见张忠任:《日本马克思主义经济学研究的基本轨迹》,《海派经济学》2004 年卷第 11 辑。

日本学者就立刻做出了反应,在短短4年内就翻译出版了"栉田—森户译本""由利译本"和"三木译本"。这三个译本均以梁赞诺夫版为底本,最早进行翻译的是栉田民藏和森户辰男。他们于1926年5—6月份将译文以"马克思恩格斯遗稿《德意志意识形态》的第一篇《费尔巴哈》"为标题刊登在由长谷川如是闲、大山郁夫和河上肇编辑出版的《我等》杂志第8卷第5—6号上。1930年5月,对上述译文进行修订和补充后,又以《马克思恩格斯遗稿〈德意志意识形态〉》为书名,作为我等社的《我等丛书》第4册出版。该丛书还收录了河上肇翻译的《关于费尔巴哈的提纲》,此译文刊登在《马克思恩格斯文库》第一卷《1844—1847年记事本》,还转载了发表在《马克思恩格斯文库》中的该提纲手稿的影印件。[1]

除了梁赞诺夫版外,日本学界在二战前还翻译了阿多拉茨基版的《德意志意识形态》。从内容角度看,阿多拉茨基版比梁赞诺夫版更为丰富完整。1933年3月,《唯物论研究》第5期刊载了服部之总翻译的阿多拉茨基版《序文》。唯物论研究会最初以《阿多拉茨基版〈德意志意识形态〉》为题进行了翻译,并分为3册出版:第1册出版于1935年12月,第2册出版于1936年1月,第3册出版于1936年4月。其中,松原宏、山岸辰藏和森宏一翻译了《德意志意识形态》"费尔巴哈"章。[2] 在此期间,日本学界还翻译出版了其他马克思主义经典著作。例如,加藤正翻译了恩格斯的《自然辩证法》,宫川实翻译了马克思的《〈经济学批判〉序言四》,井上满翻译了列宁的《唯物主义和经验批判主义》和恩格斯的《反杜林论》,黑田房雄翻译了恩格斯的《劳动在从猿到人转变过程中的作用》。

三、日本马克思主义著作在中国的早期传播

在"五四"运动之前,中国知识界接触、理解和传播马克思主义主要是通过日本。在甲午战争失败之后,很多中国学生到日本留学,探索救亡图存的道路,他们在那里接触到了包括马克思主义在内的社会主义学说。从清末开始,第一批传播马克思主义学说的中文刊物创刊于日本,大部分在日本完成了编辑和印刷,如《译书汇编》《新民丛报》《浙江潮》《民报》与《天义》等。这些刊物的创立者都曾留学于日本,例如,《译书汇编》的主编戢元丞、杨翼云和杨荫杭是江苏籍的留日学生,《浙江潮》的创办者孙翼中、蒋智由、许寿裳和马君吾等是浙江籍的留日学生。当时从日本接受马克思主义,一方面与甲午战争对国人的心理冲击有关,另一方面主要因为地理距离和语言方面的便利。最早在日本接触马克思主义的著名学者梁启超曾说,

---

[1] 参见涩谷正:《〈德意志意识形态〉在日本的翻译史》,盛福刚译,《马克思主义与现实》2011年第5期。

[2] 参见涩谷正:《〈德意志意识形态〉在日本的翻译史》,盛福刚译,《马克思主义与现实》2011年第5期。

日本与我为同文之国，自昔行用汉文，……日本自维新以后，锐意西学，所翻彼中之书，要者略备。其本国新著之书，亦多可观。今诚能习日文以译日书，用力甚尠，而获益甚钜。①

在这些阅读、翻译、办报和结社等各种活动中，日本马克思主义者的重要著作也随之被翻译成中文并传播到中国。1902—1903 年，一些日本的社会主义著作由留日学生翻译出版。由于那时日本马克思主义学派尚未形成，这些著作或多或少介绍了马克思主义学说，并在翻译所使用的概念上带有明显的日本风格。例如，1902 年 4 月，上海广智书局出版了由罗大维翻译的村井知至的《社会主义》，该书是在中国出版的第一部译自日语的社会主义著作。1902 年 6 月，上海文明书局又出版了侯士绾翻译的该书新译本。1902 年 8 月，上海广智书局出版了赵必振翻译的幸德秋水《二十世纪之怪物帝国主义》。同年 11 月，商务印书馆出版了赵必振翻译的幸德秋水《广长舌》。1903 年，这类社会主义著作的出版出现了一个小高潮：2 月，上海广智书局出版了由赵必振翻译的福井准造的《近世社会主义》；3 月，出版了由周子高翻译的西川光次郎的《社会党》，新世界学报发表了杜士珍翻译的欠松义典的《近世社会主义评论》，作新社发表了该社自译的岛田三郎的《社会主义概评》，闽学会发表了方仲所译的大原祥的《社会问题》；10 月，浙江潮杂志社发表了中国达识译社翻译的幸德秋水的《社会主义神髓》。②

在上述著作中，只有幸德秋水的《社会主义神髓》可以被看作在 20 世纪前十年的中国学界产生了重大影响的日本早期马克思主义者的著作，仅在 20 世纪 20 年代以前就出版过 5 个中译本。除了上述中国达识译社版的《社会主义神髓》，还有 1905 年的张继（溥泉）译本、1906 年的日本东京社会主义研究社的蜀魂译本，以及 1907 年的日本东京奎文馆书局的创生译本。1912 年，《东方杂志》在第 9 卷第 2 至 3 号上连载了高劳翻译的《社会主义神髓》，该文后于 1923 年 12 月由商务印书馆出版。这些译本无疑促进了社会主义学说在中国的早期传播，对当时中国知识分子产生了启蒙作用，例如，吴玉章和梁漱溟在读过《社会主义神髓》后，表示"心乃为之大动"，因而"热心社会主义"。③

进入 20 世纪 20 年代之后，日本马克思主义著作迅速在中国传播开来。较之前一个十年，这个时期的著作不仅仅是日本学者对马克思主义的简单介绍，而且是他们运用马克思主义，或具体谈论马克思主义的某些理论问题，或具体分析日本的社会状况并形成斗争策略，因而完全是具有日本特色的马克思主义著作。对日本马克思主义著作的译介一直持续到新中国建立前夕，涉及马克思主义哲学的著作，算上各类译本和

---

① 梁启超：《饮冰室合集》第 1 卷，北京：中华书局，1989 年，第 76 页。

② 参见孙建昌：《社会主义学说在中国的早期译介与传播》，山东大学博士学位论文，2014 年，第 43—51 页。

③ 参见孙建昌：《社会主义学说在中国的早期译介与传播》，山东大学博士学位论文，2014 年，第 55—57 页。

再版,有不下 20 种;涉及马克思主义政治经济学的著作更为丰富,有不下 40 种。其涉猎的范围也是相当全面:在哲学方面有对马克思主义哲学进行总论的著作,也有专门研究辩证唯物主义和历史唯物主义的著作;在政治经济学方面有对马克思主义政治经济学原理进行概括和分析的著作,也有专门研究其经济学方法论、前资本主义社会生产方式、资本主义社会生产方式、资本与剩余价值的关系、帝国主义的垄断特点、经济危机以及社会主义生产方式等专题性研究著作,还有研究马克思主义经济思想史的著作。

从出版社和著作的发行区域分析,当时中国引进日本马克思主义著作最为集中的地方是上海,例如商务印书馆、中华书局、新生命书局、北新书局、神州国光社、启智书局、泰东图书局、上海书店以及上海杂志公司。根据日本学者三田刚史的统计,在所有的中译日本社会科学文献中,在上海出版的有 1225 本,占全国总量的 65.5%。① 这一统计也从侧面证明了上海当时引入日本马克思主义著作的情况。究其原因,除了上海拥有最多的译馆和出版社外,最为重要的是上海是工人与学生的集散地,在"五四"运动之后更是传播马克思主义的最佳地点。从被翻译的著作数量上看,根据谭汝谦主编的《中国译日本书综合目录》的统计,排名前五的日本马克思主义研究者是河上肇(28本)、山川均(13 本)、高畠素之(11 本)、安部矶雄(6 本)与堺利彦(4 本)。② 另有一说,三田刚史根据《民国时期总书目》统计得出的结论是,排名前四的应该是河上肇(34本)、山川均(25 本)、高畠素之(19 本)与堺利彦(14 本)。③

上述统计口径和资料来源有一定差异,但可以肯定的是,当时在中国影响最盛的日本马克思主义学者没有出河上肇之右者。包括《东方杂志》《晨报》《新青年》《建设》《时事新报》与《民国日报》在内的当时中国各种报刊都曾发表过河上肇的文章译文。④他的思想主张一时成为知识界的热门话题,影响到的读者相当广泛,许多中国共产党的早期成员和其他党派人士都受到了其著作的启发,诚如赵利栋所叙述,

> 当时,无论是同情、宣传马克思主义的唯物史观,抑或反对唯物史观的中国人,实际都是根据河上肇所阐发的唯物史观而进行的,如李大钊、胡汉民、戴季陶、周佛海、李达、李汉俊、高一涵、范寿康等。⑤

---

① 参见三田刚史:《王亚南のマルクス主義観―日本の視角から―》,载《当代马克思主义经济理论国际研讨会论文集》,厦门大学宏观经济研究中心,2006 年,第 321 页。

② 参见谭汝谦主编:《中国译日本书综合目录》,香港:香港中文大学出版社,1980 年。

③ 参见三田刚史:《王亚南のマルクス主義観―日本の視角から―》,载《当代马克思主义经济理论国际研讨会论文集》,厦门大学宏观经济研究中心,2006 年,第 318 页。

④ 参见胡为雄:《马克思主义传入日本再转传中国过程中的日本学者》,《中共中央党校学报》2014 年第 4 期。

⑤ 赵利栋:《略论二十世纪二十年代中国马克思主义的思想资源》,《中国社会科学院近代史研究所青年学术论坛》(2003 年卷),北京:社会科学文献出版社,2005 年,第 589 页。

其著作的译者中也不乏中国近现代史上重要的历史人物,例如李大钊、施存统、李达和郭沫若等。他们所翻译的术语很多都直接来自于河上肇,例如"唯物史观""剩余价值""生产力"和"生产关系"等。① 不仅如此,由于河上肇的影响,日本马克思主义者关于当时日本社会的资本主义性质的激烈争论也间接传播到中国。之所以说是间接传播,理由有两点:其一,中国知识分子所进行的论战是完全关于中国的社会的性质和中国社会史的,而不是关于日本的;其二,对于中国的社会性质的定性,他们在很大程度上受到苏联的影响。但是有一点不容忽视,在始于 1927 年的中国社会性质论战展开之前,《孤军》杂志在从第 2 卷第 1 期(1923 年 12 月)到第 3 卷第 6 期(1925 年 11 月)就进行了长达两年之久的"经济政策讨论"。这场讨论是关于如何认识社会主义经济的现状和在中国实行社会主义革命的可能性的争论,从主题上看,它可以被看作是始于 1927 年的中国社会性质论战的先声,而这些讨论主要是在河上肇的中国学生中进行的。②

从派别上看,与河上肇同属于劳农派的山川均的著作也曾在中国广为传播,例如,《资本制度浅说》是 20 世纪 20 年代和 30 年代的畅销著作,并不断出现新译本和再版:如上面所列的崔物齐版《资本主义的解剖》、吕一鸣版《资本主义之玄妙》、施存统版《资本制度浅说》以及施存统的增订版《资本制度解说》。其最早中译的时评是载于《新青年》的《对于太平洋会议的我见》,此后山川均便以反帝、反战和反法西斯的日本马克思主义者的形象进入中国知识分子的视野中。但是这种情况并不长久,尤其是在 1937 年后山川均的中译著作的数量骤然下降。一个重要的原因是山川均对华态度出现了"转向":1937 年的"通州事件"之后,他发表了《"支那"军的鬼畜性》和《"北支"事变的感想》等文章,将战争责任推卸到中国方面,这极大地伤害了中国左派知识分子的情感。③与此相似的还有高畠素之和佐野学。相对而言,作为正统派的"讲座派"的著作较少传播到中国。一个例证是,在谭汝谦主编的《中国译日本书综合目录》中仅能找到 4 本于新中国成立前翻译的"讲座派"的著作:野吕荣太郎的《日本资本主义发展史》(金学成译)、平野义太郎的《法律与阶级斗争》(萨孟武译)、小林良正的《俄国社会经济史》(顾志坚译)和《经济史》(刘濡译)。总的来说,由于日本侵华战争的爆发以及日本社会主义者的"转向",这些人的作品几乎再也没有被翻译成中文,这一时期日本马克思主义著作的译介活动也逐渐减少。

① 参见杨奎松:《李大钊与河上肇》,《党史研究》1985 年第 2 期。
② 参见三田刚史:《留日中国学生论马列主义革命——河上肇的中国学生与〈孤军〉杂志》,《徐州师范大学学报研究》2005 年第 5 期。
③ 参见刘庆霖:《九一八事变后日本社会主义者的"转向"及其在中国知识界的反响》,《马克思主义与抗日战争研究》2017 年第 3 期。

【中国哲学】

返本与开新:基于中国哲学研究的思考

曹　峰[*]

内容提要:20 世纪的中国哲学史对西学方法和框架牵强附会的使用,使得有些研究领域在相当程度上偏离了思想的本来面貌,名学研究、宇宙生成论研究就是非常典型的例子。而黄老道家之所以会被忽视,除了出土文献大量涌现之前资料欠缺的原因之外,也跟观念先行导致思想史资料被有意识地无视或者淘汰有关。如何充分利用出土文献,如何激活传统文献自身的话语,理出符合思想史本来面貌的脉络,从而做出生动的学问,这应该是我们努力的方向。

关键词:返本　开新　名学　宇宙生成论　黄老道家

一、总论:"纯化与泛化""返本与开新"

20 世纪是中国哲学学科形成的时期,清末以前中国没有哲学学科,[①]因此,这是一件开天辟地的大事。这个学科的建设完全是中国人接受西方、走向世界的产物,对 20 世纪以后中国人认识和研究古代世界的方式产生了巨大影响,当然,对塑造未来中国人的生存方式、思维方式也将产生巨大影响。

既然哲学是一个外来的品种,那么,它要在中国生根、开花并结果,必然需要一个漫长的过程。不像自然科学,其引进和移植,必须原封不动,亦步亦趋。哲学是思想的产物,因此,20 世纪中国哲学研究所走过的历程,在很大程度上就是一个中国思想和西方哲学不断碰撞、交融的过程。20 世纪中国哲学学科的建设以及研究模式,毋庸置疑取得了很多成就,但也存在不少问题。其主要问题在很大程度上与"以西释中"有关,即,依傍西方哲学建构起来的中国哲学是依赖西学的框架来重建中国思想的系统性的。但其重建一开始并非依据中国古代思想原有的体系,而是将原有的体系打乱,按照当时的或者作者本人所理解的西方哲学来重新编排中国传统的知识,把本来属于特殊性、流变性的现象当作结构性、整体性的问题来研究,由此产生了很多断章取义、削足适履、隔靴

---

　　* 曹峰,中国人民大学哲学院教授。
　　① 详细可参田文军:《王国维与中国哲学史》,《人文杂志》2011 年第 5 期;唐文明:《辛亥革命以前王国维论哲学及人文学的分科》,《云南大学学报(社会科学版)》2011 年第 6 期。

搔痒、生搬硬套的问题。当然,这一问题的严重程度,依据时代的不同、学者的不同、理论的不同而有差异。早期胡适、冯友兰等人撰写哲学史的最终目的就是造就一部西方人可以看得懂的《中国哲学史》,新中国成立后出现了不少按照马列教条的模子刻印的新哲学史、新思想史,也不过是换了许多新的符号和标签而已,在严重脱离思想的本来面目这一点上与之前的哲学史没有什么两样。

20 世纪末 21 世纪初,借助世纪之交这一重要的时间节点,也借助层出不穷的新出土文献,哲学界对此问题有很多反思。① 虽然大家一致认同,无论思维的方式、分析的模式,还是论证、表达的方式,我们都已经不可能不受西方影响,简单地回到过去是不可能的,但是,在此前提下,如何做好中国哲学?仍然有必要不断地、深入地、全方位地检讨 20 世纪的哲学研究,尤其是,究竟是哪些地方属于明显的硬伤,明显地背离了中国古代思想的真实面貌,属于生拉硬扯、脱离实际呢?② 有哪些问题本该予以重视,却由于20 世纪哲学框架的限制,而被轻视、忽视、遮蔽了呢?

反思 20 世纪的中国哲学研究,我认为有两条线索或者说两种话语,能够比较准确、比较生动地表达出 20 世纪中国哲学研究目标、方法上的焦点和问题,一个是"纯化"与"泛化",一个是"返本"与"开新"。"纯化"与"泛化"是 20 世纪 80 年代初著名哲学史家萧萐父先生最早开始讨论的。萧先生指出:

> 鉴于哲学史研究曾羼入许多非哲学的思想资料,往往与一般思想史、学说史浑杂难分,我曾强调应当净化哲学概念,理清哲学史研究的特定对象和范围,把一些伦理、道德、宗教、政法等等非哲学思想资料筛选出去,使哲学史纯化为哲学认识史,以便揭示哲学矛盾运动的特殊规律。但进一步考虑到哲学与文化的关系,文化是哲学赖以生长的土壤,哲学是文化的灵魂,哲学所追求的是人的价值理想在真、善、美创造活动中的统一实现。哲学,可以广义地界定为"人学",文化,本质地说就是"人化"。因而这些年我又强调哲学史研究可以泛化为哲学文化史,以哲学史为核心的文化史或以文化史为铺垫的哲学史,更能充分反映人的智慧创造和不断自我解放的历程。③

这段话鲜明地反映出萧先生在哲学研究上的摇摆不定和矛盾纠结,就是说,作为一个哲学家,他以"纯化"的哲学研究为自己的使命,以同那些"泛化"的"非哲学的思想资料"区别开来、划清界限。但事实上他又不排斥"以哲学史为核心的文化史或以文化史

---

① 这场聚焦于"中国哲学合法性"的世纪之争,吸引了大量的学者参与其中,主要观点可参彭永捷主编:《中国哲学学科合法性论集》,石家庄:河北大学出版社,2011 年。

② 例如社会形态单线演进的简单思维;物质精神、唯物唯心对立式的粗糙思维;将儒家心性学说与西方哲学尤其康德哲学的简单比照;把"轴心时代"观念照搬到先秦时代,等等,都是比较典型的例子。

③ 萧萐父:《哲学史研究中的"纯化"和"泛化"》,《社会科学家》1989 年第 6 期。

为铺垫的哲学史"。也就是说,他清晰地意识到以往研究中国哲学的学者包括他自己都在哲学史研究中"羼入许多非哲学的思想资料",因此时刻想着要"净化哲学概念,理清哲学史研究的特定对象和范围,把一些伦理、道德、宗教、政法等等非哲学思想资料筛选出去",可实际上又很难做到,因此寄希望"或纯化""或泛化"乃至"两端互补"。作为受西方哲学研究范式深刻影响的哲学家,在从事中国哲学史研究时,萧先生认为有责任深究中国古人"认识世界"的"哲学的方式",亦即中国古代哲学的内在逻辑性,同时考察这种认识方式的历史变迁,从而"揭示哲学矛盾运动的特殊规律"。然而,他又意识到文化是哲学生长的土壤,因此在研究哲学之前,必须花费大量的精力从事"泛哲学"的甚至不够哲学的文化研究,如伦理、宗教、政治、法律、风俗、科技等。而这样的考察又必须基于历史的真实与文献的可靠。在笔者看来,一方面,萧先生"纯化"与"泛化"的表述确实把握住了 20 世纪中国哲学研究的实质,因为无论是 1949 年以前胡适、冯友兰等人,还是 1949 年以后基于马克思主义立场从事中哲研究的任继愈、萧萐父(甚至包括研究思想史的侯外庐)等人,或是 1949 年以后港台地区试图重新创作《中国哲学史》的劳思光等人,他们所做的工作无不是在"纯化"中国哲学,只不过方法与路径有所不同,或是"纯化"的程度有所不同而已。另一方面,我们也可以从他们的哲学史写作历程中看出,他们常常在"纯化"与"泛化"之间纠结与挣扎,胡适的学术经历就是非常典型的例子。① 笔者以为,"纯化"与"泛化"的"两端互补",就中国哲学研究而言,可能只是美好的理想,实际上很难实现。因为,"纯化"与"泛化"的思维方式本身就是西式的,"泛化"只是铺垫性的工作,凡是不利于总结规律以实现哲学"纯化"的材料最终会被忽视、被舍弃,甚至被歪曲,"泛化"的材料只能用来作为燃料或是基石,以淬炼出、升华出带有强烈哲学趣味的东西来。但是,事实上,这种教条式的思维即便在西方也未必能够得到赞同,因为,归根结底,哲学是认识和把握对象的一种能力,但对于这种能力的认识,每个时代的趣味和取向其实是在改变的,今天不认为是"哲学"的东西,到了明天很可能就成了"哲学"强烈关注的对象。"纯化"与"泛化"思维背后的潜意识是,哲学高于文化,哲学是高级的存在,是引领者,而"泛化"是为"纯化"服务的,是"纯化"意识指导下的"泛化",故而谈不上"两端互补",两者间根本就是不对等的。因此,试图完善"纯化"与"泛化"的互补,使两者有机交融,以真正推动中国哲学史学科的进步与发展的想法,在笔者看来是比较幼稚的。

"返本"与"开新"是另外一种建构中国哲学的途径,其代表人物是汤用彤。汤用彤是公认的中国哲学研究大家,他关于魏晋玄学、三教之争的研究,上溯汉晋之际从宇宙生成论到本体论的转变、下开佛教中国化以及理学缘起的问题,可以说为中国哲学史打通了一条非常关键的脉络,没有汤用彤,很难想象今天的哲学史写作会是怎样的局面,可以说,他的贡献在于极大地扭转了中哲史写作过分西化的问题,使之回归到中国哲学

---

① 详细可参见陈仁仁:《"纯化"与"泛化":以胡著哲学史为考察中心》,《中山大学学报》2020 年第 1 期。

自身逻辑的合理性途径上。汤用彤以研究历史上的"返本"问题而著称,但他的研究方法也恰恰可以用"返本"与"开新"来总结。汤一介在总结其父的学术特征时,曾有如下的概括:

> 家父用彤先生作为会通古今的大家,以"昌明国粹,融化新知"的治学宗旨作为返本开新的途径,通过对民族文化自身演进及中外交流史的梳理,总结规律以探索中国文化发展的路径,为后人留下了丰厚的遗产和镜鉴,值得我们深入发掘,并在继承的基础上发展创新。①

这清楚地表明,汤用彤的学术宗旨和研究途径是"返本"在前,"开新"在后;"返本"为因,"开新"为果。没有彻底地、深刻地"返本",或者说,如果不能对包括中国文化在内的各种文化的特性做出权威的解读,那么所谓的"开新"只能是没有根基的、轻飘飘的东西。不能有效地回归中华思想之本源,就不可能真正地重铸中华文化的魂魄。赵建永指出汤用彤"首创从本末之辨的角度来解释三教之争,从而开启了现代意义上玄学与三教关系的研究。汤用彤的研究范式影响广泛而深远,缘于他注重把返本问题置于中国思想演进的全体中评判其根本特性的治学方法。""'返本'是儒道释三教共通的问题意识,这一问题的阐明,有助于理清复杂的三教关系及理学发生的脉络。汤用彤以此为切入点,透过纷纭的史料,以'返本'贯通众说,梳理出佛教与道家、儒家由冲突至融合的互动关系,从而打通了中国文化史研究的难关。"②能够有如此卓越的贡献,并不是因为他事先套用了多少宏大的理论,恰恰是因为汤用彤能够深入到文本自身,又能够跳出来,以严谨的思维方式,并以符合中国文献、历史和思想逻辑的表达方式将其呈现出来。

汤用彤并不反对学习西方,他强调:"越是研究中国哲学,越要多了解外国哲学。"汤用彤能够同时开设中西印的课程,学习外国哲学,对于汤用彤而言,其意义主要在于强化哲学思维的训练,了解外国哲学特有的概念、范畴和推论方法,而不是刻意套用其观点、理论、框架,或者做出一部让西方人感到亲近的中国哲学书来。西学作为他者,在汤用彤这里主要是用来反观自身,努力凸显中国文化自身特点的参照物。

在 20 世纪,出现了一些以"返本""开新"为学术使命的学者。例如,现代新儒家就标举"返本开新"的旗帜,对此已有学者公平地指出,熊十力、梁漱溟、牟宗三所做的更多是"开新"的工作。③"返本"在他们这里更多是为"开新"服务的,因此不是从"返本"到"开新",而是为了"开新"而"返本",找出一些有利于"开新"的材料,并做出符合己

---

① 转引自赵建永:《汤用彤对中国路径的求索》,《光明日报》2011 年 3 月 28 日。
② 赵建永:《汤用彤对中国路径的求索》,《光明日报》2011 年 3 月 28 日。
③ 王守常、钱文忠:《国故与新知的称星》,《读书》1991 年第 7 期。

意的解释。这种状况，和前面提到的为了"纯化"而"泛化"相似，属于 20 世纪的通病。

笔者对于汤用彤的研究方式以及为学宗旨心向往之。在这里，结合自己的求学、研究历程，我想更多地谈谈如何"返本"的问题，亦即如何回归中国思想本源，如何回归中国思想内在逻辑的问题，这本来是一个极为平常然而必要的工作，但是鉴于上述 20 世纪中国哲学学科的通病，反而变得格外重要、格外珍贵。至于"开新"，则是终身的目标，并取决于"返本"的深度和广度。

近 20 年来，本人的研究主要集中三个方向：1. 依据出土文献展开的先秦秦汉道家尤其黄老道家研究；2. 从政治思想角度展开的先秦名学研究；3. 以中国哲学为中心的日本汉学译介与研究。这些研究都基于上述背景，建立在对 20 世纪哲学研究方式予以反思的基础之上。例如，对于第三个部分，我特别重视明治维新以后日本中国哲学研究历程的变迁，因为，日本有着同样的经历，即，先是简单、粗犷地引入西方学制以及学术概念、框架来建设中国哲学学科、展开中国哲学史的写作和教学，之后又反思这一进程中出现的种种问题，通过转变研究思路、斟酌学术术语、改变研究方式、扩大研究视野甚至重建学科分类来试图拨乱反正。[①] 本文把重点放在第一第二部分，通过名学、宇宙生成论、黄老道家这样三个个案，介绍我是如何在世纪反思的基础之上，充分利用出土文献等新的资料，开拓出一些新的研究领域，为恢复先秦秦汉思想史的多元面貌、有机生态而做出努力的。

二、关于名学的研究

"名"在中国思想史上是一个非常重要的话题。名学，曾经盛行于先秦，魏晋时期有所复兴，之后便成为绝学，长时间受到冷落，一直到 19 世纪末 20 世纪初才重新受到重视，作为与西方逻辑学相对应的部分，成为一些大学或研究机构哲学学科中国逻辑学的主要研究内容。这一学科的设置以及相关研究，可以说就是"以西格中"的产物。当年，胡适的第一部著作之所以会选择撰写《先秦名学史》，那不是偶然的，而是由历史需求和国家命运所决定的，与希望在中国自身传统中寻求与西方科学思维即逻辑思维相匹敌的内容有很大关系，可以说这种学术行为与救亡振兴运动以及重建文化自信有着很大的关系。[②] 一百多年之后，我们回首这一研究领域，必须承认，其中不乏优秀的重要的学术成就，但不能否认其中也存在许多偏颇之处。那就是，名家名学研究一开始就

① 参见池田知久：《东京大学的中国哲学的研究及其新开展》，载北京大学中国传统文化研究中心编：《文化的馈赠——汉学研究国际会议论文集（哲学卷）》，北京：北京大学出版社，2000 年，第 175—182 页。笔者的相关研究，可参见曹峰：《对内田周平的重新认识》，《台湾东亚文明研究学刊》2016 年第 13 卷第 2 期，第 75—99 页。

② 详细可参见曹峰：《中国古代"名"的政治思想研究》，上海：上海古籍出版社，2007 年，"序言"第 15—16 页；参见曹峰：《对名家及名学的重新认识》，《社会科学》2013 年第 11 期。

出现方向性的错误,即不顾名家生存的思想史环境,将西方逻辑学概念、框架、方法简单地移植过来,有削足适履之嫌。

在笔者看来,以往的名学研究受西方学术的影响太大,结果忽视了"名"在思想史上的丰富性和复杂性,众所周知,"名"确实是名家的核心话题,但其他学派如儒家、道家、墨家、法家,还有兵家、阴阳家、杂家等,也都对"名"表现出相当多的关注。名家以外各家思想氛围中"名"所含有的政治、伦理方面的意义更为强烈,20世纪后在西方学术背景下形成的先秦名学研究,只重视逻辑学、知识论意义上的"名",却忽视"名"在政治、伦理方面的诉求,很多看上去与逻辑学无关的"名"的资料被轻视、被闲置,甚至曲解政治、伦理意义上的"名",将其当作逻辑学、知识论材料来使用,而实际上,这些伦理意义上、政治意义上的"名",正是中国古代"名"思想中不可割裂的、有机的、重要的成分,却因为西学导向的思路而得不到重视,得不到客观的研究。因此,将"名家"当作逻辑思想家来研究,将与"名"相关的资料均当作逻辑学资料来使用的做法,既违背了先秦思想史实态,也无法得出科学的合理的结论。就其实质而言,其偏差在于将对"名"自身(语言结构、论述方式、思维方式)的研究和对"名"功能(伦理功用、政治作用)的研究混为一谈了。

笔者曾经花很大的精力研读马王堆帛书《黄帝四经》,结果发现,此书的主旨无法仅仅用过去学界流行的观点,即"道法",去形容,因为很容易看出其中比重最大的概念,既不是"道"也不是"法",而是"名"。如何解释这一独特的现象?以此为入口,我开始翻检先秦秦汉"名"的资料,发现绝大部分都与政治思想相关,而相关的研究却大多从逻辑学的角度展开,"刑名"之学也主要只是从驾驭臣下的帝王之术展开,这种解释完全无法涵盖《黄帝四经》所见的"名"的丰富而广阔的内涵。以此为突破口,笔者系统地分析了中国古代"名"之所以可以成为一种禁忌、一种可以被利用的政治力量,与原始宗教思维以及早期名讳制度之间的关系;分析了《汉书·艺文志》中所见的两种"名家";分析了秦汉之际"名""法"对举现象广为流行的原因。笔者还考察了孔子与荀子"正名"说的原意;考察了《管子》四篇、《韩非子》四篇与黄老道家的关系;考察了《黄帝四经》所见的"道""名""法"三层结构;考察了《吕氏春秋》对于战国晚期"名"思想的全面总结;考察了《尹文子》集大成式的"名"思想。通过这十几年不懈的努力,笔者发现"名"的政治思想是一个极为广阔的研究领域,中国古代思想家们对"无益于治"的东西没有兴趣。正因为"名"可以作为一种重要的政治工具,如何把握它、管理它,由谁来把握它、管理它,就成为一个重要话题。20世纪前,虽然有一些学者意识到这一点,但没有人展开过系统地研究,今天,当我们不再需要从自身挖掘可以和西方相匹敌的思想资源以培养和建立文化自信的时候,我们终于可以比较从容地、全面地面对与"名"相关的复杂而多元的思想面貌,从而做出更为客观的研究来。这样的努力,不仅对于"名学"研究具有纠偏的作用,对于重写中国哲学史具有重要意义,而且对于重写古代法思想史、政治思想史也有重要意义。

三、关于宇宙生成论

宇宙生成论是西方哲学的重要组成部分,中国古代哲学论著中,也有许多与宇宙生成论相关的论述。因此,20世纪以后的中国哲学史写作,不乏宇宙生成论的内容。但我们发现,20世纪以来的宇宙生成论研究也深受西方学术观念的影响。具体而言,过去的研究更多把重点放在"他生"(或称"创生")理论的探索上,这类生成理论,第一,关注谁是最初的生成者,即探寻"第一因"的问题;第二,关注生成的过程与序列问题;第三,关注万物的机理与构造问题。

在此理论指引下,20世纪的学者们发现,中国"他生"(或称"创生")式生成论,多见于道家,并可以分为两类,第一类侧重探究最终的源头和出发点,以及万物之所以成为万物的总根源、总依据、总前提,亦即所谓"第一因"的问题。以老子为代表的"道生万物""有生于无"学说,如"无名,天地之始;有名,万物之母"(帛书本、汉简本均作"无名,万物之始;有名,万物之母");"有物混成,先天地生。寂兮寥兮,独立不改,周行而不殆。可以为天下母";"天下之物生于有,有生于无";"道生一、一生二、二生三"所示,更多强调的是对"道"作为"天下母""万物母"的地位、原理及其作用的认识,是一种关于道体的形上学,至于生成的过程和细节则不是讨论的重点。第二类虽然也突出作为总根源的那个存在的重要性,但是同时进一步强调万物是如何一步步生成出来的。例如,郭店楚简《太一生水》,虽然明确万物的出发点在于"太一",但又突出强调"水"在生成中的重要性,同时通过"太一→水→天→地→神明→四时→沧热→湿燥→岁"的序列,构成了一幅详细而精致的生成图案。这类生成模式还见于《楚帛书》《黄帝四经·十大经》《淮南子·天文》等道家文献,虽然这类生成论与哲学思想之间有着密切的关系,但因为其中涉及许多独特而丰富的细节,而且往往与神话相关联,因此也会被称为数术类宇宙生成论,成为科技史尤其天文学史学者的研究对象。不管哪一类"他生"模式,都强调生成者与被生成者的关系(用《庄子》的话讲,就是"物物者"与"物"的关系),只是依据的侧重点不同,有时可以称为"他生"模式,有时可以称为"创生"模式。

从万物构成的角度看,中国古代除了"他生"模式,还有所谓的"相生"模式。其理论重心不在于由谁创生,而在于万物依据怎样的机理、通过怎样的方式化生出来。其机理和方式虽然非常复杂(例如包括对立、交感、转化等因素),但有一点不变,即生成一定是有条件的。所谓有条件,一方面指万物的生成皆有赖于"道"之类的最高存在,另一方面则指万物都是在相互作用的环境中生成出来的。因此,万物的生成除了有赖于作为总依据总根源的"道"之外,还有赖于一个既对立又统一的、动态平衡的作用体,作用体内各项元素既互为条件,又互为"他者"。"相生"模式往往体现于万物生成的具体过程当中。例如,《老子》既说"道生一、一生二、二生三",又说"万物负阴而抱阳,冲气以为和",即阴阳的相互作用是万物生成的基本原理,因此,我们可以说"相生"模式最典型的代表就是"阴阳气化论"（或者也可以称为"阴阳和合说"）。"他生"模式和"相生"模式往往相互伴随，并不冲突。例如，如上述《老子》所示，《老子》的重点似乎在"他生"模式，但也完全不排斥"相生"模式。再如，《太一生水》中除了太一是无条件的存在，可以直接生成水之外，其余存在的产生都是有条件的，均是前两者相互作用后生成的。除了"阴阳气化论"外，"相生"模式还集中体现在阴阳五行学说中。阴阳五行学说可以说是"阴阳气化论"的放大或复杂化。"相生"模式不仅仅体现于道家学说，作为一种辩证思维，这种模式也集中体现于阴阳家学说或《易传》类的文献中。这种生成论模式因为具有比较典型的中国思想特色，因而备受关注，成为中国哲学界研究最多的生成论，这方面的成果最为丰富。

然而，今天我们可以说，除了"他生"模式和"相生"模式外，中国哲学史上其实还存在着一条系统的、内容丰富的、曾经产生过巨大影响的生成论，那就是"自生"模式。所谓"自生"模式指的是，万物的产生，主要不依赖于"造物者"的作用，而主要依赖万物自身的力量。或者说虽然承认"造物者"的存在，但认为"造物者"在生成过程中所起的作用极为微弱，甚至可以忽略不计。这种生成观念20世纪以前几乎无人提及，在出土文献大量涌现之后才渐渐被学者意识，并构建出比较清晰的框架。例如，上博楚简《恒先》既强调总根源、总前提（"恒先"或"恒"）的存在，又刻意强调"气是自生""恒莫生气"，即由"气"构成的万物是"自生""自为"的。"自生"模式的线索虽然隐含在《庄子》《论衡》《列子》、郭象《庄子注》等许多古文献中，但长期以来并未受到重视，没有得到梳理，现在由于《恒先》"气是自生"理论的发现，才激发了这个问题的讨论，激活了相关传世文献的价值。这条线索渐渐显露出来，我们可以对它做出比较完整的梳理。①

与之相关的问题是，受西方哲学的影响，我们在生成论研究中往往只关注出生、发生的问题，因此对于生成论的研究，更多把重心放在"道"生成万物的问题上。然而，如果熟读包括《老子》在内的道家文献，就可以发现，道家在论述谁"生之"的同时，往往还会继续讨论谁"蓄之"的问题。以《老子》为例，仅仅从"道"生万物的角度去理解《老子》的生成论是不够完整的，《老子》的生成论可以分为"生"论和"成"论两个序列。老子不仅关注万物的发生，同样关注万物的成长。"道"和"德"在生成论中分别担当着不同的角色，发挥着不同的功能。只有从这种独特的生成论出发，我们才能把握老子强调"玄德"和"无为"的重要性，才能明白道家突出"自然"和"自生"的必要性。

总之，老子生成论其实有两个面向、两个序列，一个是"道生之"，一个是"德畜之"。通过《老子》第五十一章，我们得知，万物之所以能够生成，"道"只是提供了发生的源头和存在的保障，而万物出生之后如何继续成长生存，如何实现自我、成就自我，则是"德"关注的重点。所以，这是一种对万物负责到底的生成论。"道生之"与"德畜之"

---

① 详细讨论可参见曹峰：《"自生"观念的发生与演变：以〈恒先〉为契机》，《中国哲学史》2016年第2期。

相配合的生成论，为"玄德"和"自然"等《老子》中的重要观念，提供了合理性的基础，同时也影响了道家生成论的走向。如果说在《老子》那里，用"玄德"来表示的"道"的作用方式和强力创生不同，而是一种克制的、照顾到被生者之反应的、"弱"的作用力，那么，后世越来越发达的"自生"理论则将这种倾向推向了极致。另外，从生成的序列来看，"道生之"与"德畜之"可以分别称之为"生"论和"成"论；从生成的形态来看，"道生之"与"德畜之"可以分别称之为"流出型"和"作用型"。"道生万物"并非有意为之的"创生"，万物的出生虽然以"道"为前提，但由于"道"的"弱"作用力，不如说万物的出生其实是自然流出的；这样来解释后世的"自生"理论或许更为合适。

这种即"体"即"用"，既拔高"道"又留下"德"，甚至强调"用"高于强调"体"，强调"德"高于强调"道"的思维方式，是《老子》哲学、道家哲学乃至中国哲学的一大特征，是中国古代生成论不同于一般生成论的精彩之处。过去，我们对此关注太少，研究太少，而今天我们已经有了重新构建的基本资料，这将使得今后的中国哲学史变得更为立体、更为丰满。

四、关于黄老道家

再来看黄老道家思想，20 世纪的中国哲学史，说到先秦道家只有老庄一线，这与魏晋之后老庄道家影响逐渐加强有关。但是，如果我们阅读《史记》就会发现，在《老庄申韩列传》中，庄子的内容是最少的，而老子之所以和申不害、韩非子合传，是因为在司马迁的时代，老子在人们心目主要是黄老道家的代表，因此可以和申韩合传。《老庄申韩列传》中提到的《庄子》篇目，内七篇一篇都没有，全部是外杂篇。20 世纪 70 年代之后大量出现的出土文献中，道家文献几乎都倾向黄老，很少有老庄道家的作品。[①] 如马王堆汉墓帛书《黄帝四经》《九主》就是比较典型的黄老道家文献，郭店楚简《太一生水》、上博楚简《恒先》《三德》《凡物流形》、清华简《汤在啻门》《殷高宗问于三寿》、北大汉简《周驯》等都具有一定的黄老倾向。这正反映出先秦道家生态的真实面貌，即，注重现实政治的黄老道家要比远离现实政治的老庄道家影响更大。

事实上，从先秦到魏晋的很长一段历史时期里，有一种强势思潮或者说时代话语曾经极为流行，影响甚大。魏晋以后，即便不再是主要思潮、主流话语，但仍然没有完全退出中国文人的思想世界，常常在背后产生出不可忽视的影响，这就是黄老道家的思想，一种以道家为主导的政治哲学，这种思想既有丰富的理论性，又有强烈的现实性。作为战国秦汉政治思想史的一条主线，黄老思想的研究具有重要的意义。对于中国思想史

---

① 1977 年安徽阜阳双古堆汉墓出土的文献中有《庄子》的部分内容，但残碎程度非常严重，从其内容看，内外杂篇都已包括在内。参见胡平生：《阜阳双古堆汉简〈庄子〉》，载《出土文献研究》第 12 辑，上海：中西书局，2013 年，第 188—201 页。

而言,黄老道家研究占有极为重要的地位,然而,纵览 20 世纪的《中国哲学史》,对于黄老道家给予充分评述的论著少之又少,①甚至不乏充满偏颇的见解。例如方东美在《原始儒家道家哲学》一书中说:

> 提到道家的思想,我们又应当划分两方面。道家的思想表现在《老子》《庄子》里面,可以说是很高的哲学智慧;但是这个很高的哲学智慧,在历史上面往往被另一种思想夹杂进来,搅乱了原有的哲学智慧,变更了智慧的实质,甚至变成谜言……在老庄里面是表现了很高尚的精神;但是这个高尚的精神,在战国时代,就同神仙家混在一起。神仙家本来是要把握自己的生命,但在迁就现实之后,结果不再把握自己,却转变过来,把握别人的生命。这样一来就讲到权、术与势。以致于神仙家的思想很容易同法家的思想结合起来。这样一来,到了秦汉之际叫"黄老之术",在汉代叫黄生之学。自从黄老之术侵到道家思想里面,就腐蚀了道家高尚的哲学智慧;犹之乎杂家的思想侵到儒家里面,就把儒家的思想变成汉代的谶纬之学。②

这就把黄老道家看作是道家的末流,看作是道家思想中需要加以批判和淘汰的部分。如上所述,历史事实完全不是如此。但是,在 20 世纪上半叶,只有蒙文通、郭沫若等学者对黄老道家予以重视,并努力从仅有的传世文献和出土文物中耙梳、钩沉相关的资料。③

这种状况到 20 世纪 70 年代马王堆帛书出现之后,有了很大的改观,由于《黄帝四经》与《九主》等佚文的重见天日,与黄老相关的资料大量涌现,引发了黄老道家第一轮研究热潮,学界基本上倾向于用《黄帝四经》作为黄老道家成熟时期的代表性文献,黄老学研究的序幕由此正式拉开,出现了数量众多的论文和一批通论性的著作。郭店楚简、上博楚简、清华简、北大汉简等新资料的不断涌现,则促成了黄老道家第二轮研究热潮,目前学者对黄老道家所投入的热情越来越高,研究成果也越来越多,毋庸置疑这已经成为一门显学,如果我们重写一部先秦秦汉哲学史,那么黄老道家无疑将成为厚重的一章。

---

① 例如冯友兰《中国哲学简史》讲道家三期,分别为杨朱、老子、庄子,完全不提黄老。到了两卷本《中国哲学史》不再提三期,而是分为"《老子》及道家中的《老学》"、"庄子及道家中的庄学"、杨朱放在了"战国时之'百家之学'(一)杨朱及道家之初起",也没有黄老道家的位置。解放后编的《中国哲学史新编》才有关于黄老比较多的论述,一方面这部哲学史体量大了,内容更为翔实;另一方面也和唯物主义的倾向有关。因为一般认为黄老比较务实、强调客观规律,因此作为唯物主义的代表比较合适。即便写作时代较晚的劳思光四卷本《中国哲学史》中,黄老也只占一小节,即第二卷第一章"汉代哲学"之第四节"道家思想之肢解"之三"'守柔'与'无为'之技术化——黄老之术",仅仅一页而已。黄老在这里首先是正宗道家老庄的肢解,其次只是一种技术而已。不用说,这里面存在很多偏见。

② 方东美:《原始儒家道家哲学》,北京:中华书局,2011 年,第 164—165 页。

③ 详见蒙文通:《略论黄老学》,《先秦诸子与理学》,桂林:广西师范大学出版社,2006 年,第 191—223 页。郭沫若:《稷下黄老学派的批判》,《十批判书》,北京:东方出版社,1996 年,第 142—173 页。

《黄帝四经》等文献出土之前，黄老道家的研究始终未能成为学界关注的重要对象，应该有两个方面的原因。其一，和20世纪西学背景下哲学史、思想史的认识偏差有关。20世纪后西学背景下的哲学史研究方法，有将丰富生动的思想现象教条化、机械化理解之嫌，哲学史成为干巴巴的几根线索，儒家就是孔孟荀三点一线，道家就是老庄两点一线，这种有所选择、重点突出的叙述方式虽然也无可厚非，但是，却给人这样的感觉，仿佛这些思想主线和代表人物天生就已经具备明确的哲学意识和完善的思想结构，而一些结构不够清晰、观点不够鲜明的文献，例如《逸周书》《管子》《晏子春秋》《吕氏春秋》《大戴礼记》《淮南子》《鹖冠子》等就很难成为研究的主要对象，而事实上，正是这类文献反映着当时真实而复杂的历史与思想面貌。由于学者们倾向于从文献中寻找纯正的、"哲学性"强的内容，道家哲学史多以老庄为主线，黄老道家只在其中占很小的篇幅。事实上，黄老道家才是战国秦汉之际具有普遍代表性的道家，可以说，目前的道家哲学史、中国哲学史的描述背离了思想的真实面貌，与出土文献所见思想的复杂性、多元性具有很大的距离。

其实，司马谈的《论六家要旨》中的道家就是当时流行的黄老道家，司马谈认为其他各家都有长有短、有利有弊，唯有黄老道家是无时不宜、无事不宜的最高哲学。在笔者看来，其思想特征可以用"从天道到人道""从养身到治国""虚无为本，因循为用"以及"兼综百家"来形容。这样一种最能代表先秦思想、具有强烈的中国特色，而且在现实社会中的确发挥了巨大影响的思潮，由于思想兼容驳杂，难以用西方的标准将其纳入"哲学"的框架中，因此，在20世纪的哲学史、思想史描述中几乎找不到与其历史地位相应的篇幅。黄老道家为何能在诸子百家生态园中成为顶级生物，黄老道家为何能整合百家，是在怎样的高度整合的，后来为何又将"独尊"的地位让给儒家，这些都是非常值得研究的课题。事实上，借助大量的出土文献，我们有必要也有可能写出一部"黄老道家思想史"，如果这部书籍问世，应该能够对哲学史、思想史的重新编撰，起到实质性的影响。

五、结　语

20世纪的中国哲学史对于西学方法和框架牵强附会的使用，使得有些研究领域在相当程度上偏离了思想的本来面貌，名学研究、宇宙生成论研究就是非常典型的例子。而黄老道家之所以会被忽视，除了出土文献大量涌现之前资料欠缺的原因之外，也与观念先行导致思想史资料被有意识地忽视或是淘汰有关。笔者并不反对援用西方的学术理论、框架、范畴、概念、方法，但是这里首先有一个能否匹配的问题；其次，我们在使用时要时刻警惕反省这种使用的局限性，时刻注意传世文本和出土文献所反映出来的思想的复杂性和多元性，如果不能描述出古代学术生态的真实面貌，不能反映出历史中思想的真实变迁，那么理论再多再精巧也是无用的。结合总论部分关于"纯化"与"泛化"、"返本"与"开新"的讨论,我觉得自己这些年的学术工作,更多的是在做"返本"的工作,如何充分地利用出土文献,如何激活传统文献自身的话语,梳理出符合思想史本来面貌的脉络,尽量做出生动的,而非干巴巴的、理论先行、六经注我的学问,正是我自己这些年努力的方向。

"执两用中"是重要的思想方法和治事规律

杨春长*

2018 年 8 月 22 日,习近平总书记在全国宣传思想工作会议上的讲话中指出:要不断提升中华文化影响力,中华优秀传统文化是中华民族的文化根脉,它蕴含着的思想观念、人文精神、道德规范不仅是中华民族思想和精神的内核,对解决人类问题也具有重要的价值。要把优秀的传统文化的精神标识提炼出来、展示出来,把优秀传统文化中具有当代价值、世界意义的文化精髓提炼出来、展示出来。①

一、"执两用中"思想方法的内涵

中华优秀传统文化中不仅有许多道德伦理规范方面的深刻论述,而且在思想方法、工作方法、领导方法方面也有许多十分精湛的思想,例如,"执两用中"思想就是两千多年来传承不息,深入人心的一种实在、管用的方法论,也是做好工作,防止错误倾向的一条规律。

包含"执两用中"思想在内的中庸思想,是儒家思想文化体系中的重要组成部分,对中华传统文化以及历史实践的发展产生过长久深远的影响,对培塑、养育人们的文化心理、政治心理与思维方式、生活方式、生产方式、社会治理方式发生过重要作用,是中国古代朴素辩证法思想的一种表达。中庸思想导源于中国古代商周两朝的中和思想,是当时社会生活、政治领域实践的反映。据《论语》所述,尧帝把治国秘诀"允执其中"传给舜帝,舜又传给禹。孔子从尧舜禹的治国理政经验中提炼概括为中庸思想,认为这个重要思想是正确认识和处理社会矛盾问题,维护社会安定、稳顺发展的准则。这不仅对数千年封建社会的超稳态结构起到了重要的指导作用,而且已积淀衍化为中华民族的惯性思维方式方法。孔子把这种"中庸"之德定位为最高的道德境界与政治智慧:"中庸之为德也,其至矣乎。"(《论语·雍也》)中庸是一种至高无上的道德。孔子之孙子思在《中庸》中解释,"中庸"的意思就是"执其两端而用其中",并将"中庸"从理论上

---

*　杨春长,军事科学院军队建设研究部原副部长、博士生导师、少将。

①　参见《习近平在全国宣传思想工作会议上强调:举旗帜聚民心育新人兴文化展形象,更好完成新形势下宣传思想工作使命任务》,《人民日报》2018 年 8 月 23 日。

升华为宇宙间普遍的法则,强调只有遵循这一法则,天地万物才能安其所,保持平衡,实现和谐:"中也者,天下之大本也;和其者,天下之达道也。致中和,天地位焉,万物育焉。"北宋的大儒程颢、程颐解释说:"不偏之谓中,不易之谓庸。中者,天下之正道;庸者天下之定理。"(《二程全书》)朱熹说:"中者,不偏不倚,无过无不及之名,庸,平常也。"这些解释都是一致的,要求不偏不倚,无过无不及,要适中、适度,恰到好处。

"执两用中"的方法论告诉人们要在生活、工作中,处人处事,治家治国,把握好事物矛盾的两个方面,认识和处理好矛盾双方的相互对立、相互依存、相互转化的辩证关系,认识并把握好事物存在、发展、转化的分寸、火候,即"度"。朱熹在《中庸章句》中注释:"盖凡物皆有两端,如大小、厚薄之类。"两端即事物矛盾的对立双方。事物都有两端,不可只执一端。他指出,只执一端是有害的。《中庸》转述孔子的话:"舜其大知也与! 舜好问而好察迩言,隐恶而扬善,执其两端,用其中于民,其斯以为舜乎!"在孔子看来,执两用中就是要先执"过"与"不及"这两端,然后取法乎中,不偏不倚,防止极端化。"中"并非机械的表面的两端之中,而是两端之间的一个最佳的点,一个适宜的度。执两用中最能代表中庸要旨。孔子说:"质胜文则野,文胜质则史。文质彬彬,然后君子。"(《论语·雍也》)所谓"彬彬"即是合乎"中"的符合分寸,亦即"度"。《论语·子路》指出:"子曰:不得中行而与之,必也狂狷乎! 狂者进取,狷者有所不为。"要防止过与不及,就要做到:狂者自抑,狷者自励,执两用中,达到中和平衡。

古代思想家所倡导的执两用中的思想方法、工作方法、治事治国方法,要求从实际出发,因时而异,因事制宜。《古文尚书·皋陶谟》列举了充分体现出执两用中的"九德":"皋陶曰:宽而栗,柔而立,愿而恭,乱而敬,扰而毅,直而温,简而廉,刚而塞,强而义。彰厥有常,吉哉!"首德"宽而栗"即指单纯的宽宏大量、宽厚容人,还不够庄严、肃正,必须严肃、肃穆,即宽厚待人,又令人敬畏,不致怠慢。其他八德也是执两用中,防止走极端而有失偏颇。孔子倡导君子应有"五美":"君子惠而不费,劳而不怨,欲而不贪,泰而不骄,威而不猛。"(《论语·尧曰》)也就是要把这五种对立的品质德性执两用中地糅合起来,成为美好的道德,成为君子修养成功的风度与境界。孔子之前的《尚书·洪范》指出:"无偏无颇,遵王之义;无有作好,遵王之道;无有作恶,遵王之路。无偏无党(此处指偏袒),王道荡荡;无党无偏,王道平平;无反无侧,王道正直。会其有极,归有其极!"倡导执两用中的方法,要注意根据不同性质的矛盾,不同发展阶段的矛盾,从而采取灵活应变的处置措施。《荀子·不苟》指出:"与时屈伸,柔从若蒲苇,非慑怯也;刚强猛毅,靡所不信(伸),非骄暴也;义以应变,知当曲直故也。《诗曰》:'左之左之,君之宜之;右之右之,君之有之。'此言君子能以义屈信(伸),变应故也。"显而易见,荀子主张要在各个具体时段层面上,或柔或刚,或左或右,这也是执两用中,这是从实际出发,因事制宜,灵活处置的道理。

孔子认为要达到执两用中(中庸)美好道德、优良方法的境界是很困难的,他感慨道:"中庸之为德也,其至矣乎! 民鲜久矣!"(《论语·雍也》)要做到不偏不倚,防止过与不及,不走极端,很难啊,普通民众尤其难以做到。在治理国家方面,《礼记·杂记(下)》指出:"张而不弛,文武弗能也;弛而不张,文武弗为也。一张一弛,文武之道也。"《左传·昭公二十年》引用孔子的话说:"政宽则民慢,慢则纠之以猛;猛则民残,残则施之以宽。宽以济猛,猛以济宽,政是以和。"灵活地依据具体实际情况执两用中,是儒家思想方法的一个特点。孔子坚决反对走极端和墨守成规,他指出,"子绝四:毋意,毋必,毋固,毋我。"(《论语·子罕》)坚决反对主观臆断,固执己见,刚愎自用,唯我独尊。孔子举例说:"麻冕,礼也;今也纯,俭,吾从众。拜下,礼也;今拜乎上,泰也。虽违众,吾从下。"(《论语·子罕》)"麻冕"虽为当时礼仪,由于不俭而代之以丝帽,虽与旧礼相悖,但更合时宜即百姓所能,因而孔子从众改之。这说明孔子在礼与非礼两端执两用中能够通达权变。孟子也讲过,"男女授受不亲,礼也;嫂溺援之以手者,权也。嫂溺不援是豺狼也"(《孟子·离娄》),他反对机械地片面地坚持那些"原则",而主张要根据具体实际情况适当处理。

二、"执两用中"与折中主义的辨析

毛泽东对中国古代传统文化尤其是孔子思想很重视,并有其深刻独到的理解,他对孔子提出的中庸思想理论、执两用中的方法论,有过专门的论述。他在1939年2月20日致张闻天同志的信中对中庸与执两用中思想有大段论述。毛泽东认为,中庸(包括执两用中)"这个思想"的确"是孔子的一大发现,一大功绩,是哲学的重要范畴,值得很好地解释一番":

> "过犹不及"是两条战线斗争的方法,是重要思想方法之一。一切哲学,一切思想,一切日常生活,都要做两条战线斗争,去肯定事物与概念的相对安定的质。"一定的质含有一定的量",(不如说"一定的质被包含于一定的量之中"),是对的,但重要的是从事物的量上去找出并确定那一定的质,为之设立界限,使之区别于其他异质,作两条战线斗争的目的在此。

毛泽东还转引《中庸》的话进一步深入地论述:

> "舜其大知也与,舜好问而好察迩言……执其两端,用其中于民"及"回之为人也,择乎中庸,得一善则拳拳服膺而弗失之",更加明确地解释了中庸的意义。朱熹在"舜其大知"一节注道:"两端谓众论不同之极致,盖凡物皆有两端,如大小、厚薄之类。于善之中又执其两端而度量以取中,然后用之,则其择之审而行之至矣。然非在我之权度精切不差,何以与此?此知之所以无过不及而道之所以行也"(《四书集注·中庸》)。这个注解大体是对的,但"两端"不应单训为"众论不同之

极致"，而应说明即是指的"过"与"不及"。"过"的即是"左"的东西，"不及"的即是右的东西。依照现在我们的观点说来，过与不及乃指一定事物在时间与空间中运动，当其发展到一定状态时，应从量的关系上找出与确定其一定的质，这就是"中"或"中庸"或"时中"。说这个事物已经不是这种状态而进到别种状态了，这就是另一种质，就是"过"或"左"倾了。说这个事物还停止在原来状态并无发展，这是老的事物，是概念停滞，是守旧顽固，是右倾，是"不及"。孔子的中庸观念没有这种发展的思想，乃是排斥异端树立己说的意思为多，然而是从量上去找出与确定质而反对"左"右倾则是无疑的。①

从毛泽东的论述中，我们可以看出他对孔子中庸与执两用中思想是给予充分肯定的，并根据当时党内反"左"反右两条战线斗争的实践，对之做出了深刻的阐述，并提出一些重要思想，反"左"反右在一定意义上就是防止或反对"过"与"不及"，就是要通过调查研究"左"与右两端，找到两端之间的"中"即适度、适中的内容，即正确的方法或观点等。

对中庸思想的复杂内容，毛泽东曾进行过深入、辩证的分析评述，一方面，肯定了中庸思想的积极的正确的内容；另一方面，也批判了中庸之道的消极因素。毛泽东从1939年5月以后，在阅读艾思奇编的《哲学选辑》时，在批注中批评了中庸之道的消极成分："中庸思想本来有折中主义的成分，它是反对废止剥削，又反对过分剥削的折主义，是孔子主义即儒家思想的基础。不是'被人曲解'，他本来是这样的。"②毛泽东还指出：

> 中庸思想是反辩证（法）的。他知道量变质，但畏惧其变，用两条战线斗争方法来维持旧质不使变化，这是维持封建制度的方法论。他只是辩证法的一要素，如同形式论理之同一律只是辩证法一要素一样，而不是辩证法。中庸主义包括了死硬派和折中派两种思想。当其肯定质的绝对安定性，这是同一律，也就是死硬派思想。当其畏首畏尾于过程正反之间成为排中律的反面之唯中律，代表两端间的过渡形态时，他是折中主义。当新势力与旧势力斗争激烈而胜负未分时，往往出现这种折中主义。③

在肯定中庸思想的合理成分的同时，还应该看到它的消极因素、消极作用。中庸思想是奴隶社会向封建社会过渡时期的意识形态，是长期农耕社会的产物，必然具有一定

---

① 《毛泽东书信选集》，北京：中央文献出版社，2003年，第131—132页。（编者注：毛泽东的原文中"右"字没有加引号。）
② 《毛泽东哲学批注集》，北京：中央文献出版社，1988年，第364页。
③ 《毛泽东哲学批注集》，北京：中央文献出版社，1988年，第380页。

的时代和阶级的局限性。我们既要继承和发扬中庸思想的合理成分，又要批判其糟粕成分。中庸思想过分夸大了"中和""折中"的地位与作用，这样就很容易导致守旧、保守，否定矛盾转化，阻滞矛盾转化，妨碍革故鼎新、革命变革。革命家与主张改革创新的思想家们历来都坚决批判中庸思想中的折中保守思想。列宁曾指出："把马克思主义改为机会主义的时候，用折中主义冒充辩证法是最容易欺骗群众的。这样能使人感到一种似是而非的满足，似乎考虑到了过程的一切方面，发展的一切趋势，一切相互矛盾的影响等等，但实际上并没有对社会发展过程做出任何完整的革命的解释。"①中庸之道反对过与不及，要在两个极端之间取其适中，不温不火，让人们恪守"过犹不及"的千古训条，这容易使人们思想僵化，信守"枪打出头鸟""出头的椽先烂""树大招风""不为天下先"等故步自封的思想，容易阻滞改革创新的欲求。

三、"执两用中"是防治错误倾向和重要的治事规律

从尧舜禹、孔子孟子时代一直到后来，中庸思想及其中的"执两用中"方法论在几千年中传承不断。孔子的孙子子思，把孔子提出的中庸由"至德"提升为"天下之大本，天下之大道"的哲理高度，进而把"和"升华为天地万物各得其所和繁衍发展的基本哲理。子思还吸收了老子思想中的天道观和常道论，写成《中庸》一文，逐渐形成了比较完备的中庸哲学思想体系。宋代大儒朱熹又根据宋代以前王朝兴替更迭的经验教训，进一步推崇中庸思想及其中的执两用中的治国理政的方法论，把《中庸》与《大学》《论语》《孟子》一起编为"四书"，从此以后它一直是封建社会选才取士、科举考试的钦定教材，颁行天下以施行落实。经过宋元明清几代的坚持普及，中庸思想及其执两用中的方法论思想逐步成为儒家思想体系中的认识论和方法论以及最高伦理道德准则，它也逐渐普及渗透到广大群众中，成为士农工商各界人士个人修养、精神生活、治家处事，即修身、齐家、治国、平天下的法则。这些思想和方法论，对促进封建社会经济、政治、文化的繁荣发展起了很大的作用。

"执两用中"具有的方法论价值具有一定的普遍性，因此，可以说它是人们认识和处理问题的一种规律。封建社会、资本主义社会的建立、发展，都是统治阶级自觉不自觉地运用执两用中的方法，认识与处理政治与经济、官吏与民众、刑罚手段与怀柔手段等矛盾问题的过程。

下面试析国际共产主义运动和中国共产党发展壮大的某些过程，以此来揭示执两用中方法论的作用。在苏联社会主义革命和建设过程中，列宁成功地带领布尔什维克党和人民群众，正确地认识和处理许多矛盾问题。"叩其两端，执两用中"，胜利地解决了革命与妥协、前进与退却等矛盾问题。列宁根据无产阶级革命的经验教训，批评了某

---

① 《列宁选集》第3卷，北京：人民出版社，1995年，第188页。

些教条主义者的幼稚病,认为那些在革命发展过程中拒绝利用敌人营垒之间的矛盾,拒绝争取各种联盟者,以为不需要任何通融和妥协就可以胜利的观点,是非常幼稚可笑的。他说:"这岂不是正像我们想攀登一座崎岖险阻、未经勘察、人迹罕至的高峰,却预先拒绝有时要迂回前进,有时要向后折转,放弃已经选定的方向而试着向各种不同方向走吗?"①此外,列宁还指出,各个资本主义国家不可能平衡地或谐和匀称地过渡到无产阶级专政,因为在资本主义世界里,从来就没有而且也不会有什么单纯的平稳或匀称。"世界历史始终不渝地走向无产阶级专政"②,但它所走得远不是平坦笔直的大道。在领导党和国家进行社会主义革命和建设的实践中,列宁成功地运用唯物辩证法,这也是一种类似"执两用中"的思想方法、领导方法,在坚持革命性和妥协退让这两个方面,把原则性与灵活性巧妙地结合在一起,取得了革命和建设的辉煌胜利。当时苏维埃红色政权建立不久,德国是对苏联人民政权的最大威胁,这种状况下,究竟是不是需要与德国签订布勒斯特和约,苏共高层领导人有严重分歧,列宁与其他人进行了严肃而激烈的斗争。列宁坚决主张在这个问题上实行妥协退让,不能硬碰硬,要与德国签订和约,列宁指出:"我们交出了许多空间,但是赢得了足以巩固自己的时间。"③他认为只有暂时的妥协退让,签订和约,才能保存实力,站稳脚跟,才能积蓄力量,发展壮大自己,从而战胜强大的敌人。可是党内领导层中的某些人坚决反对列宁的正确主张。他们声称要对帝国主义"进行决战","不断地向国际资本进攻",绝不能中途"退却"。列宁既耐心做思想工作,又坚持原则,指出:"要保持对情况的清醒估计,保持饱满和坚毅的精神,虽然退得很远,但是退到一定限度,我们就能及时停止退却,并重新转入进攻。"④列宁的主张是实事求是、完全符合当时苏联人民的根本利益的,后来的实践和事实也充分证明了列宁的主张是完全正确的。实践证明,特殊情况下的妥协退让、执两用中方法,是必要的、正确的一种战术和策略。这种情况下如果走极端,必然导致新生红色政权的垮台、失败。

中国共产党领导中国人民进行的革命、建设和改革事业取得伟大胜利,是党的主要领导人毛泽东、周恩来、刘少奇、朱德、邓小平和陈云等同志以及党中央,坚持运用科学的唯物辩证法,运用中华优秀传统文化中的执两用中等方法论的成果。

1936 年 12 月的西安事变,是国共两党一场十分激烈而复杂的斗争。中国共产党主要领导人及党中央科学地审时度势,运用唯物辩证法,运用中华优秀传统文化中的"叩其两端,执两用中"的思想方法、工作方法、领导方法,正确地处理了西安事变这个震惊世界的复杂矛盾问题。1931 年 9 月 18 日,日军侵犯我东北地区后,中华民族面临着亡国的危险,可是,蒋介石顽固秉持其"攘外必先安内"的误国祸民的政策,不顾大敌

---

① 《列宁选集》第 4 卷,北京:人民出版社,1995 年,第 225 页。
② 《列宁选集》第 3 卷,北京:人民出版社,1995 年,第 812 页。
③ 《列宁全集》第 31 卷,北京:人民出版社,1985 年,第 401 页。
④ 《列宁选集》第 4 卷,北京:人民出版社,1995 年,第 581 页。

当前却一直想着消灭共产党。1936年12月1日，毛泽东、朱德、周恩来、彭德怀等18位红军高级将领联合写信给蒋介石，批评他调集胡宗南等部进攻红军和苏区，并且希望蒋介石当机立断，化敌为友，国共合作，共同抗日。这封信写道："今日之事，抗日降日，二者择一。徘徊歧途，将国为之毁，身为之奴，失通国之人心，遭千秋之辱骂。""何去何从，愿先生熟察之。寇深祸亟，言重心危，立马陈词，伫候明教。"①然而，蒋介石铁心灭共，对中共领导人的忠告良言置若罔闻。他认为红军的处境已面临危亡，又调集重兵再举"围剿"红军，以蒋鼎文为西北"剿总"前敌总司令，卫立煌为陕甘绥宁边区总指挥，由国民党政府军政部次长陈诚驻前方"督剿"。12月4日，蒋介石由洛阳抵达西安，设行辕于陕西临潼华清池，图谋"以资震慑，而挽危局"。② 蒋介石扬言至多一个月即可消灭陕甘地区的红军，"荡平"中共的根据地。随后，中央军纷纷开入潼关，新式战斗机陆续降落在西安机场，陈诚、卫立煌、蒋鼎文、朱绍良等先后赶到西安。蒋介石多次对东北军、十七路军师以上将领训话指示，严肃命令张学良、杨虎城所部全都开赴前线，否则东北军调福建，西北军调安徽。张学良、杨虎城曾数次劝谏祈求蒋介石能停止内战，联共抗日，但都遭到蒋介石严厉训斥。12月7日、8日，张、杨又先后去临潼劝蒋，请求他能以国家和民族大义为重，接受全国人民的意愿，停止内战，一致对付已经侵入东北的日军。可是，尽管张学良痛哭劝谏，但蒋介石仍不为所动。在这种特别紧张的情况下，张、杨二人开始谋划"兵谏"。张学良曾主动找杨虎城咨询、商量，如何才能停止内战，敦促蒋介石领导抗日。杨虎城反问张是否真有抗日决心，张即表示真诚抗日。杨虎城于是建议："等蒋公来西安，可行'挟天子以令诸侯'之故事"。③ 张学良后来回忆起这段历史时说过："当蒋公在华清池同良两次谈话之后，良心情上十分冲动，尤以12月9日夜为甚。更有甚者是蒋公数次召集将领会议，皆无良同杨虎城列席；致使良同杨虎城发生疑惧，而良则有甚于疑惧者，是思蒋公对良不加信任，已不重视矣。因之同杨虎城计议，遂行强谏劫持之谋，而此时对于共党方面并未征询商议，知此者，除杨外，仅少数人而已。"④

1936年11月23日，全国各界救国联合会领袖沈钧儒、邹韬奋、李公朴、沙千里、史良、王造时、章乃器这"七君子"被上海市公安局逮捕，罪名是所谓"扰乱治安，颠覆政府"。"七君子"事件引起全国民众愤慨，引发了更大的举国爱国热潮。张学良为此专门到洛阳，当面劝谏蒋介石停止内战，释放"七君子"，一致抗日，结果遭到蒋介石的严厉训斥。这次"七君子事件"迫使张学良、杨虎城实行兵谏。12月9日，东北救亡总会和与西北救亡总会为纪念"一二·九"运动一周年，组织西安学生游行示威，要求政府停止内战，一致抗日，又再次激发、促使张学良、杨虎城实施兵谏逼迫蒋介石抗日。于

---

① 《建党以来重要文献选编》(1921—1949)第13册，北京：中央文献出版社，2011年，第407页。
② 张学良：《张学良年谱》下卷，社会科学文献出版社，1996年，第1105页。
③ 张学良：《张学良年谱》下卷，社会科学文献出版社，1996年，第1105页。
④ 张学良：《张学良文集》下卷，香港同泽出版社，1966年，第544页。

是,12月12日爆发了著名的西安事变,扣押了蒋介石,逼迫其停止内战,一致抗日。张学良、杨虎城立即通电全国,陈述发动事变的原因等情况,并提出八项救国主张:改组南京政府,容纳各党派共同负责救国;停止一切内战;希望政要诸公"俯顺舆性,开诚采纳,为国家开将来一线之生机,涤已往误国之愆尤。大义当前,不容反顾"①。

西安事变当天早上,张学良立即致电毛泽东、周恩来:"吾等为中华民族及抗日前途利益计,不顾一切,今日已将蒋介石等扣留,迫其释放爱国分子,改组联合政府。兄弟有何高见,速复。"②紧接着,张学良与杨虎城又联名电邀中共中央派人到西安共商大计。南京国民党政府悉知蒋介石被扣留,立即举行中央常委会及政治委员会临时会议,决定军委会议由副委员长冯玉祥及常委会负责,指挥调动部队由军政部长何应钦负责,褫夺张学良的本兼各职,交军委严办,所述部队归军委直接指挥。同日,国民政府下令拿办张学良;何应钦命令陕、甘、宁、绥、豫等地区的中央军战略性移动,对西安形成包围打压态势。

在这种十万火急的形势下,12月13日中共中央召开政治局扩大会议,讨论如何应对当前形势。在如何处置蒋介石等问题上党中央意见严重分歧,未能形成一致的决议。有的主张惩蒋毙蒋,有人则主张宜缓和态势,注重大局。但是毛泽东、周恩来、张闻天、朱德等主要领导人对西安事变的性质、特征、前途等问题的认识基本一致,毛泽东最后结论说:"现在处在一个历史事变新的阶段,前面摆着很多道路,也有许多困难。为了争取群众,我们对西安事变不轻易发言。我们不是正面反蒋,而是具体指出蒋介石个人的错误,不把反蒋、抗日并列。"③

12月25日,毛泽东、朱德、周恩来等红军将领联名发表《关于西安事变致国民党、国民政府的电报》,表示支持张学良、杨虎城提出的八项主张,重申中国共产党关于国共合作、化敌为友、共赴国难的政策,要求南京国民党当局"罢免蒋氏,交付国人裁判,联合各党、各派、各界、各军组织统一战线政府"。④ 12月18日,中共中央致电国民党,进一步提出停止内战、一致抗日、和平解决西安事变的五项条件。19日,中共中央召开政治局扩大会议,全面分析了国内外极其复杂的政治形势,从中华民族的长远利益出发,确定了和平解决西安事变的基本方针。党中央在12月16日收到共产国际的指示电后,又进一步调整完善原来的方略,统一思想,达成共识,制定了"赞同张、杨主张,和平解决西安事变,不与南京政府对立"的总方针,并采取一系列切实有效的措施落实这个总方针,实现对事件的和平解决。

12月27日,中共中央举行政治局扩大会议,毛泽东在会议上高度赞扬了西安事变:"西安事变成为国民党转变的关键。没有西安事变,转变时期也许会延长,因为一

①《西安事变档案史料选编》,北京:档案出版社,1986年,第3—4页。
②《毛泽东年谱(1893—1949)》(修订版)上卷,北京:中央文献出版社,2013年,第621页。
③《毛泽东年谱(1983—1949)》(修订版)上卷,北京:中央文献出版社,2013年,第622页。
④《建党以来重要文献选编(1921—1949)》第13册,北京:中央文献出版社,2011年,第415页。

定要有一种力量逼着他来转变。西安事变的力量使国民党结束了十年的错误政策,这是客观上包含了这一意义。就内战来说,十年的内战,以什么来结束内战? 就是西安事变。西安事变结束了内战,也就是抗战的开始。"①

中国共产党在正确处理西安事变中发挥了十分重要的作用,这是党中央与毛泽东、周恩来等主要领导人充分运用辩证唯物主义方法论和中华优秀传统文化执两用中思想方法的经典范例,如果在认识与处理斗争与和谈、惩处蒋与捉放蒋、小局与大局等关系问题上走极端,不能在矛盾对立的两方面正确地把握其同一性与斗争性的统一,就会误判时势,酿成大错。

20 世纪 40 年代,中国共产党领导的轰轰烈烈的土地改革运动,是中国历史上的一次重大变革,是中国贫苦农民翻身解放、真正实现耕者有其田、推动历史大发展的伟大革命。这场革命的胜利是党中央及其主要领导人运用唯物辩证法的杰作,同时也闪耀着中华民族优秀传统思想文化尤其是执两用中思想方法的光辉。1946 年 5 月 4 日,中共中央发出《关于清算减租及土地问题的指示》(即"五四指示")将抗日战争时期的减租减息改变为"耕者有其田"政策,并指出,解决解放区的土地问题是党目前最基本的历史任务。1947 年 10 月 10 日,中共中央发布《关于公布〈中国土地法大纲〉的决定》,1948 年 1 月 12 日,中央政治局常委、书记处书记任弼时在西北野战军前委扩大会议上作《土地改革中几个问题》的报告,1948 年 2 月 11 日,中共中央发出《纠正土地改革宣传中的"左"倾错误》的党内指示,2 月 22 日,中共中央发出《关于在老区半老区进行土地改革工作与整党工作的指示》部署了土地改革工作。

中共中央《关于土地问题的指示》(即 1946 年 5 月 4 日的"五四指示")发出以后,除转入战略进攻后开辟的新区以外,在老区(抗战胜利前解放的区域)、半老区(抗战胜利时收复区和战略进攻前解放的地区)已经解决农民的土地问题,然而还有三分之一的解放区没有进行土地制度改革,就是进行了土地改革的地方,有的也不够彻底。为了总结以前土地改革工作的经验教训,推动解放区土地改革运动进一步发展,1947 年 1 月 10 日,刘少奇向邓小平、薄一波、邓子恢等解放区领导人发出电报,征询他们对彻底解决土地问题的意见。中央曾认真考虑过采取对社会震动较小的办法,而不是采取对地主阶级无偿没收的办法来完成土地改革。但是,全国各地紧张的战争形势,要求必须尽快果断有力地解决广大农民需求的土地问题,这样就难以用比较温和的办法实行土改。由于国民党军发动对陕北重点进攻以后,中共中央撤离延安,原定 1947 年 5 月召开的全国土地会议只好延期。3 月 29 日,中央决定由刘少奇、朱德、董必武等组成的中央工作委员会(7 月 12 日正式宣告成立)到晋察冀解放区执行中央交赋委托的工作任务。

1947 年 4 月 4 日,刘少奇、朱德、董必武等到达山西省兴县晋绥军区司令部,和贺

---

① 《毛泽东传》第一卷,北京:中央文献出版社,2011 年,第 425 页。

PHILOSOPHERS 2021（1）

龙、李井泉交谈中了解晋西北各方面情况尤其是土地改革情况，在从晋西北向晋察冀解放区行进过程中，发现解放区很多地方还没有全面展开土地改革，很多农民群众土地分配不公正、不均匀，甚至未分到土地，晋西北解放区人民的贫困情况，让刘少奇等领导很痛心，引起了大家的高度关注。领导人们认为，如果不尽快改变这种情况，必然引起群众对党的不信任，如果群众不信任，就难以支持解放战争。刘少奇等到达晋察冀解放区后，原定在延安召开的全国土地会议改在河北平山县西柏坡召开。这次全国土地会议由中央工作委员会直接领导，于 1947 年 7 月 17 日至 9 月 13 日召开。出席会议的有中央工委主要领导刘少奇、朱德、董必武、彭真等和全国各解放区的主要负责人，以及华北地区大多数地委、晋察冀野战军各旅的代表共 107 人。

这次全国土地会议时间较长，将近两个月。7 月 17 日至 8 月下旬是第一阶段。刘少奇在会议上作长篇报告，指出这次会议的中心是要彻底进行土地改革，实行土地改革就一定要建立一个能够彻底实行土地改革的组织，党要建立一个能够彻底实行土地改革的党。8 月底至 9 月 13 日为会议的第二阶段，主要讨论土地改革政策，制定《中国土地法大纲》。7 月下旬，中共中央在陕北靖边县小河村召开扩大会议。毛泽东在会议上指出："土地政策今天可以而且需要"五四指示"更进一步，因为农民群众的要求更进了一步。平分是原则，但按照情况可以有某些伸缩。"①中共中央确定平分土地原则后，刘少奇亲自参加赶写《中国土地法大纲》。9 月 13 日会议正式通过，经中共中央批准后，于 10 月 10 日颁发实施。这部法规性文献，为在全国消灭封建土地制度提供了法律依据和武器，是亿万农民的福音，它指引广大农民群众推翻了千百年来的封建地主阶级的统治和压迫、剥削，为全国解放战争胜利以至建立新中国奠定和准备了坚实的社会基础和强大的力量。

在风起云涌的土地改革运动中，不可能恰如其分，总会有这样那样或右或"左"的问题发生。党中央和各地区各部门的主要领导同志及时调查研究，随时发现问题随时解决。1947 年 11 月，中共中央西北局在陕北召开陕甘宁边区高级干部会，研究如何完成好土地改革工作任务，中共中央西北局书记习仲勋在会议上总结了西北局在以往解决土地问题中存在的问题，指出要充分发扬民主，对以前的工作进行正确评价和自我批评，及时纠正了一些错误。比如，"过去土改中的斗争果实，在很多地方都轮不到贫雇农手里，而干部和自私自利分子占了便宜。这些贪污和窃取的斗争果实，要一律退出来交给贫农团或农会。"②

1947 年 10 月 3 日至 11 月 9 日，中共晋察冀中央局召开土地会议扩大会，晋察冀军区司令员兼政委聂荣臻、中共中央工委成员彭真先后在会上作报告，总结了一年多土地改革情况，揭发并批评了党内地主富农思想和主观主义、官僚主义、命令主义等错误倾

① 《毛泽东年谱（1983—1949）》（修订版）下卷，北京：中央文献出版社，2013 年，第 207—208 页。
② 《东北日报》1947 年 12 月 17 日。

向,确定了在边区贯彻落实好土地法大纲的计划和具体政策。在华中解放区也及时总结经验并纠正了侵犯中农利益的错误倾向。在东北解放区,及时发现并解决了土地政策不落实,没有彻底摧毁封建、半封建剥削制度等右倾方面的问题。

党领导的土地改革运动中,除了及时发现并解决那些右的倾向问题外,还大力克服纠正了"左"的偏向。在土改高潮中,千万农民积极投身于求翻身、闹解放的土改运动。广大农民发动起来以后,在小农经济基础上形成的农民的平均主义思想与不切实际的欲望很快形成一种思想浪潮,给中央的土改政策带来一定的冲击。许多干部尤其是许多基层、中层干部政策水平较低,缺乏大规模进行土改的经验,又在之前的整党中消极接受了反右倾的教训,放任或者附和农民自发的平均主义要求,因而造成"左"的偏向问题。①

1948年2月,中共中央发出《关于东北土改打击面问题给东北局的指示》,指出和批评了东北土改过程中出现的打击面过宽的严重危险,要求给予高度重视,立即加以纠正。同时,东北局发出《关于领导土地改革应掌握划分阶级等三个问题的指示》,要求各地根据中央政策精神,重新划分阶级,必须缩小打击面,迅速纠正已出现的"左"倾错误。当时,随着东北解放区土改高潮兴起,许多地方发生了打击面过宽的"左"的偏向问题。有的因划分阶级成分没有统一的政策标准和明确的规定界限,把一部分劳动阶级(主要是中农)错误地划定为地主或富农;有的地区出现一种"贫雇农打江山坐江山"的错误口号,把贫雇农在土改中应有的带头作用、骨干作用扭曲为贫雇农包办一切,摒弃或排斥中农、富农;有的地区在平分土地的过程中,侵犯工商业的问题相当严重,特别是没收地主、富农兼营的工商业;有的地区对地主、富农不加区别,对大中小地主不加区分,对地主中的恶霸与非恶霸不加区分,甚至对抗战时期与共产党合作过的开明绅士,同样用对恶霸地主的态度方式进行斗争,不给生活出路,甚至一度发生了"扫地出门"和乱打乱杀、野蛮粗暴的问题。这些偏向严重妨碍了土地改革运动的健康发展,影响了农业发展的正常进行和社会秩序的稳定。

中共中央与毛泽东等领导同志对及时发现的土改中的"左"的偏向极为关注,并及时采取了纠正措施,才制止了这些错误倾向。毛泽东当时就指出:土地改革是黄河主流,是一个伟大的潮流,一直到大海是成功的,但仅讲到这里还不够,主流向东流时,卷起三个浪花,即侵犯中农利益、破坏工商业、把党外人士一脚踢开。不把这三个浪花反弹,它会成为逆流。②

从1947年12月会议开始,中共中央通过领导人讲话和发布文件,对土地改革的政策和策略做了许多更加完善、具体的规定和说明。同月,中共中央重新发布党在30年代土地革命战争时期的两个文件:《怎样划分阶级》和《关于土地斗争中的一些问题的

① 《中国共产党历史》第1卷,北京:中央党史出版社,2010年,第688页。

② 参见李新、陈铁建:《中国新民主革命通史》第12卷,上海:上海人民出版社,2001年,第149页。

规定》。1948 年 1 月，任弼时在西北野战军前委扩大会议上作了《土地改革中的几个问题》的讲话，中央向各地转发了这个讲话。毛泽东在听取、阅读了中共中央西北局书记习仲勋的《关于土改中一些问题的报告》、中共中央中原局书记邓小平的《关于新区工作问题的报告》之后，立即将这两个报告转发各地，并于 2 月 3 日致电刘少奇，应坚持《在不同地区实施土地法的不同策略》，指示土地法的实施应当分三种地区，采取不同的策略和措施。2 月 22 日，周恩来为中共中央起草了《老区、半老区的土地改革与整党工作》的指示文件。1948 年 2 月至 3 月，《人民日报》先后介绍了晋察冀平山县、陕甘宁绥德县黄家川、山西省崞县（现为原平市）的土地改革经验。到 1948 年春天，"左"的偏向问题基本上纠正了，土地改革走上了健康发展的轨道。中共中央采取的一系列措施办法，就是在领导各地土地改革过程中既防止和克服右的偏向，更防止和纠正"左"的错误问题，是唯物辩证法的胜利，同时也体现了"执其两端，执两用中"的思想方法和领导方法。

"执两用中"（中庸）蒙尘已久，应该恢复其中民族优秀传统文化的内涵。"己所不欲，勿施于人"这个道德金律为人们耳熟能详，并且已经挂在联合国的大楼，"执两用中"则是方法论的金律，应当让它重放光彩。

论冯友兰对孟子"浩然之气"说之观察转进

张朝松[*]

内容提要:20 世纪 20—30 年代,冯友兰以"神秘主义之倾向"议论孟子的"浩然之气"说,这虽有世界哲学视域关照,但存在群己之辩、个体体悟与逻辑理路之张力;40 年代他以"天地境界"视域扩升超拔之,虽有精神境界之超越性,但缺乏真实实践之基础;80 年代他以"人类精神生活在中国的深刻的反思"提炼之,超越与转进了之前两阶段的理解:把实践、物质生活和精神生活有机联系起来,称之为是"中国文化和中华民族的精神"。冯友兰如此梳理使得"浩然之气"在"用语言讲"与"用行为讲"之中成为华夏民族可宝贵的"精神哲学"传统。

关键词:孟子　浩然之气　冯友兰　精神哲学

从历久弥新的中华民族精神和民族正气来看孟子的"浩然之气"说,是一个值得反复思考的重要的哲学问题。本文即以如此的"问题意识"来探讨冯友兰对孟子"浩然之气"说的论述和理解上的超越与转进。众所周知,冯友兰自谓他属于"非黑格尔派之哲学家",[①]其中国哲学研究既吸收了新实在论(neo-realism),又保持着中国哲学的本来面目。在《中国哲学史》《中国哲学史新编》和《新原人》中,他主要是从其哲学观与哲学体系出发来讨论孟子的"浩然之气"说。在写作此三书之间的 20 世纪 40 年代之中,他还曾著专文《孟子浩然之气章解》。

一、20 世纪 20—30 年代:"神秘主义之倾向"

在 1926 年由商务印书馆出版的《人生哲学》一书中,冯友兰对"神秘主义"(mysticism)[②]

---

* 张朝松,广西梧州学院马克思主义学院副教授。本文系国家社科基金项目"'智慧说'视域中的冯契儒学观研究"(20XZX010)的阶段性成果。

① 冯友兰:"自序一"(1930 年 8 月 15 日),《中国哲学史》(上册),上海:华东师范大学出版社,2000 年。

② 陈来先生在《论冯友兰哲学中的神秘主义》(《中国文化》1996 年第 1 期,该文曾在 1995 年 8 月波士顿大学举行的"第九届国际中国哲学会议"纪念冯友兰先生百年诞辰专场会上宣读。在为数不多的对冯友兰哲学体系中"神秘主义"问题的研究中,该文细致深入,极具代表性和典型性。)一文中,探讨了冯友兰"哲学体系"的内容和特点,他认为,终其一生,冯友兰的"哲学体系"中包含并呈现理性主义、神秘主义并重的特点,"冯友兰对神秘主义的了解包括三个层次,即'体验'的神秘主义、'境界'的神秘主义、'方法'的神秘主义。冯友兰哲学实际上是一个理性主义与神秘主义结合的体系。"

问题已有论及；在发表于 1927 年 6 月的《中国哲学中之神秘主义》中，冯友兰指出，"至《中庸》及孟子，儒家之神秘主义，始完全显明"，而"孟子所谓浩然之气，即个人在此最高境界中之精神状态"。① 在分别出版于 1930、1933 年的《中国哲学史》上册、下册②中，冯友兰指认，孟子哲学具有"神秘主义"特点："'万物皆备于我'，'上下与天地同流'等语，颇有神秘主义之倾向。其本意如何，孟子所言简略，不能详也。"③但是，对"神秘主义"这一术语，冯友兰给出一条较长的"注"：

> 神秘主义一名，有种种不同的意义。此所谓神秘主义，乃专指一种哲学承认有所谓"万物一体"之境界。在此境界中，个人与"全"（宇宙之全）合而为一，所谓人我内外之分，俱已不存。普通多谓此神秘主义必与惟（唯）心论的宇宙论相关联。宇宙论必为惟（唯）心论的，宇宙之全体，与个人之心灵，有内部底关系；个人之精神，与宇宙之大精神，本为一体，特以有后起的隔阂，以致人与宇宙，似乎分离。一部分佛家所说之无明，宋儒所说之私欲，皆指此后起的隔阂也。若去此隔阂，则个人与宇宙复合而为一，佛教所说之证真如，宋儒所说"人欲尽去，天理流行"，皆指此境界也。不过此神秘主义，亦不必与惟（唯）心论的宇宙论相连。如庄子之哲学，其宇宙论非必为惟（唯）心论的，然亦注重神秘主义也。中国哲学中，孟子派之儒家，及庄子派之道家，皆以神秘境界为最高境界，以神秘经验为个人修养之最高成就。但两家之所用以达此最高境界、最高目的之方法不同。道家所用之方法，乃以纯粹经验忘我；儒家所用之方法，乃以"爱之事业"（叔本华所用之名词）去私。无我无私，而个人乃与宇宙合一。如孟子哲学果有神秘主义在内，则万物皆备于我，即我与万物本为一体也。我与万物本为一体，而乃以有隔阂之故，我与万物，似乎分离，此即不"诚"，若"反身而诚"，回复与万物为一体之境界，则"乐莫大焉"。如欲回复与万物为一体之境界，则用"爱之事业"之方法。所谓"强恕而行，求仁莫近焉"。以恕求仁，以仁求诚。盖恕与仁皆注重在取消人我之界限；人我之界限消，则我与万物为一体矣。此解释果合孟子之本意否不可知，要之宋儒之哲学，则皆推衍此意也。④

在以上的长注中，冯友兰超出唯物、唯心之畛域对立，从"境界哲学"着眼，以"反身而诚"着手着力，对孟子"浩然之气"予以界说，称之为"万物一体之境界"或者说"最高

---

① 冯友兰：《中国哲学中之神秘主义》，《燕京学报》第 1 期（民国十六年六月出版），第 59—60 页。

② 按蔡仲德在《校勘后记》中说："此书上册由神州国光社初版于 1931 年 2 月，……1934 年 9 月，修改后的上册、下册由商务印书馆出版，……是为全书初版。1944 年 4 月，商务印书馆又出此书增订版，……书后，……尚附有冯先生所作……《孟子浩然之气章解》"。参见冯友兰：《中国哲学史》下册，上海：华东师范大学出版社，2000 年。

③ 冯友兰：《中国哲学史》上册，上海：华东师范大学出版社，2000 年，第 101 页。

④ 冯友兰：《中国哲学史》上册，上海：华东师范大学出版社，2000 年，第 101—102 页。

境界"，而宋儒家哲学的旨要就是对其继承、阐扬和发挥。如此之界说，不由得让我们想起，黑格尔在其《哲学史讲演录》"开讲辞"中所说："向外驰逐的精神将回复到它自身，得到自觉，为它自己固有的王国赢得空间和基地，在那里人的性灵将超脱日常的兴趣，而虚心接受那真的、永恒的和神圣的事物，并以虚心接受的态度去观察并把握那最高的东西。"①

然而，冯友兰以假设性或不确定性语气表述的"如孟子哲学果有神秘主义在内"，又显然表明他对"浩然之气"说的内涵和意谓还未予以明确断定和肯认。因此，他又按照此假设性前提继续讨论：

> 如孟子哲学中果有神秘主义，则孟子所谓浩然之气，即个人在最高境界中之精神状态。故曰："其为气也，至大至刚，以直养而无害，则塞于天地之间"。（《孟子·公孙丑上》）至于养此气之方法，孟子云："其为气也，配义与道，无是馁也；是集义所生者，非义袭而取之也。行有不慊于心，则馁矣。我故曰：'告子未尝知义，以其外之也'。必有事焉，而勿正，心勿忘，勿助长也"（《孟子·公孙丑上》）。此所谓义，大概包括吾人性中所有善"端"。是在内本有，故曰："告子未尝知义，以其外之也"。此诸善"端"皆倾向于取消人我界限。即将此逐渐推扩，亦勿急躁求速，亦勿停止不进，"集义"既久，则行无"不慊于心"，而"塞乎天地之间"之精神状态，可得到矣。至此境界，则"居天下之广居，立天下之正位，行天下之大道。得志与民由之，不得志独行其道。富贵不能淫，贫贱不能移，威武不能屈，此之谓大丈夫"。②

可以看到，冯友兰认为"浩然之气"说最典型地反映了孟子哲学具有"神秘主义之倾向"。他的观察从内在层面看是在传统儒释道哲学比较、近代中西哲学比较视域中进行的；从历史发展逻辑③看，既同近现代科学、科学哲学的发展情势具有学术与学科性联系，又同阐扬以科学与民主为主题的新文化运动具有历史文化语境（context）的背景性联系（他是在 20 世纪 20—30 年代初写作这些文字的）。

问题是，其一，冯友兰既然认为孟子哲学有"神秘主义之倾向"，那么，又如何解释"浩然之气"需要"养"呢？换言之，如何理解和把握"养气"的内涵、要求和方法？其二，之后他又为什么不持"神秘主义之倾向"说了呢？以下笔者通过回溯中国传统思想中关于"养气"的主要见解予以简略的诠释。

在《论语·乡党》中，孔子"虽蔬食菜羹，瓜祭，必齐如也"。朱熹引录宋儒谢良佐之

---

① 黑格尔：《哲学史讲演录》第一卷，贺麟、王太庆译，北京：商务印书馆，1959 年，第 3 页。
② 冯友兰：《中国哲学史》上册，上海：华东师范大学出版社，2000 年，第 102 页。
③ "历史发展逻辑"与孟子的"知人论世"相通。孟子："颂其诗，读其书，不知其人可乎？是以论其世也，是尚友也。"（《孟子·万章下》）

语以为解释："盖养气、体不以伤生，当如此。"①这是从饮食之节与养生之道讲"养气"，是身体健康之道。《管子·心术下》说："气者，身之充也。"物质性的"养气"对精神之"养"而言无疑具有根本性的基础作用。《周易》中谦卦之初六爻辞："谦谦君子"，其"象辞"是"'谦谦君子'，卑以自牧也"。"卑以自牧"中之"牧"，王弼在《周易注》直接解释为"养也"。②程颐解释为："自牧，自处也。诗云：'自牧归荑'。"③朱熹注释"蒙"卦说："蒙者之自养。"④可见，"自牧""自处""自养"三者含义相通。而且，程颐解释"谦"卦象辞"地中有山"时说："不云山在地中，而曰地中有山，言卑下之中蕴其崇高也。"⑤这是启发人们，崇高寓于卑下，崇高起于卑下，在卑下之中亦须追求崇高。无独有偶，《周易·颐》卦亦解释了"养"之义。其卦辞有"贞吉。观颐，自求口实"之言，其"象辞"解释为："养正则吉也。观颐，观其所养也。自求口实，观其自养也。天地养万物。圣人养贤以及万民。颐之时大矣哉。"可以看到，《周易》之经、传都认为"养"的实质性内含和要求是"自养"，即靠主体自己修养、培养，用现代哲学概念来说，就是"成长""发展"。孟子的"浩然之气"说在思想逻辑上看亦是受"自养（自处、自牧）"启发而来。《周易·大过》卦"象辞"："泽灭木，大过。君子以独立不惧，遁世无闷。"已然可见"浩然之气"状态的刻画和描绘；对"坤"卦之六二爻辞"直、方、大，不习无不利"程颐就直接解释为："直、方、大，孟子所谓至大至刚以直也。"⑥他又在解释"未既"卦上九爻辞"有孚于饮酒，无咎。濡其首，有孚失是"时说："明能烛理，刚能断义。"⑦"明理""刚义"所分别对应的恰好就是孟子"我知言，我善养吾浩然之气"中的"知言""集义"。"知言"是求理、明理、讲理，"集义"就是善于积累、修养培养"浩然之气"，突出了理性主体谨慎自身的独立自主修养或培养。联系在先秦开创的私人教育传统和《周易》的坤、谦、颐、既济和蒙诸卦看，孟子也同孔子一样，读易研易"韦编三绝"，受周易思想启发尤多且深。而且，《孟子·公孙丑上》中孟子所说"我四十不动心"，同孔子"四十而不惑"（《论语·为政》）旨意相通而一致。其次，《孟子·公孙丑上》中孟子亦引孔子之著名弟子曾子的话，称赞他："自反而不缩"（自认不理亏）、"自反而缩"（自认理直）。如此，我们可以细细加以体会"浩然之气"的精神状态恰如《孟子·尽心上》两段话所说，一是"君子三乐"之论："君子有三乐，而王天下不与存焉。父母俱存，兄弟无故，一乐也；仰不愧于天，俯不怍于人，二乐也；得天下英才而教育之，三乐也。君子有三乐，而王天下不与存焉。"二是"不言而喻"之论："广土众民，君子欲之，所乐不存焉；中天下而立，定

---

① 朱熹：《四书集注》，陈戍国标点，长沙：岳麓书社，2004 年，第 137 页。
② 王弼著，楼宇烈校释：《周易注校释》，北京：中华书局，2016 年，第 62 页。
③ 程颐：《周易程氏传》，北京：中华书局，2016 年，第 68 页。
④ 朱熹：《周易本义》，苏勇校注，北京：北京大学出版社，1992 年，第 8 页。
⑤ 程颐：《周易程氏传》，北京：中华书局，2016 年，第 67 页。
⑥ 程颐：《周易程氏传》，北京：中华书局，2016 年，第 12 页。
⑦ 程颐：《周易程氏传》，北京：中华书局，2016 年，第 281 页。

四海之民,君子乐之,所性不存焉。君子所性,虽大行不加焉,虽穷居不损焉,分定故也。君子所性,仁义礼智根于心,其生色也睟然,见于面,盎于背,施于四体,四体不言而喻。""仁义礼智根于心"才有"四体不言而喻"的状态,可见"心之官则思"(《孟子·告子上》)之"心"(思维器官)的重要性,因此朱熹引用程子之言解释何以"不动心有道":"心有主,则能不动矣。"①

从以上回溯性考察来看,冯友兰对孟子的"浩然之气"说作了历史的、哲学的阐析,但是他所谓的"神秘主义之倾向"问题依然存在于其间。这一问题的实质是:"浩然之气"究竟是具有神秘主义意味之宗教性呢? 还是具有理性逻辑之哲学性呢? 或者两者兼有呢? 这正是下文所要探讨的。

二、20 世纪 40 年代:"超道德的价值"和"天地境界"

在中国哲学史研究中,冯友兰在其自述中已表明其见解和观点的变化:"此书第一篇出版于民国十九年,全书出版于民国二十二年,距今已十余年矣。在此十余年中,吾之思想有甚大改变。"②"甚大改变"也表现在他对孟子"浩然之气"说的理解上。在1946—1947 年于美国宾夕法尼亚大学讲学期间,身处现代的西方文化和世界文化之中,面对西方学者、学生,冯友兰用英文著成了《中国哲学简史》。在该著"第七章儒家的理想主义派"中,依次列有四个"目",前三个依次是"人性善""儒墨的根本分歧"与"政治哲学",第四个就是"神秘主义"。我们看到,在该著中,虽然也同 20 世纪 30 年代初一样,冯友兰明确使用了"神秘主义"术语,但是他的理解已有了重要转换,这表现在三个方面:

其一,孟子的"知天"是指认识"道德的宇宙",是伦理学、道德论和哲学意义上讲的,涉及的是道德理性(道德意识—道德认识)。冯友兰说:

照孟子和儒家中孟子这一派讲来,宇宙在实质上是道德的宇宙。人的道德原则也就是宇宙的形上学原则,人性就是这些原则的例证。孟子及其学派讲到天的时候,指的就是这个道德的宇宙。理解了这个道德的宇宙,就是孟子所说的"知天"。③

其二,冯友兰认为,孟子的"万物皆备于我"说的意思是:"他已经与天,即宇宙同一,成为一个整体。由此就认识到'万物皆备于我'。从这句话我们看到了孟子哲学中

① 朱熹:《四书集注》,陈戍国标点,长沙:岳麓书社,2004 年,第 259 页。
② 冯友兰:《中国哲学史》上册,上海:华东师范大学出版社,2000 年,"自序三"(写于 1944 年 4 月)。
③ 冯友兰:《中国哲学简史》,北京:北京大学出版社,2003 年,第 76 页。

的神秘主义成分。若要更好地了解这种神秘主义,就得看一看孟子对于'浩然之气'的讨论。"①这意味着,在冯友兰那里,"了解"(理性的理解和把握)"神秘主义"实质上恰恰是对"神秘主义"意味的宗教性予以消解,同时用理性逻辑(孟子的"大体")对其做哲学性的阐扬。他对孟子"我善养吾浩然之气"的精神修养做出哲学阐释,指出其"塞于天地之间"之表现和状态在哲学意义上"是一种超道德的价值"。②

其三,"浩然之气"是"充分发展了的人性"。冯友兰说:"虽然这种'浩然之气'听起来很神秘,可是照孟子所说,它仍然是每个人都能够养成的。这是因为浩然之气不是别的,就是充分发展了的人性,而每个人的人性基本上是相同的……这是孟子的教育学说。"③可以看到,在深层次的哲学意义上,"教育学说"用语是最能体现"培养""养"的本质属性的。

无独有偶,冯友兰在同著中阐释庄子哲学思想时,其中亦有一"目"名为:(庄子的)"神秘主义的方法"。其中讲道:"为了与'大一'合一,圣人必须超越并且忘记事物的区别……圣人到了这个境界,就可以说是有了另一个更高层次的知识,道家称之为'不知之知'……《庄子》里有许多地方讲到忘记区别的方法","不知之知"简称"不知",它是"精神的创造"。④《庄子·天下篇》所说的"天地精神",是最为典型的印证:"独与天地精神往来,而不敖倪于万物。不谴是非,以与世俗处。""天地精神"就是"天地境界""大一",个人与天地宇宙合一,而非与其对立隔离自以为高;认识并超越于"世俗"层面之"是非"即能在"世俗"中见出"脱俗""超俗"。

从以上阐述可见,以"神秘主义"的名义,冯友兰认为,在通向"天地境界"中,儒家的孟子、道家的庄子在精神、道德修养的目的和方法上都具有超越性的意义,这显示出先秦儒道之相通性,而相通又蕴涵着哲学视域的一般性要求和意义。这些于 20 世纪40 年代所写的"神秘主义"文字反映了冯友兰对中国传统哲学走向现代哲学和"世界哲学"的自觉意识和致思趋向,同时体现了他以哲学代宗教的表达和努力。

到这里,我们看一看"神秘主义"按照哲学专业辞典的普遍性定义,这无疑有助于深入理解与把握冯友兰所讨论的孟子"浩然之气"问题:

[神秘主义]这种观点主张,存在着一个超验的或终极的实在,它既不能被经验,也不能被理性把握。那个领域超出日常语言的描述范围,对它的知识只能通过长期的精神教化所形成的神秘直觉才能达到。人一旦目睹这个不可名状的终极实在,他就达到一种与它合一的快乐而痴迷的境界,这种合一构成人类生活的终极意义。神秘主义与宗教体验和学说相关联。基督教上帝的许多特性就是不可名状

---

① 冯友兰:《中国哲学简史》,北京:北京大学出版社,2003 年,第 77 页。
② 冯友兰:《中国哲学简史》,北京:北京大学出版社,2003 年,第 77 页。
③ 冯友兰:《中国哲学简史》,北京:北京大学出版社,2003 年,第 78 页。
④ 冯友兰:《中国哲学简史》,北京:北京大学出版社,2003 年,第 114 页。

的,只能被神圣启示;神秘主义也与传统形而上学或思辨哲学相关联,因为这种哲学追寻不能被理性讨论的第一原理。既然神秘实体的存在是不可证明的,神秘的体验是不可检验的,那么,神秘主义就总是被怀疑。维特根斯坦也关注神秘主义。在他看来,神秘是第一重要的领域,它能被显示,但却不能被言说。这种神秘的观点具有美学和伦理学价值,但与逻辑相区别。①

照辞典中如上一般的普适性定义看,20世纪20—30年代,冯友兰声称"浩然之气""其本意如何,孟子所言简略,不能详也",就不仅仅只是"所言简略,不能详"的知识性认识性问题,实际上,它是一个与宗教、传统形而上学相关联"但与逻辑相区别"的"神秘主义"哲学问题。这在孟子同公孙丑对话中可以看到:公孙丑最后追问:"敢问何谓浩然之气?"孟子明白坦陈:"难言也。""难言也",短短一句话三个字,可谓最为"吃紧""吃劲",即"浩然之气"难以用逻辑的理性的语言说清楚讲明白;换言之,它是一个远远超越语言、实体、科学、逻辑思维的形上学问题。正如维特根斯坦所说:"我们正在和哲学困惑的最大根源作斗争:一个实体性语词迫使我们寻找它的对应物。"②这里的"难言也"说明其理性认识和逻辑表达的难度比之告子先于孟子"四十不动心"还要艰难困苦。这是因为"浩然之气"是"无形"的,"至大至刚"之气充沛"塞于天地之间",③这具有很强的根源性形上学的意味。

如前所述,虽然冯友兰在20世纪20—30年代声称对"其本意如何,孟子所言简略,不能详也",但是,他又认为,"《孟子》中论'浩然之气'章是孟轲言论中的重要部分"。④历经10年左右时间的接续思考与探究,冯友兰在其上下卷本《中国哲学史》初版之后对他称为孟子"神秘主义"的这一思想展示了更完整、精湛而独特的形上学(道德形上学)理解。这集中见于《孟子浩然之气章解》⑤《新原人》⑥之中。孟子"浩然之气"说见于《孟子·公孙丑上》,从"公孙丑问曰:'夫子加齐之卿相'",到"(孟子曰:)'圣人复起,必从吾言矣'"。

首先来看《浩然之气章解》一文。在《中国哲学简史》中,冯友兰说:"'浩然之气'是孟子独创的名词。到后来,孟子的影响日益增大,这个名词也就不罕见了,但是在先

---

① 尼古拉斯·贝宁、余纪元编著:《西方哲学英汉对照辞典》,北京:人民出版社,2001年,第648页。

② Ludwig Wittgenstein.*The Blue and Brown Books*.Basil:Blackwell,1958,p.1.

③ 关于"塞于天地之间"之"塞"义,庞朴认为:"全部中国哲学史,用'塞'字来谈哲学的,能有几处? 只此一家而已!"(参见庞朴:《话说"五至三无"》,《文史哲》2004年第1期,第72页)。"只此一家",盖指"儒家(思)孟子学派"解。其二,《孟子·告子下》有"衡于虑"之语,《大戴礼记·曾子大孝》有"夫孝置之而塞于天地,衡之而衡于四海"之语。其"衡"与"塞"义亦通。(参见杨伯峻:《孟子译注》,北京:中华书局,1960年,第300页)

④ 冯友兰:《中国哲学史新编》上卷,北京:人民出版社1998年,第382页。

⑤ 该文最早发表于1941年4月《清华学报》第13卷第1期(大学三十周年纪念号上册)。

⑥ 《新原人》,照冯友兰《新原人·自序》:该书著于"民国三十一年三月"(1942年3月)。

秦仅此一见。"①"但其确切底意义,孟子却又说是难言。后人对这个名词底解释,亦多未妥。"②他指出,从董仲舒、赵岐、二程、朱熹,"都以所谓浩然之气,是天地间所本有者,似乎都不妥当"③。其原因在于:第一,"浩然之气,既是天地间所本有者,又何必待人'养'之?"④第二,本章"气"字意义不统一,没有"相同底解释"。⑤ 如前所述,从回答公孙丑问"不动心有道乎"开始,经层层答问展开论述,孟子提出了自己的"浩然之气"说,冯友兰在该文中随文(脉)加以阐析,于"照着讲"中见出了"接着讲"。

在《孟子·公孙丑上》中,公孙丑问孟子:"夫子加齐之卿相,得行道焉,虽由此霸王不异矣。如此,则动心否乎?"这里的"动心"一词,朱熹在《四书集注》中注释:"任大责重如此,亦有所恐惧疑惑而动其心乎?"⑥南宋理学家饶鲁说,朱熹的"《集注》'恐惧疑惑'四字,虽是说心之所以动,然'恐惧'字是为下文'养气'张本,'疑惑'字是为下文'知言'张本"。⑦ 与"动心"相对的是"不动心",而"不动心"有其方法和途径。冯友兰以"勇(气)""勇敢"⑧为例,通过比较性考察认为,北宫黝、孟施舍都是以"守气"方法得"不动心";曾子是以"守义"方法得"不动心"。较之于三人,告子是以"持志"方法,而且是先于孟子得"不动心"。冯友兰通过如此条分缕析后指出,人们往往错把告子的"持志"方法也看成了是孟子得"不动心"的方法。但是,冯友兰断定,孟子是主张以"知言"为方法而得"不动心"的。所谓"知言"即孟子所论:"诐辞知其所蔽,淫辞知其所陷,邪辞知其所离,遁辞知其所穷。"(《孟子·公孙丑上》)其意思是说:对片面的言论能知道它蒙蔽了什么,对过头了的言论能知道它陷溺于什么,对邪辞能指出它如何背离正道,对遁辞能指出它如何理屈词穷。孔子说:"辞达而已矣。"(《论语·卫灵公》)朱熹解释说:"辞,取达意而止,不以富丽为工"。⑨ "达意"即是合乎逻辑,通顺通达。《周

---

① 冯友兰:《中国哲学简史》,北京:北京大学出版社2003年,第77页。
② 冯友兰:《中国哲学史》下册,上海:华东师范大学出版社,2000年,第424页。
③ 冯友兰:《中国哲学史》下册,上海:华东师范大学出版社,2000年,第424页。
④ 冯友兰:《中国哲学史》下册,上海:华东师范大学出版社,2000年,第424页。
⑤ 冯友兰:《中国哲学史》下册,上海:华东师范大学出版社,2000年,第425页。
⑥ 朱熹:《四书集注》,陈戍国标点,长沙:岳麓书社,2004年,第259页。
⑦ 转引自杨伯峻:《孟子译注》上册,北京:中华书局,1960年,第68页。
⑧ 许慎:《说文解字》:"勇,气也;敢,进取也"。《论语·为政》:"子曰:非其鬼而祭之,谄也。见义不为,无勇也"。朱熹在《四书集注》中解释:"知而不为,是无勇也"。转过来即可以说,"知义而为即勇"。它同上面三人由"勇"得"不动心"相区别。《论语·宪问》:"仁者必有勇,勇者不必有仁",朱熹解释说:"勇者,或血气之强而已";同样,《论语·季氏》中孔子有"三戒"之言:"君子有三戒:少之时,血气未定,戒之在色;及其壮也,血气方刚,戒之在斗;及其老也,血气既衰,戒之在得"。朱熹解释说:"血气,形之所待以生者,血阴气阳也。……随时知戒,以理胜之,则不为血气所使也",并且征引了范氏(祖禹)之言:"血气有时而衰,志气则无时而衰也。……君子养其志气,故不为血气所动"。《老子》第七十三章:"勇于敢者则杀,勇于不敢者则活",是从反面强调,"勇"不是违背"道"(无)的逞强斗狠;了解《老子》思想核心概念之一的"无"有助于理解"浩然之气"的"气",因为从字源学上看,"无"(無)通"气"(氣),是从"气"字而来。这就是说,《老子》"勇于不敢"之说同上述三人之言相反而相成殊途而同归。
⑨ 朱熹:《四书集注》,陈戍国标点,长沙:岳麓书社,2004年,第192页。

易·系辞下》中亦有以"辞"表明其对"知言"的认识:"将叛者其辞惭,中心疑者其辞枝,吉人之辞寡,躁人之辞多,诬善之人其辞游,失其守者其辞屈"。《张子语录·语录上》记录宋儒张载之语:"遁辞者无情,只是他自信,元无所执守。"①孟子"知言"之实质,是一种清明的理性认识能力和理性思维方法,是对先秦儒家理性原则的继承和丰富。

培养"浩然之气"需要下工夫,培养即工夫。照孟子所说,就是要"配义与道"。冯友兰认为,"道"就是"义理",即"对于宇宙,有正确底了解,此了解即是道";"义"就是"道德底义务";"常行义即是集义,集义既久,则浩然之气,自然而然生出"。② 可以看到,在认识和实践中,"集"③和"义",都可以作为具有思维方法论意义的哲学概念来理解和把握。在哲学概念意义理解上,"集"包含"集合—集束—汇集—提高—提升—综合—整合"的意涵,《庄子·人间世》有"唯道集虚"一说,《吕氏春秋·季春纪·尽数》对其有所展开:"精气之集也,必有入也。集于羽鸟,与为飞扬;集于走兽,与为流行;集于珠玉,与为精朗;集于树木,与为茂长;集于圣人,与为复明。""义"则具有"应当—正当—合理—可取—可择"的意涵。因此,"集义"就是认识和做一件一件的"善"事,天长日久,从量变到质变,即"生"出本体论—存在论("是论")意义上的"浩然之气"。如此的清明理性和日常工夫相结合,正如《中庸》引孔子所言,"子曰:回之为人也:择乎中庸,得一善,则拳拳服膺,而弗失之矣"。朱熹亦说:"然气之已散者,既化而无有矣,其根于理而日生者,则固浩然而无穷也。"④如此,则孟子的"集义"与告子的"义袭"正好相反,前者是内在的,后者是外在的。说"集义"是内在的,是因为有"心"的理性判断权衡,"心"是"义"的载体和主体,所以他能够按照事情事物的客观本性行动,而这又是以"自然而然"的规律遵循为基础的,是莫之为而为者,因此孟子又说"勿正",即让物、事自己自然发展,但是必须"心勿忘",即"义"这一内在判断标准不能丢;"勿助长",即不要像宋人那样"揠苗助长"。进一步地看,孟子强调"心"与笛卡尔"我思,故我在"是相通的,可谓异曲同工,都强调了主体内在理性判断标准及其优先性。

联系先秦儒家哲学、道家哲学(尤其是庄子哲学)相通性特点来看,孟子讲的"浩然之气"可以说是个人、集体,乃至一个民族的精神世界的自身生成和存在状态。它包含并体现了自然原则(先秦道家)—人道原则(先秦儒家)、自然—人为、天性—人性、身

---

① 张载:《张载集》,章锡琛校,北京:中华书局,2006 年,第 314 页。

② 冯友兰:《中国哲学史》下册,上海:华东师范大学出版社,2000 年,第 429 页。

③ 张世英指出:"希腊文的'存在'实际上就是'集合'起来的意思。正是无穷关联的集合才使一物成为它之所是"。(张世英:《哲学的问题与方向探讨——访张世英教授》,《哲学动态》1999 年第 7 期,第 14 页)另外,朱熹解释《周易》中"萃"卦辞:"萃,聚也。……庙所以聚祖考之精神。又人必能聚己之精神,则可以聚于庙而承祖考也。"(朱熹著,苏勇校注:《周易本义》,北京:北京大学出版社,1992 年,第 61 页)对"精神"之"聚"的可能性与事实亦有所见。

④ 朱熹:《朱文公文集》卷四五《答廖子晦》,转引自朱熹:《朱子语类》第 1 册,北京:中华书局,1986 年,第 3 页。

体—精神等相统一的诸多重要蕴含。正如庄子所说："通天下一气耳。"（《庄子·知北游》）如此，则又有了"天地与我并生，而万物与我为一"（《庄子·齐物论》）的超拔理性的深沉识见和实践体认。浩然之气"是关于人与宇宙底关系者……有浩然之气，则可以堂堂立于宇宙间而无惧"。① 正如《孟子·尽心上》所言："所过者化，所存者神，上下与天地同流。"冯友兰在哲学层面指出，浩然之气"已超过有限而进于无限矣"。② "无限"抑或"无定"就是形上的"绝对""无待"，就是永恒，永恒就是指精神的永恒，信仰的永恒。在这里，我们可以看到，冯友兰著名的"人生四境界"说与孟子的"浩然之气"说显然具着精神上继承的内在脉络。在这里，宗教归于哲学形上学，宗教和哲学合一；在精神哲学层面上，哲学是宗教哲学，宗教是哲学宗教，"道通为一"（《庄子·齐物论》）。

其次，于抗战时期所著"贞元六书"之一《新原人》③一著中，冯友兰从人生境界修养体系和方法方面对孟子"浩然之气"说亦有深入细致讨论。该著从论述"觉解"开始，并以之为主题线索贯穿于全著，在依次论述自然境界—功利境界—道德境界之后，他讨论"天地境界"：

> 人有此等进一步底觉解，则可从大全、理及道体的观点，以看事物。从此等新的观点以看事物，正如斯宾诺莎所谓从永恒的形式的观点，以看事物。人能从此种新的观点以看事物，则一切事物对于他皆有一种新底意义，此种新意义，使人有一种新境界，此种新境界，即我们所谓天地境界。④

这就是冯友兰所理解和规定的"天地境界"。他说："古代儒家中，只有孟子及《易·系辞》的作者说到人的天地境界。"⑤此处"古代"一词是指"先秦时代"。在这种新阐释中，冯友兰已经明确回应或修改了《中国哲学史》中宗教性的"神秘主义之倾向"之论。他说："人对于他与宇宙底关系，亦非全无觉解。这些不完全底觉解，表现为人的宗教底思想。"⑥"不完全底觉解"反映的是"宗教底思想"。而"所谓上帝者，不过是人的人格的无限放大。所谓天堂者，不过是这个世界的理想化，这都是人以人的观点，用图画式底思想，以想象那个'什么'，所得底结果。这种宗教底思想，其最高处，亦能使人有一种境界，近乎是此所谓天地境界"。⑦ "宗教底思想"只能仅仅"近乎是此天地境界"。在这里，冯友兰从"觉解"（理性逻辑）及其功能上，明确区分了宗教和哲学：

---

① 冯友兰：《中国哲学史》下册，上海：华东师范大学出版社，2000年，第429页。
② 冯友兰：《中国哲学史》下册，上海：华东师范大学出版社，2000年，第431页。
③ 冯友兰在该书"自序"中记：著于"民国三十一年三月"（公元1942年3月）。
④ 冯友兰：《新原人》，北京：北京大学出版社，2014年，第167页。
⑤ 冯友兰：《新原人》，北京：北京大学出版社，2014年，第193页。
⑥ 冯友兰：《新原人》，北京：北京大学出版社，2014年，第168页。
⑦ 冯友兰：《新原人》，北京：北京大学出版社，2014年，第169页。

"宗教使人信,哲学使人知。"①"信"不必以理性为必要条件,"知"必以理性为必要条件。"浩然之气"指向"天地境界",这是哲学意义上的本体和工夫之有机统一,是理性("觉解")在人生发展中质的飞跃,而宗教的最高境界只是对其的"近乎是"而已。冯友兰说:"孟子说浩然之气云:'其为气也,至大至刚,以直养而无害,则塞于天地之间'。有浩然之气者的境界,是同天的境界,'塞于天地之间',是就有此种境界者的'我'的无限扩大说。'至大至刚',是就有此种境界者的'我'是大全的主宰说。"②

在这里有必要指出的是,关于孟子"大丈夫"之说,《新原人》《孟子浩然之气章解》中的阐析存在着一定的差异。在《新原人》中,冯友兰说:

> 孟子说"浩然之气,至大至刚",是说在天地境界中底人的有主宰。"居天下之广"、"富贵不能淫"等,是说在道德境界中底人的有主宰。"居天下之广居,立天下之正位,行天下之大道",不能说是不大。"富贵不能淫,贫贱不能移,威武不能屈",不能说是不刚。不过这只是在道德境界中底人的大与刚,不是至大至刚。……所以朱子论孟子所说浩然之气,亦说:"富贵贫贱威武,不能移屈之类,皆低,不足以语此"(《语类》卷五十二)。③

可见,"浩然之气,至大至刚"是最高之"天地境界","居天下之广""富贵不能淫"等,只是低一级的"道德境界"。但是,在《孟子浩然之气章解》中,冯友兰说:

> 到此地位者,在社会间自然"大行不加,穷居不损"。自然"富贵不能淫,贫贱不能移,威武不能屈"。不能淫、不能移、不能屈,即是不动心也。其不淫、不移、不屈,又不是强制其心,而使之如此。若果如此,则其地位只是告子的地位。若有此等行为者,以为应该如此,所以如此,则其地位,只是曾子的地位。有浩然之气者,自然不以富贵为富贵,贫贱为贫贱,威武为威武。所以其不淫、不移、不屈,是莫之为而为底。朱子说:"浩然之气,清明不足以言之。才说浩然,便有个广大刚果意思,如长江大河,浩浩而来也。富贵、贫贱、威武,不能移屈之类,皆低,不可以语此。"朱子此言,正是我们以上所说底意思。到此地位者,真可以说是一个"顶天立地"底"大"人,"大丈夫"。所谓"顶天立地",正是"塞于天地之间"及"上下与天地同流"的意思。④

《新原人》是分析性地说"大丈夫",其可以定位于"道德境界";《浩然之气章解》是

---

① 冯友兰:《新原人》,北京:北京大学出版社,2014年,第170页。
② 冯友兰:《新原人》,北京:北京大学出版社,2014年,第182页。
③ 冯友兰:《新原人》,北京:北京大学出版社,2014年,第182—183页。
④ 冯友兰:《中国哲学史》下册,上海:华东师范大学出版社,2000年,第431页。

从"境界"之最高处的"天地境界",通过反观而见出"大丈夫"最深沉的内涵和意义。

三、20世纪80年代:"人类精神生活
在中国的深刻的反思"

在著于 20 世纪 80 年代的《中国哲学史新编》（上卷）中,冯友兰论及孟子"浩然之气"说时已不再是名为"神秘主义"之"目",而是上升为"节",其名为:"孟轲对于人类精神生活的理解和体会",这表明他对之有了更深刻更系统的思考转进。在该著中,冯友兰于总论孟子思想时说:"孟轲的思想的一个主要贡献是他从人类的道德生活中得来的对于人类精神生活的理解和体会,这在《孟子》中的《尽心上》的前五段可以看出来。"①冯友兰在分析该章前五段内容之后如此概括,它"是孟轲的唯心主义哲学体系的一个轮廓,也就是孟轲的对于人类精神生活的理解和体会,也就是人类精神生活的一种反思"。② 这里的"唯心主义"用语,表面上看,还带有当时哲学研究的年代烙印,但稍加留意即可以看到,他是在"哲学"的学术和学科意义上,使用"唯心主义"这一术语的,"人类精神生活的一种反思"之用语,就恰好印证了这一点。冯友兰认为,"浩然之气"实际上也是孟子本人的人格和气象生动写照和具体描绘:

> 孟轲还具体地描绘出来有这样的精神生活的人的精神境界。这就是他所讲的"浩然之气"。孟轲自以为他有两个专长,一个是"知言",一个是"养浩然之气"。孟轲自以为他善于对于他认为是错误的言论进行分析,抓着它们的弱点。这就是"知言"……
>
> 关于"浩然之气",孟轲说:"其为气也,至大至刚,以直养而无害,则塞于天地之间。其为气也,配义与道,无是,馁也。是集义所生者,非义袭而取之也。行有不慊于心,则馁矣。我故曰'告子未尝知义',以其外之也。必有事焉,而勿正,(焦循《孟子正义》说:'正之义通于止,即而勿止'。)心勿忘,勿助长也。"③

重要的是,在该著中,冯友兰对"浩然之气"的"气"作了哲学意义的理解和界定,认为孟子的"浩然之气"的"气"是"一种精神状态":

> 孟轲也是把当时的唯物主义命题改造为唯心主义命题。"气"字本来有两种意义。一种指客观存在的一种物质,这是稷下黄老派所谓的"气"。一种指一种精

① 冯友兰:《中国哲学史新编》上卷,北京:人民出版社,1998 年,第 378 页。
② 冯友兰:《中国哲学史新编》上卷,北京:人民出版社,1998 年,第 380 页。
③ 冯友兰:《中国哲学史新编》上卷,北京:人民出版社,1998 年,第 380 页。

神或心理状态,这是孟轲所谓的"气"。……孟轲所说的"浩然之气",也是讲一种精神状态,所以他讲"浩然之气",从北宫黝、孟施舍两个当时有名的勇士讲起。①

冯友兰分析和厘定了孟子"养浩然之气"的方法是"配义与道":

照孟轲讲的"养浩然之气"的方法有两方而,一方面是了解一种义理,对之有确信,此可称为"明道";一方面是常作他所认为是应该作的事,此可称为"集义"。合此两方面,就是"配义与道"。此两方面的工夫,缺一不可。若集义而不明道,则是上文所谓"不著不察"或"终身由之而不知其道"。(《尽心上》)若明道而不集义,则是所谓"智及之,仁不能守之,虽得之,必失之"。(《论语·卫灵公》)

明道之后,集义既久,浩然之气,不待勉强,自然而然生出,所谓"是集义所生者,非义袭而取之也"……孟轲认为,告子是从外面拿一个义来强制其心,使之不动,这就是"义袭而取之"。实际上行义应是心的自然的发展。行义既久,浩然之气即自然由中而出。②

冯友兰指认"浩然之气"是一种"精神境界":

孟轲认为,这样就可以立于天地之间而无所愧作,因而无所畏惧。这就是所谓"至大至刚"。这本来是一种精神境界或心理状态。孟轲认为,这种状态,"以直养而无害,则塞于天地之间"。这是"万物皆备于我"的另一种说法。③

冯友兰认为,"气"是人的"主观的精神境界"和"内在的精神":

《孟子》中论"浩然之气"章是孟轲言论中的重要部分。它不是讲道德教条,而是概括地讲一种精神境界。它不仅是概括地描述了这种精神境界,而且比较详细地阐述了达到这种境界的方法。我们首先要注意的就是他所说的"浩然之气"的那个"气"并不是一种物质,像空气、雾气那种气,而是一种精神境界或精神状态,像勇气,或气概的那种气。那是一种主观的精神境界,但是可以转化为客观的物质力量。孟轲说:"其为气也,至大至刚,以直养而无害,则塞于天地之间。"这是就有那种境界的人的自我感觉说的,也是就那种精神境界转化为物质力量说的。孟轲讲:"浩然之气"是靠"养"出来的,就像树苗一样,养树的人只能给树苗安排好的生

---

① 冯友兰:《中国哲学史新编》上卷,北京:人民出版社,1998年,第381页。
② 冯友兰:《中国哲学史新编》上卷,北京:人民出版社,1998年,第381—382页。
③ 冯友兰:《中国哲学史新编》上卷,北京:人民出版社,1998年,第382页。

长条件,至于生长还得它自己生长,不能拔之使高。高是不能用拔的方法取得的,拔高就是"助长"。"助长"不但于树苗无益,反而于它有害。这就可见,"浩然之气"并不是一种外在的物质,而是一种内在的精神境界。①

冯友兰认为,"浩然之气的主要内容是不动心":

> 浩然之气的主要内容是不动心,在《孟子》的这一章的开始,孟轲和他的学生公孙丑谈到"不动心"。孟轲说,仅只是一个不动心并不难,告子就能比他先得到不动心。下文说到"富贵不能淫,贫贱不能移,威武不能屈",这就是不动心。但是不动心也有二种情况,一种是强制其心使它不动。另一种是心自然而然地不动。第一种办法是比较容易做的,但是那种不动心,也不是真的,其实那个心已经动了,不过被强制住不能表现于外。第二种办法是比较难的,可是所得的不动心才是真的。心所达到的精神境界,使它自然而然地感觉得富贵、贫贱、威武,都没有什么了不起,没有什么稀奇,所以它也就不淫、不移、不屈了,这就是真正的不淫、不移、不屈。这是有那种境界的人自然而然的表现。可是这种境界,只能是养出来的,而不是可以用强制、拔高、助长的办法得到的。有了这种境界的人,才能是至大至刚、无所畏惧,而独立于天地之间。
>
> 这是一种很高的精神境界。这是一种很高的精神生活。《孟子》中的这一章,是孟轲对于这种精神生活的概括的叙述和深刻的分析,这是人类精神生活在中国的深刻的反思。②

"精神境界""精神生活"展示的是人类"精神世界"的图景。冯友兰沟通了"精神世界"和"世界观":"精神世界就是世界观。世界总是有的,总是公共的,但'观'可以不同。所谓'理解'就是'观'。"③"理解"("观")如何理解?其基本性质是什么?照陈嘉明所论,区别于西方哲学的传统认识论,"理解"作为哲学概念,其基本性质和特点是:一个心理活动的过程,一个从"个别"到"个别"的过程,是透明的,是内在的。④因此,晚年的冯友兰高度评价张载的《西铭》的哲学价值:"张载的这篇文章,讲了人在宇宙间的地位,人与宇宙的关系,并把人具体到个人,由此推论到人在宇宙间应有的责任和义务,以及生死问题。一篇几百字的文章,讲了一部精神现象学。所以道学家们都极推崇这篇文章。程颐说,有了这篇文章,省了多少言语。"⑤华夏民族的"精神现象学"

---

① 冯友兰:《中国哲学史新编》上卷,北京:人民出版社,1998 年,第 382—383 页。
② 冯友兰:《中国哲学史新编》上卷,北京:人民出版社,1998 年,第 383—384 页。
③ 冯友兰:《中国哲学史新编》第 5 册,北京:人民出版社,1988 年,第 121 页。
④ 陈嘉明:《"理解"的理解》,《哲学研究》2019 年第 7 期。
⑤ 冯友兰:《略论道学的特点、名称和性质》,《社会科学战线》1982 年第 3 期。

的思想源头即自孟子"浩然之气"说而来，它可谓是"整个的精神真理的王国"①，亦更可谓是"人类从必然王国进入自由王国的飞跃。"②

孟子本人以"浩然之气"说亦展示了其自身之理想人格大气象，其气象"高明亢爽"。③ 由此推展开来，冯友兰高度评价了其"浩然之气"说，它具有重要而独特的思想、历史和文化意义及其民族精神意涵："无论如何，'浩然正气'这四个字到现在还是一个常用的词汇，这是中国文化中的一个词汇，懂得了这个词汇，才可以懂得中国文化和中华民族的精神。"④

至此，我们可以说，对孟子的"浩然之气"说，冯友兰毕生不断地予以阐析、阐扬，其思考观察之转进，正表明作为"精神哲学"的"浩然之气"说弥足珍贵，历久弥新，确可谓是中华民族"时代精神的精华"和"文明的活的灵魂"。⑤

①　黑格尔：《精神现象学》上卷，贺麟、王玖兴译，北京：商务印书馆，1979 年，第 62 页。
②　《马克思恩格斯文集》第 3 卷，北京：人民出版社，2009 年，第 565 页。
③　冯友兰：《中国哲学史》上册，上海：华东师范大学出版社，2000 年，第 86 页。
④　冯友兰：《中国哲学史新编》上卷，北京：人民出版社，1998 年，第 384 页。
⑤　《马克思恩格斯全集》第 1 卷，北京：人民出版社，1956 年，第 121 页。

【科学技术哲学】

"知行合一"：中国科技伦理教育的关键

王　前　晏　萍*

内容提要：中国科技伦理教育的关键在于能否把握好这类教育的特殊性，从培养科技伦理意识的角度来思考相应的教育模式、教育方法和评价标准。中国优秀传统文化中的"知行合一"观念为解决这方面问题提供了重要的思想资源。按照"知行合一"的要求，科技伦理教育要注重伦理意识、道德情感和道德行为的统一。同时，我们需要借鉴国外科技伦理教育中的有益经验，针对中国实际情况，发挥体验式、情境式、案例式、开放式教学的作用，从"知行合一"的角度来评价教育效果以及科技人员的科技伦理素养。为此，我们需要有相应的制度保障，提出有针对性的评价与管理措施，充分发挥科技伦理教育的实践有效性。

关键词：科技伦理教育　知行合一　制度保障　实践有效性

近年来，中国科技伦理教育取得了很大进展。很多高校开设了面向本科生的"科学技术与工程伦理"与"学术规范与学术道德"等通识课程，"工程伦理"成为工程专业学位硕士研究生的必修课，很多相关教材和教学参考资料得到出版。[1] 教育部在近期发布的《高等学校课程思政建设指导纲要》中明确地提出，理工类课程要注重科学伦理和工程伦理教育。[2] 很多科研机构和高科技企业也制定了科技人员的伦理道德行为准则（如近日中国化工学会发布的《中国化工学会工程伦理守则》[3]），举办了科研诚信和科技伦理的专题讲座。然而，在现实生活中有些违背科技伦理的问题——例如，学术造假、违背科技伦理的"实验"、玩忽职守酿成重大事故，以及严重污染环境等——依然反复出现。有些科技人员缺乏价值敏感性、道德想象力和社会责任感。他们并非不知晓

---

*　王前，大连理工大学人文与社会科学学部教授，中国自然辩证法研究会科学技术与工程伦理专业委员会主任。主要研究领域：科技伦理、技术哲学、科技管理等。晏萍，大连理工大学马克思主义学院讲师，哲学博士，主要研究方向为科技伦理、科学技术与社会。

① 钟波涛、吴海涛、陶婵娟等：《基于知识图谱的工程伦理教育研究现状述评》，《高等建筑教育》2020年第2期。

② 张盖伦：《教育部明确理工类课程要注重科学伦理和工程伦理教育》，《科技日报》2020年6月6日，［2021年2月26日引用］，https://baijiahao.baidu.com/s? id=1668758866006331161&wfr=spider&for=pc。

③ 中国化工学会：《关于发布〈中国化工学会工程伦理守则〉的通知》，2021年2月24日，［2021年3月5日引用］，https://mp.weixin.qq.com/s/lAK7LxzJfhbGbacchwy7fQ。

科技伦理方面的行为准则,但却明知故犯。这些情况反映出科技伦理教育的实践有效性亟待落实。因此,要加强中国科技伦理教育的成效,必须探索切实可行的教育模式和教学方法,这是中国科技伦理教育的关键所在。

一、科技伦理教育的特殊性

科技伦理教育不同于理工科的常规知识教育,不能指望靠开设这方面的课程就可以一劳永逸解决科技伦理在观念和行为上所存在的问题。我们需要强调其特殊性,采取有针对性的教育方式和方法,主要有以下几点值得关注。

(一)不能忽视科技伦理意识的规律性

培养科技工作者的科技伦理意识是一个从观念到行为的潜移默化、逐步深入的过程,需要持之以恒的努力。理工科学生在课堂上最初学到的科技伦理知识往往是一般性的,缺乏切身体验。尔后在科研活动和社会生活中了解到科技伦理方面的实际问题,要处理各种复杂关系,才逐渐地领会到科技伦理的意义和价值。他们经过反复的思想磨炼最终形成稳定的信念用以有效地指导自己的行为。如果我们忽视了这一培养的过程,用单纯追求通过考试的应试教育方式来进行科技伦理教育,给出一套量化指标来评价教育效果,让学生按照相应的指标体系"对号入座",或者是通过采用一套规定程序自查和互查,就容易"求形式""走过场",考核轻松过关,但没有"入脑""入心",以后遇到现实问题仍有可能会出现违背科技伦理原则和道德规范的行为。

(二)不能忽视道德情感在知识与行为之间的中介功能

学习和掌握理工科专业知识是不需要情感的,但是,培养科技伦理意识要经历从道德观念到道德情感,再到道德行为的过程,具有知、情、意相统一的特征。

"道德情感"不是指简单的情绪或心理反应,而是属于理性层次的心态。道德知识内化为道德情感之后,如果需要对某种行为进行道德判断(无论是对他人还是对自己),都会在情感上激发强烈的反应(如使命感、正义感、责任感与羞耻感等),引导人们全身心地实施道德行为。如果没有培养道德情感,遇到需要采取道德行为的时候,就可能麻木不仁,推脱责任。在科技伦理教育中忽视道德情感在知识与行为之间的中介功能,很容易造成表里不一,知行脱节。

(三)不能忽视解释、操作与对话在提升科技伦理实践有效性方面的作用

科技伦理教育需要科技工作者与伦理学者的密切合作,因为科技工作者要学习伦理学专业知识,伦理学者要了解科技前沿的现实问题,才能准确提供科技伦理教育的内容、方式和方法。两者都需要准确掌握跨学科的知识和情况,需要在合作中充分地相互

解释。在确定科技伦理原则和道德规范之后,我们还需要解决在具体实践环节如何操作的问题,即说明伦理原则和道德规范在现实问题中如何体现,怎样做才符合伦理道德的要求。最后,科学共同体相关各方以及科学界与公众之间需要开展有效的对话,遵循商谈伦理的规则,表达各自合理的利益诉求,实现科技与社会的和谐发展。① 如果缺少这些环节,科技伦理难以发挥实践有效性,容易流于空谈。

二、按照"知行合一"要求开展科技伦理教育

根据科技伦理教育的特殊性,我们需要采取恰当的教育方式和方法,使受教育者的科技伦理意识得以循序渐进地养成,体现知、情、意相统一的特征。中国传统文化的"知行合一"理念为解决上述问题提供了重要的思想资源。"知行合一"是明代思想家王阳明的学术主张。他讲的"知行合一"具有特定含义,"知"指的是道德意识,即"良知","良知之外,别无知矣"②;"行"指的是道德行为;"合一",说的是"知"与"行"融为一体。道德意识一定要落实在道德行为上才是真正的"知"(如果言行不一致,或者光说不做,都不是真正有道德);而行为一定要体现道德要求才是真正的"行"。道德教育必须通过道德实践增强道德体验,培养道德情感,提升道德境界,最终达到"良知",即"直觉的知识"(不假思索就直接实施道德行为)。比如,在抢险救人、发现重大事故隐患,或是需要见义勇为的时候,我们都可能来不及仔细思索而必须马上实施道德行为,这时"良知"就发挥着重要的作用。③

在科技伦理教育中贯彻"知行合一"的要求主要体现在以下四方面。

(一)运用体验式教学准确有效地传授科技伦理知识

科技伦理课程要系统地讲授科技伦理的理论基础、伦理原则、行为规范与评价标准,而且要讲得准确。有些人文学科出身的教师讲科技伦理课,如果不用心就可能在介绍科技专业知识时说外行话;而理工科出身的教师有可能把科技伦理问题想得很简单,在介绍科技伦理基本理论时流于肤浅。这两种情况都会使学生产生不信任感,影响教学效果。科技伦理教育要充分利用案例教学法。案例分析的目的不仅在于通过典型事例使学生理解蕴含在其中的伦理问题,运用学过的工程伦理知识加以分析,更重要的是使学生从中体会到如何在类似案例中识别伦理问题从而正确地应对,并且使学生具备分析和总结身边案例的能力。在科技伦理课堂上开展开放式的讨论有助于增强体验的效果。这种讨论需要教师事先准备一些没有固定答案但学生们都有兴趣的话题,学生

---

① 王前、朱勤:《工程伦理的实践有效性研究》,北京:科学出版社,2015年,第34—41页。
② 王守仁:《王阳明全集》,上海:上海古籍出版社,1992年,第1300页。
③ 宋志明、向世陵、姜日天:《中国古代哲学研究》,北京:中国人民大学出版社,1998年,第220—222页。

们会对这些问题发表各种议论,甚至发表不同的意见并相互争论。教师要起到主持人的作用,适当点评,及时引导,纠正偏见,最后全面总结。这种讨论方式能够相互启发,集思广益,深化对科技伦理知识的理解和运用,更好地培养道德情感和丰富道德决策能力。

我们还可以考虑通过情景模拟("角色扮演")和参观学习来增强体验的效果。情景模拟法的要点不在于使教学活动生动有趣,而是要从中培养道德情感特别是社会责任感。教师要引导学生进入设定的情境,由不同的学生代表不同的利益相关者一同分析该情境中的伦理问题,尽可能地设想各种潜在的可能性,使学生具有身临其境的参与感。在现场参观和实习过程中,可以邀请相关科技人员讲解工程伦理现实问题的出现、原因及伦理对策,以此扩展学生们关于工程实践的伦理认识和道德决策体验。

(二)使学生形成自觉的道德意识

从"知行合一"的角度使学生形成自觉的道德意识主要体现在以下四方面要求:第一,引导学生学会在具体的科学技术事件中辨析伦理道德问题;第二,学生们要通过科技伦理教育明确自己在未来科技实践中的道德责任,包括职业责任、环境责任和社会责任;第三,学生们要了解科技人员在实践中的一般性道德规范和特殊性道德规范;第四,引导学生学会对科技发展中所出现的新情况进行伦理反思,特别是在高新技术领域,以此来培育学生们的道德敏感性以应对新情况和新问题。

(三)培育学生养成道德情感

从"知行合一"角度培育学生养成道德情感,需要使学生感受具体道德情境,从内心深处领会道德情感的力量。通过了解品德高尚的科技人员的先进事迹,借助音像资料和现场教学的方式,有助于发挥道德情感的教化作用。养成道德情感的标志是提高学生的道德想象力,能够设身处地为情境所牵涉的他人着想,从道德角度来洞察情境中所有可采取的行为方式,对未来的行为结果进行富有远见的预判。这就需要扩展学生的认识视域,使其具备强烈的责任感和忧患意识,对风险和社会问题具有敏锐思考。

(四)使学生具备实施道德行为的能力

这主要指培养学生具备解决具体道德问题的实践智慧。对于一些道德难题,能够基于实践智慧提出创造性的解决方案。科技活动中面临的伦理问题是复杂多样的,实施道德行为可能面临各种风险,包括受到打击报复,遇到各种社会阻力,由于涉及某些利益相关者而受到排斥和孤立等。如何使学生们学会用机智巧妙的方式实施道德行为,既能够保护公众利益和国家利益,又能维护好个人切身利益,这一点至関重要。

按照"知行合一"的要求开展科技伦理教育,其理论的优势在于整体关照,动态调整。知行相互促进有助于科技活动与自然、社会以及人的和谐。"知行合一"应成为具有中国特色的科技伦理教育的主要特征。

三、借鉴国外科技伦理教育的经验

与西方近现代科技伦理教育模式相比,中国的"知行合一"模式有其特殊价值。不过,国外的一些理念和成功经验值得认真借鉴,以便使中国的科技伦理教育更加完善、更有成效。以下简要介绍一些国家在这方面的成功经验。[①]

(一)荷兰的科技伦理教育

荷兰的科技伦理教育在很多方面都处于国际领先水平。荷兰四所理工科大学(代尔夫特理工大学、埃因霍温理工大学、屯特大学、瓦赫宁根大学)组成的"4TU 科技伦理中心"成员所联合编写的教材《道德和技术:在工程实践中的道德思考》被多所大学使用。[②] 该教材的特点在于关注的学生科技伦理意识的养成,包括培养道德敏感性、道德分析技能、道德创造力、道德判断技能以及道德决策能力。荷兰科技伦理学家霍温提出"全局性"工程的理念[③],强调科技伦理的整体性、动态性和体验性特征,这对科技伦理教育产生了深刻影响。

(二)德国的科技伦理教育

受康德义务论伦理学的影响,德国的科技伦理教育强调从行为者的动机出发去判断行为的善恶,特别注重对科技工作者的动机教育。这种动机教育要求科技工作者必须将社会责任置于首位,在从事科技活动的过程中,始终以大局为重,以责任为重,保持社会良知,勇于指出可能存在的技术隐患,避免引起技术事故,对由工程师的失误所引起的技术灾难必须承担起相应责任。在教学方法上,德国的科技伦理教育注重问题导向,通过对具体问题的分析将道德教育渗透到各个专业领域。此外,德国科技伦理教育还充分利用大众传媒的手段,书刊、报纸、广播、电视与网络等媒体都有宣传科技伦理意识的相关内容。

---

① 王前等:《科技伦理意识养成研究》,北京:人民出版社,2012 年,第 52—78 页。

② Ibo vandePoel, Lambèr Royakkers, *Ethics, Technology and Engineering: An Introduction.* Oxford: Wiley-Blackwell, 2011.

③ 杰伦·冯·登·霍温:《面向联合国可持续发展目标的负责任创新和全局性工程》,刘欣译,《大连理工大学学报(社会科学版)》2018 年第 2 期。

（三）美国的科技伦理教育

在课程设置上,美国的科技伦理教育致力于"跨课程伦理教育"①,把伦理教育"嵌入"到专业课程教育的过程之中,从而增强伦理意识对于实践行为的指导作用。美国的科技伦理教育鼓励学生运用课余时间将学到的科学与工程知识服务于社区,给社区公众带来福利,也使学生深刻地理解科学与工程实践的内在伦理向度,从狭义的、被动的与追究责任式的伦理意识走向更为主动的、积极的与人道主义的伦理意识。美国的科技伦理教育还注重价值敏感性设计教育②,通过将价值因素融入设计教育活动之中,使科技人员在具体的语境下阐释与理解伦理价值,将其"嵌入"到产品设计之中,也使得科技人员潜移默化地将伦理意识作为工程设计思想的一部分。

（四）加拿大的科技伦理教育

以约克大学和多伦多大学为代表的加拿大高校重视科技伦理教育方法的研究,开展"角色扮演"与"情景模拟"等教育模式,使学生能够在"虚拟实践"的背景下掌握相应的科技伦理意识。③ 其特点在于:首先,从"第一人称"出发,培养科技伦理的"自我意识";其次,在课堂实践中实行控制式的教育模式,由此教师可以很好地跟踪与干预学生科技伦理意识养成的过程;最后,指导和培养学生在实践中运用科技伦理意识,发现、分析与解决伦理问题的能力。

（五）法国的科技伦理教育

在案例教学方面,法国的科技伦理教育有自己的特色。④ 一般的案例分析往往已经预设了一个通向"正确答案"的途径和方法,而法国的科技伦理教育的案例则是没有预设的,完全是生活中的真实例子,有些甚至是还没有答案的例子。这些例子被拿到课堂上来作为分析材料,让学生切身地体会到伦理问题的真实性和严重性。课程最后的考核环节也采取这种案例分析的形式,每个人必须选择一个他们在学习、训练或实习中所遇到的事例来进行分析,并且要能解释清楚为何这个事情是与伦理相关的。法国的科技伦理教育还强调三个目标:使理工科学生意识到他们未来的责任;帮助他们认清他们在未来的工作单位中自由的界限是什么;通过讨论增强他们的道德鉴别力,例如,工

---

① Michael Davis, "Five Kinds of Ethics across the Curriculum: An Introduction to Four Experiments with One Kind," *Teaching Ethics*, 2004, 4(2):1-14.

② Missy L.Cummings, "Integrating Ethics in Design through the Value-sensitive Design Approach," *Science and Engineering Ethics*, 2006, 12(4):701-715.

③ Robert H.Prince, "Teaching Engineering Ethics Using Role—Playing in a Culturally Diverse Student Group," *Science and Engineering Ethics*, 2006, 12(2):321-326.

④ Christelle Didier, "Engineering Ethics at the Catholic University of Lille(France):Research and Teaching in a European Context," *European Journal of Engineering Education*, 2000, 25(4):325-335.

程师如何对待他们自身所拥有的权力,在市场体系中应如何决策,如何对待技术活动所固有的潜在危险。

(六)日本的科技伦理教育

日本的科技伦理案例教学旨在通过对案例的阐释和讨论来训练工程师的道德判断能力。[①] 案例主要有真实案例、虚拟案例和模拟案例三种形式。通过案例分析,让学生自己明白工程师的职责以及世界将会发生什么。除了揭示工程师的社会责任外,还强调企业管理者也应具备一定的科技伦理意识。日本工程师学会在科技伦理意识养成方面也起到了重要作用,通过制定相关伦理准则约束工程师的行为,使工程师将科技伦理意识作为行动的指南,在实践过程中着重考虑社会影响,对科技事故做到防患于未然。

(七)韩国的科技伦理教育

韩国的科技伦理教育往往着眼于与人们日常生活实践相关的问题,这与韩国长久以来所推行的"实学"理念相一致。它一般包含在国民性的德育之中,通过通识教育中的伦理课程,使科技工作者了解自身的科技活动对于国家和民族的责任,以实现科技工作者的伦理意识养成。[②] 韩国对青少年的科技伦理意识培养并没有局限于学校教育,而是融合了学校、家庭和社会多方力量,尤其是社会组织对于科技伦理意识养成的关注,在全民科技道德教育的推进中发挥了重要作用。

从以上介绍的一些国家科技伦理教育状况、模式和经验可以看出,尽管这些国家在教育理念、途径和方法上与中国的做法有很多相似和相同之处,但他们的科技伦理教育在伦理学理论基础和文化背景方面与中国还有差别,其社会效果不尽相同。不过,这些国家的很多经验值得借鉴。中国的科技伦理教育需要在博采众长的基础上形成自身的特色,在推动科技进步和社会发展中发挥出显著的作用。

四、科技伦理教育的评价与管理

要解决中国科技伦理教育的关键问题,需要有相应的制度保障,需要提出一系列具有针对性的评价与管理措施,这样才能充分发挥科技伦理教育的实践有效性。

我们应该如何评价科技伦理教育的效果呢?关键在于考察这种教育是否真正转变了受教育者的观念、情感和行为,而不能只看通过考试的分数。具体说来,要着重考察如下几点:

---

① Hiroshi Iino."Teaching Engineering Ethics in Japan,"*International Conference on Engineering Education.* 2001,August 6-10,Oslo,Norway.

② 郭良春:《对中国道德教育几个问题的思考——中韩道德教育观之比较》,《当代韩国》2005 年第 4 期。

其一，结合自己的亲身实践总结并分析科技伦理案例的水平。这里的亲身实践可以是理工科学生的教学实习，也可以是在职研究生的工作实践。如果能够举一反三，深入思考案例蕴含的价值冲突和伦理意蕴，提高道德辨析和识别能力，就表明学习确有成效。

其二，运用实践智慧解决科技伦理难题的水平。对于现实生活中普遍存在的伦理难题能够考虑周全，想出兼顾各方利益的道德决策，这是接受科技伦理教育最为显著的收获。实践智慧的水平高低是最能体现区分度的指标。

其三，课堂讨论中的表现。科技伦理教育的开放式讨论能够比较充分地展示对科技伦理问题的理解程度，展示分析和解决实际问题的思路以及价值敏感性和道德想象力。

其四，科技伦理教育后在工作岗位的表现。这是一种长期评价。在接受科技伦理教育之后，能够长期深入地坚持科技伦理原则，遵守道德规范，在实际工作中能够有效避免伦理风险，这才是对科技伦理教育的最终评价，是"知行合一"的最高境界。

在科技伦理教育的管理方面，除了在体制机制上对科技伦理教育予以必要的保障之外，我们还必须注意不断地拓展科技伦理教育的资源。这包括组织力量发掘中国科技工作者在科技伦理方面的突出事迹和典型案例，包括针对高科技前沿的伦理道德问题及时进行研讨，取得共识，尽快转化成科技伦理教育的素材。制定科技伦理的行为准则很重要，落实行为准则更为重要，我们必须进一步加强科技伦理教育的实践有效性研究。此外，我们还必须建立科技工作者在科技伦理方面的信誉评价体系，以此作为科技伦理教育成效评价的依据。

非还原物理主义视域下的"实现"概念辨析

杨 雨 李建会*

内容提要：心灵哲学中的传统观点将"实现"概念视为占据与属性相关的某种因果功能角色或是低阶属性和高阶属性之间的存在关系。通过分析功能类型、确定类型、子集类型以及维度类型四种实现类型，本文指出"实现"是一种多元的概念存在，并且，我们应当按照其出现的语境和理论作用来确认"实现"的内涵。此外，作为一种服务于非还原物理主义者的工具，"实现"概念需要一定的约束条件来最大限度地发挥其功能使命。

关键词：实现 非还原物理主义 因果力

"实现"概念在心灵哲学、生物学哲学、认知科学哲学以及形而上学中占有一席之地，但是"实现"概念本身并没有得到应有的重视。目前，学术界通常将"实现"要么视作一种高层次的属性/状态与低层次的属性/状态之间的存在关系，要么将其视作由一阶属性及其功能系统的组成部分而扮演一定的因果功能角色。然而，无论是哪种观点，都是基于一种"沙文主义"的视角来理解"实现"概念，忽略了"实现"概念在不同语境中的角色担当。正如著名心灵哲学家罗伯特·威尔逊（Robert Wilson）所言："摆在面前的一部分任务是要绘制出一个概念群，一个以'实现'为中心的概念群之间的关系。"① 鉴于该问题学界鲜有关注，本文的主要任务是厘清"实现"概念的丰富内涵。通过考察"实现"理论的不同分类以及语境的角色担当，本文提出"实现"概念是一种多元的概念存在。最后，本文尝试对非还原意义上的"实现"概念提供几点约束，旨在为理解非物理主义视域下的实现关系提供一种新的思想进路。

一、超越"随附性"：实现与物理实现

长久以来，围绕心身关系的一个棘手难题就是如何在物理世界中寻找心灵的位置。

---

* 杨雨，北京师范大学哲学系博士生，研究方向为心灵哲学与认知科学哲学；李建会，北京师范大学哲学学院教授，研究方向为认知科学哲学与生物学哲学。本文为广东省普通高校重点领域专项项目"人工智能中的符号奠基问题及其解决策略研究"（2020ZDZX3081）的阶段性成果。

① Robert Wilson, "Realization: Metaphysics, Mind, and Science," *Philosophy of Science*, 71(5):995, 2004.

二元论与物理主义主流相背离,还原论者对心理现象的解释略显狭隘,"随附性"概念及心物关系的出现一度被视为二元论和还原论间的折中出路。经过戴维森(Donald Davidson)、金在权(Jaegwon Kim)以及刘易斯(David Lewis)等人系统的发展整合,"随附性"概念的内涵逐渐被界定为:"一组属性 As 随附于另一组属性 Bs,当且仅当每一个属性 A 和一个能借助一组特定基础属性作用从 B 类属性中建构的属性之间有一种确定的关系。"①这样的定义推翻了既往的等同、还原、依赖、决定、蕴含等类型的心身关系,取而代之的是一种在保持依赖与协变的同时,还能保持心身各自自主性的新型关系,开启了看待心物属性及心身关系的新视角。

表面上看来,随附性避开了二元论而坚持物理的本体基础,然而这种貌合神离的和谐关系却经不起深层推敲。首先,心身协变不能推衍出心身的本体论依赖。随附性作为心理和物理间属性共变的表层"现象关系",并不能必然地推导出心理现象一定是借助于物理现象而存在的,这违背了物理主义的理论动机。其次,心身随附性与许多相互冲突的心身理论同时兼容,并且各种相互竞争的理论对心身随附性关系的描述言人人殊。例如,心身随附性既满足突现论(二元论),也兼容心脑同一论(一元论);既支持副现象论(性质二元论),也可服务于功能主义论证(非还原物理主义)。最后,弱心身随附性面临着可能世界的模态效力诘难,强随附性又违背了心物间的对称性关系。到了 20 世纪 80 年代,由于当初被寄予厚望的随附性概念难以担负理论使命,它逐渐淡出视野。

正是在这样的理论背景下,在 20 世纪 90 年代,实现物理主义登上了历史舞台。实现物理主义的提出者博伊德(Richard Boyd)顺应物理主义的理论要求,对物理主义的"实现"概念作出这样的表述:"现有证据所最支持的物理主义版本要求心理状态在其实现方式上承认足够的可塑性,以至于心理状态在逻辑上有可能是非物理实现的,即使在实际世界中所有的心理现象都是物理实现的。"②按照这种非还原物理主义实现的观点,心理状态或属性是由大脑状态或属性实现的,但与大脑状态或属性并不相同,心理实体或状态依赖于物理化学实体或状态。换言之,特殊科学中的属性或状态是由物理化学属性或状态实现的,但与物理化学属性或状态不完全同一。既然不完全同一,那么就保证了特殊科学不能被消除。如果说随附性对物理主义承诺了一种无须还原的依赖性,那么实现概念同样满足了这一要求,甚至更胜一筹。梅尼克(Andrew Melnyk)曾这样准确地评价道:"(物理主义的学说)只能用实现的概念来表述,无论是随附性的主张、殊型同一的主张或析取定义都不能发挥任何作用。"③那么面对物理主义的约束,"实现"概念为何能够堪此重任呢?要回答这个问题,我们先来考察实现的概念嬗变及

---

① 高新民、沈学君:《现代西方心灵哲学》,武汉:华中师范大学出版社,2010 年,第 652 页。

② Richard Boyd, "Materialism without Reductionism:What Physicalism Does Not Entail," in Ned Block eds. *Readings in the philosophy of Psychology*Vol.1.Harvard University Press,1980,p.87.

③ Andrew Melnyk, "Formulating Physicalism:Two Suggestions," *Synthese*,105(3):390,1995.

其实现关系的多重形态。

二、作为多元概念的"实现"：内涵、特征与优势

从词源学和构词学上来看，"实现"这个词语起源于拉丁语"resalis"，前缀"res"代表州、联邦共和国，也指问题、事件等，后缀"-alis"用于构成关系形容词。随着词义变迁，"res"逐渐发展为新拉丁单词"regem"，意指国王或最高统治者；而在后拉丁语时代，"resalis"发展为"realis"，被古典实在论哲学家用于指称实质性的或实际存在的，或者事物的不变性质。之后，它逐渐被法国人接纳为"réaliser"，主要意思是执行（目标）、完成（任务）；变为地道的英语单词"realize"后，在原有基础上增加了转换的含义，比如"把……变为具体存在""使……成为真实"等意思。由此可见，"实现"具有把某种尚未完成的计划、目标、意图变为已完成的或变为真实存在的意味，有时也称为"例示"（implementation）、实施（execution）等。

"实现"正式进入哲学层面的讨论萌芽于希拉里·普特南（Hilary Putnam）在 1960年悉尼·胡克（Sidney Hook）编著的《心灵的维度》中发表的《心灵与机器》一文，随后，他又在 1967 年的《心理谓词》一文中作了进一步的论述并有所发展，这也是实现概念与功能主义的首次交缠。在这篇论文中，普特南把心身间的关系描述为实现的一种形式，并将心智和大脑进行了类比。这种功能主义[①]的"实现"概念也得到了福多（Jerry Fodor）、博伊德等人的赞同。在 1974 年的《特殊科学》一文中，福多将多重可实现视为对特殊科学的一种救赎，因为它阻止了物理还原论统一的梦想。博伊德则对心理作出"既非类型同一，也非殊型同一"的判断，以此反对还原物理主义的理论愿景。与此同时，韩裔哲学家金在权则更多地将"实现"概念保留在严格的物理主义还原论的框架之内，主张心理的功能还原能够用物理术语来确保心理因果性。

尽管"实现"这个术语得到了广泛的运用，然而其概念内涵却始终难以定型，有的学者对此唏嘘感叹道："很难说清楚实现是什么。在我写这篇文章的时候，有很多争议……而且不是每个人都以相同的方式来使用这个术语。"[②]因此，面对这样的窘境，许多哲学家们也只能选择分门别类地进行概述。

贝桑（Umut Baysan）将"实现"概括为一个总括性术语，主要表示较高层次属性与较低层次属性间的某种依赖关系。他将实现的内涵分为六种，分别是："高层次属性或状态通过低层次属性或状态的实例化实现""一阶属性或具备一定功能的系统的因果功能角色实现""外在属性通过非外在属性的结构属性实现""可决定性的属性通过决

---

① 本文中所提到的功能主义主要是指福多和普特南所提出的非还原物理主义版本，并非刘易斯和阿姆斯特朗等人提出的还原物理主义版本。

② Karen Bennett,"Construction Area（no hard hat required）,"*Philosophical studies*,154（1）:82,2011.

定性的属性实现""结构属性通过非结构属性实现",以及刘易斯(David Lewis)所主张的"拉姆齐语句可通过具体事态实现"①。莫里斯(Kevin Morris)则基于对现有的实现理论的考察,将实现粗略地刻画为"扮演某种角色的属性和以该属性为特征的属性间关系"的角色扮演,并提出了五种实现方式:功能描述、因果—功能描述、必要性补充解释、同构论(Isomorphism)以及(因果)子集论(Subset View)。② 波尔格(Thomas Polger)重申了"实现"的物理主义意蕴,强调实现作为技术用语主要用于表达功能主义,即,作为物理主义实现的变体形式存在。他将目前学术界中广泛运用的潜能实现、过程实现、意识实现等用法作出了区分,指出实现应当作为一种非破坏性、非因果性、同时性的依赖关系;同时,他对实现关系作出了一种更为开放式的阐述,接纳了一种抽象性的形式化实现与算法实现。③

除了考察实现在心灵形而上学中的地位和作用,也有不少学者注意到了实现概念在认知科学中的运用。克雷夫(Carl Craver)和威尔逊(Robert Wilson)就曾开宗明义地指出:"对于认知科学家而言,实现概念并不是需要理解的任何概念网络中的位置,而是特定的心理和神经结构和机制如何实现或可以实现特定的心理功能和能力。"④他们指出,与心灵哲学中大谈特谈"实现"的场面不同,"实现"在认知科学中很少会被直接提及,但它会被运用在与心理能力相关的生物学和神经科学之中,例如通过功能定位和身体分解(例如特定的神经结构机制)来研究特定的心理功能。

接下来,我们探讨作为服务于非还原物理主义的工具性概念的实现的一些特征。按照先前所述,首先,作为对随附性的超越,"实现"具备传递性,也就是将物理合法性从实现者传递给实现物。所有与物理属性不相同的属性由物理属性实现,且与该物理实现者不同一,从这个层面上讲这属于一种强物理随附性。其次,"实现"具备非对称性。心理现象需要借助物理现象得到实现,反过来则不行,例如,红色可以由猩红色、深红色、褐红色等来实现,但反过来却不行。再次,"实现"具备共时性。我们通常将事物类型的实现归结于因果关系,但是,将因果关系与实现区分开来是十分必要的。物体的硬度是与构成物质的原子排布相关的,这是确定物体硬度的本质所在,与"硬度"这一特性是共时性的存在,是无法分离的,而因果则是历时性的,原因与结果相继发生。最后,"实现"具备非自反性特征,即,没有属性也可以实现其自身。

诚然,与备受争议的实现概念的内涵类似,实现的特征同样存在异议,争论的焦点主要是共时性特征。威尔逊就曾针对这一说法多次质疑。在他看来,一张美元纸币的

---

① Umut Baysan, "Realization Relations in Metaphysics," *Minds and Machines*, 25(3):1–14, 2015.

② Kevin Morris, "Guidelines for Theorizing about Realization," *Southern Journal of Philosophy*, 48(4): 393–416, 2010.

③ Thomas Polger, "Realization and the Metaphysics of Mind," *Australasian Journal of Philosophy*, 85(2): 233–259, 2007.

④ Carl Craver, Robert Wilson, "Realization," in Paul Thagard ed. *Handbook of the Philosophy of Psychology and Cognitive Science*, Elsevier, 2006, p.82.

真正实现必须与印刷它的中央银行具有适当的历史关联。在这种情况下,实现者的实例化与实现的属性的实例化不会完全同步。① 威尔逊的这一观点与他所提出的宽实现观(wide realization)相关,由于篇幅限制,在此不予赘述。

综上所述,实现概念具有丰富的概念内涵和宽泛的应用范围。通过对实现概念的考察,我们可以发现,实现概念可以几近完美地与物理主义相契合,并为心身非还原论助力。面对物理主义的约束,实现概念之所以能够如此备受青睐的原因其实并不难理解:首先,"实现"概念以心理对物理的非对称式依赖,能够承诺物理领域以一定的优先性地位,并且,物理实现者有效地保证了物理强随附性的特点;其次,心理与物理之间的非同一保证了心理学等特殊科学具有某种独立于物理领域的独立性,为心理因果关系和心理规律提供了空间;最后,实现概念以其特有的"角色扮演",巧妙地契合了功能主义背景下的计算隐喻和以该隐喻为核心的认知科学,符合多重可实现的理论设想。如此一来,实现概念以其弱于同一论的形而上学作用成为非还原物理主义者的最佳保护伞。

三、多重形态:"实现"关系的分类及其优缺点

实现关系具有多重表现形式,可以从不同的角度对之分类。本文选取四种主流实现类型进行分析,分别是功能实现类型、确定实现类型、子集实现类型以及维度实现类型四种类型。对此,普特南(1960)、福多(1974)、金在权(1992)、雅布罗(Stephen Yablo,1992)、卡尔·吉列特(Carl Gillett,2002、2003)、舒梅克(Sydney Shoemaker,2007)等人都有过详尽细致的描述。本节将从这些论述出发尝试厘清四种关系类型,对其中涉及的心理因果问题及理论优缺点略作评析。

1. 功能/因果类型的"实现"

如前所述,"实现"概念几乎与 20 世纪的中叶心灵哲学中的功能主义相伴而生。从发展的逻辑进程上说,功能主义是反还原物理主义发展下的一个逻辑必然结果,其根本导火索就是反对心身严格同一的限制性主张。功能主义的变种有多样,但其核心思想主要来源于机器的信息处理过程,即,它认为人的心理状态、属性和事件是大脑的功能表现,与机器的输入数据、加工计算以及信息输出的功能类似。以疼痛为例,疼痛就是一种由 C 神经纤维激活而引起回避行为的属性,这个疼痛与典型的疼痛输入(组织损伤、外伤)与典型的疼痛输出(抽搐、呻吟、尖叫)等因果相关。由于功能主义将心理属性视为一种高阶的功能属性,而且认为高阶的功能主义属性需要借助低阶的物理属性的例示才得以实现,由于这种实现不限制于物理基质的类型,它拥有不同物理基质的

---

① Robert Wilson,"Two Views of Realization,"*Philosophical Studies:An International Journal for Philosophy in the Analytic Tradition*,104(1):1-31,2001.

系统,也可以拥有处于这种因果关系中的属性,即"疼痛"也可以被外星人、机器人、软体动物等"多重可实现"。正因如此,功能主义者们可能会普遍承认实现的因果角色或功能角色。例如,疼痛包括组织损伤而呈现的畏缩和痛苦。如果某个个体或系统处在由 C 神经纤维的刺激而起相同因果作用的状态,那么我们可以说 C 神经纤维占据了疼痛这个因果/功能角色。笔者将其关系刻画如下:

> 一个属性 X 功能实现了一个属性 Y,当且仅当 X 具有 F 功能,且 Y 呈现 F 功能。

然而,这样一来,我们会发现功能主义者只是将实现者(realizer)的属性视作是扮演因果角色的属性,把物理属性作为这些因果角色的唯一的潜在显现或者说实现者,那么相应地,心理性质也就丧失了其本该拥有的优先的因果角色地位,正如舒梅克所说:"扮演该因果角色的不是获得的性质本身,而是它的各种各样的实现者。"①如此一来,心理属性的因果力也就会受到挑战,这也就是金在权所说的因果排他性难题(Causal Exclusion Problem),我们将在下面继续讨论对这个问题的解决方式。

2. 确定类型的"实现"

功能主义类型的实现理论使得我们不得不正视心理因果问题,其中尤为突出的当属因果排他性难题。所谓因果排他性难题是指,假使一个心理属性 M 使得另一心理属性 M * 被例示,而 M * 有个物理属性基础 P * ,那么 M * 究竟是由于 M 还是由于其物理属性基础 P * 得到例示呢?按照标准的心身随附性假定,M * 的出现是由于 P * ,那么很难保证 M 在心身因果关系中的有效地位,因为此时合理的解释似乎只有 M 是通过其随附性基础 P * 才引起 M * 的。从而,心理属性 M 在其中毫无贡献,它被 P 占据了因果角色。换句话说,既然心理属性的物理实现者看起来已经足以解释心理事件的发生,那么我们为何以及应该如何来保留心理的因果角色呢?

雅布罗对此问题的解决是提出了一种实现观叫做确定实现(determinable realization),他将心理属性及其物理基质之间获得的实现关系看作是可确定性—确定性(determinable-determinate)的属性关系(简称"确定关系")。例如,颜色是一个由红色、蓝色和其他颜色的特定色调作为确定性的可确定性因素;形状是一个由矩形,椭圆形和其他特定(包括许多不规则形状)的形状作为确定形状的可确定因素;质量是由具有特定质量值确定的可确定性因素等等。由于具有不同程度或层次的规定性,一个性质作为可确定性或确定性的特征通常是相对的;例如,红色是颜色的确定因素,是猩红色的可确定因素。笔者将其关系刻画如下:

---

① 西德尼·舒梅克:《物理实现》,王佳、管清风译,北京:商务印书馆,2015 年,第 10 页。

作为性质集合的 X 对任意一个元素 Y 属于可确定因素,当且仅当 Y 属于 X。

在论述了可确定性因素和确定性因素的非对称必然关系后,雅布罗紧接着提出了可确定性假说(Determinable Hypothesis),他主张心理属性与物理属性的关系就像确定关系一样,心理属性是物理属性的可确定性因素,物理属性则是心理属性的确定性因素。据雅布罗所称,确定性不会与可确定性争夺因果影响,相应地:"既然一种确定性不能抢先它自己的可确定性,那么心理事件和属性与它们的物理基础的因果相关性就不会失去任何东西。"①

如此一来,确定性和可确定性理论似乎成为了非还原论者解决心身关系的最佳候选者,原因有三:第一,由于物理世界的因果封闭性原则,物理主义要求所有物理事件、属性等对一切发生的事情都是完全因果充分的,而确定实现关系保证了心理属性在某种意义上依旧是物理属性实现的结果,因此,以一种低层属性和高层属性的上向因果关系满足了物理主义的约束;第二,心理属性和物理属性作为因果非竞争者,避免了过确定论,同时在一定程度上解决了因果排他性难题;第三,鉴于物理属性对心理属性的不对称,确定性和可确定性同时兼容了心理属性的多重可实现。

然而,该实现理论还是面临着一些棘手的问题亟须解决。例如,可确定性因素和确定性因素本身应该由谁来确定。在颜色集合 G = {红色、黄色、蓝色……} 中,红色是颜色的确定因素,在红色集合 R = {猩红色、褐红色、紫红色……} 中,猩红色是红色的确定因素,其原因在于它们都具有某种可确定其分别属于颜色集合和红色集合的确定性因素,换言之,它们都能够以某种特定的方式成为该集合内的元素。不过,我们很难去确定究竟是什么因素导致了心理属性成为物理属性的可确定性因素。

3. 子集类型的"实现"

舒梅克在心理因果排他性问题的解决上倾向于认定心理属性自身就发挥着某种因果作用,而不需要物理实现者的帮助。在舒梅克看来,任一个属性的实例只要可以成为某物的原因或部分原因,都会导致其属性实例赋予其主体一系列"条件因果力"。例如,如果一个属性的因果力必须辅之以一定条件才能产生效果的话,它就属于条件因果力。舒梅克又进一步区分出绝对因果力(powers simpliciter)作为条件因果力的一种特例,即,在适当的条件下必定会产生一定效果的因果力。以他本人常常举出的钢刀和刀形器具(knife-shaped)来解释,只要对钢刀施展一定的力量,钢刀就具有切割木头的绝对因果力;但是,要想刀形器具具有(或者说被赋予)切割木材的能力,它除了具备刀的形状还必须由钢材制成,并且必须被放在木材上施以适当的力量,有了这一系列条件,这才能够实现。因此,刀型器具具备的是条件因果力。舒梅克将其刻画如下:

① Stephen Yablo,"Mental Causation,"*The Philosophical Review*,101(2):250,1992.

一个属性 X 实现 Y,仅当在以下情况,即由 Y 所赋予的条件力是由 X 所赋予的条件力的子集。(X 不是一个以 Y 为合取项的合取属性)。①

如此一来,一个属性所赋予的条件力是另一个属性所赋予的因果力的适当子集,如疼痛由物理属性 C 神经纤维的刺激得以实现,那么 C 神经纤维刺激所赋予的因果力包括疼痛属性的实例化所赋予的因果力。也就是说,被实现的属性所赋予的因果力是每个实现者属性所赋予的因果力的子集。舒梅克的这种子集实现观似乎提供了一种绕过因果排他性的方法,它既保留了已实现(realized)属性的因果效力,又使其在某种意义上限制其因果力不超越实现者。这可被刻画如下:

在 P 和 Q 是由同一对象实例化的属性的情况下,只要 P 的前溯因果特征(forward-looking causal feature)是 Q 的前溯因果特征的适当子集,P 就会由 Q 实现。②

舒梅克对前溯因果特征这样解释:"它与该属性例示如何促成产生各种类型的结果有关。"③简单来说,就是一个属性赋予其拥有者的条件因果力,即,是什么促成了获得实现的属性的因果概况。例如,鲜红色是红色的一个实现者,那么红色的前溯因果特征就是鲜红色的前溯因果特征的子集;而对于心理属性来说,心理属性的前溯因果特征是物理属性的前溯性因果特征的子集。如此一来,我们不必再担心物理实现者会抢占了心理属性的因果力。转而,正是由于物理属性是心理属性的实现者,拥有心理属性所赋予的条件因果力,它才做出了相应的因果贡献。

相比较而言,子集实现观具有以下几种优点:第一,它保证了心理属性和物理属性之间的类型非同一性。如前所述,一个已经获得实现的属性的前溯因果特征包含了它的实现者的前溯因果特征作为子集,如果一个属性实例的因果力是另一个属性实例的因果力的一个真子集,那么这两个实例一定不是同一的,因此,子集实现观保留了对心理属性的非还原性描述。第二,这种观点同样满足了心理属性的多重可实现性。我们可以假定一个心理属性 M 具有{a、b、c}因果力集合,它可以在物理属性 P 的因果力集合{a、b、c、d}中实现,也可以在{a、b、c、e}的集合中实现,如此一来,一个给定的集合可以是两个不同集合中每个集合的适当子集,这也就满足了心理属性的多重可实现。第

---

① Sydney Shoemaker,"Realization and Mental Causation,"in Carl Gillett and Barry Loewer,ed.*Physicalism and Its Discontents*,Cambridge:Cambridge University Press,2003,p.78.

② Sydney Shoemaker,"Realization and Mental Causation,"in Carl Gillett and Barry Loewer,eds.*Physicalism and Its Discontents*,Cambridge:Cambridge University Press,2003,p.78.这个版本首次出现在其 2001 年的《物理主义及其不满》一书中的《实现和心理因果性》选篇中,在 2007 年的《物理实现》一书中,舒梅克又加入了"P 的后向因果特征拥有 Q 的后向因果特征作为一个子集"这一规定,用来处理不同的属性能共享所有相同的前溯因果特征的可能性,以便这些不同属性可以通过后向因果特征差别来进行分辨。

③ 西德尼·舒梅克:《物理实现》,王佳、管清风译,北京:商务印书馆,2015 年,第 19 页。

三,子集实现保留了心理的因果效力,这在一定程度上解决了因果排他性难题。一个子集实现的属性的实例可以被看作是它的物理实现者的一部分。但是,因为部分和整体并不竞争因果效力,所以一个子集实现的属性和它的物理实现者都会导致一个事件。根据舒梅克喜欢的"史密斯之死"的例子,尽管史密斯死于行刑队发射的一阵枪击,但在这些枪弹中唯一击中史密斯的是琼斯发射的那一发,而这枚枪弹才是杀死史密斯的真正原因。

相应地,子集实现观也存在着一些理论缺陷:首先,是因果过决定论的问题。在子集实现观中,舒梅克所假定的子集实现的属性实例是物理实现者的一部分,或者说心理属性的因果力是物理属性的因果力的一部分,并且心理属性所引发的事件中也存在着物理原因。这明显涉及因果过决定论,尽管舒梅克对此解释道,"这不是一个令人反感的过度决定的案例"①,而是涉及一个共同因果力(common casual power)的表现,但是他有关该问题的论述还是遭到反驳。例如沃特(Sven Walter)认为,如果心理属性 M 被渲染为物理属性的一部分,那么所谓的心理属性 M 的因果自主性就会消失。② 其次,是心物依赖性问题。奥迪(Paul Audi)认为,M 实例是物理属性实例的一部分,这似乎暗示了整体依赖于它们的部分,但物理主义应该意味着心理属性依赖于物理属性。③ 最后,是心物间的对称性问题。按照子集实现,我们发现难以判定心物间究竟谁为实现者,谁为被实现者。既然物理实现者拥有心理属性所赋予的条件因果力才作出了相应的因果贡献,那么从这个角度来看,似乎心理也可以实现物理,但这显然背离了实现物理主义的约束。

4. 维度类型的"实现"

吉列特在《实现的维度观:对标准观的批评》一文中对实现关系的"平面观"(Flat view)和"维度观"(Dimensioned view)做出了重要的区分。在他看来,"平面观"所关注的属性实现处于同一水平/层次之上,忽略了结构性属性所暗含的截然不同的因果力或个体。按照他的观点,"平面观"特点有二:其一,实现者属性与被实现属性在同一个体内被实例化;其二,被实现属性的因果力是实现者因果力的子集④。相比之下,吉列特的"维度观"则是一种属性实例之间的关系,这种实现可以跨越不同的层次,吉利特这

① 西德尼·舒梅克:《物理实现》,王佳、管清风译,北京:商务印书馆,2015 年,第 76 页。
② Sven Walter," Taking Realization Seriously:No Cure for Epiphobia," *Philosophical Studies:An International Journal for Philosophy in the Analytic Tradition*,151(2):225-225,2010.
③ Paul Audi,"Properties,Powers,and the Subset Account of Realization," *Philosophy and Phenomenological Research*,84(3):654-674,2012.
④ 在脚注中,吉列特提供了一个更为简略的版本:即,一个属性的所有实例在相同条件下贡献相同因果力。我们可以这样理解:举例来说,如果个体感到了疼痛,那么可以肯定的是在遭受痛苦的同一个个体(而不会是别的个体)内部的 C 纤维正在放射,而 C 纤维在这里扮演了足够的因果功能角色来实现疼痛——正是它将那些愤怒、快乐、伤心的因果力量与疼痛的因果力量进行了区分,使得 C 纤维只能产生与疼痛相关的行为(比如大喊、抽搐等)。

样说道:"结构性属性提供了更多的实现案例,而平面观未能将其算作此类案例。"①该观点可以被刻画如下:

> 属性/关系实例 F_1-F_n 实现了在个体 s 中一个属性 G 的实例,当且仅当 s 有着这样的因果力,它凭借由 F_1-F_n 所引起 s 或 s 的构成的因果力而使 G 的实例个体化,但不是反之亦然。②

与传统平面观所认定的实现者和被实现的属性只可以在同一个个体内得到例示不同,吉列特认为其维度观同样具备以下两个特点:第一,它允许已实现属性和实现者属性可以在同一个个体内实现,也允许在不同个体中实例化;第二,个体 s 的构成者的属性/关系实例 F_1-F_n 可以扮演 s 的属性 G 的因果角色,而不需要 F_1-F_n 贡献 G 的任何一种个体化的因果力量。③ 也就是说,在这种理论中,个体是凭借个体的各组成部分所贡献的因果力才能拥有所实现的属性的因果。以金刚石的硬度为例,金刚石的硬度是由各个碳原子的排列关系实现的,我们不需要认为金刚石的硬度是一个个体例示的属性。也不需要认为硬度是其内部实现者贡献的因果力所导致。因为金刚石的硬度是由各个碳原子的排列关系实现的,所以这一属性不应该被视作单个个体的属性实现,而可以被视作在不同个体中均可实现的跨个例实现。

从整体上来看,维度观也具备以下优点:首先,维度实现观注意到了实现者和被实现的属性可以在不同个体内得到例示,跨越了个体内部实现,做出了实现的"边界超越"。其次,维度实现观捍卫了一种构成性实现。平面观仅仅从同一层次横向出发来考察实现,然而维度观注意到了结构构成中所暗藏的截然不同的层次间的因果力,这是一种纵向思考。最后,是"对属性及其实例的独家关注,对因果力和个体化的相关讨论以及传统概念分析方法"。④ 吉列特关注的重点在于实现的属性,已实现的属性以及实例化这些属性的个体间关系,他对跨层间个体属性及实现的刻画方式独树一帜,为我们理解实现关系打开了新思路。

尽管如此,维度观实现仍有许多工作要做。例如,维度观需要重新思考属性与个体之间的关系。吉列特想当然地将属性及其看作是寓于个体之中,忽略了实现的关系层面考量。正如威尔逊所质疑的:"关系'在'什么个体内? 自然的答案是,它们不在个体

① Carl Gillett, "The Dimensions of Realization: A Critique of the Standard View," *Analysis*, 62(4): 322, 2002.
② Carl Gillett, "The Dimensions of Realization: A Critique of the Standard View," *Analysis*, 62(4): p.322.
③ Carl Gillett, "The Dimensions of Realization: A Critique of the Standard View," *Analysis*, 62(4): 322, 2002.
④ Robert Wilson, "Realization: Metaphysics, Mind, and Science," *Philosophy of Science*, 71(5): 988, 2004.

中,而是在个体之间;不是针垫中的针,而是宇宙的水泥。"①另外,维度观实现难以肩负多重可实现理论的重任。将实体间的实现看作是一种属性的例示,就意味着实体间的多重实现只是一种属性的多重实现。然而,既然"属性的实例是多样实现的,那么就不会存在不同的属性,否则就没有共同性。"②

综上所述,我们一共考察了四种较为典型的实现关系,并剖析了它们对心理因果问题的处理以及各自的优缺点。值得一提的是,实现关系在非还原物理主义中的运用不限于如此。例如,罗伯特·威尔逊摒弃了以往内在主义视角的标准观,提出了区分核心实现(Core realization)和总体实现(Total realization)的宽实现观。波尔格摒弃了因果观视角,支持形式化程序或机器算法中抽象概念的抽象实现观。除此之外,还有莱昂斯(Jack Lyons)的认知系统中的实现观以及卡尔·克拉夫(Carl Craver)的层次机制实现观等等。因此,对于实现观,我们应当始终保持一种开放心态。

四、余论:关于"实现"的一些思考

通过对实现概念及关系的整体考察,本文力图实现三个目标:首先,厘清实现的多元概念内涵及特征,填补国内学术界的空白缺陷。其次,探讨实现关系及其运用过程中所呈现出的多重形态,思考不同的实现关系理论的优缺点,以及其中所产生的多种问题,例如心理因果问题以及多重可实现问题。最后,对实现关系进行总体述评,对非还原物理主义中的实现理论展开深度思考并提出几点约束,现在我们迎来了最后一步。

长期以来,实现概念一直处于一种含混不清的状态,人们对实现关系的界定也较为混乱,忽略了其背后错综复杂、盘根错节的问题缠结,其根本症结在于没有对"实现"进行一个整体的全方位考察,忽略了实现概念的多元性,以及在不同语境不同理论作用之中的多形态的实现关系。因此,要构建起完善的实现框架,当务之急在于完成对"实现"的"祛魅",也就是拒绝对"实现"的考察依旧停留在单维度、单向度的思考,不再局限于单义理解。

实现概念始于一种对随附性概念的超越,并作为一种工具概念服务于非还原物理主义者。因此,实现理论需要面对的最大难题就是如何能够最大限度地使得实现概念发挥其应有效用。相应地,我们需要借助该概念来解决两个问题:其一,它如何能够保留心理属性的必要性;其二,如同实现的普通内涵所表明的,它如何能够使心理属性变为具体的存在。基于以上理解,笔者尝试提出几点约束:

首先,实现关系需要保证实现者的本体论优先性。这不仅是由于因果继承原则和物理世界封闭性的约束限制,而且是非还原物理主义的理论要求。试想,玻璃杯中有

---

① Robert Wilson, "Realization:Metaphysics,Mind,and Science," *Philosophy of Science*,71(5):p.988.

② 刘明海:《心理与物理:心灵哲学中的物理主义探究》,北京:科学出版社,2015 年,第 265 页。

水,其前提必须肯定玻璃杯的存在,心理属性也是如此。如果忽略了这种本体偏向性,就会陷入诸如子集观中的因果过决定论以及心物依赖对称的困境。

其次,实现理论应当能够解决心理因果问题,例如,过决定论或因果排他论。通过前述考察,我们不难发现,上述实现理论要么通过规定心理属性和物理属性作为因果非竞争者存在,要么规定心理属性的因果力是物理属性的因果力的一部分。尽管这些都是在物理框架内对心身因果的有益尝试,但是它们对心理因果问题的解决依旧存在着诸如对心物依赖的解释不够清晰,对因果贡献的界定模糊等问题。对此,有的学者提出可以加上因果贡献的比例(proportionality)限制以确保物理的优先性,但笔者认为这仍然会带来诸如界定因果贡献等难题。现在所亟须处理的是心理属性与因果力之间的关系,应当拒斥在属性与因果力之间画上等号的做法。如果将属性还原为因果力,就需要解释属性为何能够自带因果力,而这样一来,又会进一步涉及因果关系,从而陷入循环论证和无限倒退。

再次,实现理论应当能够与多重可实现理论兼容。这既是出于一种对非还原物理主义的理论愿景的考量,也是实现理论的张力所要求的。多重可实现论证是非还原物理主义者反对心脑同一论者的关键论证,我们应当期待多重可实现中的“实现”概念可以更好地融合更多的非还原版本。波尔格曾对此感慨道:“通过常见的多重可实现性论证而提出的物理主义实现以及对它的辩护几乎完全没有讨论实现关系本身。”①实现概念是“多重可实现”中的核心概念,也是分析哲学与形而上学中重要的拓展概念,实现概念应当对这项任务有所担当。

最后,归根结底,实现是一种关系问题,我们必须对关系者(relata)再次做出明确的界定。实现究竟是一种涉及属性还是涉及属性实例间的关系体?波尔格、夏皮罗(Lawrence Shapiro)等人选择了前者,舒梅克和吉列特等人则选择了后者。对此,笔者倾向于支持波尔格等人的立场。如前所述,实现理论应当能够承载多重可实现论证的重任,支持实体的多样实现方式,而属性实例则不是可重复的实体类型。

综上所述,本文是对实现概念的一种综述性考察。从过程上说,本文通过梳理实现的多元概念内涵和特征,介绍并分析当前学界主流的四种实现观,提出了对实现理论的四点约束,旨在建立一种综合性的实现框架,使其更为契合非还原物理主义的理论愿景,这是对实现的动态考察。从结论上说,本文指出“实现”是一种多元的概念存在,并且,我们应当按照其出现的语境和理论作用来确认“实现”内涵。诚如有学者对此感叹道:“(我们)承认‘实现’的含义在专门的哲学文献中还没有得到充分的解释”②,应当允许人们对“实现”有着更多的期待。

---

① Thomas Polger,"Realization and the Metaphysics of Mind," *Australasian Journal of Philosophy*,85(2):234,2007.

② Carl Craver,Robert Wilson,"Realization,"in Paul Thagard ed.*Handbook of the Philosophy of Psychology and Cognitive Science*,Elsevier,2006,p.82.

工匠精神的技术哲学向度

陈 佳[*]

内容提要：工匠精神是新时代精神文明的重要内容之一，具有丰富的哲学意蕴。马克思主义哲学和科学技术哲学为从哲学层面深入阐释工匠精神提供了基本立场、观点和方法。由技入道的技术本质观、心传体知的技术认识论、斧工蕴道的技术方法论、天人合一的技术价值观和至臻求善的技术伦理观体现了工匠精神中所蕴含的技术哲学向度。本文阐述工匠精神所蕴含的技术哲学理论，这对于在社会与历史条件发生巨大变化的新时代理解工匠精神的本质具有重要的意义。

关键词：工匠精神　技术哲学　技道

一、导　论

作为人文精神的一种外显形式，"工匠精神"主要包括耐心专注、执着坚持与精益求精等意涵，它不仅是古代传统工匠，更是新时代各行业劳动者所必须坚守的职业操守。先秦时期以儒道墨三家为代表的关于"道"与"技"或"艺"关系的论述构成了"工匠精神"在中国古代的雏形。其中，天人合一是其哲学基础，以道驭技是其理论核心，经世致用是其突出特点，以人为本则是其价值依归。这些是理解"工匠精神"内涵的重要历史依托。儒家对技术运用的强调偏向于服务于社会实践与秩序维护，突出技术与社会伦理相协调，不能有违天道与人道的要求；道家着重强调"道"作为技术活动的本质与复归，"道法自然"的思想始终作为出发点与落脚点贯穿于对"道"与"技"关系的讨论之中；墨家则重"爱""利"，重视直接参与技术生产活动，关注技术活动对于解决人们实际生活中所出现的问题的功用，围绕技术的可供性形成了一套较为完整的技术伦理思想。总体而言，中国古代关于技术与"工匠精神"的阐释始终没有将二者割裂，而后世在实践中对于"工匠精神"的发展与总结也始终立足于对古代思想的承袭之上。

---

* 陈佳，东北大学马克思主义学院哲学系副教授。本文为研究阐释党的十九届五中全会精神国家社科基金重大项目"新时代中国特色工匠精神的科学传承与创新发展研究（21ZDA020）"的阶段性成果。

　　进入近代化时期，传统手工业生产所承载的"工匠精神"在受到大机器和工厂生产方式的冲击之下日渐式微，同时，社会变革所带来的阶级压迫也使得"工匠精神"的主体在时代的洪流之中被动离场。2016 年 3 月 5 日，"工匠精神"首次出现在政府工作报告之中，李克强总理提出，"鼓励企业开展个性化定制、柔性化生产，培育精益求精的工匠精神，增品种、提品质、创品牌"，同年又先后在第二届中国质量奖颁奖大会和考察东风商用车重卡新工厂之时强调"工匠精神"对工艺创新与"中国制造"升级的重要意义。在 2017 年党的十九大报告中，习近平总书记也提及"工匠精神"，指出，"建设知识型、技能型、创新型劳动者大军，弘扬劳模精神和工匠精神，营造劳动光荣的社会风尚和精益求精的社会风气"。在生产力大发展进程中，存在诸多产品质量问题，由此对于"工匠精神"的呼吁亟须提上日程。从马克思主义哲学关于主客体价值关系的论述与辩证唯物主义、历史唯物主义基础理论来看，"工匠精神"作为内嵌于生产过程之中的价值理念具有重要的意义，追溯其哲学基础有助于理解它在新时代的理论意义与实践意义，提炼出它在经济、道德、文化与促进人的全面发展上的独特价值。

　　从技术哲学的角度而言，工匠精神的"精于工、匠于心、品于行"在技术本质观、认识论、方法论、价值观以及伦理观上均有不同的体现与内涵。作为技术发展的伴生物，工匠精神同样具有明确的技术逻辑，离不开匠人的职业追求与责任心以及对于美的不懈追求，这使之有别于工业时代以来的大工厂、大机器流水生产作业的技术理念。随着技术的发展，即将来临的"智能时代"也使得技术哲学发生了一定的转向。探讨与技术运用的主体息息相关的工匠精神对当代技术哲学的转向也具有指引和启迪作用，有助于进一步丰富和完善其理论阐释。

　　发扬工匠精神中所蕴含的以人为本的价值内核对培养新时代高素质劳动者，祛除经济利益冲击下"只见技术不见人"的弊端具有一定的现实作用。在生产力得到大幅度提高，生产方式得到改进与变革的过程中，由于跟不上快节奏的自动化步伐，匠人技术模式的劳动容易被忽视，从而影响工匠的创造激情。同时，为了适应新的生产方式的变革，生产者大量的时间精力被挤占，使得他们无意识地或有意识地放弃精雕细琢的准则。在 2019 年祝贺中国选手在世界技能大赛取得佳绩之时，习近平总书记提出："在全社会弘扬工匠精神，就要激励广大青年以技能成才，以技能报国。"尽管在新的生产时代，工匠精神的具体要求与实践话语发生了一定流变，但是，它以人为出发点的哲学基础仍然符合建设世界一流劳动者队伍的发展前景。同时，作为一种精神文明，工匠精神对新时代构建社会价值体系以及塑造社会共识具有重要意义。工匠精神不仅指涉精益求精、认真专注的职业态度，同时更是人文精神与专业素养的有机统一。作为其载体的技术也不仅是简单的工具或知识体系，而且同时包含着主体的目的和价值判断，因此，从技术哲学视角认识与理解工匠精神也很重要。

二、工匠精神的技术哲学阐释

（一）由技入道的技术本质观

就其本质而言，工匠活动是一种技艺活动，然而从工匠精神的角度来看，工匠活动的本质便不仅仅局限于技艺，而且被赋予了道德伦理的相关内容。在依靠技艺得到生存的条件以后，工匠开始拥有更高更远的追求，开始追求超越技能的"道"，这其中包括做事和为人的道理。技术物不仅仅在外观或者实用性上要做到"巧夺天工"，还要合乎某种天道，展现某种秩序规则，以至于呈现某种审美的指向。工匠精神中的"技"是在"道"的思想之下的具体化和实践化，这种"技"不是孤立的，技术与道不能割裂而讲，否则"技"便失去了其存在的基础。

1. 技与道的关系内涵

"技"即是工匠的技术能力与技术活动，"道"则为中国古代思想家普遍认同与追求的自然之道，即万事万物自有的运行规律。中国古代对技与道的关系问题的阐发主要体现在庄子的思想中，即"技进乎道"，在实践中来表达道，二者有着密切的联系。但是，技只停留在掌握的层面，道远远超过技的层面。"道通为一"（《庄子·齐物论》），万事万物都有其道，但其道并行而不悖，这种并行不悖同样适用于技与道的关系之上。庄子将技上升到道的层面，指出工匠的技术活动同样体现着道的追求和内涵，例如，粘蝉老人之所以百发百中，正是因为他掌握"用志不分，乃凝于神"之道，所谓"技进乎道"，说明道蕴含在技术之中，道通过技术来体现自身。（《庄子·达生》）

中国古代技术的原则是，"技兼于事，事兼于义，义兼于德，德兼于道，道兼于天"（《庄子·天地》），即技术必须与事、义、道、德以及天相符合，而不能将从其中分裂开来；也即，技是道的具体化与实践化的表现。在庄子看来，介于技与道之间的关联介质是人心，人心是否向道、是否合乎道，直接决定了技与道之间的距离，匠人应遵循"大道无为"的原则，排除外物的干扰，专注于手中的器物，以心悟道、以手行道，达到由技入道，"天地与我并生，万物与我为一"（《庄子·齐物论》）的境界。

2. 技以载道的文化传统

早在先秦时期，诸子百家就对工匠伦理的问题提出了"技以载道""以道驭术"的思想。虽然儒家重视技术所带来的负面影响，但并不是笼统地排斥一切技术，其判断标准基于儒家的道德体系，从根源上来看注重实用性。道家则在"道法自然"的基础上一分为二地看待技术的作用与效果，肯定其"善"的一面，也强调不能忽视其"恶"的一面，尤其是技术对自然与生态的破坏，例如，战争武器的发明创造。道家强调技术与各要素的和谐统一，其中最著名的是庄子的"道进乎技""道在技中"与"道技合一"论。墨家的道技观与其一直重视约束自身品行相关；墨家强调工匠的个人修养，这与其所处的平民百姓立场相关,技艺的好坏与否、是否具有价值,都要看它是否有益于民生福祉。法家则重视"法度"的作用,在技艺领域,"法度"表现为"规矩",法家认为一切不合规矩的技艺都不能算作合格的技术。由此可见,尽管诸子百家关于"技"与"道"的关系大体上思想方向是一致的,都强调要用"道"来驾驭"技",但也有具体的歧见,各有千秋。

3. 由技入道的本质追求

与无形的"道"相反,"技"是有形的、具体的,工匠精神的本质追求是把握技与道的平衡,由技入道,把对道的体悟注入技中。关于有形而具体的技暗藏着"道法"的思想最早见于《礼记·少仪》:"工依于法""天下从业者,不可以无法仪。"墨子认为,从事技术活动的"百工"都应遵循"法"的要求,强调"方以矩""圆以规""直以绳"与"正以县"的规范:

> 百工为方以矩,为圆以规,直以绳,正以县。无巧工不巧工,皆以此五者为法。巧者能中之,不巧者虽不能中,放依以从事,犹逾己。故百工从事,皆有法所度。今大者治天下,其次治大国,而无法所度,此不若百工辩也。(《墨子·法仪篇》)

不论是"传巧"以"求其故",还是"技"的法度,都在传达德行与技艺相结合的重要性,术与道缺一不可,不可割裂。由技入道、道技合一是工匠精神的本质追求与最高境界。工匠必须通过加强"技"来体悟"道",实现工匠自身的超越,同时在这个过程中反过来促进"技"的熟练与飞跃。

(二)心传体知的技术认识论

从认识论的角度来看,工匠技术是一种建立在默会知识基础之上的技术,虽然现代技术的主要特征是知识化与体系化,但经验与技能仍然是技术活动中不可或缺的要素,甚至是核心要素,工匠精神便是对建立在默会知识基础之上的经验与技能的尊重。这种默会知识是工匠在长期的技术活动中积累起来的,集中反映了师徒之间的"主体间性",这种技术知识通过心传体知的方式实现了价值共识、经验共享、情感共通、精神共融、内容共创、意义共生以及发展共赢。

1. 匠人技艺的养成

在古代,工匠技巧的磨炼如《诗经·国风·卫风》中所言,"如切如磋,如琢如磨",通过严谨细致的雕琢与日复一日的训练,最终达到理想的水准。除了坚持不懈、持之以恒之外,养成匠人的技艺最重要的东西在于"精益求精"的钻研态度。"精益求精"一语源自朱熹的《论语》注,这也是工匠精神的重要内涵。在当代技术社会中,养成工匠技巧的底层架构与传统社会并没有本质性的区别。首先的要求是勤于练习,通过不断地加强技能的训练来保证技术水平;其次,在这个过程中必须始终保持认真专注的态度,摒弃杂念,心无旁骛地不断改进与完善技艺;最后,虽然现代社会各行各业已经形成各自的一套准则,但这种准则必须要与工匠精神相适应,从而能够作为一种客观力量来约束从业者,与技艺的养成相适配,帮助从业者形成良好的职业习惯,不断追求精湛的技艺。

2. 匠心独具的艺术创造

作为工匠精神的重要特质,"匠心"是一种富有创造性的心思,正是这种心思浇铸出了尽善尽美的作品。使用者或许只能看到它的实用性,但对于工匠而言,倾注的心血与情感使得手中之物被赋予了灵魂,从而不仅只是一个具有实际用途的物件,而是升华为了一件艺术品,这种"匠心独具"的特别之处在"工业文化"的时代显得更为稀缺与珍贵。"匠心"往往与"匠魂"相提并论,"匠魂"多了一层工匠的自我约束与对创造的敬畏心理,它是技艺达到高度的融合之后所产生的一种象征力量,入心入魂。无论是"匠心"还是"匠魂",这种对作品的全身心投入与坚持不懈都不是单一的目的性行为,更多的情况是通过它来实现"由技入道"的跨越,也为作品增加更多的艺术性。

3. 心传体知的作用逻辑

从中国古代培养工匠的方式来看,"尊师重道"的传统贯穿始终,基本秉持的是"子承父业""徒承师业"的精神,具体的做法除了技艺的教授之外,还需要通过"心传身授"来熏染、传递匠人精神。技术经验可以通过树立行规、准则,以及日复一日的练习等方式渠道来获得,但更为重要的技术精髓则需要通过心传体知的方式来把握。心传是一种无形的心理传递,传递的是技艺背后的"道",只有通过"体知"领悟了这种"道",有了意识层面的提升,"匠技"才能与"匠心"相结合发挥出应有的功效。以匠人技艺的养成为基础,通过匠心独具的创造过程,工匠精神达到最终的升格,有机统一地完成心传体知的认识逻辑,并在实践中发挥作用。

(三)斧工蕴道的技术方法论

从技术方法论的角度来看,工匠精神是对技术工具的一种超越,对工匠劳作的一种超越技艺层面的认识观念。在工匠活动中,工具不仅仅表现为人实践活动的中介,而是成为身体的重要延伸,与人体达到某种和谐一致。从而,工匠从劳动上升到专门性手艺,然后直至艺术层面,心与物获得一体化。工匠精神塑造与整合了工匠职业的价值观、操守观、道德观以及各种造物活动应具有的行为方式和工匠自身应具备的特质,"工匠精神"的本质是对"藏礼于器""道技合一"境界的追求。

1. 斧工蕴道的文化根源

斧工蕴道的文化根源与中国古代的造物观念息息相关,在众多古代典籍中记有追求技术精进、创新创造的理念,其中包含了工匠的价值观、道德观以及职业观,同时,斧工蕴道也是工匠精神的精髓所在。柳宗元在《梓人传》中以为,"梓人不执斧斤刀锯之技,专以寻引、规矩、绳墨夺群木之材,视栋宇之制,相高深、圆方、短长之宜,指麾众工,各趋其事"。柳宗元的意思是说,寻常工匠仅能善用"掷斧刀具"之技,但这些仅只是基础的条件,还应当能够善度材、用众工,即达到"蕴道"的阶段。根据中国历史上第一部关于手工艺行业的制度汇编——《考工记》记载,"攻木之工七,攻金之工六,攻皮之工五,设色之工五,刮摩之工五……"如此细密的分工可以确保达到专精,这是对工匠职业的负责,亦是工匠精神的具体彰显。以《考工记》为代表的相关制度规范与历史典籍用具体的操作与规定为追溯工匠精神斧工蕴道的文化根源提供了脉络与方向。

2. 斧工蕴道的特征

斧工蕴道的特征有两种,一为实践性,二为创造性。工匠技术活动实质上是一种实践活动,实践最初的表现是"劳动",劳动中所培养的艰苦奋斗、吃苦耐劳等特质与工匠活动的特点相契合,是主客体之间相互转化、共同升华的过程。此外,工匠技术活动也是一种创造性活动,对产品本身的创造与打磨即是一种创新超越的实践,实践本身亦具有创造性,这种创造性体现着精益求精、至臻至善的高级追求。斧工蕴道的特征使得工匠精神成为创造性活动不可或缺的准则,《庄子·养生主》中写庖丁达到"技进乎道"的境界之后来解牛,"为之四顾,为之踌躇满志",这充分体现了斧工蕴道中技艺与境界的关系,使人从"游于艺"进入"志于道",达到超脱而不是停留于技术本身的阶段。

3. 斧工蕴道的原理分析

斧工蕴道中的"道"其实是一种理性价值,自古以来,无论儒家还是道家都十分重视"道"在技艺中的作用。当今,人们常常探讨"工具理性"与"价值理性"之间的紧张关系,这即是斧工蕴道的"道"所能够处理的问题。它有助于消解"只见技术不见人"的弊端,强调人的主体作用,而不是将人异化为工具,保存了工匠技艺中的"创造性"的特征,体现了工匠活动不是单一的目的性行为,这种原理作为技术活动的方法论支撑能够促进技艺的提升,是对一味追求"奇技淫巧"的纠偏。尽管在不同的历史时期斧工蕴道的具体概念或定义略有不同,但是,作为一种精神原则,其本质是始终如一的,都是为了达到"道技合一"的境界,放在现代与大工业大机器生产方式的背景中,它与机械流水的作业形成了鲜明的对比。斧工蕴道的技术方法论启示人们,不能一味追求效率与数量而忽视质量与超越,必须时刻注意平衡"价值理性"与"工具理性"的关系。

(四)天人合一的技术价值观

从技术价值论的角度来看,工匠活动之中蕴含着技术价值与人的价值的有机统一,体现着技术的自然属性与社会属性的有机统一,体现着技术活动之中天道与人道相统一的原则,技术与自然合一是工匠精神的突出特点,工匠精神裁成天地之道,辅相万物之宜,顺物之性,承人之心。人与物的关系实际上是天人关系的具体化,或者说,天人合一观具体地通过人与物的关系呈现出来,天人合一也就是物与人的合一,这种合一是人将自身的能动性赋予物,实现物之本性,又通过物来承载表现人之本性。

1. 天人合一的历史传统

天人合一之说源自道家,由庄子提出,儒释均有相关论说。道家所说的天多指自然与天道。天人合一即"天地与我并生,万物与我为一"(《庄子·齐物论》)的境界,人与道合而为一,也指天人相合相应。如庄子所言,人是自然的一部分,"有人,天也;有天,亦天也",但是,人类社会建立了各种后天的法度法规,使得原本的天人合一被割裂开来,人丧失了自然本性,不再与自然相协调。庄子认为修行的意义就在于解放心性,打破藩篱,达到"万物与我为一"的境界。在道教中,天人关系为"天人感应",道教认为宇宙和人是相互沟通的,可以通过精气联通天与人,而道行高深的道士则能够通过自身修为、法术等来感应天道,进行诸如祈雨等活动。天人合一还可以与养生、风水、修身等相关联,在中国古代它始终是各流派所热衷的议题。

2. 天人合一的价值追求

工匠精神中的"天人合一"强调工匠在技术活动中做到身心合一,追求极致,并让这种极致在产品中得以体现。想要获得这种"极致",不但需要打磨技术,更需要一种精神层面上的不断突破,只有真正获得了这种精神层面上的突破,才能将这种极致注入产品之中。日本许多著名的工匠在持续工作一段时间之后便会上山修行,这种修行是为了寻求内心的宁静,追求身心合一,从而激发出更大的能量。达到这种境界需要精力、毅力、念力等多方面的调动与配合,进而打造出最具"匠心"的精品。工匠要从认识到实践、再从实践到认识,循环往复、循序渐进,不但在技术上提升打磨,在认识上同样也要不断升华,以达到物我两忘、心物一体、天人合一的至高境界。

(五)至臻求善的技术伦理观

从技术伦理观的角度来看,工匠精神推崇正德、利用、厚生,这体现了工匠在传承匠心中所坚守的职业道德规范和伦理走向。工匠之事要端正德行,利于使用,富裕民生,这是中国工匠精神突破小我走向大我的价值追求,工匠端正德行实际上是由天之道到人之道的演变。工匠在实际生活中不仅仅需要顺乎物之性,也要在制作的过程中追求德艺兼修的境界,追求物的精益求精、尽善尽美,这反映了人对真善美的永恒的向往。

1. 亦真亦善亦美的审美旨趣

技术不仅是一种创造手段,从工匠精神的内核来看,技术与道德、审美息息相关,蕴含着"真""善""美"的旨趣。除了实际上的操作层面之外,技术同时也是通过大脑获取隐性技术知识的过程。在这个"祛蔽求真"的过程中,理性思维与非理性思维共同发挥着作用,提升了工匠的思维能力,载智求真。要选取最符合操作对象的自然本性的方式,制造的目的不仅仅是为了实用价值,更要追求"技"背后所蕴含的"道",这种"道"实质上就是一种对"至善"境界的追求。此外,作品在具有实用性的同时,也必须具有艺术性,要有极强的观赏性。在创作过程中工匠油然而生的喜悦、享受与成就感也是一种美的体现,更是作品之美的来源。这种亦真、亦善、亦美的特征形成了工匠精神的审美旨趣的底色,促使着创作者不断地向真、善、美的境界提升。

2. 技术至善的境界追求

"至善"是中国古代工匠技艺的最高追求,这与古代"崇德尚贤"的伦理思想息息相关。每一位工匠都必须具有达标的道德品行,他们所做出的作品的最高标准也是达到"至善"的境界。这种"善"不仅是指作品超出其实用性与观赏性之外的深刻意义,也预示着工匠本人的精神境界与领悟力上升到一个新的高度。想要达到"至善",除了要有精湛的技术,还需要有极高的道德水平与自我管理能力,通过日复一日的扎根钻研与练习,心传体知地去感受"善"的真正奥义。此外,"至善"也包含了道家所强调的"道法自然"的观念,一项技术的价值必须要在不破坏自然、顺应与保护自然的前提下得以创造和发挥,才能达到"善"。以上三个层面共同构成了技术的"善",它是工匠精神历久弥新的一个重要的价值内核,在不同的时期都提供着同样的伦理源泉。

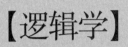

【逻辑学】

墨家的论证逻辑

孙中原*

内容提要：墨家逻辑、古希腊逻辑与印度因明，是公认的世界三大逻辑传统。公元前 3 世纪，墨子后学著《墨经》，建立起系统逻辑理论，《小取》是墨家逻辑的浓缩范型与简明纲要。本文运用现代科学方法，总论墨家论证逻辑的精髓，分论其演绎、归纳、类比、综合、譬喻（譬）、比辞（侔）、援例（援）与归谬（推）等共八种论证形式的性质与功能。所有的论证形式都贯穿着逻辑思维的基本规律，即同一律、矛盾律、排中律与充足理由律，充分体现了墨家论证逻辑的科学系统性与强劲生命力。

关键词：演绎　归纳　类比　综合　譬喻　比辞　援例　归谬

引　言

墨家逻辑是与古希腊逻辑、印度因明齐名的世界三大逻辑体系之一。《中国大百科全书·哲学卷》定义"不同的逻辑传统"时说："在逻辑发展的历史过程中，就产生了许多不同的逻辑体系并形成了三个不同的逻辑传统，即中国逻辑传统、印度逻辑传统和希腊逻辑传统。"[①]2020 年 1 月 14 日，联合国教科文组织总干事奥德蕾·阿祖莱（Audrey Azoulay）在世界逻辑日（World Logic Day）致辞："不论是从亚里士多德，或是欧几里得、莱布尼茨，或是斯宾诺莎的著述中，还是从中国墨家学派，或印度正理学派创始人的典籍之中，我们都能看到，逻辑研究千百年来一直吸引着数不胜数的哲学家和数学家。"中国墨家学派的逻辑是墨学发展到高峰时期的辉煌成就，是概括了先秦诸子百家争鸣与科学认知的丰硕成果，是全人类的优秀文化遗产，具有重要的理论、历史与现代价值。

墨家逻辑由墨翟（前 480—前 420）创始，公元前 3 世纪，墨子后学著《墨经》，建立起系统的逻辑理论，《小取》是墨家逻辑体系的浓缩范型与简明纲要。本文运用现代科学方法，总论墨家论证逻辑的精髓，分论其演绎、归纳、类比、综合、譬喻（譬）、比辞

＊　孙中原，中国人民大学哲学院教授，博士生导师，主要研究哲学、逻辑与中国传统文化。本文为国家社科基金研究专项《墨经》绝学的 E 考据和元研究"（19VJX001）的阶段性成果。

①　《中国大百科全书·哲学卷》，北京：中国大百科全书出版社，1987 年，第 535 页。

（侔）、援例（援）与归谬（推）等共八种论证形式的性质与功能。

《墨经》采用古汉语特殊表达式来概括演绎论证公式："以此其然也,说是其然也。"刻画从一般性论据"此其然"（所有 S 集合是 P),推引特殊性论题"是其然"（这个 S 元素是 P)的论证过程。归纳论证,名为"擂"（拔擂抽引),表达由典型的个别性论据,引出一般性论题,这是典型的分析式的科学归纳论证。类比论证,《大取》概括为简括语"其类在"（典型与类似的事例在于）。综合论证,名为"止"（反驳),驳斥对方论题,是综合运用归纳演绎的反驳论证。譬喻论证（譬),定义为"举他物以明",即列举论据 A_1 来证明相似论题 A_2,相当于类比论证。比辞论证（侔),定义为"比辞俱行"（排比),分为多种不同的论证模式,条分缕析,涵义深邃。援例论证（援),是质问对方:"你可那样,为何我不可?"援引对方论据,论证己方类似的论题。归谬论证（推),揭示对方逻辑矛盾,驳斥对方,引申为多种类型的归谬反驳,概括精准,内容宏富。所有论证形式都贯穿着逻辑思维的基本规律,即同一律、矛盾律、排中律与充足理由律,充分体现了墨家论证逻辑的科学系统性与强劲生命力。

推理论证,《墨经》专业术语叫"说""辩",包括狭义推论（推理)的归纳、演绎与类比三种形式,也包括百家争鸣中常用的其他多种论证（证明反驳)方式。证明,《墨经》叫"立辞",指建立论题的论证,因明叫"立"。反驳,《墨经》叫"诽",指以言论非难驳斥对方论题,因明叫"破"。《经上》第 30 条说:"诽,明恶也。"推理论证用来论证论题,以理服人,是论证逻辑的核心内容,《墨经》有系统丰富的理论总结。《小取》开宗明义给出辩学的功能定义与结构定义。其功能定义是:"夫辩者,将以明是非之分,审治乱之纪,明同异之处,察名实之理,处利害,决嫌疑,焉摹略万物之然,论求群言之比。"[①]即"辩"是用来辨别真理与谬误,搞清治与乱的规律,明确同与异的所在,审查名与实的道理,衡量处置利与害,分辨真相与假相,认知世界的本来面目,探求诸家言论的得失。其结构定义是:"以名举实,以辞抒意,以说出故。"即用语词概念来反映客观实际;用语句命题来表达思想意念;用推理论证来揭示论题成立的论据。确认概念论、命题论与推理论,是墨家逻辑的三大部门和核心内容,是概括理性思维的形式,语言表达的工具。

《小取》开头"夫辩者",指辩论学说,相当于古希腊辩论术 dialectic,即辩论的技巧方术。晋鲁胜首创"墨辩"概念,意即墨家辩论术,是对春秋战国诸子百家争鸣辩论技巧方术的系统总结。春秋战国属于轴心时代,智慧爆炸,辩论极盛,产生了诸子百家,学术文化分化特化,相互渗透,孕育出无比丰富的逻辑思维素材,推进了墨家辩论术的概

---

① 本文引《墨经》文本的校勘、训诂与考据,参见孙中原:《墨子解读》,北京:中国人民大学出版社,2013 年;孙中原:《中国逻辑研究》附录《墨经分类译注》,北京:商务印书馆,2006 年;文渊阁《四库全书》全文检索电子版,上海人民出版社、香港迪志文化出版公司,1999 年;《四部丛刊》全文检索电子版,万方数据电子出版社、北京书同文数字化技术有限公司,2001 年;德龙（Donald Sturgeon):诸子百家,中国哲学书电子化计划（Chinese Text Project,http//ctext.org/zh)电子图书馆;严灵峰编:《墨子集成》,台北:成文出版社,1977 年;任继愈等编:《墨子大全》,北京:北京图书馆出版社,2004 年。

括总结,构成了中国逻辑的科学系统。

《小取》是中国逻辑的专论,浓缩范型,简明纲要。"辩"是中国逻辑的原称。晋代鲁胜首称《墨经》为《墨辩》《辩经》。"墨辩"术语流传至今,兼指《墨辩》书名与墨辩学说名。今语墨辩之意同于墨家逻辑。《小取》概括了"辩"的认知功能,突出"辩"是正确的思维方法,探求真理的工具,标志着"辩"在墨家逻辑系统中的核心地位。"辩"是墨家逻辑标示学科名称的一级范畴,"名、辞、说"范畴隶属于"辩",是标示思维论辩形式各分论的二级范畴。

《小取》的"譬、侔、援、推"与《经》《经说》的"止",是隶属于"说"的三级范畴。《小取》的"譬"是譬喻论证,实质上是类比论证。"侔"是比辞论证(排比论证)。"援"是援例论证。"推"是归谬类比。"譬、侔、援、推"实质上是多种特殊的类比论证,辩论中经常用到。"推"(归谬类比),引申泛化,普遍化为多种归谬反驳。《经》《经说》的"止"是综合归纳演绎推论的反驳论证。墨家逻辑的三级范畴见表1。

表1　墨家逻辑三级范畴

一级范畴	二级范畴	三级范畴	
辩(辩论术)	说(推理论证)	譬(譬喻论证)	类比论证
		侔(比辞论证)	
		援(援例论证)	
		推(归谬类比)	
		止(归纳演绎)	反驳论证

表1"墨家逻辑三级范畴"中"辩""说""譬""侔""援""推""止"等都是《墨经》原有的命名,是载于墨家逻辑元典之中对先秦诸子百家争鸣的辩论对象逻辑(应用逻辑)第一次元研究的成果。

表中"辩论术""推理论证""譬喻论证""比辞论证""援例论证""归谬类比""类比论证""归纳演绎""反驳论证"等解释,以及本文所说"总论墨家论证逻辑的精粹,分论其演绎、归纳、类比、综合、譬喻(譬)、比辞(侔)、援例(援)与归谬(推)等共八种论证形式的性质与功能"等陈述,都是本文作者对"墨家论证逻辑"第二次元研究的成果。"墨家论证逻辑",对于墨家来说,是第一次元研究的成果;对于本文作者来说,则转化为第二次元研究的对象逻辑,这是根据希尔伯特的元数学纲领与塔尔斯基元语言概念所做出的说明。①

德国数学家希尔伯特(Hilbert,1862—1943)提出元数学纲领,把理论研究分为"对

---

① 英文构词成分"元"meta,意思是超越、总的。西方多有以"元"meta 为前缀的术语,如元语言(metalanguage)、元逻辑(metalogic)等。中国港澳台学者译为"后设",即在对象之后设定的理论。

象与元"两个层次:把所研究的理论,叫对象理论;把研究对象理论时所运用的工具性理论,叫元理论。1922 年,希尔伯特在莱比锡德国自然科学大会演讲说:"对于通常的形式化数学而言,在一定意义上要附加一门新的数学,即元数学。""在元数学中,人们处理普通数学的证明,后者成为研究的对象。"①

波兰裔美国逻辑学家塔尔斯基(Tarski,1902—1983)把语言区分为"对象与元"两个层次:把所讨论的语言叫做对象语言;把讨论对象理论时所运用的工具性语言叫做元语言。把语言分为一系列范围愈来愈大的语言,其中每一种语言与下一种语言的关系就如同形式语言与它的元语言之间的关系。元语言和对象语言的区分是相对的,可分成很多层次。②

从墨家逻辑专业术语看,"说"指推理论证。《经上》第 73 条说:"说,所以明也。"《小取》说:"以说出故。""说"范畴的内涵(特有本质属性)是用来揭示论题之所以成立的论据。"说",形声字,从言,兑(duì)声,本义是用语言来解释说明。《说文》:"说,释也,一曰谈说也。"《广雅·释诂》:"说,论也。"

从墨家逻辑专业术语来看,"辩"指证明反驳,即论证。《经下》第 136 条说:"辩也者,或谓之是(证明),或谓之非(反驳),当者胜也(论题正确一方,辩论取胜)。"通过辩论,确定己方论题为"是"(对,真),这是证明。通过辩论,确定敌方论题为"非"(错,假),这是反驳。证明与反驳合称论证。

"辩",形声字,从言,辡(biàn)声,本义是辩论。《说文》:"辩,判也。"段玉裁注:"辩,治也。治者,理也,俗多与辨不别。辨者,判也。从言,在辡之间,谓治狱也,会意。"《广韵》:"辩,别也。"西方的辩论术(dialectic)一词长期兼作逻辑的统称,直到近现代才有正式逻辑(logic)名称。在 19 世纪末到 20 世纪初,中国把西方逻辑翻译为"名学""辩学"。严复译《穆勒名学》与《名学浅说》;王国维著《辨学》("辩""辨"古通)。研究中国逻辑史的专书名为《先秦名学史》(胡适)与《先秦辩学史》(郭湛波)。经章士钊极力提倡,统称为"逻辑"。拙著《中国逻辑史》《中国逻辑学》在海峡两岸出版,多次印刷,为高校教材。③《小取》开篇用"辩"概括思维论辩的理论学说,梁启超《墨子学案》解释说:"西语的逻辑,墨家叫做'辩'。"④如此一来,墨家辩学与西方逻辑联通接轨。

沈有鼎的关于墨家辩学的研究在 1954—1955 年连载于《光明日报》,题为《〈墨辩〉的逻辑学》,在中国社会科学出版社 1980 年出版时,改题《〈墨经〉的逻辑学》。1982 年

---

① 张家龙:《数理逻辑发展史》,北京:社会科学文献出版社,1993 年,第 320、326 页。

② 参见孙中原:《逻辑元研究导论》,《重庆工学院学报》2008 年第 7 期。

③ 参见孙中原:《中国逻辑史》,北京:中国人民大学出版社,1987 年;孙中原:《中国逻辑学》,台北:水牛出版社,1993 年。

④ 梁启超:《墨子学案》,商务印书馆,1921 年,第 92 页;又载任继愈等编:《墨子大全》第 26 册,北京:北京图书馆出版社,2004 年,第 100 页。

9月8日,沈有鼎通过学术秘书倪鼎夫寄给我他亲笔书写的自传稿,他解释说,他这一修改的理由是"由于'辩'字的一个意义是'逻辑学',为了避免咬文嚼字的老先生把书名理解为'墨家逻辑学的逻辑学'。"①

古希腊有亚氏逻辑,古印度有因明,古中国有辩学,近现代称墨家逻辑为"辩学",十九世纪末二十世纪初,中国把初译进的西方逻辑叫做"辩学",把"辩"看做学科名,这源出于《小取》。逻辑研究思维规律,与数理化天地生合称世界七大基础学科。全世界全人类学理相同,没有由于地区、民族、种族、国别的不同而不同。我们应当透过《墨经》古汉语的特殊表达式来把握墨家逻辑的本质,认知其适用于全世界全人类的普遍性、普适性与普世性意涵。

马克思说:"人体解剖对于猴体解剖是一把钥匙。反过来说,低等动物身上表露的高等动物的征兆,只有在高等动物本身已被认识之后才能理解。"②发达完善典型的西方逻辑是开启墨家逻辑之锁的钥匙。墨家论证逻辑的科学意涵应当与世界逻辑联通接轨,它是全世界全人类的宝贵知识遗产。

一、演绎论证

根据由论据推出论题的论证形式,我们可以区分出演绎、归纳和类比三种论证方式。演绎论证由一般性论据推出个别性论题,讲道理,以理服人。《经下》第170条列举了一个典型事例:"闻所不知若所知,则两知之,说在告。"《经说下》举例解释:"在外者,所知也。在室者,所不知也。或曰:'在室者之色若是其色。'是所不知若所知也。犹白若黑也,孰胜?是若其色也,若白者必白。今也知其色之若白也,故知其白也。夫名(用广义:概念推论)以所明正所不知,不以所不知疑所明。若以尺度所不知长。外,亲知也。室中,说知(推论之知)也。"

听到别人说自己所不知道的东西与所知道的东西一样,则不知和知两方面就都知道了,论证的理由在于,这是以别人告诉的知识作为中间环节而推论出来的知识。在室外的东西是自己所知道的,在室内的东西是自己所不知道的,有人告诉说:"室内东西的颜色,与室外东西的颜色一样。"

这就是所不知道的东西,与所知道的东西一样。"若"(像)字的意思就是一样。假如一个思想混乱的人说:"白若黑。"那究竟是"像白",还是"像黑"?所谓"这个颜色像那个颜色",如果像白,那就必然是白。现在知道颜色像白,所以推论一定是白。

① 孙中原:《墨家逻辑研究的长期性——纪念沈有鼎诞辰百年》,《中州学刊》2009年第1期,附录有沈有鼎先生亲笔书写传记资料,人大复印报刊资料《逻辑》2009年第2期全文转载。《光明日报·论点摘编》2009年2月24日以《墨家逻辑的文化地位》为题,摘录论点论证。《沈有鼎先生的学术生涯》(《中国社会科学文摘》2009年第5期)摘录沈有鼎先生亲笔书写的传记资料,4000字,原件存孙中原处。
② 《马克思恩格斯选集》第2卷,北京:人民出版社,1995年,第23页。

所谓概念推论,是以所已经明白的知识为标准来衡量还不知道的东西,而不能以还不知道的东西为根据而怀疑所已经明白的东西。这就像用尺子(已知其长度为 1 尺)来量度还不知道东西的长度。室外的东西是亲知,室内的东西是推论知识。演绎论证事例见表 2。

表 2 演绎论证事例

演绎论证事例	推论形式	
(亲知)室外物色白	所有 M 是 P	MAP
(闻知)室内物色是室外物色	所有 S 是 M	SAM
(说知)室内物色白	所有 S 是 P	SAP

《墨经》用古汉语的特殊表达式来概括论证形式。《经说下》第 101 条说:"以此其然也,说是其然也。"根据一类事物全体如此,推论出该类事物个例如此。《经说上》第 99 条说:"彼举然者,以为此其然也。"即,对方列举若干正面事例推论出"一类事物全体都是如此"(所有 M 是 P),要"举不然者而问之",即列举"有 M 不是 P"来反驳。

这是以反例为论据来驳斥不正确的全称概括,用 O 命题(特称否定)破斥 A 命题(全称肯定)。例如用"有天鹅非白"的论据来驳斥"所有天鹅白"的论题。由"此其然"(集合性质)的论据引申出"是其然"(元素性质)论题的论证过程,是由一般到个别的演绎论证。

《墨经》的表达用的是第一层次的元语言来概括演绎论证的具体事例。本文的表述是以《墨经》第一层次的元语言概括为对象,施加第二层次的元语言概括。《墨经》用的是古汉语表达的逻辑系统,不易为熟悉西方逻辑的现代人读懂。弘扬《墨经》的逻辑精华,用现代的科学语言对其加以解释、发挥与转型,这是现代学者高层级元研究的历史使命。

二、归纳论证

归纳论证由个别性论据推出一般性论题,摆事实,以事服人。《经下》第 151 条说:"擢虑不疑,说在有无。"《经说下》举例解释:"疑无谓也:臧也今死,而春也得之,必死也可。"即,从一件事情中抽取思虑一种必然性,可以不用怀疑,论证的理由在于,究竟有无这种必然性。怀疑没有意义:臧(男仆名)在目前这种医疗条件下,得了某种不治之症死了,而春(女仆名)不幸也得了这种不治之症,她也会必死无疑。

"擢":拔擢抽引。从个别事例抽引出一般规律,是典型的分析式的科学归纳论证。《经说上》第 84 条说:"必也者可勿疑。"《经上》第 52 条说"必,不已也。"《经说上》举例解释说:"必。谓一执者也。若弟兄。一然者一,不然者,必不必也,是非必也。"即,"必"是指一种事物的状态,不停止地,一直如此下去;"必然"称谓一种事物的状态,一直如此下去,不改变。例如:"有弟必然有兄。""必然"蕴涵着"尽然"(全称)。如果在一个论域中,有是这样的,有不是这样的,一定不叫"必然",只能称"非必然"(不是必然)。这里用全称性、一贯性与定义必然性来说明全类事物具有一直如此的趋势,其真实性毋庸置疑。

"擢"是典型事例分析的科学归纳论证,《墨经》普遍应用它。擢是形声字,从手,本义是抽引,拔取,提升。《说文》:"擢,引也。"《方言》:"擢,拔也。"《正字通》:"擢,犹升也。"《国语辞典》:"擢,拔取,抽取。"《扬子·方言》:"擢,拔也,自关而西,或曰拔,或曰擢。"《广韵》:"擢,抽也,出也。"

《大取》举例说:"凡兴利除害也,其类在漏瓮。"即,凡兴办有利的事情,必然包含着除害因素,例如筑堤防、修水利包含着革除水患、堵塞遗漏。典型事例分析的科学归纳推论的公式化为:"所有 S 是 P,其类在 S_1。""所有 S 是 P"表示一般规律。"S_1"表示典型事例。"类"代表一般的个别事例,即典型。这类似印度因明的表述:"所有人工制造的都是非永恒的,如瓶";"凡有烟处必有火,如厨房。"[1]《经下》把《大取》的"所有 S 是 P,其类在 S_1"规范为"所有 S 是 P,说在 S_1"的形式。"所有 S 是 P"是一般定律,S_1 代表这一定律所由以抽出的典型事例。其中"说在某某"是在列举一般定律的事实论据。

《经下》第 129 条说:"倚者不可正,说在梯。"斜面的特点是与地面不垂直,典型的事例是车梯(轮梯,搬运重物,登梯爬高)。《墨经》表述、凸显其一般规律的概括起源于对典型事例的观察分析。《墨经》普遍地运用典型的分析式的科学归纳论证。

"归纳"(induction)一词是近代中日学者从西方翻译过来的,逐步地现代化与中国化。日本学者西周(1829—1897)于 1862 年留学荷兰,1868 年(明治维新次年)开始详介西方逻辑。"归纳"(日语帰納,歸納)是西周用汉字译述西方逻辑的译名,其含义是:"探求个别事实的共同点,从而引出一般的法则。"[2]

近代中国译介西方逻辑的学者严复(1854—1921)于 1896 年撰《〈天演论〉自序》时把英文 induction 翻译为"内籀"。籀(zhòu),通"抽",本义是抽取,引出。严复解释:"籀之为言绅绎";"内籀云者,察其曲(部分)而知其全(整体)者也,执其微以会其通者也。""所谓推见至隐者,内籀也。""内籀者,观化察变,见其会通,立为公例(一般命题)者也。""公例无往不由内籀。""欲有所知,其最初必由内籀。""内籀东译谓之归纳,乃总散见之事(个别),而纳诸一例(一般)之中。""内籀西名 induction,其所以称此者,因将散见之实,统为一例,如以壶吸气,引之向里者然。"[3]

严复于 1898 年在北京通艺学堂讲演《西学门径功用》,把"归纳"称为"内导",他说:"内导者,合异事而观其同,而得其公例(一般)。"他的解释是:"今有一小儿,不知火

---

① 孙中原:《〈墨子·大取〉和〈小取〉的逻辑》,《毕节学院学报》2011 年第 1 期。

② 诸桥辙次等:《新汉和辞典》(修订版),日本大修馆书店,1967 年,第 281 页。

③ 以上所引为严复之语,见孙中原:《逻辑哲学讲演录》,桂林:广西师范大学出版社,2019 年,第 111、第 112 页。

之烫人也。今日见烛,手触之而烂,明日又见炉,足践之而又烂。至于第三次,无论何地,见此炎炎而光,烘烘而热者,即知其能伤人,而不敢触。""此用内导之最浅者。"

《淮南子·泛论训》说:"未尝灼而不敢握火者,见其有所烧也。未尝伤而不敢握刃者,见其有所害也。由此观之,见者可以论未发也,而观小节可以知大体矣。"①没有灼伤自己,但不敢用手握火,这是因为已经看见火焰烧。没有被割伤,但不敢用手握刀刃,这是因为已经看见刀刃割。人们已经观察到许多火焰烧,刀刃割的事例,就可以归纳出"所有火焰能烧""所有刀刃能割"的一般命题。反复无数次的归纳过程,教会了人们即使没有被火焰烧伤,没有被刀刃割伤,也不敢用手握火或是握刃,这是归纳推论探求新知的认识功能。

1914年,严复在《民约平议》(《庸言报》第25、26期)中说:"明者著论,必以历史发现者为之本基,其间抽取公例(一般),必用内籀归纳之术,而后可存。"严复把中日"内籀""归纳"二译名并举,这是中日文化会通的一个例子。②

日译名"归纳"通俗易懂,中国学者喜用,它取代了严复译名"内籀"(内导),普及华夏。严复所译介的西方逻辑在中国大地生根开花,转化为中华民族文化与中国现代学术的滋养,这是对墨家逻辑的传承弘扬。

三、类比论证

类比论证由个别性论据推导出个别性论题。类比论证的特点是形象生动,感染力强,有说服力。《大取》列举类比论证的典型事例:"不为己之可学也,其类在猎走。"即,忘我为天下服务的精神,可以学习获得,犹如打猎竞走的技艺,可以学习获得。类比论证近于归纳,是简单初步的归纳推论。

令"不为己之可学"为 S,相似事例"猎走"为 S′,《大取》的表述就可以被公式化为:"所有 S 是 P,其类在 S′。"简括语"其类在":典型或相似的事例在于。《经下》的表述可以被公式化为:"所有 S 是 P,说在 S′。"简括语"说在":论证的论据在于。

四、综合论证

《经上》第99条说:"止,因以别道。"即"止"这种论证方式是把一个错误的全称命题("道")实事求是地限定("别",区别)为一个正确的特称命题。"止"是综合运用归纳演绎的反驳论证。

"止"在物理学上的含义是"停止"。"止",象形字,其甲骨文字形上像脚趾,下像

---

① 编者注:引文中的着重来自本文作者。
② 以上所引严复之语,见孙中原:《逻辑哲学讲演录》,桂林:广西师范大学出版社,2019年,第112页。

脚面脚掌,本义是阻止,禁止,止遏,停止。《广韵》:"止,停也,息也。"《墨经》把日常语言改造、升华为纯逻辑意义,用"止"来表示反驳、驳斥论敌的论题与论证。①

"因以":用来。"别":区别,限制。"道":一般性道理,全称命题。《经说上》第98条说:"以人之有黑者,有不黑者也,止黑人。"即用事实上"有人是黑的"(正确的特称肯定命题),"有人不是黑的"(正确的特称否定命题),反驳("止"住,"别")"所有人是黑的"(错误的全称肯定命题,"道")。

这是"止"的第一步骤。《经说上》第99条说:"彼举然者,以为此其然也,则举不然者而问之,若'圣人有非而不非'。"即,对方列举出正面事例,想当然地归纳出不正确的全称命题,我则列举反例问难,例如反驳儒家论题:"所有圣人,都是见别人有错误,而不批评其错误。"

《墨经》用古汉语的特殊表达式来概括"仓促归纳及其反驳"的一般形式。"彼举然者,以为此其然也,则举不然者而问之"可以形式化为:对方列举若干正面事例,说甲是圣人,乙是圣人……即 M_1 是 P,M_2 是 P……这是"彼举然者"。于是想当然地(即主观猜测)归纳出错误的全称命题:"所有圣人,都是见别人有错误,而不批评其错误。"也即,"所有 M 是 P"。这是"以为此其然也",犯了"仓促归纳"(即轻率概括)的逻辑错误。我列举反例,反驳问难:墨子是圣人,墨子见别人有错误而批评其错误,所以,并非"所有圣人都是见别人有错误而不批评其错误"。否定儒家错误的全称命题,主张正确的特称命题:"有圣人(如墨子),见别人有错误,而批评其错误。"

《墨经》本条列举儒家论题"圣人有非而不非"(所有圣人,都是见别人有错误而不批评其错误)的典型事例。《论语·子路》记载:叶公语孔子曰:"吾党有直躬者,其父攘羊,而子证之。"孔子曰:"吾党之直者异于是:父为子隐,子为父隐,直在其中矣。"即,叶公告诉孔子:"我家乡有个直率的人,他父亲偷别人的羊,他便向官方举报。"孔子说:"我家乡直率的人与你们不同:父亲替儿子隐瞒,儿子替父亲隐瞒,直率就在其中。"证,举证,举报,揭发,检举。《说文》:"证,告也。"《庄子·盗跖》:"直躬证父。"《韩非子·五蠹》:"楚之有直躬,其父窃羊,而谒之吏。"《吕氏春秋·当务》:"楚之有直躬者,其父窃羊,而谒之上。"高诱注:"谒,告也。上,君也。"《淮南子·泛论训》:"直躬,其父攘羊,而子证之。"高诱注:"直躬,楚叶县人也。凡六畜自来,而取之,曰攘也。"刘宝楠《论语正义》:"躬盖名,其人必素以直称者,故称直躬。直举其行,躬举其名。"

墨家从春秋战国时期诸子百家的争鸣辩论中总结辩学理论,把辩学作为辨明是非的工具。墨家把批评叫做"诽",即,用言论指明错误。《经上》第30条说:"诽,明恶也。""诽",指明错误。"诽",形声字,从言,非声,本义用言论指明错误。清段玉裁注:

---

① 部分研究者看不出《墨经》"止式论证"(反驳论证,综合论证)的逻辑意涵,只把"止式论证"(反驳论证,综合论证)的"止",解作日常语义"停止",只知"止"字的语源学日常词义,而不知"止"字的逻辑意义。

"诽之言非也。"墨家有与儒家不同的是非价值观,论证批评的合理性与必要性。《经下》第 179 条说:"诽之可否,不以众寡,说在可非。"《经说下》解释:"论诽之可不可以理。理之可诽,虽多诽,其诽是也。其理不可诽,虽少诽,非也。今也谓多诽者不可,是犹以长论短。"即,讨论批评的正确与否,不是以批评的多少为标准,论证理由在于,被批评者是否确有可批评处。讨论批评的正确与否,是以是否合乎道理为标准。从道理上说可以批评,虽多批评,但批评是正确的。从道理上说不能批评,虽少批评,但批评是不正确的。现在说多批评就不正确,就像说"凡长的都不好,凡短的就好"一样荒谬。以长论短指的是认为"凡长的都不好,凡短的就好"的荒谬逻辑。

墨家把批评武器的应用,看作维持正常合理政治伦理生活的必需,主张在国家社会的政治伦理生活中,积极运用批评武器,维持正义和真善美的理想原则。篇名《非儒》,主旨是批评儒家的错误。墨子墨家与墨学,其产生存在与发展的缘由价值、性质功能,就是为了充当儒家的对立面,以弥补纠正儒家的欠缺。①

《公羊传·闵公元年》说:"《春秋》为尊者讳,为亲者讳,为贤者讳。"孔子作《春秋》,为尊贵的人、亲爱的人和贤圣的人,隐瞒过失。这种思想的实质,是掩盖宗法制封建社会父子、君臣、夫妇、兄弟等人伦关系中的阴暗消极面,维护当时社会稳定与和谐秩序。

墨家代表手工业者和下层人民的利益,持不同观点,主张"有非而非":有错误就批评。把儒者观点概括为"圣人有非而不非"(圣人见别人有错误,而不批评)的论点来加以反驳,从这一争辩中来概括系统的逻辑理论。止式推论归纳部分,见表 3。

表 3　止式推论归纳部分

今日表达	简单枚举归纳论证论据	简单枚举归纳论证论题	举反例反驳
墨经表达	彼举然者	以为此其然也	则举不然者而问之
形式化	M_1 是 P,M_2 是 P	所有 M 是 P	有 M 不是 P
实例	甲圣人见人有非而不非;乙圣人见人有非而不非	所有圣人有非而不非	有圣人见人有非而不非(如墨子)

这是"止"的第二步骤:从反驳对方错误的论证论据(演绎论证的大前提),怀疑对方推论出来的个别性论题。《经说下》第 101 条说:"彼此此其然也,说是其然也。我以此其不然也,疑是其然也。"即,对方从"某类事物都是如此",推出"这个事物是如此",我则根据"并非某类事物都是如此",怀疑"这个事物是如此"。演绎论证大前提不真,结论可假。止式论证演绎部分,见表 4。

---

① 参见孙中原:《论〈墨经〉绝学研究与儒墨学在新时代的兼容创新》,《贵州民族大学学报》(哲学社会科学版)2020 年第 2 期。

表4　止式论证演绎部分

今日表达	演绎论证论据	演绎论证论题	反驳演绎论证论据	怀疑演绎论证论题
墨家表达	彼以此其然也	说是其然也	我以此其不然也	疑是其然也
形式化	所有 M 是 P 〔所有 S 是 M〕	所有 S 是 P	并非"所有 M 是 P"	怀疑"所有 S 是 P"
实例	所有圣人见人有非而不非;〔墨家圣人是圣人〕	墨家圣人见人有非而不非	并非"所有圣人见人有非而不非"	怀疑"墨家圣人见人有非而不非"

推理论证规则:同类相推;不同类不相推。《经下》第 101 条说:"止,类以行之,说在同。"《经上》第 98 条说:"法异则观其宜。"《经说上》举例解释:"取此择彼,问故观宜。以人之有黑者、有不黑者也,止黑人,与以有爱于人、有不爱于人,止爱人,是孰宜?"

同类相推。例如,我方所列举反例,必须要与我所反驳的对方论题属于同类,才能针锋相对,驳倒对方。对方列举若干正面事例,说甲是黑的,乙是黑的等,甲、乙等是人,所以,所有人都是黑的。我方列举反例,丙是白的,丁是白的等,丙、丁等是人,所以,有人是白的(有人不是黑的),推出"并非所有人都是黑的"。这里,用"有人不是黑的"作为"止"式论证的论据("故"),来反驳对方"所有人都是黑的",有效(宜)。这是因为这论据(故)和被反驳的论题,都是关于同类事物(人的肤色)。

不同类不相推。如墨家主张"兼爱",即一切人应该爱一切人。这是墨家最高的道德理想,并不是立刻要在现实生活中一个不漏地实现爱利每个人。有的人(如侵略者,强盗等"暴人")不能被爱利,应该"恶"(厌恶),为了正当防卫,应该诛讨侵略者,诛杀强盗。

《非儒》论证,对于攻伐掠夺弱小国家的"暴残之国","圣将为世除害,兴师诛罚",不让"暴乱之人也得活"。《小取》论证"杀盗非杀人"的论点,即杀强盗不犯杀人罪。不能用"现实有人不被人爱",作为"止"式论证的论据("故"),反驳"一切人应该爱一切人"(兼爱)的最高理想,这样构造"止"式论证,非有效(不宜)。

这里有两个止式论证:第一个论证,用来反驳的论据"有人不是黑的",被反驳的论题"所有人是黑的"。二者都关乎事实,属真值逻辑。第二个推论,用来反驳的论据"有人不被人爱",关乎事实,属于真值逻辑范围。被反驳的论题"一切人应该爱一切人"(兼爱),属于道德理想、目标、义务、规范模态逻辑(道义逻辑)范围。①

这两个论证的法式形式不同("法异"),属于不同的逻辑领域、分支、范围与语境。前一论证是有效("宜"),符合"同类相推"的规则与同一律。后一论证非有效(不宜),不符合"同类相推"的规则与同一律。即推论一:

有人不是黑的(事实)。

---

① 参见孙中原:《天下兼相爱则治,交相恶则乱》,《光明日报》(理论版)2016 年 1 月 20 日。

∴并非"所有人是黑的"(事实)。

这一论证,论据与论题都关乎事实,符合"类以行之"(同类相推,同一律)的规律。所以有效。推论二:

有人不被人爱(事实)。

∴并非"一切人应该爱一切人"(理想)。

这一论证,论据与论题分别关乎事实与理想,不符合"类以行之"(同类相推,同一律)的规律,所以无效。

当时,阴阳五行家用简单枚举归纳论证,从日常观察中列举若干正面事例,作为论据,轻率地概括出"火克金、金克木、木克土、土克水、水克火"等所谓"五行常胜"的形而上学、机械论的论题。《墨经》列举反例,证明可以有"金克火"等反例,从而归纳出"五行无常胜"的辩证论题(《经说下》),分析一种元素之所以能克胜另一种元素,不是由某种先天、先验的公式所决定,而是由于它在某种具体情况下占优势的缘故。

《经说下》第144条说:"火铄金,火多也;金靡炭,金多也。"在某种情况下,火之所以能销烁金属,是由于火占优势。在另一种情况下,金属之所以能压灭火,是由于金属占优势。一切以具体环境、条件为转移。"若识麋与鱼之数唯所利":犹如某山麋鹿多,某渊鱼鳖盛,都是由于具体的环境条件,对某种动物繁殖生长有利的缘故。

《经下》第137条说:"无不让也,不可,说在酤。"《经说下》举例解释:"让者酒,未让酤也,不可让,若酤于城门,与于臧也。"即说"所有事情都要让",不可以。如宴请宾客,喝酒可以让,但酤酒(买酒)让人,于理不合。如果要到城门内买酒,则指派家中仆人臧去,不能让宾客去。

《论语·里仁》记载,孔子主张"以礼让为国"。《学而》载,子贡说:"夫子温、良、恭、俭、让以得之。"儒家提倡"所有事情都要让",墨家认为"不可"。"止式论证",是结合归纳与演绎的综合论证,反驳论证。墨家在百家争鸣中,用"止式论证",驳斥论敌学说,证明己方学说,与西方现代逻辑等值等效。①

谭戒甫完全没有看出《经上》第98、99条、《经下》第101条的"止"是一种独立的论证方式,把"止"错误地解为"定止"。《墨经易解》说:"止,即定止之义。""止者犹言常住(permanence)""永久得存"。谭氏的理解仅局限于"止"的语源学日常含义,完全没有从逻辑概念范畴的意义上理解,训诂考据存在谬误。②

---

① 参见孙中原:《墨家的一种反驳方式——止》,《光明日报》1964年2月21日,又载《中国逻辑思想论文选》,北京:三联书店,1981年,第444—447页。
① 参见孙中原:《墨家的一种反驳方式——止》,《光明日报》1964年2月21日,又载《中国逻辑思想论文选》,北京:三联书店,1981年,第444—447页。
② 参见谭戒甫:《墨经易解》(武汉大学1929年印)《上经》第69页、《下经》第1页,又载《墨子大全》第38册,北京:北京图书馆出版社,2004年,第138、142页。谭戒甫:《墨辩发微》,北京:中华书局,1996年,第195、198页,又载《墨子大全》第60册,北京:北京图书馆出版社,2004年,第211、214页。

五、譬喻论证(譬)

《小取》说:"譬也者,举他物而以明之也。"即,列举其他事物来论证这一事物,这相当于类比论证。《小取》定义"譬"喻论证的连接词:"是犹谓也者,同也。""吾岂谓也者,异也。""是犹谓":正类比连接词,意即"这好比说",论证两事物的相同,譬喻论证的建立。"吾岂谓":反类比连接词,意即"我难道说",论证两事物的不同,譬喻论证的反驳。

墨子讲"兼爱"说好处,论敌"天下之士君子"说:"兼爱说好是好,就是实行不了。譬若挈(举起)泰山越河济(跨越黄河济水),实行不了。"墨子说:"是非其譬也(这是譬喻不当)。"古代圣王实行过兼爱说,但是,从来没有实行过举起泰山跨越黄河济水。意即:"吾谓兼爱可行,吾岂谓挈泰山越河济可行乎?"通过"吾岂谓"式的反驳,揭示对方譬喻论据与论题的相异,证明对方譬喻不当,驳倒对方。

墨子论证,言必用譬。例如论证"尚贤"说:"治国不任用贤能,此譬犹喑者(哑巴)而使为行人(外交官),聋者而使为乐师。"论证兼爱:"圣人以治天下为事者也,必知乱之所自起,焉能治之;不知乱之所自起,则不能治。譬之如医之攻人之疾者然:必知疾之所自起。"

论证"非攻":"今天下之诸侯,多攻伐并兼,则是有誉义之名,而不察其实也。此譬犹盲者之与人,同命白黑之名,而不能分其物也。"《公孟》载墨子说:"教人学而执有命,是犹命人包(包裹头发)而去其冠也。""执无鬼而学祭礼,是犹无客而学客礼也,是犹无鱼而为鱼罟(渔网)也。"墨子用"譬""若""犹""如"等譬喻词谈辩的例证充满篇章。

"譬"是诸子百家辩论,应用最广泛的论证方式。言必用譬,是诸子百家的共同特长。孟子、庄子、尹文子、公孙龙子、荀子、韩非子和吕不韦等战国诸子,一律善譬。《孟子》3万余字,重要的譬喻论证有60余处。东汉赵岐《孟子题辞》说:"孟子长于譬喻,辞不迫切,而意已独至。"即,长于用譬,话未说到,意义已明。荀子总结诸子百家"谈说之术"说:"譬称以喻之。"都善用譬,谈说道理,使人明白。《四库全书》直接用"譬"86894次,间接用"譬",不可胜计,古先圣贤,不用譬喻,不能说话。

刘向《说苑·善说》载魏惠王的相,战国中期著名辩者惠施"善譬"故事。有人为魏王设计策,叫惠施讨论问题不用譬喻。惠施回答时,偏用譬喻,说明不用譬喻,不能说话,对譬喻下定义说:"夫说者固以其所知,喻其所不知,而使人知之。"即,说话的人,本来就应该用已经知道的,譬喻论证还不知道的,而使人知道。魏王不得不答应,以后惠施仍然可以用譬喻说话。故事典型表现辩者,善用譬式推论辩论的技巧。

"譬"兼有逻辑类比和修辞比喻双重功能。从推理论证上说,譬喻之词分论据与论题。从修辞学上说,分被譬喻说明的"本体"与用来譬喻的"喻体"。譬喻论证,举彼喻此,以近喻远,以浅喻深,以易喻难,由已知喻未知,兼论证表达功能。"譬",形声字,从言,辟声,本义是譬如,比喻(analogy)。《说文》:"譬,喻也。"段玉裁注:"譬,谕也。谕,告也。"

"譬"相当于印度逻辑的"喻"。用厨房有烟并有火,譬喻论证这山有烟,所以有火。从瓶是人为的,并且不是永恒的,譬喻论证语言是人为的,所以不是永恒的。"喻"的本意是譬喻、例证。因明注释家窥基说:"喻者,譬也,况也,晓也。由此譬况,晓明所宗,故名为喻。"[1]"喻"是通过譬况,论证论题。

《墨经》擅长说理,常以"若""犹"等作譬喻词。《经说下》第 171 条说:"夫名以所明正所不知,不以所不知疑所明,若以尺度所不知长。"概念推论是以所已知,类推说明所未知,不能反过来以所未知,怀疑所已知,就像用尺子,量度所未知物体的长度。这是以"若"作譬喻词。《墨经》许多以"若""犹"联结的事项,已丧失譬喻类比意义,只是一般命题的典型事例。典型事例与一般命题,是归纳关系。从典型个别事例,引申一般命题。《经说上》"故,所得而后成也"的因果概念,举例说:"若见之成见。"

《墨经》有重事实、重归纳的科学精神,是墨子善譬、类比论证的发展。墨家广泛运用"举他物而以明之"的譬喻论证,必然会在其逻辑和科学理论的总结中,引申为"举一事或数事,而引出一般道理"的归纳论证。

《墨经》擅长说理(讲道理),也常以"若""犹"等连接词,连带譬喻。其中少量为修辞学上的比喻,更多的是除比喻的修辞意义外,还兼有类比论证的意义。如《大取》说:"兼爱相若,一爱相若,一爱相若,其类在死蛇。"即,墨家理想是提倡平等地"兼爱"世上所有人,不能像论敌诡辩式地拆成"爱这一部分人平等"(如爱鲁国人平等),"爱那一部分人平等"(如爱齐国人平等),这犹如一条活蛇(整体),被砍成几段(部分),变为死蛇。

《经说下》第 177 条,批评论敌告子一派"仁内义外"的论点:"其谓'仁,内也。义,外也',举爱与所利也,是狂举也,若左目出,右目入。""若左目出,右目入"(意指如某人精神错乱,胡说八道,竟然说"左目管输出信息,右目管输入信息"),这是修辞学上的比喻。

《经说下》第 171 条说:"夫名以所明正所不知,不以所不知疑所明,若以尺度所不知长。""若以尺度所不知长",是修辞学上的比喻,兼逻辑学上的类比。《墨经》崇尚科学精神,论证重事实,重归纳,是墨子譬喻(类比)思想的发展,由"举他物以明之"的譬喻论证,推广为"举事以明理"的归纳论证。

六、比辞论证(侔)

比辞论证(侔),定义为"比辞俱行"(排比),分多种不同的论证模式。《小取》定义

---

① 窥基:《因明入正理论疏》卷四。见孙中原:《逻辑哲学讲演录》,桂林:广西师范大学出版社,2019年,第 89 页。

说:"侔也者,比辞而俱行也。"侔(móu),形声字,从人,牟声,本义等同,齐等,相等。《说文》:"侔,齐等也。"孙诒让注:"侔,齐等也,谓辞义齐等,比而同之。"《庄子·大宗师》注:"侔者,等也,同也。""亦从也。""从",会意字,甲骨文字形,像二人相从形,本义随行,跟随。从"侔"的本义与《小取》"比辞而俱行"的定义看,"侔"可简称为比辞推论,即,罗列许多语构相似,意义相关的排比句,在过度类比引申中出现谬误与诡辩。

《小取》用排比修辞方法,把许多语构相似,意义相关的排比句,并列组成不同的语段,根据命题或主谓项肯定、否定,语词概念是否周延等情况,排列组合为性质与形式不同的语段,共列举为"是而然","是而不然","不是而然","一周而一不周"和"一是而一非"等五种比辞论证模式。其逻辑意义,本质上仍然是一些特殊的类比论证,表现当时百家争鸣辩论激烈深入与细致入微的程度,至今仍不断吸引学人目光,引发多种多样的学术探索与争鸣辩论。①

1."是而然"。论据肯定,论题肯定:"白马,马也;乘白马,乘马也。骊马,马也;乘骊马,乘马也。获,人也;爱获,爱人也。臧,人也;爱臧,爱人也。此乃是而然者也。"即白马是马,乘白马是乘马。骊马是马,乘骊马是乘马。获是人,爱获是爱人。臧是人,爱臧是爱人。

"是而然"的"侔",是在论据命题主、谓项前,各加一个表示关系的动词,从而得到一个肯定的论题。其公式是:A = B,并且 CA = CB。如:黑马是马;乘黑马是乘马。又如:获是人;爱获是爱人。这是由一般到个别的演绎论证,论证形式有必然性。论据肯定黑马是马,论题必然可以肯定乘黑马是乘马。论据肯定获是人,论题必然可以肯定爱获是爱人。

传说公孙龙乘白马过关,向守关人诡辩说,因为他乘的是白马,所以乘的不是马,意思不是说"白马"和"马"两个概念不同,而是说"白马"这一特殊个体,不具有"马"类的本质,违背"个别中有一般""个别属于一般"的道理,显然是谬论。

2.是而不然。论据肯定,论题否定:

> 获之亲,人也;获事其亲,非事人也。其弟(指妹妹),美人也;爱弟,非爱美人也。车,木也;乘车,非乘木也。船,木也;入船,非入木也。盗,人也;多盗,非多人也;无盗,非无人也。奚以明之?恶多盗,非恶多人也;欲无盗,非欲无人也。世相与共是之。若若是,则虽"盗,人也;爱盗,非爱人也;不爱盗,非不爱人也;杀盗,非杀人也",无难矣。此与彼同类,世有彼而不自非也,墨者有此而非之,无他故焉,所谓"内胶外闭",与"心无空乎内,胶而不解"也。此乃是而不然者也。

即,获的父母是人,获事奉她的父母不能说是"事奉人"(作别人奴仆)。她的妹妹

---

① 参见邱建硕:《从侔式推论考察墨辩逻辑的有效性意义》,《哲学与文化》第 435 期,2010 年 8 月。

是美人,她爱妹妹不能说是"爱美人"(爱美色)。车是木头做的,乘车不能说是"乘木头"(乘一根未加工的木头)。船是木头做的,入船不能说是"入木"(进入木头)。强盗是人,但某地强盗多,不能简单地说"某地人多";某地没有强盗,也不能简单地说"某地没有人"。怎么知道这一点? 讨厌某地强盗多,并不是讨厌某地人多;想让某地没有强盗,并不是想让某地没有人。世上的人大家都赞成这一些。如果是这样的话,那么我们说"强盗是人,爱强盗却不能说是'爱人',不爱强盗不能说是'不爱人',杀强盗也不能简单地说是'杀人'(指杀好人,犯杀人罪)",应该没有困难。后者和前者是属于同类,世人赞成前者,而不自以为不对,墨家的人,主张后者,却加以反对,没有其他原因:这就是所说的"内心胶结,对外封闭,听不进不同意见",与"心里边没有留下一点空隙,胶结而解不开"的缘故。这是属于"是而不然"(前提肯定,结论否定)的情况。

"是而不然":在论据命题主、谓项前,各加同样的词项,构成否定论题。这是由于在论据命题主、谓项前,各加同样词项后,组成的新词项,意义转变,"行而异,转而诡,远而失,流而离本"。例如,车是木,乘车不能说是乘木(乘未加工的原木)。船是木,入船不能说是入木(进棺材)。获的父母是人,获事奉父母,不能说是"事人"(做别人奴仆)。获的妹妹是美人,获爱妹妹,不能说是"爱美人"(好色)。爱妹妹与爱美人是两种不同的感情。

公式:A=B,并且 CA≠CB。如:盗是人。多盗不是多人。无盗不是无人。恶多盗(讨厌强盗多)不是"恶多人"(讨厌人多)。欲无盗(采取措施想让没有强盗)不是"欲无人"(想让没有人)。爱盗不是"爱人"(爱好人)。不爱盗不是"不爱人"(不爱好人)。杀盗(正当防卫,杀无恶不赦的强盗)不是"杀人"(杀好人,犯杀人罪)。

墨家"杀盗非杀人"的论题,有特定意义。在正当防卫的条件下,杀无恶不赦的强盗,不是通常意义下的"杀人"(杀好人,犯杀人罪)。通过大量同类事例,合理论证论题,这是墨家用心总结"是而不然"的比辞类推的现实用意。①

在生理学意义上,杀强盗是杀作为强盗的人,不能说是杀除人之外的其他动物。在这种意义上,荀子批评墨家"杀盗非杀人"是"惑于用名以乱名"(用杀强盗这种特殊的人,来搞乱杀一般人的概念)的错误,有一定道理。荀子只从生理学意义上批评墨家"杀盗非杀人"的辩说是诡辩,不谈墨家议论中现实政治伦理的特殊含义,是从一个极端,反对另一个极端,没有反映全面真理。

《小取》:"世相与共是之。若若是,则虽盗,人也;爱盗,非爱人也;不爱盗,非不爱人也;杀盗,非杀人也,无难矣。此与彼同类,世有彼而不自非也,墨者有此而非之,无他故焉,所谓内胶外闭,与心无空乎内,胶而不解也。"

"世相与共是之",即,世人相互共同肯定(认可)。相与,共同,互相,相同。共,共

---

① 参见孙中原:《墨家杀盗非杀人的命题不是诡辩》,《光明日报》1963 年 11 月 1 日;又载《中国逻辑思想论文选》,北京:三联书店,1981 年,第 462—464 页。

同,相同,一样。《说文》:"共,同也。"《玉篇》:"共,同也,众也。"《广韵》:"共,皆也。"《增韵》:"共,合也,公也。"驳斥论敌自相矛盾。获,特指女佣名。古代对奴婢的贱称是臧获。《方言》:"荆淮海岱杂齐之间,骂奴曰臧,骂婢曰获。"《大取》:"爱获之爱人也,生于虑获之利。虑获之利,非虑臧之利也。而爱臧之爱人也,乃爱获之爱人也。"获,女仆名。臧,男仆名。

3. 不是而然。论据否定,论题肯定:

> 读书,非书也;好读书,好书也。斗鸡,非鸡也;好斗鸡,好鸡也。且入井,非入井也;止且入井,止入井也。且出门,非出门也;止且出门,止出门也。若若是:"且天,非天也;寿且天,寿天也。'有命',非'命'也;非'执有命','非命'也。"无难矣。此与彼同类,世有彼而不自非也,墨者有此而非之,无他故焉:所谓"内胶外闭",与"心无空乎内,胶而不解"也。此乃不是而然者也。

即"读书"不等于"书","好读书"却等于"好书"。"斗鸡"不等于"鸡","好斗鸡"却等于"好鸡"。"将要入井"不等于"入井",阻止"将要入井"却等于阻止"入井"。"将要出门"不等于"出门",阻止"将要出门"却等于阻止"出门"。如果是这样的话,那么我们说"'将要夭折'不等于'夭折',阻止'将要夭折'却等于阻止'夭折'(即采取措施使'将要夭折'的人有寿,却是真的把'夭折'的人,转变为长寿)。儒家主张'有命'论,不等于真的有'命'存在;墨家'非执有命',却等于'非命'(即墨家反对儒家坚持有命的论点,却等于否定命的存在)"就没有困难。后者和前者是属于同类,世人赞成前者,而不自以为不对,墨家的人,主张后者,却加以反对,没有其他原因:这就是所说的"内心胶结,对外封闭,听不进不同意见",与"心里边没有留下一点空隙,胶结而解不开"的缘故。这是属于"不是而然"(前提否定,而结论肯定)的情况。

"不是而然":在一个词组中,减去一个成分不成立,而在增加一个成分的情况下,再减去这个成分却成立。论据否定,论题肯定,所以叫"不是而然"。公式:$A \neq B$,并且$CA = CB$。如:"读书"不是"书"。"好读书"是"好书";"斗鸡"不是"鸡"。"好斗鸡"是"好鸡";"将要入井"不是"入井"。阻止"将要入井"是阻止"入井";"将要出门"不是"出门"。阻止"将要出门"是阻止"出门";"将要夭折"不是"夭折"。阻止"将要夭折"是阻止"夭折";"有命"不是"命"。"非执有命"是"非命"。

最后一例的意思是,儒家宣扬"有命"论[1],不等于真的有"命"存在。墨家反对儒家坚持"有命"论,则是确实否定"命"的存在。《墨子》有《非命》篇,否定命的存在。墨

---

[1] 《论语·为政》载孔子说:"五十而知天命。"《论语·颜渊》:"子夏曰:商闻之矣:死生有命,富贵在天。"《论语·宪问》载孔子说:"道之将行也与? 命也。道之将废也与? 命也。"《论语·季氏》载孔子说:"君子有三畏:畏天命,畏大人,畏圣人之言,小人不知天命而不畏也。"《论语·尧曰》载孔子说:"不知命,无以为君子也。"

家用大量日常生活中的事例,作为论据,类比论证当时百家争鸣中的争论问题,论证己方学说,驳斥敌方学说。

墨家总结"不是而然"的"侔",其现实政治用意是反对儒家的宿命论,解决当时学派争论的问题。百家争鸣,促进中国逻辑诞生;中国逻辑诞生,促进百家争鸣中辩论问题的解决。

4.一周一不周。一种说法周遍,一种说法不周遍:

> 爱人,待周爱人而后为爱人;不爱人,不待周不爱人。失周爱,因为不爱人矣。乘马,不待周乘马,然后为乘马也。有乘于马,因为乘马矣。逮至不乘马,待周不乘马,而后为不乘马。此一周而一不周者也。

即说"爱人",必须周遍地爱所有的人才可以说是"爱人";说"不爱人",不依赖于周遍地不爱所有的人。没有做到周遍地爱所有的人,因此就可以说是"不爱人"。说"乘马",不依赖于周遍地乘所有的马,才算是"乘马"。至少乘过一匹马,就可以说是"乘马"。但是说到"不乘马",依赖于周遍地不乘所有的马,然后才可以说是"不乘马"。这是属于"一周而一不周"(一种说法周遍,一种说法不周遍)的情况。

"一周而一不周",是分析一个语言构造 AB,有时 A(动作或关系)周遍于 B 的各个分子,有时则不然。墨家列举以下四个例子:第一,"爱人"一词"周"。即"爱"要求周遍所有的人,即必须"爱"所有的人,连一个人也不遗漏。这是阐述墨家政治伦理理想的标准,与有些人(如强盗)不可爱的现实状况无关。第二,"不爱人"一词"不周"。即"不爱人"不要求周遍地不爱所有的人,才算是"不爱人"。只要不爱任意一个人,就算是"不爱人"。第三,"乘马"一词"不周"。即"乘马"不要求周遍地乘所有的马,才算是"乘马"。只要乘任意一匹马,就算是"乘马"。第四,"不乘马"一词"周"。即"不乘马"要求不乘任何一匹马,才算是"不乘马"。这里的"周",就"乘马"和"不乘马"这种日常生活的例子而言,相当于西方逻辑的概念"周延"。

按照逻辑规则,"我是乘马的人","乘马的人"一词不周延,只要乘一匹马,就可以说"我是乘马的人"。而"我不是乘马的人","乘马的人"一词周延,即必须周遍地不乘所有的马,才可以说"我不是乘马的人"。这里的"周",就"爱人"和"不爱人"这种涉及墨家特殊政治伦理理想的例子而言,不相当于西方逻辑所说的"周延"。按照逻辑规则,"我是爱人的人","爱人的人"一词不周延,只要爱一个人,就可以说"我是爱人的人"。而"我不是爱人的人","爱人的人"一词周延,即必须周遍地不爱所有的人,才可以说"我不是爱人的人"。而这正好与墨家的说法相反。

这种矛盾情况,从逻辑的最新发展来看,可以有一种解释,即逻辑有不同的分支领域。通常西方逻辑所讲的领域,是事实、现实、真值的领域。墨家说的"爱人要求周遍""不爱人不要求周遍",说的是政治伦理理想、道德义务(简称"道义")的领域,与事实、现实、真值的领域无关。①

5. 一是一非。一种说法成立，一种说法不成立：

> 居于国，则为居国；有一宅于国，而不为有国。桃之实，桃也；棘之实，非棘也。问人之病，问人也；恶人之病，非恶人也。之马之目眇，则为"之马眇"；之马之目大，而不谓"之马大"。之牛之毛黄，则谓"之牛黄"；之牛之毛众，而不谓"之牛众"。一马，马也。二马，马也。"马四足"者，一马而四足也，非两马而四足也。一马，马也。二马，马也。"马或白"者，二马而或白也，非一马而或白。此乃一是而一非也。

即，居住在某一国内，可以简称为"居国"；有一住宅在某一国内，却不能简称为"有国"。桃树的果实称为"桃"，棘树的果实却不称为"棘"（称为枣）。探问别人的疾病，可以简称为"探问人"，讨厌别人的疾病，却不能简称为"讨厌人"。人的鬼魂不等于人，兄的鬼魂，在某些特殊情况下，可以权且代表兄。祭人的鬼魂，不等于祭人，祭兄的鬼魂，可以权且说是祭兄。这个马的眼睛眇，可以简称为"这马眇"；这个马的眼睛大，却不能简称为"这马大"。这个牛的毛黄，可以简称为"这牛黄"；这个牛的毛众（指牛毛长得茂密），却不能简称为"这牛众"（牛众是指牛的个数多）。一匹马是马，两匹马是马，说"马四足"，是指一匹马四足，不是指两匹马四足；但是说"马或白"（指有的马是白的），却是在至少有两匹马的情况下，才可以这样说，如果在只有一匹马的情况下，就不能这样说。这是属于"一是而一非"（一种说法成立，一种说法不成立）的情况。

"一是而一非"：有两个语句结构 $f(x)$ 和 $g(x)$，当用 A 代入其中的 x 时，二者等值。当用 B 代入其中的 x 时，二者不等值。即：$f(A)=g(A)$；$f(B) \neq g(B)$。如"居于国"，可以简称为"居国"（居住在一个国家里）。而"有一宅于国"，却不能简称为"有国"（领有一个国家）。桃树的果实叫"桃"，棘（酸枣）树的果实却不叫"棘"。"问人之病"是"问人"，"恶人之病"却不是"恶人"（讨厌人）。这个马的眼睛眇，可以叫"这马眇"。这个马的眼睛大，却不能叫"这马大"。这个牛的毛黄，可以叫"这牛黄"。这个牛的毛众（浓密），却不能叫"这牛众"（个数多）。"马四足"中的马，指一匹马。"马或白"（有马白）中的马，指两匹以上。比辞论证模式与公式，见表5。

表5　比辞论证模式与公式

比辞论证模式	公　式
是而然	$A=B, CA=CB$
是而不然	$A=B, CA \neq CB$
不是而然	$A \neq B, CA=CB$

---

① 参见孙中原：《天下兼相爱则治，交相恶则乱》，《光明日报》（理论版）2016 年 1 月 20 日。

比辞论证模式	公　式
一周而一不周	AB 一语,有时 A 遍及 B 各分子,有时则否
一是而一非	$F(A)=g(A),f(B)\neq g(B)$

《小取》要求注意事物和语言的复杂性、多样性,推论要准确地使用概念命题,不然会出现谬误与诡辩。墨家逻辑是百家争鸣的武器和辩论的工具。《小取》注意讨论谬误的发生,表现出墨家逻辑的应用性、实践性与批判性。①

七、援例论证(援)

《小取》说:"援也者,曰:'子然,我奚独不可以然也?'"即援例论证,是援引对方论据,类比论证己方论题。如《小取》说:"此与彼同类,世有彼而不自非也,墨者有此而非之。"即,A 与 B 两组论点同类,世人赞同 A 组论点,而反对墨者赞同 B 组论点,墨者援 A 证 B,叫援例论证。援,引用,援用,援引。援,形声字,从手,爰(yuán)声,本义拉引。《说文》:"援,引也。"

A 组论点:"盗,人也;爱盗,非爱人也。"B 组论点:"盗,人也;杀盗,非杀人也(指杀强盗不犯杀人罪)。""此与彼同类",对方赞同"彼",而不赞同"此",不符合"以类取"与"有诸己不非诸人"的规则,违反同一律与矛盾律。援引对方论点"爱盗非爱人"为论据,类比论证己方论题"杀盗非杀人"。"爱人"中的"人",指"盗"以外的人,"杀人"中的"人",也指"盗"以外的人。根据"以类取"与"有诸己不非诸人"的规则(同一律,矛盾律),对方不应该反对我方的论题。

同样,A 组论点:"且入井,非入井也;止且入井,止入井也。"B 组论点:"且夭,非夭也;寿且夭,寿夭也。"你赞成 A 组论点,我援引你所赞成的 A 组论点,类比论证我所赞成的 B 组论点,是援例推论。

"援"是根据同一律、矛盾律的辩论方式,为当时学派广泛采用。公孙龙辩论娴熟地运用援例论证。宗奉孔子的儒者孔穿(孔子六世孙),受众人委托,专程到赵国与公孙龙辩论,公孙龙援引孔子赞同"楚人异于人"的论据,类比论证自己"白马异于马"的论题,使孔穿哑口无言,"无以应",即,在辩论中巧妙运用援例论证。

八、归谬论证(推)

归谬式类比论证,名为"推",墨家论辩常用,总结出"不知类""知小不知大""明小

---

① 参见莫绍揆:《〈小取〉篇逻辑的体系》,《数理逻辑初步》,上海:上海人民出版社,1980 年,第 162—171 页。

不明大"等惯用语,表示对方议论中的自相矛盾,属于元研究,元语言,元概括,《墨经》总结提升。《小取》一再说:"此与彼同类,世有彼而不自非也,墨者有此而非之。"揭示对方逻辑矛盾,用的是归谬式类比的论证形式。

《小取》定义:"推也者,以其所不取之,同于其所取者,予之也。"即对方赞成"彼"命题,不赞成"此"命题,我则向对方证明"此与彼同类",如果对方仍不赞成"此"命题,则陷于逻辑矛盾,用逻辑必然性的力量,迫使对方赞成"此"命题。取,选取,采取,赞同。

规则是:"以类取,以类予。""有诸己不非诸人,无诸己不求诸人。"这体现出同一律和矛盾律。中外逻辑,本质相同。这种论辩方式,结合归谬法与类比推论,含演绎、归纳与类比因素,有必然性与说服力,生动形象,富于感染力,是百家争鸣的有力工具,行之有效,为各学派所喜用常用。归谬法,是归谬式类比论证中的演绎成分,是必然性的推论,理论性的论据;类比论证,是其中的归纳因素,事实性的论据。

归谬反驳,在世界逻辑中占据核心地位。古希腊哲学家与中国古代诸子百家一样,都极善运用归谬法。古希腊辩论术(一译辩证法)Dialectic 的本意,是归谬法。辩论术(辩证法)Dialectic,在西方逻辑史上,从古代到近代,长期兼作逻辑学的总称。明末西方传教士葡萄牙人傅泛际(P.F.Furtado, 1587—1653, 1621 年来华)与李之藻合译首部西方逻辑著作《名理探》,原文是辩论术(辩证法)Dialectic。①

归谬法从对方论点出发,引出荒谬(包含逻辑矛盾,或同已知事实与真理矛盾),以驳倒对方论点。其公式是:$(P \rightarrow (Q \wedge \neg Q)) \rightarrow \neg P$。读为:如果 P(对方论点),那么 Q 并且非 Q(矛盾),那么非 P(否定对方论点)。墨家逻辑对归谬法有自身独特的表达方式。

墨子在辩论中常用归谬法,用生动浅显的比喻,比方对方的矛盾、背理和荒谬。墨子在战国初期,广泛运用归谬法,经由战国中期孟子、惠施、庄子和尹文子等人传承,在战国末期普及,诸子百家常用,成为争鸣辩论的有效工具,为《小取》定义归谬法,制定规则,提供丰富资料。归谬法影响深远,对今人的思维表达大有助益。归谬法,见表6。

表6　归谬法

类型	名称	定义规则	别称
墨辩	推	定义:以其所不取之,同于其所取者,予之也。 规则:以类取,以类予。有诸己不非诸人,无诸己不求诸人	明小不明大,知小不知大,不知类
逻辑	辩论术 Dialectic	定义:揭露对方矛盾,以战胜对方的方术 规则:对立陈述不能同真;$\neg (Q \wedge \neg Q)$	辩证法,归谬法,归于不可能

----

① 参见孙中原:《〈名理探〉:中国译介亚氏逻辑的成就》,《哲学与文化》第 26 卷第 12 期,1999 年 12 月。

1.归谬法第一式:指出对方"明小不明大","知小不知大"。《尚贤中》说:"何则?皆以明小物,而不明大物也。"《尚贤下》说:"而今天下之君子,居处言语皆尚贤,逮至其临众发政而治民,莫知尚贤而使能,我以此知天下之士君子,明于小而不明于大也。何以知其然乎?今王公大人有一牛羊之财不能杀,必索良宰。有一衣裳之财不能制,必索良工。""逮至其国家则不然,王公大人骨肉之亲,无故富贵,面目美好者,则举之,则王公大人之亲其国家也,不若亲其一危弓、疲马、衣裳、牛羊之财与?我以此知天下之士君子,皆明于小而不明于大也。此譬犹喑者而使为行人,聋者而使为乐师"(这就像叫哑巴当外交官,派叫聋子当乐团指挥)。

《鲁问》说:"世俗之君子,皆知小物,而不知大物。今有人于此,窃一犬一彘则谓之不仁。窃一国一都,则以为义。譬犹小视白谓之曰,大视白则谓之黑。是故世俗之君子,知小物而不知大物者,此若言之谓也。"在批评对方"知小不知大"的同时,比喻说"譬犹小视白谓之曰,大视白则谓之黑",都是形容对方的自相矛盾,荒谬和背理。"明小不明大""知小不知大"术语的概括,形容对方议论的自相矛盾,荒谬和背理。

《小取》对归谬法的定义和规则,依现代逻辑研究方法论的术语说,叫做元逻辑,元语言。《尚贤》等篇,运用归谬法,叫对象逻辑(应用逻辑),对象语言,有逻辑理论和逻辑应用,逻辑总结和逻辑素材的分别。① 对《小取》和《尚贤》逻辑比较,见表7。

表7 《小取》《尚贤》逻辑比较

《小取》元逻辑	推也者,以其所不取之,同于其所取者,予之也 以类取,以类予。有诸己不非诸人,无诸己不求诸人
《尚贤》对象逻辑 其所取(Q)	居处言语知尚贤:牛羊不能杀索良宰;衣裳不能制索良工;疲马不能治索良医;危弓不能张索良工
《尚贤》对象逻辑 其所不取(¬Q)	治国不知尚贤:不智慧者治国,喑者使为行人,聋者使为乐师
结论(Q∧¬Q)	自相矛盾,荒谬背理

《非攻上》说:

> 今有一人,入人园圃,窃其桃李,众闻则非之,上为政者得则罚之。此何也?以亏人自利也。至攘人犬豕鸡豚者,其不义,又甚入人园圃窃桃李。是何故也?以亏人愈多,其不仁滋甚,罪益厚。至入人栏厩,取人马牛者,其不仁义,又甚攘人犬豕鸡豚。此何故也?以其亏人愈多。苟亏人愈多,其不仁滋甚,罪益厚。
>
> 今有人于此,少见黑曰黑,多见黑曰白,则必以此人为不知白黑之辩矣;少尝苦曰苦,多尝苦曰甘,则必以此人为不知甘苦之辩矣。今小为非,则知而非之。大为

---

① 参见孙中原:《从墨辩看逻辑的理论和应用》,《重庆工学院学报》2007第1期;又载《第二届两岸逻辑教学会议论文集》,南京大学,2006年,第173—178页。

非攻国,则不知非,从而誉之,谓之义,此可谓知义与不义之辩乎?是以知天下之君子也,辩义与不义之乱也。

对应于《小取》归谬法"推"的元逻辑表述,《非攻上》是对象逻辑的资料素材。前者为理论、概括、抽象。后者为应用、实践、素材。《非攻上》所用的归谬法见表8。

表8 《非攻上》用归谬法

其所取	其所不取
小为非知而非之	大为非攻国不知非
少见黑曰黑	多见黑曰白
少尝苦曰苦	多尝苦曰甘
Q	¬ Q
(Q∧¬Q)自相矛盾,荒谬和背理	

2. 归谬法第二式:指出辩论对方"不知类"。《公输》载鲁班为楚国造云梯,准备攻打宋国,墨子见鲁班说:"北方有人侮辱我,想请您帮我把他杀掉。"鲁班说:"吾义固不杀人。"即我讲仁义,从来不杀人。墨子说:"义不杀少而杀众,不可谓知类。"讲仁义不杀少,更应不杀众。"杀少"和"杀众"同属"不仁义"一类。"义不杀少而杀众",违反同一律和矛盾律。"不知类",即荒谬背理。

3. 归谬法第三式:指出辩论对方论点中的概念命题矛盾。《非儒》说儒家主张"君子必古服古言然后仁"。墨家的反驳是:"所谓古之言服者,皆尝新矣。而古人言之服之,则非君子也。然则必服非君子之服,言非君子之言,而后仁乎?"

即,儒家论点包含概念和命题的自相矛盾。从概念来说,古人穿古服,说古言,在当时都曾经是新的,按照儒家的逻辑,古人就都成了非君子。从命题来说,儒家的主张就成为:一定要穿非君子的服装,说非君子的语言,才成为君子,符合仁义标准。这是自相矛盾、荒谬和背理。

《非儒》说,儒家主张"君子循而不作"。《论语·述而》载孔子说:"述而不作,信而好古。""循"即"述"。儒家认为君子只遵循古人,叙述传承,而不创作创新。墨家的反驳是:"古者羿作弓,伃作甲,奚仲作车,巧垂作舟,然则今之鞄函、车匠,皆君子也,而羿、伃、奚仲、巧垂,皆小人邪?且其所循,人必或作之。然其所循,皆小人道也。"即,古代羿、伃、奚仲和巧垂,发明弓箭、铠甲、车子和舟船,现在的皮、车等工匠,因为传承古代工匠的技术,没有创造,就都成了君子,而古代羿、伃、奚仲和巧垂等发明家,却都成了小人。并且现代工匠所遵循传承的技术,一定要先有人创作出来,按照儒家的逻辑,这些创造者都成了小人,现代工匠所遵循传承的,也都成了小人的道理。这是自相矛盾,荒谬背理。运用归谬法的第三式,指出辩论对方概念和命题的矛盾。概念命题矛盾,见表9。

表9　概念命题矛盾

儒者	墨者
君子必古服古言然后仁	所谓古之言服者,皆尝新矣。而古人言之服之,则非君子也。然则必服非君子之服,言非君子之言,而后仁乎?
君子循而不作	古者羿作弓,伃作甲,奚仲作车,巧垂作舟,然则今之鞄函、车匠,皆君子也,而羿、伃、奚仲、巧垂,皆小人邪?且其所循,人必或作之,然其所循,皆小人道也

4.归谬法第四式:用比喻,具体形象生动地形容论敌自相矛盾的荒谬背理。

(1)命人包而去其冠。《公孟》载儒者公孟子说:"贫富寿夭,齰然在天,①不可损益。"又说:"君子必学。"这是既否认人的主观能动作用,又承认人的主观能动作用,自相矛盾。墨子反驳说:"教人学而执有命,是犹命人包而去其冠也。"②即,教人学习,又坚持命定论,就像既叫人戴帽子包裹头发,又叫人把包裹头发的帽子去掉,荒谬背理。

(2)无客而学客礼。无客而学客礼,无鱼而为鱼罟。《公孟》载儒者公孟子说:"无鬼神。"又说:"君子必学祭祀。"墨子说:"执无鬼而学祭礼,是犹无客而学客礼,无鱼而为鱼罟也。"即,既认为鬼神不存在,又主张君子一定要学习祭祀鬼神的礼节,就像无客却学客礼,无鱼却做渔网,自相矛盾。

(3)禁耕求获。《节葬下》载墨子说,统治者厚葬,财富埋地下,长久服丧。"以此求富,此譬犹禁耕而求获也。"用禁耕求获,比喻厚葬久丧与求富的矛盾。

(4)负剑求寿。《节葬下》载墨子说,统治者以长久服丧,败男女之交,求得人口众多,就像"负剑求寿",荒谬背理。

(5)掩目祝视。《耕柱》载鲁国贵族季孙绍与孟伯常治政,互不信任,闹矛盾,不从建立信任入手,解决矛盾,却到丛林神祠祷告说:"愿神灵保佑我们和好!"就像遮住眼睛,祷告神灵说"保佑我什么都看得见",荒谬背理。

(6)少见黑曰黑。少见黑曰黑,多见黑曰白。少尝苦曰苦,多尝苦曰甘。《非攻上》批评天下君子,把小偷抢叫"不义",却把大偷抢(攻伐掠夺)叫"义",就像"少见黑曰黑,多见黑曰白,少尝苦曰苦,多尝苦曰甘",荒谬悖理。墨子的比喻与韩非的"矛盾之说"异曲同工,有启发逻辑思维,避免矛盾谬误的功效。比喻自相矛盾,见表10。

表10　比喻自相矛盾

序号	本体	喻体
1	教人学而执有命	犹命人包去其冠
2	执无鬼而学祭礼	犹无客学客礼,无鱼为鱼罟

---

① 齰然:凿然,确然。齰(zé)同"凿",凿凿,确实,真实。
② "犹命人包而去其冠":就像叫人既戴上帽子,又去掉帽子,比喻自相矛盾,荒谬,背理。

序号	本体	喻体
3	以厚葬久丧求富	譬犹禁耕求获
4	以久丧求众	譬犹负剑求寿
5	互不信任祷告神灵保佑和好	譬犹掩目祝视
6	小偷抢叫不义,大偷抢攻国叫义	少见黑曰黑多见黑曰白,少尝苦曰苦多尝苦曰甘

《小取》两次批评论敌说:"此与彼同类,世有彼而不自非也,墨者有此而非之,无他故焉:所谓内胶外闭,与心无空乎内,胶而不解也。"A_1 与 A_2 两种议论同类,世人赞成 A_1,不以为非,墨者赞成 A_2,却以为非,构成矛盾、荒谬和背理。《小取》归谬法,见表 11。

表 11 《小取》归谬法

概括:荒谬程度	内胶外闭,与心无空乎内,胶而不解
对象:自相矛盾	此与彼同类,世有彼而不自非也,墨者有此而非之

提出"明小不明大""知小不知大""不知类""悖"等概念,包含着中国古代元逻辑的理论,是《墨经》逻辑通往质变过程的量变积累与局部质变。《墨经》用古汉语作为元语言工具,对墨子辩术的应用逻辑、对象逻辑,施加以元研究,概括出系统理论,建构起墨家元逻辑。其对归谬法的概括,舍弃了当时争鸣辩论的具体内容,呈现用古汉语表达的纯逻辑理论的形态。

"推"是《墨经》对归谬法的命名。墨家"推"的概念比现代"推理"或"推论"概念的外延小。现代的"推理"或"推论"概念的外延包括演绎、归纳和类比等形式。墨家"推"的概念,除了分析对方论点概念命题的矛盾(纯演绎论证)外,在多数情况下是归谬法(演绎论证)与类比论证的结合。根据强调重点不同,可称归谬式类比论证(简称归谬类比),或类比式归谬论证(简称类比归谬)。[①]

5.归谬法第五式:指出辩论对方"悖"。"悖"是元语言的语义概念,即自相矛盾,荒谬,背理。《经下》第 109 条说:"假必悖,说在不然。"虚假必然违背事实,论证的理由在于事实不是如此。定义虚假、不真实的概念。

《耕柱》说:"子墨子曰:'世俗之君子,贫而谓之富,则怒,无义而谓之有义,则喜,岂不悖哉!'"即世俗君子,如果他贫穷,别人说他富有,那么他就愤怒,如果他无义,别人说他有义,那么他就高兴,岂不是荒谬!"悖",指荒谬。

《贵义》说:"子墨子曰:'世之君子,使之为一犬一彘之宰,不能则辞之;使为一国之

---

① 参见孙中原:《传统推论范畴分析——推论性质与逻辑策略》,《重庆工学院学报》2009 年第 5 期;周山:《中国传统思维方法研究》,上海:学林出版社,2010 年,第 17—28 页。

相,不能而为之。岂不悖哉！'"即墨子说："世上君子,使他作宰杀一狗一猪的屠夫,如果干不了就推辞;使他作一国国相,干不了却照样去作,这难道不荒谬吗?""悖",指荒谬。"不知类""悖",是对归谬法的元逻辑概括。《公输》《耕柱》《贵义》的辩论说辞,是应用归谬法的对象逻辑。"不知类""悖",见表12。

表12 "不知类""悖"

元逻辑	不知类	悖	
对象逻辑	义不杀少而杀众（公输）	贫而谓之富则怒,无义而谓之有义则喜（耕柱）	使为一犬一彘宰,不能则辞。使为一国相,不能而为（贵义）

《非攻下》说："饥寒冻馁疾病,而转死沟壑中者,不可胜计也,此其为不利于人也,天下之害厚矣,而王公大人,乐而行之,则此乐贼灭天下之万民也,岂不悖哉！""悖",指荒谬。《非儒下》说："娶妻身迎,祗褵为仆,秉辔授绥,如仰严亲,婚礼威仪,如承祭祀。颠覆上下,悖逆父母,下则妻子,妻子上侵。事亲若此,可谓孝乎?"

即,墨家批评儒家说:你们娶妻,亲自迎接,端正衣裳,恭敬得就像当仆人。手持马缰绳,把登车的引绳交给新娘,就像恭敬地侍奉父亲。结婚的礼节仪式,就像祭祀祖先。颠倒上下次序,违逆父母,把父母的地位降低到与妻子、长子一样,把妻子、长子的地位,抬高到与父母一样。这样对待父母,可以被称为孝子吗?"悖",指违反。

《贵义》说："子墨子曰:'世之君子欲其义之成,而助之修其身则愠,是犹欲其墙之成,而人助之筑则愠也,岂不悖哉！'"即,墨子说："当代君子,想实现他的道义,而帮助他修养身心却怨恨,这就像筑墙,而别人帮助他却怨恨一样,难道不荒谬吗?""悖",指荒谬。《鲁问》说："譬有人于此,其子强梁不材,故其父笞之,其邻家之父举木而击之,曰:'吾击之也,顺于其父之志',则岂不悖哉?""悖",指荒谬。

6.归谬法第六式:概括典型的悖论

（1）"言尽悖"悖论。言尽悖论、自语相违与说谎者悖论:世界逻辑语义悖论比较。在中国、印度和希腊三个不同国度,共同考察思维论辩中的逻辑矛盾,列举实例和分析,惊人相似,刺激推动系统逻辑的产生发展,表明人类思维规律的一致性。

《经下》第172条说："以言为尽悖（虚假）,悖（自相矛盾）,说在其言（涉及自身,自我相关,自己说自己,悖论成因）。"《经说下》:"悖（虚假）,不可（不成立）也。之人之言可,是不悖（虚假）,则是有可也。之人之言不可,以当必不当。"

即,认为"所有言论都虚假",自相矛盾,论证的理由在于分析"所有言论都虚假"这句话本身。虚假就是不正确。这个人这句话如果正确,就是有并不虚假的言论,则是有正确的言论。这个人这句话如果不正确,认为它恰当,就必然不恰当。二难推理,归谬法。

印度逻辑有术语"自语相违"。陈那《因明正理门论》列举出29种过失,商羯罗主补充为33种,分属于似宗、似因和似喻,即错误论题、错误小前提和错误大前提。玄奘译印度陈那《因明正理门论》论自语相违似宗(自相矛盾的错误论题)举例,是"一切言皆是妄",与"言尽悖"论同。① 自语相违似宗,即包含逻辑矛盾的虚假论题。陈那《因明正理门论》举例"一切言皆是妄",设这句话为 P。由于 P 这句话本身也是言论,所以如果说话者认为自己这一句话(P)是真实的,那就表明至少有一句话(即 P)不虚妄,等于承认"有些言论不虚妄"。而后面这句话,同原来那句(即 P)矛盾,即成为非 P。

即,承认 P 这句话真,则导出它自身的否定(即假),这叫"自语相违":自己说的话,与自己的话相矛盾。而如果说话者承认 P 这句话假,也可推导出"有言论不虚妄",即"有言论真"。况且,如果自己已经认为它假,那就没有必要立它为论题推导。总之,如果用这种包含自相矛盾的话,作为论题(宗),无法自圆其说。

古希腊有"说谎者"悖论。亚里士多德在《形而上学》中说:"说一切为假的人就使自己也成为虚假的。"②"从一切断语都是假的这一主张,也会得出,这话本身也不是真的。"③克里特岛人爱庇门德说:"所有克里特岛人说的话都是谎话。"如果这句话真,由于它也是克里特岛人说的话,则这句话本身也是谎话,即假。如果这句话假,能推出其矛盾命题"有克里特岛人说的话不是谎话",但不能推出这句话真。

这是一种不典型的语义悖论,后把"说谎者"悖论表述为"我说的这句话假",是典型的语义悖论:由真推假,由假推真。《墨经》批评的"言尽悖"论,同爱庇门德的"说谎者"悖论相似。悖论是自相矛盾的恒假命题。语义悖论是涉及语言意义、断定和真假等概念的悖论。语义悖论,见表 13。

表 13　语义悖论

世界传统	语义悖论
中国《墨经》	言尽悖
印度因明	一切言皆妄
希腊逻辑	一切命题是假的;所有克里特岛人说的话都是谎话;我正在说的这句话是假的

(2)"知不知"悖论。《经下》第 135 条说:"'知知之否之足用也'悖,说在无以也。"《经说下》说:"知。论之非知无以也。"即儒家宣扬"知道自己是知道,还是不知道,就足够用"的论点,自相矛盾,论证理由在于,这样说不够用。讨论问题,要求知道问题。如果说:"讨论问题,承认不知道问题,就足够用。"这样说不够用。况且既然说"知道自己不知道",却又说"够用",自相矛盾。无以:无用处,无意义。以,用。

《墨经》本条的写作背景,语境,第一针对的是《论语·为政》载孔子所说:"知之为知之,不知为不知,是知也。"即,"知就是知,不知就是不知,这就是知。"这是把"不知"

① 参见孙中原:《逻辑哲学讲演录》,桂林:广西师范大学出版社,2019 年,第 59 页。
② 亚里士多德:《形而上学》第四卷 1012b15-20,北京:中国人民大学出版社,1993 年,第 109 页。
③ 亚里士多德:《形而上学》第十一卷 1063b30-34,北京:中国人民大学出版社,1993 年,第 252 页。

诡辩地说成是"知"。第二针对的是《老子》第 71 章所说:"知不知,上;不知知,病。夫惟病病,是以不病。圣人不病,以其病病,是以不病。"即知道自己有所不知,这是最上等的;"不知"而自以为"知",这是病态。正因为明白这种病态是病态,所以才不生病。圣人之所以不病,是因为明白这种病态是病态,所以才不生病。

老子说"知不知,上",也像孔子一样,是把"不知"诡辩地说成是"知"。《墨经》本条批评儒道两家的上述观点。儒道两家强调对待知识的谦虚态度,但把"不知"说成"知",墨家机智地提出批评。墨家对待知识,尤其是对待自然科学知识,态度比儒道两家更积极,主张强力而为,积极地认知与改造世界。

(3)"学无益"悖论。《经下》第 178 条说:"学之益也,说在诽者。"《经说下》:"以为不知学之无益也,故告之也,是使知学之无益也,是教也,以学为无益也教,悖。"即学习是有益处的,论证这一命题的理由在于,反对这一命题的人必然自相矛盾。对方以为别人不知道"学习是没有益处的"这一命题,所以就把这一命题告诉别人,这就是使别人知道"学习是没有益处的"这一命题,这也就是教别人,用"学习是没有益处的"这一命题教别人,自相矛盾。①

(4)"非诽"悖论。《经下》第 180 条说:"非诽者悖,说在弗非。"《经说下》说:"非诽:非己之诽也。不非诽,非可非也。不可非也,是不非诽也。"即提出"反对一切批评"这一论点的人,必然陷于自相矛盾的境地,论证理由在于,批评不应该反对。对方说:"反对一切批评。"这实际上把对方自己"反对一切批评"这一特定的批评也反对了。如果对方放弃"反对一切批评"这一论点,那么有错误就可以批评。如果有错误不能够批评,这本身也导致对"反对一切批评"这一论点的否定。

非诽:反对一切批评。悖:自相矛盾。弗非:指批评是不应该反对的。弗,不。"不可非也"承上文省略"非"字,此"非"字解释为"错误"。"非可非也;非不可非也"相对为文,《墨经》中辩论常用二难推理形式。《经说上》作为止式反驳的例,列举对方论题"圣人有非而不非",此句"非不可非"意同于"若有非而不非"。是:这,这个,指前句"非不可非"。

墨家批评"非诽"(反对一切批评)论的背景是:儒家主张"为尊者讳,为亲者讳,为贤者讳"(《公羊传·闵公元年》)。孔子提倡"父为子隐,子为父隐"(《论语·子路》)。《经说上》批评儒家主张的"圣人有非而不非"(圣人见人有非,不非其非,即不批评其错误)。墨家认为批评是正常的。《经上》定义说:"诽,明恶也。"诽即非人之非(批评别人错误)。《经下》说"诽之可否""说在可非",《经说下》说"论诽之可不可以理",即讨论批评的可否,以是否合乎道理为标准。

---

① "学之益":指命题:"学习是有益处的。"《墨经》表达方式的特点,是常把语句命题,压缩简化为语词概念。文字简练,节省书写材料,便于携带。《老子》说:"绝学无忧。"诽:批评,用言论非难、反对。《经上》:"诽,明恶也。"悖:自相矛盾。

墨家批评"非诽"（反对一切批评）论，连续用两个二难推理式：二难推理式一：非诽，非己之诽也。不非诽，非可非也。即说"反对一切批评"，则也反对自己这一特定的批评。如果不"反对一切批评"，则有错误就能批评。二难推理式二：非可非也，则非可非也。（非）不可非也，是不非诽也。即如果有错误能批评，则有错误能批评。如果有错误不能批评，则也导致对"反对一切批评"论点的否定。《墨经》惯用二难推理，与论敌论战，这是一例。

余　论

新时代条件下墨家逻辑的科学研究承担着澄清谬误，明辨是非的历史使命。梁启超说："学问以辨而明，思潮以摩而起。"①马克思说："真理是由争论确立的。"②"最好是把真理比做燧石，——它受到的敲打越厉害，发射出的光辉就越灿烂。"③谭戒甫提出："自来不少学者利用西方逻辑三段论法的形式，把来一模一样地支配，因说东方也有逻辑了。及仔细查考，只是摆着西方逻辑的架子，再把我们东方的文句拼凑上去做一个面子。这不是我们自己的东西，虽有些出于自然比附，但总没有独立性。其实，我国本有独立性的辩学。"④但沈有鼎认为："［有人］说中国人的思维遵循着一种从人类学术康庄大道游离出来的特殊逻辑，于是《墨经》渐渐变成了供神秘主义者穿凿附会的天书，乌烟瘴气笼罩了《墨经》。"⑤

可以说，谭氏"把我们东方的"（地区性）、"我们自己的"（国别性、民族性与种族性）"辩学"，误解为"从人类学术康庄大道游离出来的特殊逻辑"（沈有鼎语）。⑥"偏要给全人类的、世界性的逻辑学扣上'西方'的帽子，视为异己、异端，这是自外于人类文明，自外于世界学术，是'义和团'心态在学术上的表现。"（程仲棠语）⑦因此，谭氏追求"从人类学术康庄大道游离出来的特殊逻辑"，"独立"于西方的，与西方本质不同的"我国本有独立性的辩学"（地区性、国别性、民族性与种族性），是不能成立的。谭氏反对"利用西方逻辑三段论法的形式"，"西方逻辑的架子"（框子结构，架构组织），比较分析"我们东方的（墨辩）文句"（地区性、国别性、民族性与种族性），这违反科学史的基本事实与科学原理。

谭氏从《大取》抽出"辞以故生"（意为：论题凭借论据产生）中"辞（论题）、故（论据）"二字，从《小取》抽出"譬（譬喻）、侔（比辞）、援（援引）、推（归谬）"四字，把"辞、

① 梁启超：《论中国学术思想变迁之大势》，载《饮冰室合集》文集七，北京：中华书局，1989 年，第 14 页。
② 《马克思恩格斯通讯集》第 1 卷，北京：三联书店，1958 年，第 567 页。
③ 《马克思恩格斯全集》第 1 卷，北京：人民出版社，1956 年，第 69—70 页。
④ 谭戒甫：《墨辩发微序》，《墨子大全》60 册，北京：北京图书馆出版社，2004 年，第 3 页。
⑤ 沈有鼎：《沈有鼎文集》，北京：人民出版社，1992 年，第 377—378 页。
⑥ 沈有鼎：《沈有鼎文集》，北京：人民出版社，1992 年，第 377 页。
⑦ 程仲棠：《"中国古代逻辑学"解构》，中国社会科学出版社，2009 年，第 172 页。

PHILOSOPHERS 2021（1）

故"二字和"譬、侔、援、推"四字，重新排序为"辞、故、譬、推、侔、援"六字，这完全背离《墨经》元典本意，生造出"墨辩六物式"的错误概念，把《小取》本有明确定义的"推（归谬论证）、侔（比辞论证）、援（援例论证）"错误地等同于逻辑三段论的大前提、小前提与结论了。

《小取》对"侔、援、推"的明确定义是："侔也者，比辞而俱行也。""援也者，曰：'子然，我奚独不可以然也?'""推也者，以其所不取之，同于其所取者，予之也。""侔"是比辞论证，"援"是援例论证，"推"是归谬论证。《小取》"侔、援、推"的论证方式有明确的定义与大量的用例，含义确定，不容曲解，与逻辑三段论"大前提、小前提、结论"了不相干，不能相比，谭氏却等同了起来。

谭氏勾画"墨辩六物式"与逻辑三段论法的所谓"对应图"，说《小取》的"推"（归谬论证），相当于逻辑三段论的大前提（例）。"侔"（比辞论证）相当于小前提（案）。"援"（援例论证）相当于结论（判）。① 这是毫不相干的。

有人误赞谭氏"墨辩六物式"的谬论说："从而将自张惠言以来诸治《墨经》者讨论不休的墨辩、因明、逻辑这三大古代推理方式间的复杂关系，解说得清晰明白，同时揭示了墨辩推理方式的独立性。"误赞谭氏"勾画出墨家独立于西方逻辑"的"辩学体系"。对谭氏学说的这种误赞是对墨家逻辑本质的错误认知②。澄清谬误，明辨是非，是现代墨家逻辑研究领域亟待完成的历史使命。

---

① 参见谭戒甫：《墨经易解》，《墨子大全》第 38 册，北京：北京图书馆出版社，2004 年，第 150 页；谭戒甫：《墨辩发微》，北京：中华书局，1964 年，第 205—206 页；《墨子大全》第 60 册，北京：北京图书馆出版社，2004 年，第 205—206 页。

② 参见《墨子大全》第 95 册，北京：北京图书馆出版社，2004 年，第 190 页。

康德与弗雷格的逻辑观

许涤非*

内容提要：弗雷格的新逻辑能够被康德的逻辑观所容纳是康德接受弗雷格的"算术真理是分析真理"的必要条件。虽然康德和弗雷格的逻辑观在字面上存在着一些冲突，但是他们的逻辑观实际上却是一致的。康德和弗雷格在逻辑上的一个表面上的分歧点是：康德认为逻辑规律是纯形式的，没有实质的内容；弗雷格认为逻辑规律有实质内容。本文分析了康德和弗雷格对于"对象"和"概念"的不同界定，并且在此基础上提出：他们哲学理论的不同并不意味着二者的逻辑观不同。对比康德的《耶舍逻辑》的研究内容和弗雷格的新逻辑，本文得出结论：康德关于逻辑的纯形式的观点可以容纳弗雷格的新逻辑。

关键词：耶舍逻辑 推理形式 逻辑形式

一、引 言

弗雷格在《算术基础》提出其逻辑主义的论点，即算术真理都可以还原为逻辑和定义。他认为如果一个真命题的核证仅仅诉诸逻辑和定义，那么这个命题就是分析真理、先天真理。这和康德的观点是矛盾的。在康德看来，算术真理是先天综合的，而非分析真理。康德认为，算术真理的知识需要诉诸我们的先天的直观形式，因此算术真理不能还原为逻辑。有哲学家认为（比如蒯因），他们这一观点的冲突来源于二者所诉诸的"逻辑"的不同。康德所使用的逻辑是亚里士多德的传统逻辑，而弗雷格所使用的逻辑是二阶逻辑。如果我们要评价弗雷格和康德的算术哲学观，这就不可避免地要回答究竟什么才是逻辑。

如果康德是对的，即逻辑只能是亚里士多德的传统逻辑，那么弗雷格的"逻辑"确实超越了逻辑的范围。康德就完全有理由反驳说，弗雷格即使证出了一些重要的技术性的结果，比如"弗雷格定理"，即所有的戴德金—皮阿诺算术公理系统的公理都可以还原为二阶逻辑和定义，也不能说弗雷格关于算术的逻辑主义是成功的，因为他所用的

---

* 许涤非，中国人民大学哲学院副教授。本成果受到国家社会科学基金项目"新弗雷格主义的实在论及其逻辑主义的认识论研究"（编号：17BZX089）的资助。

逻辑已经超出了逻辑的应有范围。如果弗雷格要对其逻辑主义立场作辩护的话,那么他需要应对康德的潜在批评。本文的核心观点是:弗雷格的逻辑观和康德的逻辑观一致,康德会认同弗雷格的新逻辑是逻辑。

本文分为四个部分:第一部分介绍一些反对弗雷格新逻辑的观点以及何为逻辑的问题为什么对逻辑主义是重要的;第二部分分析弗雷格与康德的逻辑观表面上的冲突,特别介绍 MacFarlane 的论证并且指出其论证的不足;第四部分加强 MacFarlane 的论证,论证弗雷格的新逻辑的研究内容仍然是康德的一般逻辑所关注的形式;第五部分是论文的结论。

二、逻辑主义的成功与否和逻辑的界定密切相关

弗雷格的逻辑主义立场对康德的数学哲学提出了挑战。为了实现其逻辑主义计划,弗雷格提出了一种新逻辑。当弗雷格的新逻辑问世时,并没有引起哲学界和数学界的重视。罗素自豪地说,是他把弗雷格的新逻辑带进了英语世界的学者的视野。罗素沿着弗雷格的基础主义的路线,希望给算术奠定逻辑基础。当时堪称世界顶尖的数学家庞加莱就对罗素的"新逻辑"提出了批评,他认为罗素给出的逻辑原理实际上是直观的、综合判断:

> 我们明白新逻辑比经典逻辑丰富得多;符号增多并且允许不同的组合,它们已经超越了自然数。人们有权利给以"逻辑"一词如此含义上的扩张吗?考察这样的问题是,和罗素仅仅玩这些词的捉迷藏是没什么用的。给他所想要的,但是如果特定的真理不能还原为旧意义上的逻辑现在被发现能够还原为新意义上的逻辑,不要惊讶。新意义和旧意义是不同的。
>
> 当我们碰到它们在数学论文中或多或少地被明确阐述,我们认为它们是直观的;因为逻辑一词的含义已经扩大,它们就改变了特性,从而我们现在会在一本名为"论逻辑"的书中找到它们。[1]

正是因为逻辑观的不同,即对于逻辑学是什么有不同的看法,哲学家对于逻辑主义提出这样或那样的批评。庞加莱认为逻辑应该是传统的意义上的逻辑,而新逻辑已经包含了数学推理中的直观。

当代的哲学家同样也注意到了这样的问题。达米特认为,弗雷格仅仅把算术从形式理论中构造出来是不够的,他还需要说明这一形式理论其特征是逻辑的,而且是正确

---

[1]　H.Poincáre, *Science et Méthode*.trans.George Bruce Halsted in *The Foundations of Science*, Lancaster: The Science Press, 1946, p.461, 引文为作者参照英译本所译。

的逻辑理论。①

蒯因评论说：

> 弗雷格，怀特海和罗素提出数学还原为逻辑的观点；弗雷格在 1884 年断言，他以这样的还原方式已经证明了，算术是分析真理，这与康德的观点相对立。但是能完成这一还原的逻辑是包含集合论的逻辑。②

蒯因不认为逻辑学应该包括集合论。如果逻辑主义者把数还原为类，从而关于数的真理的证明都还原为关于类的证明，而类理论（或集合论）不是逻辑学，那么蒯因的批评有其道理。弗雷格以及以 Wright 和 Hale 为代表的新弗雷格主义者都认为二阶逻辑是逻辑③。但是蒯因认为二阶逻辑不是真正的逻辑。

Boolos（1984）发展出一种亚逻辑主义（sublogicism），主张有许多有趣的数学真理在合适的方式下可以还原为逻辑。他为弗雷格的逻辑主义进行了有限制的辩护，从而反对康德把所有算术真理的证成都诉诸直观。当然 Boolos 的亚逻辑主义如果要想获得成功，不可避免地还要面对什么是合适的逻辑这个问题。

Boolos 所使用的还原方式仍然是二阶逻辑。二阶逻辑究竟是集合论，还是一种真正的逻辑，在当代数学哲学、逻辑哲学领域中一直是一个争论的话题④。但是 Boolos 把某类受限制的二阶逻辑看作是逻辑，而不是把整个二阶逻辑看作是逻辑。

如果这些批评是对的，那么弗雷格的逻辑主义的哲学价值或许就消失殆尽。他提出的新逻辑如果像庞加莱所说的那样，还需要诉诸直观，那么弗雷格对算术认识论上的抱负就难以实现。弗雷格对算术的认识论的特点在于把逻辑看作是基础，所有的算术真理都可以还原为逻辑和定义，而"直观"作为个体人的心理特征被弗雷格抛弃了。如果弗雷格的认识论所提供的逻辑本身就有直观的成分，那么弗雷格希望把直观屏蔽在他的认识论之外就无法实现。如果蒯因对弗雷格的逻辑评价是正确的，即这种逻辑在本质上是集合论，那么这种逻辑就包含了数学的特殊的分支，那么对于集合的认识论还需要进一步地解释，这就意味着弗雷格所提供的认识论是不彻底的。这两方面的批评对弗雷格的逻辑主义构成了挑战。本文并不想对这些批评作直接的回应，也并不想对逻辑究竟应该是什么作出回答。本文要回答的问题是：弗雷格的新逻辑是否和康德的逻辑观冲突？这个问题并不能直接从亚里士多德的逻辑与二阶逻辑是不同的，就简单

---

① See M.Dummett, *Frege: Philosophy of Mathematics.* Cambridge: Harvard University Press, 1991, p.15.

② See W.Quine, *Philosohy of Logic*, Second edition, Cambridge, MA: Harvard University Press, 1986, p.66.

③ 参看 B.Hale, *Necessary Beings*, Oxford: Oxford University Press, 2013.

④ 关于二阶逻辑是否是逻辑，可参看 G.Boolos, *Logic, Logic, and Logic*, ed. Richard Jeffrey, Cambridge, MA: Harvard University Press, 1998, pp. 301–14; S. Shapiro, *Foundations Without Foundationalism: A Case for Second-Order Logic*, Oxford: Oxford University Press.University Press, 1991。

得出答案,认为弗雷格的新逻辑与康德的逻辑观冲突。这个问题对于弗雷格的逻辑主义计划至关重要,这是因为如果康德的逻辑观可以容纳弗雷格的新逻辑,那么康德就应该承认算术真理可以从逻辑和定义推出,从而承认算术真理的分析性。我想这是弗雷格为何坚持他的逻辑主义并且反对康德算术观的基本出发点。

任何学科的发展都会引起对这个学科观念的变化。我们以数学为例。关于几何、算术、代数的研究对象是什么,数学家的观点也在变化之中。19 世纪的数学家会回答,数学是关于广延和量的研究;但是 20 世纪的数学家会倾向于回答说,数学是关于抽象数学结构的研究。希尔伯特认为,这些数学结构是通过公理系统隐含地给出的。关于新的代数观、几何观的发展并不是哲学家反思的结果,而是数学自身发展的结果。这种把数学的研究对象归结于数学结构的观点,我们称之为结构主义。

> 我认为符号代数是处理运算组合的科学,这些运算组合不是根据运算的本质被定义的,即不是根据它们是什么或者它们做什么被定义,而是根据它们所服从的组合规律被定义。①

按照这样的新代数观,代数定理不仅可以应用于关于数的加法、乘法运算,而且还可以应用于所有服从相同组合规律的任何科学的运算。

和新代数观发展类似,投影几何的发展也引入了新的想象元,它们并不是广延上可视的。投影几何中有一个对偶原理,意思是对于每一个投影平面几何的定理和其证明,都有一个对偶定理及其证明,其中"点"和"线"相互替换。这个原理告诉我们,几何学所研究的对象要比原来所接受的对象要更具一般性。新几何学的发展使得几何学家认为,真正的几何学的推演依赖于公理和定义所处理的关系,而不是几何概念的直观意义。这种推演的定理更具一般性,同时也较少地依赖于我们对几何图形的感觉。希尔伯特在其《几何学基础》中认为,几何学的严格公理化避免了诉诸空间直观。希尔伯特甚至说,从纯几何学的观点看,由公理所定义的抽象结构是由点、线、面例示,还是由桌子、椅子、啤酒杯例示,都没有关系。几何学关心的仅仅是由这些元素组成的关系。

代数和几何的研究对象发生了变化,并因此带来了数学观的变革,但是数学家并不认为新的代数学和新的几何学不是数学。回到逻辑学,弗雷格的新逻辑学和亚里士多德的传统逻辑学相比,也发生了很大的变化,但是为何有哲学家和数学家不承认这种新逻辑学仍然是逻辑学?

---

① E.Nagel, *Teleology Revisited and Other Essays in the Philosophy and History of Science*. New York: Columbia University Press,1979,p.183.引文为作者所译。

三、弗雷格的逻辑观和康德的逻辑观表面上的不同

（一）MacFarlane 的解决方案

似乎逻辑学并不像数学那么自治。传统逻辑在弗雷格那里得到了长足的发展，从而有了弗雷格的新逻辑，但是数学家和哲学家似乎并不愿意接受新的逻辑学。庞加莱批评罗素的新逻辑实际上超出逻辑应有的范围。而有些哲学家，比如蒯因不愿接受二阶逻辑是逻辑。但是逻辑学应是什么？作为现代逻辑之父的弗雷格在其《概念文字》的序言中就对康德的传统逻辑提出了挑战①。他的逻辑观和康德的传统逻辑观在很多地方看起来都不同。正是有了新的逻辑，弗雷格才会有和康德不同的算术哲学的结论。通过弗雷格的著作，我们可以看出，弗雷格熟悉康德的批判哲学，也理解康德的逻辑观。弗雷格难道不知道如果他不对其新逻辑进行捍卫，其逻辑主义的立场就会受到挑战？要捍卫新逻辑，似乎摆在弗雷格面前应该有两条路：一条路是走和之路，弗雷格和康德对于逻辑的实质理解是一致的。既然对于逻辑应该是什么观念是相一致的，而且新逻辑也正符合他们共同的逻辑观，那么康德或其追随者就没有充分的理由反对新逻辑是逻辑了。另一条路是弗雷格和康德对于逻辑应该是什么有着不一致的逻辑观。如果是这样的话，弗雷格必须论证他的逻辑观才是正确的逻辑观。这条路要比第一条路来得辛苦。当然我们并不能以那条路来得相对容易而采纳哪种路线。究竟弗雷格和康德的逻辑观是否一致，还需要依据文本来论证。第二条路要论证何谓正确的逻辑观，这似乎是哲学家争执不休的话题。我的观点是，或许要论证什么是正确的逻辑观本身并无太大的意义；从哲学的角度看，逻辑理论如果不能在认识论、形而上学上作出贡献，那么这样的理论也确实不太能担负起逻辑的职责。

最近，MacFarlane 给出了第一条路径来化解弗雷格和康德表面上的冲突②。他认为弗雷格和康德虽然表面上对逻辑的看法有很多冲突，但是二者对逻辑应是什么的观念是一致的。弗雷格和康德都认为逻辑具有普遍性，但是即使如此，他们在逻辑学的构成以及逻辑学为何普遍的问题上还存在字面上的不同：

1. 弗雷格和康德都认为逻辑具有普遍性。但是就逻辑的构成而言，从表面看，弗雷格和康德并不完全一致。

K：康德认为逻辑是推理的典范，它由推理规则构成。

F：弗雷格认为逻辑是一门科学，它由真理构成。

---

① See G.Frege, *Begriffsschrift* (Chapter 1) , trans.P.Geach, *Translation from the Philosophical Writings of Gottlob Frege*, Oxford：Blackwell, 1970.

② See J.MacFarlane, "Frege, Kant, and the Logic in Logicism," in *The Philosophical Review* 111, No.1, pp. 25-45, 2002.

从字面上看,康德认为的逻辑普遍在于逻辑的规则可以被广泛应用;而弗雷格认为逻辑是由真理构成的,真理是关于事物的真理。

2.弗雷格和康德都认为逻辑具有普遍性。但是就逻辑为何普遍而言,弗雷格和康德表面看并不完全一致。

K:康德认为逻辑的普遍性在于逻辑的规律是从判断的内容抽象出来的。因为逻辑规律是从具体的判断抽象出来的,因此逻辑规律并不具有实质的内容。

F:弗雷格认为逻辑的普遍性在于表达它们的逻辑公式的量词是不受限制的,可以取遍所有的对象和概念。弗雷格认为逻辑规律具有实质的内容,它们的内容由逻辑表达式表达。

MacFarlane认为,弗雷格和康德的逻辑观是一致的,要论证这个观点,他需要把康德和弗雷格关于逻辑普遍性的观点统一起来,他需要论证两者在逻辑的普遍性上看法并没有实质的冲突。从第一点看,弗雷格认为逻辑是由真理组成的并且逻辑的普遍性在于表达逻辑真理的一阶量词和二阶量词是可以分别取遍所有的对象和所有的性质。因此在弗雷格看来,逻辑的规律并不是某些事物的特殊规律,它不陈述特定事物的特殊性质。从这点看,弗雷格和康德对于逻辑的普遍性统一于不陈述特定事物的特殊性质。但是似乎还存在冲突:康德认为逻辑是由一系列的推理规则构成,这些规则组成了推理的典范,是一种规范性的规则。而弗雷格认为逻辑规律是真理,它就像物理学等自然科学一样,是描述性的真理。MacFarlane在处理这个冲突时,采用的策略是:描述性的真理可以得出规范性真理。如果我们所构建的逻辑学确实是描述性的真理,那么我们的思维就必须遵从这些规律。正如物理学如果描述了物理世界的真理,那么我们在思考物理世界时,就必须遵从物理世界的规律。这就是说,如果一个规律是描述性的,那么它就应该是规范性的。所以描述性真理和规范性真理是相容的,而不是相互冲突的。当然康德不必承认逻辑规律是一种描述真理,但是只要弗雷格和康德都认为逻辑规律也是规范规律,二者就达成了某种一致。

最为棘手的问题在于康德认为逻辑的规则是思维的规则,并且逻辑规则和自然科学的区别在于逻辑规则是形式的,它没有实质的内容。弗雷格虽然也承认逻辑规律具有某种形式结构,但是他同时强调,逻辑规律是关于真的规律,它有实质内容。弗雷格把休谟原则看作是分析真理,并且从休谟原则可以证明存在无穷的自然数。但是康德认为逻辑规律没有实在内容,从逻辑规律不能得出存在命题。康德和弗雷格的冲突的焦点在于逻辑规律是否有实质的内容。

康德认为一般的逻辑(general logic)"是从理解对象不同的认知中抽象掉所有内容,它只和思维有关"①。康德的这种没有内容,只和思想有关逻辑观影响了当代的哲学家。比如数学唯名论者Hartry Field就认为逻辑没有内容,它只是我们思维的规律,

① 康德:《纯粹理性批判》,李秋零译,北京:中国人民大学出版社,2004年,A54/B78。

对于外部世界什么也没说①。蒯因、Kit Fine 主张纯粹的逻辑理论不应断言何物存在，仅仅从逻辑我们不能断言何物存在。②

为了说明康德和弗雷格在逻辑观上是相容的，MacFarlane 的策略是：康德和弗雷格都承认逻辑的普遍性。在康德看来普遍性是逻辑的最为基本的特征，而他认为逻辑没有实质的内容是从逻辑的普遍性推出的，并不是逻辑的基本特征。在康德推出这一观点时用到了两个前提，而这两个前提都是错误的。如果康德看到了他所用到了两个前提都是错误的，那么他就不应该再固守着逻辑没有实质内容的观点，这样弗雷格和康德的逻辑观真正地相容。

康德没有给出明确论证：一般逻辑一定是形式的。MacFarlane 按照康德的思想重构了这一证明：

MacFarlane 认为这个结论来自两个引理：

（LS）：一般逻辑是从思维和感知的关系中完全抽象出来的。

（CS）：一个概念有内容在于它可以应用于感知直观的某个可能对象。

在康德看来，认知既包括感知也包括思维。由 LS，可知：一般逻辑割断了思维与感知的关系。由 CS，可知：概念的内容是和感知相连。因而就得到：

一般逻辑一定从概念的内容中完全抽象出来，即一般逻辑一定是形式的。而这两条引理又是如何得到的呢？

MacFarlane 认为，按照康德的观点，思维可以独立于感知地被理解，我们把这个论点简称为 TS。一般逻辑关注的是纯粹思维的规范。因为思维可以独立于感知地被理解，所以这样的思维的规范可以独立于感知被理解。所以从 TS 可以得到（LS），即一般逻辑一定从思维和感知的关系中完全抽象出来。第一个引理实际上仅仅用到 TS。

而第二个引理的推出涉及较多的前提。MacFarlane 用了三个前提：

（CJ）：一个概念有内容在于它可用于一个判断。

（JO）：判断是对对象的沉思认知。

（OS）：对象仅仅通过感知给予我们。也就是，对象仅仅通过我们的直观（个体表征）感知对象。

从（CJ）（JO）和（OS）我们可以得出：一个概念有内容在于这个概念可以用于通过直观（个体表象）被给予的对象。可通过直观（个体表象）被给予的对象都是感知直观的可能对象。所以，一个概念有内容在于它可以用于感知直观的可能对象。

---

① See Field, H. *Realism*, *Mathematics and Modality*. Oxford：Basil Blackwell, 1988.

② See W. Quine, *Philosophy of Logic*, Second edition. Cambridge, MA：Harvard University Press, 1986；K. Fine, "The Limits of Abstraction," in M. Schirned. , *The Philosophy of Mathematics Today*. Oxford：Clarendon Press, 1998, pp.503-629.

（二）MacFarlane 论证的缺陷

康德做出这样的形而上学的断言在于构建他的批判哲学。康德的批判哲学试图说明人类的理性可以获得客观的自然真理和客观的道德真理。他的批判性的哲学建立在逻辑的分析上。康德把逻辑分为三类：一般性的逻辑，应用逻辑、先验的逻辑。而一般性的逻辑区分其他两类逻辑就在于其普遍性。在 MacFarlane 看来，康德的一般逻辑不需要"其是纯形式的"这一推出性的特征。如果弗雷格要为他的新逻辑辩护的话，他需要说明的是他的新逻辑也具有普遍性，而且康德认为逻辑仅仅是形式的而没有实质的内容，是一个错误结论。MacFarlane 认为康德的这一推理确实在弗雷格看来是错误的。而要说明其错误，只需要指出推理中所用的前提之一有误就可以了。MacFarlane 指出，（JO）和（OS）在弗雷格看来都是错误的。如果康德承认了这些错误，那么他就会放弃逻辑仅仅是形式的而没有实质内容的观点。

弗雷格确实认为，对于抽象对象，我们并不是通过感知认知它们的。比如我们不是通过感知认识自然数，从而会否定了（OS）。弗雷格也不会同意（JO），即判断是对对象的沉思认知。但是我认为，弗雷格如果如此去批评康德的逻辑观会有失公允。因为二者对于"对象"的界定本身就不同。康德这里的判断如果仅仅限于单称词项和谓词组合成的原子公式的话，并且单称词项的指称是感知对象，那么康德的这些前提应该没有什么问题。弗雷格认为并非所有的判断都是对对象的沉思认知，康德也不会认同 JO。比如直言判断"所有的人都是动物"并不是对对象的沉思认知，它是关于两个概念的关系。直言命题所表达的思想仅直接关乎概念而非对象。康德的判断里也包括概念间的关系，以及复合判断。MacFarlane 仅仅从康德的"内容"是感知对象，而得出康德的逻辑和弗雷格的逻辑是一致的，这样的结论得出得太快。因为康德的感知直观也还有直观形式，而数学正是这些直观形式的规律。如果只去掉感知内容，那么感知形式的规则是否也在逻辑之中呢？

MacFarlane 认为康德和弗雷格都把逻辑学的特征界定为普遍性。我对此认同，需要注意的是这种普遍性在于它适用于任何对象和概念。MacFarlane 认为康德和弗雷格在逻辑观上的冲突是康德认为逻辑无实质内容而弗雷格认为逻辑有内容。MacFarlane 的做法是说明康德在这一点上是错误的。所以，在我看来，MacFarlane 的论证有两个缺陷。

1. 忽略了弗雷格和康德在"对象"的理解上是不同的。如果康德所谓的逻辑"内容"仅仅是去掉感知对象，弗雷格并不会否定康德的结论，因为弗雷格的逻辑也不关注感知对象。

2. MacFarlane 还需要说明康德的逻辑"形式"可以容纳弗雷格的逻辑"内容"。

四、内容与形式

如果要论证康德和弗雷格的逻辑观的一致,我们应该不仅关注康德所谓的内容是什么,还应该关注他所谓的形式与弗雷格的内容之间的关系。如果康德的"内容"仅仅指的就是感知对象,那么从逻辑推不出任何感知对象的新的认识。弗雷格也不会反对这一点。为了要说明康德和弗雷格的逻辑观的一致性,还需要说明弗雷格的新逻辑所研究的"内容"就是康德逻辑中所谓的"形式"。为了要说明这一点,先给出康德的逻辑观的概貌是必要的。

康德的一般逻辑学(general logic)关注概念、判断和推理。正如这种逻辑学的字面所显示的那样,它具有一般性,适用于所有的对象和概念。康德讲过多年的逻辑学,他的学生耶舍(Jäsche)受康德的委托,整理出版康德讲授的逻辑学的讲义,这就是康德的《耶舍逻辑》。这一部分我们将以《耶舍逻辑》以及康德的《纯粹理性批判》为依据,来阐释康德的逻辑观。

(一)康德的逻辑观

康德的逻辑观实际上在其批判哲学中占有很重要的地位。康德所谓的"批判"的主要部分实际上是先验逻辑。这种先验逻辑不是今天所理解的"逻辑学",虽然它也处理思维的规范,但是它同时也关注超出一般逻辑学的东西,即处理时空中对象的概念和原则。康德在《纯粹理性批判》的第一部分的"先验要素论"中的导言专门阐释了"先验逻辑的理念"。

在先验逻辑中,康德强调心灵有两个能力:接受表象的能力(印象的感受性);通过表象认识对象的能力(概念的自发性)。康德认为一个对象通过我们心灵接受表象的能力给予我们,我们的心灵能够思维对象与其表象的关系。直观和概念构成了我们一切知识的要素。但是康德认为概念和直观都可以分为经验性的和纯粹的,即有经验的概念和纯粹的概念的区分,也有经验的直观和纯粹的直观的区分。如果直观中包含感觉(它以对象现实的在场为前提条件),它们就是经验性的,否则就是纯粹的。感觉是感性知识的质料。纯粹直观仅仅是直观形式。而纯概念则仅仅是思维一个对象的一般形式。所以对对象的直观不仅包括质料还包括直观形式,我们思维对象时不仅包含有概念还包含思维对象的一般形式。

> 如果我们愿意把我们的心灵在以某种方式受到刺激时接受表象的这种感受性称为感性的话,那么与此相反,自己产生表象的能力,或者知识的自发性,就是知性。我们的本性导致直观永远只能是感性的,也就是说,只包含我们被对象刺激的方式。与此相反,对感性直观的对象进行思维的能力就是知性。这两种属性的任

何一种都不应当比另一种更受优待。无感性就不会有对象被给予我们,无知性就不会有对象被思维。思想无内容则空,直观无概念则盲。因此,使其概念成为感性的(即把直观中的对象赋予概念)和使其直观成为知性的(即将它们置于概念之下),是同样必要的。这两种能力或其性能也不能互换其功能。知性不能直观任何东西,而感官则不能思维任何东西。只有从它们的相互结合中才能产生出知识。但人们毕竟不可因此就把二者的职分相互混淆,而是有重要的理由慎重地把每一个与另一个分离和区别开来。因此,我们把一般感性规则的科学即感性论与一般知性规则的科学亦即逻辑区别开来。①

这一段话,康德阐述了他的唯心主义的认识论。我们心灵具有感受对象的直观。引起心灵的这种刺激的是对象,没有对象,我们就不能有对对象的直观。但是仅有直观产生不了知识。心灵的第二个功能就是对直观的对象进行思维,而这需要概念,概念就是心灵第二个功能。这两个功能各负其责,不能相互混淆。没有直观就无法思维,没有概念也无法思维。一般的逻辑学和其他科学区分开来在于逻辑学研究的内容是一般知性规则,也就是概念的规则。这段话我们也能看出,在康德看来,"对象"是被直观的,是感性的对象,是思维的内容。康德还把逻辑学进一步划分为普遍知性应用的逻辑和特殊的知性应用的逻辑。

逻辑又可以以双重的观点来探讨,要么是作为普遍的知性应用的逻辑,要么是作为特殊的知性应用的逻辑。前者包含思维的绝对必然的规则,没有这些规则就根本没有知性的任何应用,因此它涉及这种应用,不顾及这种应用可能针对的对象的不同。特殊的知性应用的逻辑则包含正确地思维某类对象的规则。人们可以把前者称为要素的逻辑,但把后者称为这门或者那门科学的工具论。②

如果弗雷格的新逻辑学按这样的分类的话,那一定属于普遍的知性应用的逻辑,即普遍的逻辑。在康德看来,普遍的逻辑是可以应用于所有对象以及所有的概念,而特殊的知性应用的逻辑只能应用于某类对象以及关于这类对象的概念。

康德在论述普遍逻辑时,还谈到了应用逻辑。

如今,普遍的逻辑要么是纯粹的逻辑,要么是应用的逻辑。在前者中,我们抽象掉我们的知性得以实施的所有经验性条件,例如感官的影响、想象的游戏、记忆的规律、习惯的力量、偏好等等,从而也抽掉了成见的来源,甚至完全抽掉了使得某

---

① 康德:《纯粹理性批判》,李秋零译,北京:中国人民大学出版社,2004 年,第 83—84 页。
② 康德:《纯粹理性批判》,李秋零译,北京:中国人民大学出版社,2004 年,第 84 页。

些知识可能由我们产生、或者被强加给我们的一切原因,因为它们只是在运用知性的某些情况下才与知性相关,而要认识这些情况就需要经验。所以,一种普遍的、但又纯粹的逻辑只与先天的原则打交道,它是知性的法规,亦是理性的法规,但只是就其运用的形式因素而言,内容则不管它是什么样的(是经验的还是先验的。)但一种普遍的逻辑,当它针对心理学告诉我们的那些主观经验性条件下的知性应用规则的时候,就叫做应用的。所以,它具有经验性的原则,尽管就它对对象不加区别地涉及知性应用而言,它是普遍的。因此之故,它既不是一般知性的法规,也不是各门特殊科学的工具论,而仅仅是通常知性的一种净化术。①

实际上康德这里的"应用逻辑"不是一般知性的法规,甚至都无法称之为"逻辑"。但是在康德年代或以前,逻辑学非常混乱。康德在《纯粹理性批判》的第二版前言中说,有人试图把心理学加到逻辑学中,有人试图把形而上学加到逻辑学中,还有人把人类学加到逻辑学中,这都源于他们对这门科学的独特本性的无知。

我认为康德的逻辑观中容纳弗雷格的新逻辑,实际上就是康德对一般逻辑(即普遍的逻辑)的观念可以容纳弗雷格的新逻辑。康德的逻辑学就是普遍知性应用的逻辑,它是纯粹的逻辑。

(二)弗雷格的新逻辑

弗雷格并不像康德那样,从心灵的功能来区分对象和概念。他的哲学方法是基于语言的逻辑分析。他认为对象是单称词项的指称,概念是谓词的指称②。正是基于这样的方法,弗雷格在其《算术基础》中论证每一个自然数并不是概念而是对象。所以他对"对象"的界定和康德完全不同。但是即使如此,也不妨碍弗雷格所提出的新逻辑学是康德所认为的一般逻辑学。这只是说明了康德和弗雷格的哲学理论的不同,而逻辑学本身并不是哲学,我们不应因为他们的哲学不同,而得出他们认为逻辑学应研究什么的观点是不同的。弗雷格在逻辑学中的一大贡献在于提出了量词,从而他的新逻辑能够比《耶舍逻辑》中的判断形式更为丰富,也能够解释更广范围的有效逻辑推理的形式。我们在下面的部分会给出一个例子来说明,为何弗雷格因引入的量词而丰富了康德的一般逻辑学,并且康德并不会因此反对新逻辑。

分析判断和综合判断的区分来自康德。康德认为:

> 在所有思维主词和谓词之关系的判断(我在这里只考虑肯定判断,因为随后

① 康德:《纯粹理性批判》,李秋零译,北京:中国人民大学出版社,2004年,第85页。
② 关于弗雷格对对象和概念的区分可参看许涤非:《弗雷格的本体论的研究方法及难题》,《中国人民大学学报》2017年第6期。

运用到否定判断上是轻而易举的)中,这种关系以两种部分的方式是可能的。要么谓词 B 属于主词 A,作为(以隐蔽的方式)包含在概念 A 中的某种东西;要么 B 虽然与 A 有关联,但却完全在它之外。在第一种场合里,我把判断称为分析的,在第二种场合里我则把它称之为综合的。①

康德继而给出两个例子来说明分析判断和综合判断的区分:

> 例如,如果我说:一切物体皆有广延,这就是一个分析判断。因为要把广延视为与我结合在物体这个词上的概念相关联的,我可以不超出这个概念,而只是分析这个概念,也就是说,只意识到我随时在它里面所思维的杂多,就可以在它里面遇到这个谓词;因此这是一个分析判断。与此相反,如果我说,一切物体皆有重量,则谓词是某种完全不同于我仅仅在一般物体的概念中所思维着的东西。因此,这样一个谓词的附加就提供了一个综合判断。②

弗雷格注意到康德对分析判断和综合判断的区分和一般逻辑学有紧密联系。他注意到:谓词 B 属于主词 A 概念间的关系属于逻辑学的领域。谓词 B 属于主词 A 指的是谓词 B 所表达的概念的内涵是主词 A 的内涵的一部分。比如"有广延"的内涵就是"物体"的内涵的一部分。康德如此定义的分析判断因为他的逻辑学的局限性而使得分析判断蒙上了阴影。实际上,弗雷格在分析判断和综合判断上的区分和康德是一脉相承。他们都认为这种区分依赖于逻辑。弗雷格对于判断的形式不再仅仅局限于主谓形式,而是增加了量词,使得判断的逻辑形式更为丰富,从而也能解释更多的逻辑有效式。

另一方面,弗雷格也注意到康德的"谓词 B(作为隐含的方式)包含在主词 A 之中"还缺乏清晰性。弗雷格要把这种"隐含"的方式"显现"。弗雷格采用的方式是:定义+公理系统。比如他要论证皮阿诺—戴德金算术公理是分析真理,他把公理 V 作为"外延"的定义,然后用二阶逻辑的公理和推理规则推出算术公理③。正是弗雷格的新逻辑的扩展,使得弗雷格能够把某些算术真理纳入到分析真理的范畴。弗雷格和康德一样,视逻辑为哲学之根,即使二者的哲学理论不同,也不妨碍他们在诉诸逻辑的基础上探讨分析真理和综合真理。弗雷格重视定义的作用,他在《算术基础》中也探讨定义的方法,所以弗雷格的新逻辑仍然关心康德所关注的逻辑问题。下文我们会讨论,定义方法也是康德的逻辑学的内容。是弗雷格第一次把公理化的逻辑系统放在哲学之域,他借助语言的逻辑分析开启了分析哲学之路,同时也给哲学带来了追求"清晰"之风。

---

① 康德:《纯粹理性批判》,李秋零译,北京:中国人民大学出版社,2004 年,第 38 页。
② 康德:《纯粹理性批判》,李秋零译,北京:中国人民大学出版社,2004 年,第 38 页。
③ 虽然他的公理 V 在二阶逻辑上是不一致的,这也仅仅说明的是"外延"的定义不合适,但是并不说明二阶逻辑的不合适。

下面我们从康德的逻辑形式上去说明弗雷格对逻辑的研究内容仍然都是康德逻辑关注的问题。

（三）逻辑所研究的形式

康德的直观是感性直观。在康德看来，对象只能被感性直观到，它们构成了判断的内容。MacFarlane 在论证弗雷格和康德的逻辑观的一致性过于强调这一点。弗雷格确实反对对象只能够被感知，他认为抽象的对象，比如数并不能通过感知获得。弗雷格在《算术基础》的第 89 节说：

> 我还必须反对康德的以下观点的普遍性：没有感觉，我们就不能认识对象。即使那些认为较小的数是可直观的人，也必须至少承认不可能在直观中给出大于 $1000^{1000\,1000}$ 的数，尽管我们关于它有丰富的信息。或许康德在很不一样的意义上使用"对象"这个词；但那样的话他就完全不允许零或一，或我们的 ∞——因为这些也不是概念，而即使概念康德也要求我们应该在直观中将其对象赋予它。[①]

弗雷格注意到他和康德对于"对象"的界定是不同的。在康德的哲学中，"对象"仅仅是可感知的物理对象，而弗雷格的对象还包括不在物理世界中的抽象对象。康德认为，我们对于感知对象的直观还有其直观形式，而时间和空间是直观的形式。数学的规律是直观形式的规律。弗雷格的哲学理论并未探讨人的心灵的直观形式。但是和康德不同的是，弗雷格并不认为算术是我们的直观形式的规律。在弗雷格的理论中，算术和一切自然科学一样，是外在于我们的规律，而不是我们心灵的规律。但是，这是弗雷格和康德的哲学分歧，而非逻辑的分歧。

如果康德认为逻辑无内容，那也是在说逻辑研究的是思想之间的关系，而非思想与对象间的关系。所以逻辑学不研究思想与可感知对象的关系，因此可感知对象不是逻辑学所关心的"内容"。这和弗雷格的观点完全相容。让我们来看一下康德所谓的逻辑研究的形式究竟是什么。

康德认为，"逻辑学是一门理性科学，不仅就其形式而言，也就其质料而言，因为逻辑学的规则不是提自经验，且因为它同时以理性为自己的客体。因此，逻辑学是知性和理性的自我认识，但不是就它们在客体方面的能力而言，而是仅仅就形式而言。"[②]

MarcFarlane 认为只是去掉感知对象也过于简单了。从《耶舍逻辑》可以看出，康德的逻辑学研究概念、判断和推理，但是逻辑并不研究它们所应用于什么感知对象，而只

---

① G.Frege,*Die Grundlagen der Arithmetik*.Breslau：Wilhelm Koebner translated into English by J.L.Austin as *The Foundations of Arithmetic*，Oxford：Blackwell，1959.引文为作者译。

② 康德：《康德著作全集第 9 卷：逻辑学、自然地理学、教育学》，李秋零译，北京：中国人民大学出版社，2010 年，第 13 页。

是研究它们的形式。

"在每一个概念上，都可以区分质料和形式。概念的质料是对象，概念的形式则是普遍性。"①康德所关注的概念的形式包括概念的外延和内涵的关系，种概念和属概念的关系，等等。判断的逻辑形式包括：量、质、关系和样式。对于推理，《耶舍逻辑》所探讨的逻辑推理形式包括：直言推理的对当方阵、直言推理的换质、换位规则；直言判断的三段论推理、条件句的推理以及选言推理。

从《耶舍逻辑》看，康德的逻辑如果仅仅是研究形式的，这种形式是概念、判断以及推理的形式，它们主要探讨的是概念间的关系的种类、概念的内涵与外延（比如概念的内涵越多，其外延就越小）以及关于所有概念都遵从的规律。而康德的判断的形式，按照我们今天逻辑的术语说，就是命题的逻辑结构。康德逻辑研究的推理形式就是我们今天所说的有效的推理形式。从《耶舍逻辑》看，康德完全会赞同弗雷格所提出的新逻辑。因为弗雷格所给出的新逻辑同样也是研究形式，只是弗雷格指出了：康德给出的判断形式和有效的推理形式还不够全面。比如按照康德对于判断形式的划分，我们无法给出这个判断的合适形式："这个矛可以刺穿所有的盾"。它不是单称肯定命题，因为这个命题并不是一个对象和一个简单一元概念的关系。在康德的直言判断中，所处理的概念都是性质，即我们今天所说的简单的一元概念，比如"动物""有死"等。这个命题也不是康德所说的关系命题，因为关系判断在康德的逻辑中仅仅就是我们所说的蕴涵、选言等判断，即我们所谓的命题逻辑形式。它也不是可能、必然的判断。这就是说，康德对于判断形式的划分是不全的，弗雷格的新逻辑提供了新的判断形式。另外，在新的判断形式下，弗雷格的新逻辑还容纳了新的推理形式。比如如下推理的推理形式是正确的逻辑推理形式，但是康德的推理形式并不包含它："这个矛可以刺穿所有的盾，所以所有的盾都能被某个矛所刺穿。"这个推理形式的前提和结论都是一个含有相互联系的两个量词的句子。这个推理是关于量词的推理，它超出了三段论、直言命题的推理的形式。

康德的《耶舍逻辑》虽然并不是康德执笔所写，但是正如耶舍在前言中所说，这是康德的逻辑讲义。直到今天，人们对于康德的逻辑学并不是太了解。我就曾多次听到人们说，康德的逻辑仍然是亚里士多德的直言命题的逻辑。但是从《耶舍逻辑》看，康德的逻辑不仅仅局限于直言命题的推理形式，还包括命题逻辑的推理形式，只不过他的命题逻辑形式还过于狭窄。他对概念和对象的区分也仅仅局限于他的认识论，即对象是由心灵的直观负责，而概念则有心灵的知性负责。抽象对象在康德看来或者是纯粹直观形式或者是概念，这些理解都和弗雷格的哲学非常不同。但是不管怎样，康德所涉及的形式，无论是直观形式（纯粹直观）、概念的形式、判断的形式、推理的形式都和他

---

① 康德：《康德著作全集第9卷：逻辑学、自然地理学、教育学》，李秋零译，北京：中国人民大学出版社，2010年，第88页。

的先天判断相关,而和感知的对象没有了感知上的联系。所以形式在康德的哲学中是一个复杂的概念,判断的形式也不像 MarFarlane 所阐述的那么简单,仅仅是切断了对象。

康德的纯粹逻辑除了概念、判断、推理和论证等要素外,还包括一般的方法论,它被康德描述为一般的科学形式,即把知识的杂多联结成一门科学的方式,其中定义以及概念的划分是其主要内容。这部分内容今天在我们的"形式逻辑"①的教材中仍是其中的组成部分,它们被现代的学者称之为"非形式逻辑"。现代学者强调的形式是推理有效的形式,已经不把下定义的规则看作是"形式"了。或许这是现代逻辑离哲学渐行渐远的一个现象,但是当我们接近弗雷格的著作时,我们依然会看到逻辑是哲学的家园。弗雷格的逻辑不仅包括推理的有效形式,他还分析对象与概念的区分,他也探讨合理的定义。这些内容都是康德的逻辑学所关心的内容。

康德对于亚里士多德的逻辑并不是无批判地接受,正如我们在《耶舍逻辑》所看到的,他并不认为推理的形式仅仅局限于直言命题的推理,他还探讨了包括条件句推理和选言命题的推理形式。遗憾的是,他自己并没有发展出一套新逻辑学。从弗雷格的逻辑工作看,康德没有理由认为弗雷格的二阶逻辑的推理体系不是逻辑学的内容。

五、结 论

弗雷格的逻辑主义的立场需要回应他所提出的新逻辑在康德看来还是否是逻辑这样的质疑。康德和弗雷格都认为普遍性是逻辑的基本特征。人们常常从字面上说,康德和弗雷格的逻辑观存在冲突。但是他们对于逻辑学的观点上的分歧实际上并不是真正的冲突。康德认为逻辑学是规范性的学科,而弗雷格虽然强调逻辑学与其他自然科学一样是描述性的科学,但是这并不妨碍弗雷格也承认逻辑学是规范的学科,这是因为如果一门学科如果正确地描述了某种真理,我们的思维就应该按照这样的规律去思考。两者在逻辑上的表面观点的冲突还体现为,康德认为逻辑仅仅研究的是形式而没有内容。这或许是解释弗雷格的新逻辑能够被康德所接受的最为棘手的地方。MacFarlane 认为这里的内容是感知对象,但是这样的回答过于简单,虽然这样的回答在一定的程度上能够论证弗雷格和康德的逻辑观的一致性。MacFarlane 的结论是正确的,即二者的逻辑观一致。但是其论证忽略了康德所谓的逻辑关注的形式也正是弗雷格所谓的逻辑关注的内容。

---

① "形式逻辑"在我国也被称为"普通逻辑学"。我猜测国内的学者之所以用"普通逻辑学"这个名称,是因为译自"general logic",而不是源于我们通常所理解的"普通"。因为这样的逻辑学并不带有"初等"的意思。

哥德尔与数学自然主义

高　坤[*]

内容提要：在数学哲学中，"自然主义"一词被用来指称众多不同甚至对立的观点。哥德尔是一位极端的柏拉图主义者，但有些学者也将他与自然主义相联系。尽管最终的观点可能南辕北辙，数学哲学领域中的自然主义者们都遵从一种基本的自然主义原则，即哲学自然化原则，而哥德尔却无法接受这一原则。在另一方面，从某种推广的自然主义的意义上来说，哥德尔或许可以在一定程度上被称为自然主义者。不过，深入的分析表明，这种衍生的自然主义实际上与自然主义的含义相冲突，它有一个更恰当的称呼，即"哲学忝列末位原则"。

关键词：自然主义　哥德尔　数学哲学

在当代哲学中，"自然主义"是一个被广泛使用的标签。这不仅是说，它的身影遍及哲学的各个领域，如心灵哲学、科学哲学、形而上学、道德哲学等；更重要的是说，它经常被用来指称众多不同甚至对立的观点。在本文所关心的数学哲学领域中，自然主义的名目下汇聚了形形色色的本体论立场，既有实在论，也有反实在论，还有主张取消本体论问题的折中主义观点[①]。甚至连哥德尔这样的极端柏拉图主义数学哲学家，也被与自然主义联系起来。比如，当代自然主义的著名代表之一麦蒂（P. Maddy）就明确承认，哥德尔是其自然主义思想的一个重要来源。不仅如此，更有学者指出[②]，数学哲学中的自然主义立场大都过强，因而不应被称为"自然主义"，比较合理的是一种极弱版本的自然主义，在后一种意义上，哥德尔也可以被称为自然主义者。

哥德尔被认为是"亚里士多德以来最伟大的逻辑学家"，他对数学之本质的思考理应受到重视。另一方面，自然主义是 20 世纪 60、70 年代以来哲学界的一种主流思潮。因此，澄清哥德尔与自然主义之间的关系是一件很有意义的工作。也许更有意义的是，通过这样的澄清，我们也能够拨云见日，更好地理解数学哲学中的自然主义在表面同一

＊　高坤，山西大学科学技术哲学研究中心讲师，主要研究方向为逻辑与数学哲学。本研究得到 2019 年度山西省高等学校哲学社会科学研究项目"哥德尔纲领与数学实在论"（2019W014）的资助。

①　对于当代数学哲学中各种形式的自然主义，一个比较详尽的考察可参见高坤：《数学哲学中的自然主义》，北京：科学出版社，2019 年。

②　参见郝兆宽：《不自然的自然主义》，《自然辩证法通讯》2013 年第 3 期。

性之下的差异。这些就是本文的目的。

具体来说，本文试图论证，尽管最终的数学哲学观点可能南辕北辙，数学哲学领域中的自然主义者确实都遵从一种基本的自然主义原则，即哲学自然化原则，但哥德尔无法接受这一原则。在另一方面，某些自然主义者试图推广自然主义，从这种推广的意义来说，哥德尔或许可以在一定程度上被称为自然主义者，但深入的分析表明，这种衍生的自然主义实际上与自然主义的含义相冲突，它有一个更恰当的称呼，即"哲学忝列末位（philosophy-last-if-at-all）原则"。

一

几乎可以说，当代所有的哲学自然主义者都将自己的自然主义追溯到蒯因。在数学哲学领域中，情况更是如此，这包括伯吉斯（J.P.Burgess）、麦蒂（P.Maddy）、菲尔德（H.Field）、千原（C.S.Chihara）和叶峰等。因此，要追究自然主义的基本含义，就必须回到蒯因对它的经典界定。

蒯因这样刻画他的自然主义："摒弃第一哲学……承认是在科学本身中，而不是在某种在先的哲学中，实在被辨认和描述。"①这里所谓的第一哲学是指自笛卡尔以来的一个强大传统，在该传统下，常识和科学的认识方法被认为在一种深刻的意义上是不可靠的，它需要一种更严格、更坚实的基础，而科学方法自身是不能提供这种基础的，我们必须寻求一种超科学的、第一哲学的方法。笛卡尔的"普遍怀疑"和"我思故我在"构成这个传统的开端，而斯宾诺莎和莱布尼茨的理性主义、康德和胡塞尔的先验哲学，甚至维也纳学派的逻辑实证主义和卡尔纳普的语言框架理论，都是这个传统的延续。蒯因认为，我们应当摒弃这个传统，承认科学方法就是我们认识这个世界的最好方法，它虽然是"可错的和可修正的，但却不接受任何超科学法庭的审判，也不需要超出观察和假设—演绎方法以外的任何证成"②。

蒯因的这一主张经常被解读成所谓的"科学自主性论题"，即科学不需要、也不应该接受超出科学方法以外的任何批评或证成。这个解读本身虽没什么大错，但它容易给人造成一种印象，即自然主义只是一种狭隘、消极的禁令，它禁止人们对科学进行哲学的批评或证成③。而实际上，蒯因自然主义思想的真正重点是，科学不仅在方法论上是自主的，而且正是在科学中，"实在被辨认和描述"。换句话来说，科学绝不仅是人们用来组织、预测经验和应对自然的工具，它首先是对实在事物的描述，是我们的世界理论，能够为我们提供世界观。正是在这个意义上，蒯因断定哲学是与科学相连续的事

① W.V.O.Quine, *Theories and Things*, Cambridge：Harvard University Press, 1981, p.21.
② W.V.O.Quine, *Theories and Things*, Cambridge：Harvard University Press, 1981, p.72.
③ 此外，这种解读还会鼓励一种更严重的错误，后面我会谈到。

业,它们都是对实在的追问,在方法上也没有本质的区别。由此,蒯因提出了哲学自然化的要求,认为哲学家应当信任现代科学的方法和成果,到科学那里去寻找他们以往以第一哲学的方式所讨论的问题的答案,比如本体论问题和认识论问题的答案。

具体到数学哲学的问题,蒯因(以及普特南)认为,既然在科学理论中,我们不可避免地要指称集合、函数等数学对象,我们就应当接受它们的存在,就像接受苹果和电子等物理对象的存在一样。不能仅仅因为数学对象看起来与普通物理对象颇为不同,甚至有点古怪,就拒斥它们,这种双重标准的做法违背自然主义的精神,是对科学的一种不诚实态度。

蒯因从自然主义走向数学实在论的这一论证,就是著名的不可或缺性论证。它影响巨大,甚至在一定程度上主导了20世纪70年代之后的数学哲学。但应该说,蒯因之后的大部分自然主义者都对这个论证有异议。他们或者试图证明数学对象在科学中并不是不可或缺的,或者拒斥该论证隐含的另外两个前提(之一或全部),即蒯因的本体论承诺标准和确证整体论。这些人中有一些是数学反实在论的明确支持者,如菲尔德、千原和叶峰。他们接受蒯因自然主义的基本原则,即认可科学的世界观地位,主张在现代科学提供的世界图景下思考哲学问题。但他们认为,根据现代科学对世界的描述,像数学对象这种超时空、非因果的抽象对象理应被排除在我们的本体论之外。

自然主义反实在论者的这种想法肇始于贝纳塞拉夫(P. Benacerraf)。后者首先以明确、尖锐的形式指出了数学柏拉图主义必然面临的一个难题,即解释生活在时空和因果关系中的人类如何能够认识抽象的数学对象[①]。在自然主义的视野下看,这个难题尤其突出。因为,根据现代科学的描述,人类这种动物是地球上物质演化的一个自然结果;人类认知主体无非就是人类的大脑(以及身体),它是由亿万神经细胞构成的一个复杂的物理—化学系统;人类认知过程是人类大脑(以及身体)与环境互动的一个物理过程。如是观之,作为人类大脑与环境互动的一个结果,数学知识如何可能是关于抽象对象的客观真理? 关于抽象对象的认识论问题似乎令人绝望。

蒯因自己曾明确地谈到,自然主义要求认识论的自然化,把认识论当作“心理学的一章”：

> 自然主义并不拒斥认识论,而是把它融入经验心理学。科学本身告诉我们,我们关于世界的信息限于我们体表所受的刺激,而认识论问题就变成了这样一个科学内部的问题:我们人类这种动物是如何从这样有限的信息出发,最终达到科学的? 我们的科学的认识论学家追求这种探究……进化和自然选择毫无疑问会在该说明中扮演一定的角色,并且如果他发现有需要,他也会毫不犹豫地使用物理学。[②]

---

① See P.Benacerraf,"Mathematical truth," *Journal of Philosophy*,1973,No.19,pp.661-679.

② W.V.O.Quine,*Theories and Things*,Cambridge:Harvard University Press,1981,p.72.

　　同时,蒯因又是数学实在论者,他似乎从未认为抽象对象会对自然化的认识论构成挑战。主要的原因或许在于,他主张一种关于科学确证的整体论。根据后者,数学(至少在经验科学中得到应用的那部分)和经验科学作为一个整体得到观察经验的确证,数学对象和电子之类的理论物理对象具有相似的认识论地位。整体论就像是一个魔法,似乎能够轻易地回避认识论难题。蒯因之后的很多自然主义者都对确证整体论提出了批评①,考虑到本文的篇幅和目的,在这里我不展开讨论。不过,在第三节,我会简短地回到这个问题,指出整体论对认识论问题的回避是一个幻象。

　　以上我们勾勒了蒯因自然主义的基本思想,以及从这种自然主义出发来解释数学时的两条截然不同的道路。其中一条注重数学在经验科学中的可应用性,力图将数学对象解释成经验科学的理论实体;另一条则强调经验科学所描绘的人类认知图景,由此质疑数学是否能够提供关于抽象对象的知识,并力图为数学提供一种反实在论的说明。它们都接受哲学自然化的原则,倡导站在现代科学提供的世界图景中思考哲学问题,这是哲学自然主义的基本含义。

　　现在我们回到一开始提出的问题:哥德尔能接受如上意义的自然主义吗? 答案似乎明显是否定的。作为一位在逻辑、数学和物理学等领域都做出过杰出贡献的智者,哥德尔当然不敌视一般意义上的科学,但对科学的友好态度远远不足以使得他接受哲学自然化的纲领。事实上,众所周知,哥德尔怀有一些与现代科学的世界图景格格不入的深沉信念,例如对上帝和独立于大脑的心灵的信念。在哥德尔看来,无论是科学的现有认识成果还是它的方法,在本质上都是有缺陷的、不完备的,它们遗漏了实在的重要方面。对于应该如何做哲学,他更倾向于莱布尼茨、康德和胡塞尔等人所代表的那种反自然主义道路,追求一种"发自于科学之外的"而非自然化的哲学。②

　　哥德尔既不会接受自然主义的含义,更不会接受上面所提到的那两条数学自然化道路中的任何一条。反实在论道路自不必说,像蒯因那样将数学吸收、同化于经验科学的做法同样不会博得哥德尔的同情。在哥德尔看来,数学对经验科学拥有独立性和(至少是)平等的地位。如果说,在经验科学中"实在被辨认和描述",那么在数学中情况应该也是如此。事实上,在为数学柏拉图主义做辩护时,除了对各种反实在论进行反驳,哥德尔主要强调的正面理由概括说来就是数学对象对令人满意的数学系统的必要性,它与物理对象对令人满意的物理理论的必要性如出一辙。在这个意义上,哥德尔假定数学对象和假定物理对象"同等合法",认为"有完全同样多的理由相信它们的存在"③。

　　① 例如,叶峰:《二十世纪数学哲学———一个自然主义者的评述》,北京:北京大学出版社,2010 年,第471—472 页。
　　② 参见王浩:《逻辑之旅———从哥德尔到哲学》,邢滔滔等译,杭州:浙江大学出版社,2009 年,第378—390 页。
　　③ K.Gödel,"Russell's mathematical logic,"in S.Feferman,et al.,*Kurt Gödel's Collected Works:Volume II*,Oxford:Oxford University Press,1990,p.128.

这里出现了一个有趣的问题：哥德尔与蒯因的一个重要分歧是，蒯因所说的"科学"指的是经验科学，甚至主要就是指自然科学，而在哥德尔那里，数学天然地就是一门科学。自然主义要求信任、尊重科学，如果科学包括了数学，如同人们通常会认为的那样，那么是不是就可以说，哥德尔是比蒯因更彻底的自然主义者？或者，这至少暗示了哥德尔可以与自然主义相联系的一面？下面，我们就来探究这一问题。

二

哥德尔数学哲学的一个显著特征是对数学实践本身的强调。一方面，哥德尔经常援引数学实践中表现出的一些特征或结果为他的哲学立场辩护，如公理和初等数学的显明性、非直谓定义、不完全性定理以及集合论中与连续统问题有关的实践；另一方面，哥德尔一再申说他的柏拉图主义立场对自己的数学工作的重要性。

哥德尔对数学实践的这种尊重与蒯因形成鲜明对比。正如我们在上一节看到的，在蒯因那里，数学完全依附于经验科学，只是作为对感觉经验的解释而具有意义，数学命题的真理性最终依赖于感觉经验的证成。蒯因的这种做法完全忽视了数学实践的实情，比如我们在数学中所感受到的那种明证性。与哥德尔的思想相对照，蒯因数学哲学的缺陷异常明显。

基于此，蒯因之后有不少自然主义者开始强调数学的自主性，并试图紧扣自然主义的基本原则本身来为这种强调做辩护。其中一个代表性的例子是伯吉斯的彻底自然主义思想①。根据这种思想，像蒯因那样将数学排斥在科学部落之外，这种做法意味着"不公正的划分……贬低某些科学部门（数学的），赋予另一些（经验的）部门以特权"②。蒯因的不可或缺性论证"对唯名论做出了一个重大的让步，认为只有原则上的（而非实践上的）不可或缺性，并且是关于经验科学（而非数学）的不可或缺性，才能拒斥唯名论"③。这种让步实际上是一种妥协，表现出蒯因自然主义不彻底的一面。而对于一个彻底的自然主义者来说，"抽象对象对数学（及其他）科学是约定俗成的和方便的这个事实本身，就足以保证它们的存在"④。在另一个地方⑤，伯吉斯给出了数学对象存在的一个更为明确的论证，其大致内容是：数学中包含众多存在性定理，它们的真

① 伯吉斯经常与罗森（G.A.Rosen）一起写作，下述伯吉斯的观点基本为二人共有。

② J.P.Burgess & G.A.Rosen, *A Subject with No Object: Strategies for Nominalistic Interpretation of Mathematics*, Oxford: Clarendon Press, 1997, p.211.

③ J.P.Burgess & G.A.Rosen, *A Subject with No Object: Strategies for Nominalistic Interpretation of Mathematics*, Oxford: Clarendon Press, 1997, p.212.

④ J.P.Burgess & G.A.Rosen, *A Subject with No Object: Strategies for Nominalistic Interpretation of Mathematics*, Oxford: Clarendon Press, 1997, p.212.

⑤ See G.A.Rosen & J.P.Burgess, "Nominalism reconsidered," in S.Shapiro, *Oxford Handbook of Philosophy of Mathematics and Logic*, Oxford: Oxford University Press, 2005, pp.516-517.

理性依赖于数学对象的存在,而专业数学家和科学家接受它们为真理;根据自然主义,不存在这样的哲学论证,其力量足以推翻数学和科学的可接受性标准或是凌驾于其上;因此,数学对象存在,唯名论是错的。

伯吉斯的上述彻底自然主义思想与哥德尔的数学哲学十分相投。哥德尔也接受经典数学是一种科学理论,它由一些真句子构成;并且,他认为抽象对象的存在性为该理论所承诺。例如,根据王浩的记录,哥德尔曾说:

> 对于客观主义的真正论证是这样的。我们知道许多关于自然数的一般命题是真的(2 加 2 等于 4,有无穷多的素数,等等),并且我们相信,比如说,哥德巴赫猜想是有意义的,它一定或真或假,这里没有任意约定的余地。因此,必定存在着关于自然数的客观事实。但是,这些客观事实必须指涉某种客体,它们不同于物理客体,因为(除了其他的区别)它们不随时间而变化。①

哥德尔应该会同意伯吉斯所表述的那个数学自然主义原则,即不存在其力量足以推翻数学的可接受性标准的哲学论证。从哥德尔对待恶性循环原则(VCP)的态度就可以推断这一点。在指出 VCP 与经典数学不相容的事实之后,哥德尔评论说,他宁愿认为,这证明了 VCP 为假而非经典数学为假②。这里,可以把 VCP 看作是一种来自数学之外的、沾染了某种哲学认识论标准的东西,根据数学自然主义,它不应该凌驾于数学本身的标准之上。

不过,从另一个角度来看,哥德尔的数学哲学也有与伯吉斯的自然主义明显相悖的方面,这主要表现在哥德尔的数学认识论思想中。在哥德尔那里,作为对抽象对象的认识,数学需要一种深刻的形而上学和认识论说明,哥德尔的数学直觉学说,以及他后期试图从胡塞尔的先验现象学中所挖掘的东西,都属于此类努力。然而,如果数学自然主义旨在于强调数学的自主性,它就应当拒斥这种对第一哲学的追求,而满足于经典数学的证成方法本身。这正是伯吉斯所主张的。伯吉斯认为,假如我们的数学信念根据科学的(包括数学的)标准是证成了的,那么它们就是证成了的。质疑它们意味着要求某种超出科学证成方法之外的更高级别的证成,意味着要求为科学方法提供某种哲学的基础,这是自然化的认识论所拒斥的。对于一个彻底的自然主义者,数学是一个正当的科学分支,不存在所谓的认识论难题③。

与伯吉斯持类似观点的还有麦蒂。在众多后蒯因自然主义者中,麦蒂也以强调数

---

① 王浩:《逻辑之旅——从哥德尔到哲学》,邢滔滔等译,杭州:浙江大学出版社,2009 年,第 270 页。

② See K.Gödel,"Russell's mathematical logic,"in S.Feferman,et al.,*Kurt Gödel's Collected Works:Volume II*,Oxford:Oxford University Press,1990,p.127.

③ See J.P.Burgess & G.A.Rosen,*A Subject with No Object:Strategies for Nominalistic Interpretation of Mathematics*,Oxford:Clarendon Press,1997,pp.41-45.

学的自主性著称。她系统地分析了蒯因经验主义的数学观与数学实践以及经验科学实践之间的不一致性,认为蒯因没有公正地对待数学。由此,她提出我们应当将蒯因关于经验科学自主性的原则推广到纯数学领域:

> 蒯因主张科学"不对任何超科学的法庭负有申辩责任,也不需要任何超出观察和假设—演绎方法之外的证成"……数学自然主义者则补充说,数学同样不对任何超数学的法庭负有申辩责任,也不需要任何超出数学证明和公理方法之外的证成。①

单就以上论述来看,麦蒂和伯吉斯几无分别。他们都接受两种关于存在和真理的证成标准——经验科学标准和数学标准,并排斥为经验科学和数学寻求其自身之外的标准。然而,必须指出的是,麦蒂同时又强调要严格地区分数学本身与数学哲学,区分方法论问题与关于真理与存在的哲学问题。她最终还是与蒯因一样,承认自然科学才是真理和存在的最终裁决者②。这实际上意味着,麦蒂所引入的不是两种证成标准,而是"证成"这个词语的异于传统的一种用法,即"证成"不再是"证成为真"③。她所谓的科学自主性原则向数学的推广,也是变了质的"推广"。这当然与伯吉斯大异其趣。

如果抛开这后面的分歧而只截取麦蒂观点中强调数学自主性的内容,那么它与伯吉斯的观点可以自然地合并在一起,构成一种具有代表性的数学自然主义立场。该版本的自然主义与上一节所提到的那两种自然主义——蒯因式的自然主义和反实在论倾向的自然主义——都极为不同。

与伯吉斯相比,麦蒂更为明确地将其数学自主性思想与哥德尔的观点相联系。麦蒂仔细分析了哥德尔的若干文本,指出在哥德尔那里,无论是对罗素的"无类理论"与对 VCP 的拒斥,还是对连续统问题的有意义性的坚持(即便它被证明独立于 ZFC),都是基于纯粹的数学考虑,而无须援引柏拉图主义的哲学立场④。麦蒂由此总结出她的方法论原则:在就方法论问题——例如是否追求对连续统假设的判定——做决断时,不要从哲学考虑,而要从数学本身考虑。

麦蒂的分析有力地加强了哥德尔数学哲学与伯吉斯—麦蒂数学自然主义之间的亲

---

① P.Maddy, *Naturalism in Mathematics*, Oxford: Oxford University Press, 1997, p.184.

② See P.Maddy, "Three forms of naturalism," in S.Shapiro, *Oxford Handbook of Philosophy of Mathematics and Logic*, Oxford: Oxford University Press, 2005, pp.437—459.

③ 关于这一点,我在别处已有阐明,参见 K.Gao, "A naturalistic look into Maddy's naturalistic philosophy of mathematics," *Frontiers of Philosophy in China*, 2016, No.1, pp.137—151。

④ P.Maddy, *Naturalism in Mathematics*, Oxford: Oxford University Press, 1997, pp.172—176.在麦蒂之前,王浩有过类似的解读,并向哥德尔本人求证。哥德尔的回应是,"他本人提出了实在论之外的另一个根据",来支持对独立性问题有意义性的信念。参见王浩:《逻辑之旅——从哥德尔到哲学》,邢滔滔等译,杭州:浙江大学出版社,2009 年,第 312—313 页。

缘关系,以至于人们甚至可能会说,按照这种理解,哥德尔简直就是一个自然主义者。但正如我在前面已经指出的,哥德尔哲学中的认识论维度却与这种自然主义格格不入。作为一种自然主义,伯吉斯—麦蒂自然主义不仅拒绝为数学寻求超出数学之外的证成,还进而认为这意味着不再有任何认识论难题,像哥德尔那样的认识论诉求乃是第一哲学的妄念。事实上,这正是这种自然主义的精妙之所在,即回避认识论难题。虽然后面我会表明,这只是一个幻象。

无论如何,我们至少可以接受如下论断:在伯吉斯—麦蒂自然主义的含义上,哥德尔在一定程度上是一个自然主义者。但另一方面,在第一节中我指出,根据自然主义的基本含义,哥德尔显然不是一个自然主义者。那么,接下来的问题是,伯吉斯—麦蒂自然主义真的符合自然主义的基本精神吗? 它是否与自然主义的含义存在着潜在的冲突? 如果是的话,那么,应不应该称其为自然主义就是一个很值得商榷的问题了,"作为自然主义者的哥德尔"这种提法也将变得更为不恰当或者说有误导性。下面,我们就来探讨这一问题。

三

伯吉斯—麦蒂自然主义的倡导者们从经验科学自主性的角度来解读蒯因的自然主义,并以类比的方式提出,我们应该尊重数学的自主性。他们视后者为前者的自然推广,认为唯其如此才能说是彻底地贯彻自然主义的精神。比如,麦蒂明确地说,进行这一推广的动机来自:

> 隐含在所有的自然主义背后的基本精神:相信任何成功的事业,无论是科学还是数学,都应该在其自身之中被理解、被评价,相信这样的事业不应受制某种来自外部的、被设定为更高的观点的批评,它也不需要这种观点的支持①。

在我看来,这样一种原则,与其称之为自然主义,不如称之为"哲学第二原则"或"哲学忝列末位原则",这样更为恰当。这个原则要求,哲学家在面对某种成功的实践时,特别是科学实践时,应保持谦卑的态度,避免以哲学的理由对该实践提出修正。经验科学和数学等自主地以自己的方法追求自己的目标,哲学的作用不是在方法论上规范和指导科学实践,而是亦步亦趋地跟在后面做一些描述性和说明性工作。与这一原则相对立的观点可称为"哲学在先原则",它强调哲学对科学的范导性和修正作用。比如,直觉主义的数学哲学就具有明显的哲学在先意味,因为它从一些哲学的考虑出发,试图对经典数学做出修正。

---

① P.Maddy, *Naturalism in Mathematics*, Oxford:Oxford University Press,1997,p.184.

　　我认为,无论是哲学忝列末位,还是哲学在先,它们实际上都预设了哲学与科学在目标与方法上的某种深刻的分离,而对于一个真正的自然主义者来说,这种分离乃是第一哲学的幻觉,这恰恰是我们应该予以反对的。蒯因确实强调科学的自主性,但其重点在于拒斥第一哲学传统,要求哲学的自然化,即信任科学的方法和成果,要求从科学王国的内部进行哲学的探索。按照这种想法,哲学乃是科学的同质延续,无须做忝列末位与在先的区分。无论在主题上还是在方法上,哲学和科学都是同质无别的共同事业。那种单纯从方法论自主性的角度来阐释自然主义的做法,脱离了自然主义的含义,与自然主义貌合神离。一个凸显这一点的例子是,假如我们有经验科学自然主义、数学自然主义,那么我们是不是也应该有社会学自然主义、心理学自然主义,乃至于占星学自然主义、炼金学自然主义等各种奇怪的"××自然主义"?

　　有人可能会反驳说,根据这种自然主义,哲学实际上就被完全取消了,只留下诸经验科学就够了。这当然是一种误解。自然化的哲学仍然有很多工作可做。对于这一点,我们在这里不做充分的讨论,而仅仅指出与本文主题相关的一个例子:在现代科学的世界图景下,抽象对象似乎没有合适的位置。在不假设它们的存在的前提下来说明数学实践的本质和数学知识的认知功能就构成了自然化哲学的一项重要任务。

　　谈到这个具体任务,我们可以对伯吉斯—麦蒂自然主义提出更多的批评。蒯因对科学自主性的强调并非意味着禁止一切对科学方法的批评,它只是拒斥站在科学以外——例如第一哲学——对科学方法进行批评,而来自科学内部的批评仍然是允许的。说到底,科学实践只是人类这种动物的一种活动,其本身可以以科学的方式被研究,即我们可以以科学的方式研究科学。数学实践也是如此,作为一种复杂的认知现象,它可以从经验科学来研究。来自经验科学的批评是数学家必须面对的,正如来自物理学的批评是生物学家不能不面对的一样。经验科学的研究表明,人类认知主体就是人类大脑,它是一个复杂但有穷的神经元网络,是地球上物质演化的结果。如果一个数学家坚持说,数学谈论的那些对象是客观存在的对象,数学是对它们的认识,那么他就必须面对关于抽象对象的认识论难题的挑战。伯吉斯—麦蒂自然主义拒斥一切来自数学之外的对数学的批评,以此来回避经验科学对数学的挑战,这严重超出了自然主义的含义,后者仅仅拒斥第一哲学传统,而对于来自科学王国内部的批评是完全接纳的。

　　要更好地理解自然主义,更一般性地思考这个问题是有必要的,即我们必须搞清楚,根据自然主义,认识论是一门什么样的学科,它的任务是什么。我们曾谈到,确立整体论似乎可以回避认识论难题。而另一方面,伯吉斯—麦蒂数学自然主义的一个要点也是对认识论难题的一种轻巧的回避。然而,依我之见,这些魔法般的回避都是幻像。因为,与第一哲学传统中的认识论不同,自然化认识论的主旨在于描述人类认知的因果过程和机制,而不是进行认知证成或科学确证。

　　传统认识论宣称,我们的经验科学是可疑的,应当予以悬置;如果要恢复对它们的信心,需要某种第一哲学为之提供更为坚实的基础。构建这个基础的方法不再是经验科学的方法,而是某种第一哲学的方法,例如先验哲学的方法。相比之下,自然化认识论的任务则不是证成科学,因为,根据自然主义,科学方法即是我们认识这个世界最好的方法。自然化认识论要探究的问题是,人类这种动物是如何从简单的知觉观察一步一步地走向精致复杂的科学理论的。这里的"人类这种动物"显然不是指什么形而上的主体或先验自我,更不是一个虚空的点或无内容的占位符号,而是一个有着复杂的内在结构、可以由科学来加以探究的对象。它可以由生理学、心理学、进化生物学、脑神经科学、认知科学、语言学、社会学等经验科学来加以描述。自然化认识论的任务就是要回答,如此这般被描述的动物是如何获得对其所生活的世界的知识的,例如,它如何认识到远处山丘的高度,如何认识到光合作用的机制,如何认识到亚原子粒子的性质,等等。在对人类认识事物的实际过程进行这样的研究和描述时,自然化认识论者所运用的方法本身属于经验科学的方法,而不是超出经验科学方法范围的所谓第一哲学方法,特别是,他们可以充分利用已有的科学知识。实际上,自然化认识论对人的认知活动的研究,如同生理学对人的消化和营养系统的研究一样,是广义心理学的一部分,对于经验科学的其他分支,它并不具有任何本质上的优先性。尤其应当注意的是,它不可能是对经验科学方法的一般性或是总体性证成,因为那样会陷入循环论证。

不过,虽然自然化认识论具有显著的描述性特征,这并不意味着它完全没有规范性的方面:"与普遍的信念相反……认识论的某种规范性方面不因转向自然主义而消失。"[1]"我们对世界的思考依然要遵循规范和训条,只是它们源自我们所习得的科学本身。例如,科学成果告诉我们的一个事实是……关于世界的信息只能通过作用于我们的神经末梢到达我们,这一发现具有规范性力量。它能够警示我们,因为它与关于心灵感应和第六感洞察的那些说法不相容。随着科学的发展进步,这些规范还会发生改变。例如,自艾萨克·牛顿爵士以降,我们不再像以往那样对超距作用充满怀疑了。"[2]也就是说,与第一哲学认识论相似,自然化认识论也可能划定某种可知与不可知之间的界限,只是这种划界不像第一哲学那样一劳永逸,而总是试探性的和片段式的。

以上所陈述的自然化认识论意味着,即使接受确证整体论,仍然可以提出有意义的关于抽象对象的认识论难题。类似地,即使接受数学内部的公理以及证明方法对于证成数学命题是充分的,我们仍然要说明人类大脑是如何达到对抽象对象的认识的,或者说,为何大脑的数学信念确实是关于抽象对象的。伯吉斯—麦蒂数学自然主义单纯从证成的角度来理解认识论问题,以为将数学认作科学王国的一员并应用科学自主性原则,认识论难题就会自动消失,此乃对自然化认识论的严重误解,因而也是对自然主义之含义亦即哲学自然化原则的悖离。

我们回到哥德尔与自然主义之关系的问题。我们在第一节已经看到,从自然主义

---

[1] W.V.O.Quine, *From Stimulus to Science*, Cambridge: Harvard University Press, 1995, p.49.

[2] W.V.O.Quine, *Theories and Things*, Cambridge: Harvard University Press, 1981, p.181.

哲学家

的含义来看,哥德尔绝对不是一个自然主义者。而按照第二节的分析,从伯吉斯—麦蒂自然主义的意义上来说,哥德尔可在一定限度内被称作一个自然主义者。但即使从这个意义来说,"在一定限度内"的限制是不可去掉的。事实上,对哥德尔所表现出来的那种对数学实践的尊重精神,有一个更为恰当的称呼,即王浩所说的"实质事实主义",它也是哥德尔本人比较认可的一个称呼①。不过,这里更为重要的是,按照我们的分析,伯吉斯—麦蒂自然主义并不符合自然主义的含义,称之为自然主义,只会引发对自然主义的混乱认知。

---

① 参见王浩:《逻辑之旅——从哥德尔到哲学》,邢滔滔等译,杭州:浙江大学出版社,2009年,第206、405页。

【博士生论坛】

齐格蒙特·鲍曼对现代性与大屠杀的分析及道德反思

牛晓迪*

内容提要:在以往对大屠杀的研究之中,研究者倾向于将大屠杀看作是偶然的、特殊的历史事件,看作是历史上反犹主义的爆发,将其归因于德国纳粹主义非人性的行为。然而,鲍曼却认为大屠杀不仅是关于犹太人的特殊问题,而且是现代社会中人类所面临的普遍问题,大屠杀正是现代文明的产物。从现代性所追求的秩序与确定性衍生出来的官僚体系与受害者的理性合作是大屠杀得以发生的重要因素,劳动分工所产生的行动与道德后果的距离则在一定程度上麻木了行动者的道德良知。面对现代性下个体道德责任感的消解,鲍曼提出了对他者负责的道德规范作为应对策略。对我们而言,大屠杀不应只是存放在博物馆的历史记忆,我们仍有必要去研究大屠杀与现代性的亲和关系,警惕现代文明中潜伏着的破坏性,重视现代性进程中的道德问题。

关键词:大屠杀　现代性　现代官僚体系　理性　道德

齐格蒙特·鲍曼(Zygmunt Bauman)一生阅历不凡,论著丰富,是从事现代性与后现代性研究的代表人物。托尼·布莱克肖(Tony Blackshaw)认为:

> 就我所知,现今没有一个社会学家的著作能比鲍曼更贴近时代精神。20世纪80年代末,当我第一次学习社会学时,人们普遍认为安东尼·吉登斯是英语世界最重要的社会学家。然而,我现在毫不犹豫地认为鲍曼不仅取代了他,而且在这个过程中还成为了21世纪社会学最重要的诠释者。[1]

鲍曼有许多著名的著作,其中,获得阿玛菲奖的《现代性与大屠杀》(*Modernity and the Holocaust*)是研究现代性与大屠杀之亲和关系的代表性著作,彼得·贝尔哈兹(Peter Beilharz)认为自该著作出版之后"对现代性的批判从此变得正常化"[2]。鲍曼认为,现

---

* 牛晓迪,中国人民大学哲学院博士研究生。本成果得到"中国人民大学2021年度中央高校建设世界一流大学(学科)和特色发展引导专项资金"的支持。

① Tony Blackshaw, *Zygmunt Bauman*.London:Routledge.2005.p.1.
② Peter Beilharz,"The Legacy of Zygmunt Bauman,"*Journal of Sociology*,Vol.54,No.3,2018.p.3.

代文明并非我们所接受的那样全然是进步的结晶,而是伴随着野蛮的阴影,大屠杀便是现代文明的产物。

在以往对大屠杀的研究之中,研究者倾向于将大屠杀看做是偶然的、特殊的历史事件,关键词集中在犹太人与德国纳粹之上,将大屠杀看做是社会文明发展不充分的体现。在现代社会文明进步的当下,作为人类历史发展暂时失常的大屠杀已经没有再次发生的可能性了。然而,鲍曼却认为大屠杀问题不仅仅是关于犹太人的特殊问题,而且是现代社会中人类所面临的普遍问题。大屠杀之后,我们对类似大屠杀事件的理解方式并没有改进,大屠杀仍被看做是需要被解释的对象而不是可以用来解释其他事物的东西,那些酝酿着发生大屠杀的因素并没有改变:鲍曼认为现代社会仍是一个具有大屠杀可能性的社会。鲍曼从大屠杀这一独特的视角,分析了由工具理性主导的现代官僚体系对完美秩序的追求、对规则的强调以及配合现代官僚体系运行的劳动分工而出现的行动与道德后果拉开距离所导致的道德盲视问题。他警示我们去反思:面对大屠杀事件,"如果在适当的情况下,我们竟能做出这种事"①。通过对规范性道德的批判,鲍曼将道德主体从社会结构转移至道德自我,提出对他人负责的主张。虽然鲍曼对现代性与大屠杀的分析及其道德应对策略存在着有待商榷的地方,但他对现代性发展过程中所出现的道德困境的反思与建议仍给我们带来了有益的启示。

一、解释大屠杀的传统方式

在关于大屠杀的研究中,研究者习惯于用反犹主义来解释大屠杀的发生,将大屠杀看做是反犹主义的恶性蔓延。然而,反犹主义在历史上并不陌生,德国也并不是反犹情绪最强烈的国家,但以往却未出现过大屠杀这样的先例。鲍曼认为,以异类恐惧症和种族主义为表现形式的现代反犹主义并不是导致大屠杀的根源所在,将大屠杀看做是反犹主义发展的巅峰并不充分:

> 将异类恐惧症与种族主义以及类似大屠杀的有组织犯罪混淆起来是误导性的,同时也可能是有害的,因为这样就偏离了灾难发生的真正起因,而这些起因往往深植于现代精神和现代社会组织的某些方面,而不在于对陌生人永恒的反应上或较少普遍性却并不罕见的认同冲突上。②

鲍曼认为,在欧洲选择犹太人作为憎恨对象有其历史性的原因。在东欧社会中,犹太人被看做是对传统秩序的一种威胁。犹太人把握住了工业和技术的发展机遇,

---

① 契斯·泰斯特、齐格蒙·包曼:《与包曼对话》,杨淑娇译,台北:巨流图书公司,2004年,第96页。
② 鲍曼:《现代性与大屠杀》,杨渝东、史建华译,南京:译林出版社,2011年,第110页。

创造了社会财富,动摇了原先固化的阶级围墙。他们所主导的经济活动对原先的统治阶级以及相应的社会秩序产生了威胁,他们自身也成为破坏因素的化身。"犹太人被视为一股邪恶和破坏的力量,是骚乱和无序的代表;最典型的是,犹太人被视为一种黏性物质,它混淆了本应被分离的事物之间的界限,光滑了等级之梯使之可上下自如,熔化了所有的坚固之物并亵渎了所有的圣洁之物。"①除此之外,鲍曼认为犹太人不同于其他民族,本身不具有民族性。这种特点使得他们在民族国家的界限尚未清晰之前得到接纳,而在民族国家兴起之后,这种身份的空白则让他们受到了攻击。民族国家的精英们总是在需要的时候利用犹太人,在不需要的时候选择将他们抛弃。

另一种研究视角是将大屠杀归咎于德国纳粹的残暴,认为纳粹分子如此残酷的原因是他们天生如此,这是由他们的人性所决定的。这在某种程度上将我们放置到了一个安全的位置——我们跟他们不一样,我们不会成为残忍的屠杀者。这种解释大屠杀发生的方式将责任归咎于特定的群体,为旁观者的无所作为提供了保护伞。在鲍曼看来,这种解释方式被米格拉姆的实验推翻了。斯坦利·米格拉姆(Stanley Milgram)通过实验②认为这种行为不是由于部分人的天性所致,而是有可能发生在每一个主体那里,其触动的按钮就在于社会的权力构造,"残酷与一定的社会互动模式的关联比它与执行者的个性特征或者执行者的其他个人特质的关联要紧密得多。残酷从其本源来说,社会性的要远远多于性格上的"③。现代西方社会被看作是一个文明的、非暴力的社会,它战胜了愚昧,控制了人性的弱点,使人类获得了安全与进步的果实。鲍曼认为现代文明社会并非其宣扬的那样是非暴力的社会,非人性的暴力仍然存在,但只是以一种远离大多数人的方式存在。我们被告知生活在这个文明的社会不需要暴力,人与人之间的交往是和谐友好的,我们也很少对此产生怀疑。但暴力在日常生活中的隐匿同时也说明了人们失去了以暴力的防御方式来面对可能出现的威胁。暴力被统治阶级以全新的方式控制着,它被集中并以工具理性的方式加以利用并以其对效率的追求压制了对道德和宗教的价值申诉。非人性的情况并非只有在非理性的前现代社会才有发生的空间,米格拉姆证明了非人性是现代社会关系中客观存在的事实,大屠杀正是现代文明的产物。正如鲍曼所言:"没有现代文明,大屠杀是不可想象的。正是现代文明化的理性世界让大屠杀变得可以想象。"④

在现代性发展的道路上,犹太人处于进退维谷的境地,他们被视为秩序的阻碍,进

---

① 鲍曼:《现代性与大屠杀》,杨渝东、史建华译,南京:译林出版社,2011年,第66页。
② 米格拉姆通过服从权威实验表明,当个体融入组织结构之后,非人性的选择比起自我的内在信念与道德良知使其更容易屈服于权威的指令。See Stanley Milgram, *Obedience to Authority: An Experimental View*, Tavistock Publications Ltd., 1974.
③ 鲍曼:《现代性与大屠杀》,杨渝东、史建华译,南京:译林出版社,2011年,第217页。
④ 鲍曼:《现代性与大屠杀》,杨渝东、史建华译,南京:译林出版社,2011年,第18页。

步的对立面,确定性中的不安因素。"在走向现代性的途中,每一扇门在砰然关上时,犹太人的手指都正好放在了门缝上。他们伤痕累累地从把他们从犹太人隔离区解放的过程中走出来。他们是追求透明的世界中的不透明性,是渴望确定性的世界中的不确定性。他们的两腿跨在所有的屏障上,子弹从每一边都呼啸而过。实际上,概念中的犹太人已经被认定是渴求秩序和清晰的现代梦的'黏性物质'的原型,被认定是一切秩序的敌人。"①在一切都应该被改造、被设计的现代理性观念的统摄下,犹太人作为难以被同一的对象成为"无价值的生命""黏性物质",他们是完美社会的污点,也是现代性花园中应该被清除的杂草。历史上的反犹主义与大屠杀的实施之间不是自然的延续,认同冲突以及群体憎恨只是在一定程度上促进了大屠杀:"大屠杀并不仅仅是一个犹太人问题,也不仅仅是发生在犹太人历史中的事件。大屠杀在现代理性社会、在人类文明的高度发展阶段和人类文化成就的最高峰中酝酿和执行,从这个意义上来说,大屠杀是这一社会、文明和文化的一个问题。"②

二、鲍曼对大屠杀的现代性线索的分析

传统社会学对大屠杀产生原因的研究结果是:"将大屠杀构想成社会和心理因素盘根错节地联系在一起所导致的独特而又完全必然的结果,而这些因素造成了确保人类行为正常的文明化调控的暂时失灵。"③也就是说,大屠杀是现代文明的偶然失灵而不是其伴随结果。文明化的进程被普遍地认为是人类的进步。现代社会所提供的秩序能够保证和平,保护人类安全,但却忽视了一个重要的问题,即文明化的进程也具有破坏性的一面。"鲍曼将文明化本身看作是一个好恶交织的过程,而不是向一个预定的目标前行的目的论进程。"④鲍曼认为,对犹太人的大屠杀便是现代文明进程中野蛮的产物,而不是前现代社会所遗留的野蛮痕迹,不是独立于现代社会的突发事件。"大屠杀不是人类前现代的野蛮未被完全根除之残留的一次非理性的外溢,它是现代性大厦里的一位合法居民;更准确地说,它是其他任何一座大厦里都不可能有的居民。"⑤鲍曼认为,现代性进程中理性化的趋势以及建基在此之上的现代官僚体系对秩序与完美的追求,下级对上级组织的无条件服从,劳动分工下行动与道德后果拉开距离所带来的道德盲视,自我保存的理性驱使受害者合作,这些因素之间特殊的结合方式给大屠杀带来了可乘之机。

---

① 鲍曼:《现代性与大屠杀》,杨渝东、史建华译,南京:译林出版社,2011年,第75页。
② 鲍曼:《现代性与大屠杀》,杨渝东、史建华译,南京:译林出版社,2011年,"前言"第5页。
③ 鲍曼:《现代性与大屠杀》,杨渝东、史建华译,南京:译林出版社,2011年,第6页。
④ 郑莉:《鲍曼论现代性与大屠杀的选择性亲和》,《求是学刊》2004年第4期。
⑤ 鲍曼:《现代性与大屠杀》,杨渝东、史建华译,南京:译林出版社,2011年,第24页。

(一)现代官僚体系的运行机制

鲍曼并非认为工具理性精神以及现代官僚体系必然会导致大屠杀事件的发生,而是会增加此类事件发生的可能性。在鲍曼看来,现代官僚体系是大屠杀从酝酿到实行的社会环境。大屠杀的整个过程是理性操纵的结果,并由配合理性原则运作的劳动分工以及受害者的合作促使实现。"在大屠杀漫长而曲折的实施过程中没有任何时候与理性的原则发生过冲突。无论在哪个阶段'最终解决'都不与理性地追求高效和最佳目标的实现相冲突。相反,它肇始于一种真正的理性关怀,并由一个忠实于它的形式和目的的官僚体系造就而成。"①社会理性化的组织程度越高,社会各个部门分工越是明确,明确的劳动分工将行动者禁锢在自己熟悉且狭隘的工位上。指令被肢解为有序的执行阶段,下达至相应的部门,不同的劳动者则对应于其所属的劳动部门与劳动对象,因此,劳动者对信息的掌握并不完整,分工的细化使得劳动者无法获得并思考关于最终目标的信息。"大屠杀依赖于准确而精密的劳动分工,依赖于畅达无碍的命令和信息,依赖于自发的互为补充的非个人的协调行动。"②行动者只需要完成自己负责的任务,对他们而言,目前的行动就是一切,当前的工作就是终点,他们无法想象自己这一阶段的劳动结果会给整个社会工程带来怎样的影响。大屠杀实施计划将整个过程分化为不同的功能任务,这些任务及执行任务的人之间没有信息交换,他们甚至无法意识到自身零散的劳动是组建大屠杀的必要组件。而正是在他们的无意识之中造成了这样的结果:"有罪过,但无犯过者;有犯罪,但无罪犯;有罪状,但无认罪者!"③

在现代官僚体系中,个人与组织之间的关系表现为个人无条件地服从组织。上下级的服从关系会对个体产生重要的影响,处于这个官僚运行体系之中的个体会产生从未有过的行为,这些行为可能是在正常情况下不会发生甚至是厌恶发生的,一旦处于这种环境之中,个体就会选择服从这个规则。特别是当组织上的要求与个体的道德标准相抵牾的时候,组织将个体无条件地服从看作是荣誉的体现,牺牲个人意志服从组织要求成为最高的美德,这种纪律严明的下级服从上级的制度将个人区别于组织的道德感知抹杀了。即使上级命令与个体的道德认知相左,理性的服从仍取代了道德的不适。"现代管理体系中行为的正当性与合理性仅仅来源于组织规则的规定。"④行动者的道德评价与刺激来源于上级而非受害者,行动者关心的不是受害者的处境,而是焦灼能否完成上级交代的任务。能否出色地完成上级指派的任务成为道德评价的标准,具体用

① 鲍曼:《现代性与大屠杀》,杨渝东、史建华译,南京:译林出版社,2011 年,第 24 页。
② 神彦飞:《现代性的缺憾——读鲍曼的〈现代性和大屠杀〉》,《山东大学学报(哲学社会科学版)》2006 年第 6 期。
③ 鲍曼:《后现代伦理学》,张成岗译,南京:江苏人民出版社,2003 年,第 21 页。
④ 荀明俐:《鲍曼现代性与大屠杀追问中的非道德管理》,《学术交流》2010 年第 2 期。

何种手段完成却无关紧要。"是目的而不是手段遭受道德的评价。"①

这个过程伴随着责任的无主体现象。个体的行为只是服从上级命令的结果,因此,一切行动应该承担的责任也转移到了上级组织那里。"服从的本质在于,一个人将自己视为实现他人愿望的工具,因此他不再认为自己对自己的行为负责。"②鲍曼称之为漂流的责任,即行动者对权威的服从有着如此的信念:行动是在上级的命令下执行,由此带来的责任应该由上级权威来承担,行动者只是奉命行事。如此一来,各个层级的行动者都将责任向上追溯,最终演变成无人承担责任的后果,责任的隐匿会使得参与不道德的行为更加无所顾忌。社会组织合法化了非人性行为之后,个体的道德良心更倾向于逃逸,现代官僚体系的运作方式使得大屠杀的行动者钝化了道德良心的敏感度。

现代技术提供的手段使得行为和后果之间的距离(精神的或是身体的距离)增大,通过技术的控制实现了对受害人的远距离迫害,这使得行动者的道德感知被抑制。行动者在执行任务时很难感知到具体的情感冲击,对残忍的感受也变得抽象。"任务的分化和因此而产生的道德小共同体与行动最终结果的分离导致了残酷的施行者和受害者之间的距离。"③现实中存在着这样的矛盾,德国民众对与其交往的犹太人并没有强烈的憎恶,但是在抽象的反犹主义政策上却持中立态度。这是现实中近距离的接触与抽象的远距离的隔绝所产生的对犹太人不同的感情。现代科学技术在最大程度上调用了行动者的专业技能与奉献精神,同时使他们与行动之外的目标保持距离。"大屠杀在技术和管理上的成功要部分地归功于娴熟地运用了现代官僚体系和现代技术所提供的'道德催眠药'。"④对这些行动者而言,道德责任是出色地完成自己担当的工作。对上级忠诚的工作伦理以及对知识权威的信服打消了被分配的任务与自己道德认知相冲突时的疑虑,行动者的责任也在知识权威面前得到了解脱。

除此之外,大屠杀这个行动的实施还需要另一个要素的配合。"要进行这样一个行动,官僚体系还需与现代性的另一个创造相遇,即一个更好的、更合理的、更理性的社会秩序的大胆设计——比方一个种族单一的社会或一个无阶级的社会——以及最重要的是绘制这些设计的能力和使它们运作起来的决心。"⑤现代性的世界观认为世界是有序的,这种有序性是可被掌控的,随之而来的是计划、设计等试图控制与操纵这种有序性的策略与活动。大屠杀本身不是最终目的,它只是为了达到美好社会所需要进行的社会工程的一部分。存在一个比现实社会更加完美的社会,为了实现这个美好的社会,需要一系列的设计和步骤才能完成,而大屠杀是其中的一步。现代性下的意识形态在鲍曼看来是一种园艺观,即,将社会看作是需要管理和设计的对象,一个尚待修剪的花

① 鲍曼:《现代性与大屠杀》,杨渝东、史建华译,南京:译林出版社,2011年,第210页。
② Stanley Milgram, *Obedience to Authority:An Experimental View*.Tavistock Publications Ltd.,1974,p.Ⅲ.
③ 鲍曼:《现代性与大屠杀》,杨渝东、史建华译,南京:译林出版社,2011年,第256页。
④ 鲍曼:《现代性与大屠杀》,杨渝东、史建华译,南京:译林出版社,2011年,第36页。
⑤ 鲍曼:《现代性与大屠杀》,杨渝东、史建华译,南京:译林出版社,2011年,第141页。

园,社会成员成为被修剪和被平整的对象。为了达到完美社会的设计愿景,需要通过管理与秩序将社会维持在一定的形状,对其中起到妨碍作用的因素进行清除,犹太人的无身份特征影响了现代花园中的秩序,使其成为花园中需要被清除的杂草,他们成为了"一种不请自到的、漫无计划的、自生自灭的植物,……[他]们让园丁们想到需要对田园进行不间断的管理和监视。"[①]大屠杀只是"改进"社会的一种解决方案。这些工具性的行为没有道德情感,而只是为了维持花园的理想状态所必要的行动,甚至不会被看作是一种破坏活动。大屠杀的发生是一个完美的社会工程设计和将这个设计付诸实践的现代官僚体制相遇的结果。

(二)受害者的理性选择

大屠杀的发生不仅是执行者的单向行动,同时也是与受害者合作的结果。官僚化的组织形式既将犹太人安顿在运作系统之内,同时又达到了毁灭他们的目的。纳粹通过将这些犹太精英运作成为犹太委员会的形式,将犹太人的事务经由犹太人委员会的程序处理,而自己则通过掌控犹太委员会达到控制犹太人的目的。犹太人委员会在某种程度上成为了整个官僚运作系统图景中的内容,他们委身在这个结构中试图求得生存,但反过来又在某种程度上助力了对自身所属群体的屠杀。"现代性并没有使人们更为残暴;它只想出了这样一种方式:让残暴的事情由那些不残暴的人去完成。"[②]鲍曼指出,犹太人在这场大屠杀中能做的十分有限,犹太人委员会的合作并不会改变犹太人被灭绝的结局。德国的官僚机器目标是消灭犹太人,这个目标无法用理性来理解,但却是建立在受害人理性选择的基础之上。这种在无法选择的情况下做出的选择没有能够阻止大屠杀的进程,这种妥协并未换回纳粹理性的回应,这些有限的选择造成的后果使得下一步的选择更加无奈甚至最后毫无选择。鲍曼认为,我们不能心安理得地接受这种选择,而是应该加深这种选择带给我们的羞耻感,这样才能逃出道德麻木的牢笼。

犹太人区的建立使得犹太人群体在生理以及心理上从社会中隔离出来。他们周围没有其他社会成员能够交流,犹太人成为孤立的群体。在鲍曼看来,置身与他人交往的情境之中能够生发道德责任感,而现代社会的运转使得人与人之间的隔绝变得普遍,社会距离的保持无法避免地会淡化道德的冲动。特别是将犹太人隔离于正常的社会生活之外,这更有利于形成一种抽象的犹太人形象。非人性的犹太人形象扫除了对其进行物化处理的障碍,"犹太人就像处理工业废料,处理寄生虫那样被处理了"[③]。纳粹通过宣传反犹太人政策引导社会成员在心理上对犹太人产生反感,暗示犹太人遭遇的"特殊对待"并不会发生在其他社会成员身上,这种处于目标之外的安全感更加坚定了旁

---

① 鲍曼:《立法者与阐释者:论现代性、后现代性与知识分子》,洪涛译,上海:上海人民出版社,2000年,第67页。
② 鲍曼:《生活在碎片之中:论后现代的道德》,郁建兴等译,上海:学林出版社,2002年,第225页。
③ 菲利普·拉古—拉巴特:《海德格尔、艺术与政治》,刘汉全译,桂林:漓江出版社,2014年,第42页。

观者对犹太人境遇的冷漠。除此之外,纳粹实施的特殊政策也转移了犹太人斗争的视线。纳粹提出对部分犹太人实施特殊对待的政策,将犹太人的焦点引导在想方设法地成为那部分被特殊对待的人群,从而蒙蔽了政策的前提所针对的是犹太人整体的视线。为了使自己逃离作为一般犹太人群体之一员的遭遇,部分犹太人并不关心那些无法适用特殊政策的群体将会面临何种命运,对他者的遭遇冷漠淡然。鲍曼认为,这种道德冷漠和僵死是在自我保存成为最高信念之时理性最合理的选择。为了活下去,受害者只能选择将他人推向死亡。在这个过程中,没有道德生存的空间。"不可抵御的活下来的冲动把道德的审视推到一边,随之而去的还有人的尊严。在为生存而遍起的争夺中,自我保全的价值戴上了不可置疑的选择合法性的王冠。"①自我保存的理性思考战胜了道德良知成为行动的依据。

面对大屠杀这个事实,犹太人经过理性的思考意识到他们所能做的就是最大限度地减少伤害,试图拯救能够拯救的人,最终以一种妥协的方式接受了大屠杀的结果。这种理性的应对策略默许了部分犹太人的牺牲。"自从纳粹对游戏的规则和赌注做了统一和无可争议的规定之后,他们就能把犹太人的理性当做实现他们自己的目标的一项资源来调动。他们能够将规则和赌注做出这样一种安排,使得每迈出理性的一步,就可以加深未来受害者的无助,使他们一寸一寸向最终的灭亡靠近。"②在纳粹编织的世界中,道德与理性相对立。想要理性地保存自己的生命就需要泯灭道德,无视或是助力消灭他人的生命。不论是受害者、加害者还是旁观者所承受的道德压力与折磨都被理性的选择所中和,他们别无选择,保存生命被排在最优先的序列。在理性与道德相抵牾的情况下,大多数人会选择服从理性而冷落道德,"在一个理性与道德背道而驰的系统之内,人性就是最主要的失败者"③。选择成为一个体系怯懦的服从者,而不是勇敢的反抗者。

三、大屠杀之后的道德反思

在传统社会学那里,道德的存在是社会的需要,道德的行为是服从社会规范的要求;不道德行为的出现是违背社会规范的表现,或者是未达到社会鼓励的规范,是一种类似前现代的不够进步的表现。这种解释方式带来的结果是,不道德行为的发生只能归咎于社会机制的失调,换言之,正常运转的社会不会出现不道德的行为。如此一来,大屠杀的行为将无法得到解释。大屠杀这种不道德的行为就是发生在标榜进步与理性的现代社会之中。鲍曼认为大屠杀是由社会结构所主导的规范性道德失败的表现,在

---

① 鲍曼:《现代性与大屠杀》,杨渝东、史建华译,南京:译林出版社,2011年,第194页。
② 鲍曼:《现代性与大屠杀》,杨渝东、史建华译,南京:译林出版社,2011年,第170页。
③ 鲍曼:《现代性与大屠杀》,杨渝东、史建华译,南京:译林出版社,2011年,第269页。

这种道德规范中,遵守规则会带来道德沦丧的结果。鲍曼反对将社会机制看作是道德行为的牵引者,认为道德不是由社会所产生的,而是受它的操控:"道德不是社会的产物。道德是受社会操纵的东西——被它利用、更改、挤压。"①道德不是奠基在符合理性的社会规则之上,道德自我是道德行为重要的主体。

鲍曼分析了现代社会控制道德行为的方式,认为现代文明进程通过压制性的社会组织形式削弱了道德驱力。首先,是将行动者与任务的来源与产生的结果拉开距离。这种距离使得行动者所能做的只是服从规则,遵循程序,不用对结果负责。其次,将行动对象排除在道德对象的范围之外,将其放在不适用道德原则的位置。技术的潜在破坏性被它提供的效率与实利掩盖着,道德中性的技术社会化将行动所导致的结果影响范围无限扩大并为不道德的行为服务提供了可能,伴随着技术成就成为最高的价值评价标准,行动者对技术完美的追求取代了技术运用可能带来的不道德后果。正如鲍曼所言:"我们将我们的目的、终点和目标从道德考量中剔除了——像韦伯说的:只有上帝才能争论价值——留给我们的是选择最经济、最有效的方法去实现这些目的。"②人类使用技术力量的不断强化加上自我限制的自由给一些残酷行为的发生预留了空间。面对现代社会技术创造与道德无力之间的矛盾,鲍曼认为我们需要一种新的道德规范来告诉我们,存在着道德限制与抛弃道德限制,生活意义会有何不同。

鲍曼主张对他人负责的道德要求。在鲍曼那里,道德是人类与生俱来就有的:"虽然道德经常被遗忘或被摒弃,但它是人类安排得以塑造成型的不可或缺的条件。道德不能、也不必提出道德的理由,而道德也不必证明它的权利。"③鲍曼倾向于用道德驱力来解释人的道德行为,这种道德驱力生发于人与人的交往接触,是人类自然的倾向。他认为道德的存在是通过主体之间的交往关系表现出来的,其内容是对他人的责任,鲍曼不认为他人是对自我自由的一种妨碍,而是赞同列维纳斯对他人负责的观点。这种责任先于知识与意图,不以预期他人的回报作为交换,超越了现代官僚体系对利益的计较。道德行为由他者的存在所驱动,他者对道德行为并没有施加任何形式的压力:"他者不能做任何事情;准确地说是他的无力将我的力量、我的行动能力展现为责任。为这种责任所做的一切就是道德行为。"④道德行为既不受他者威胁也不受他者利诱的影响,不是由外力决定而是自发做出的对他人负责的行为,道德自我正是在对他人的责任中建构起来。

与此同时,鲍曼对他人负责的道德观也遭受了质疑。盖伊(Paul du Gay)便提出:"对鲍曼来说,正是人内心良知的信念促成了人类的道德行为。不幸的是,很明显,这

① 鲍曼:《现代性与大屠杀》,杨渝东、史建华译,南京:译林出版社,2011年,第239—240页。
② 西蒙·塔贝特、孙亮:《从现代性计划到流动的世界——齐格蒙特·鲍曼访谈》,《国外理论动态》2020年第4期。
③ 契斯·泰斯特、齐格蒙·包曼:《与包曼对话》,杨淑娇译,台北:巨流图书公司,2004年,第62页。
④ 鲍曼:《现代性与大屠杀》,杨渝东、史建华译,南京:译林出版社,2011年,第277页。

一理解不能也不应该成为一项绝对原则发挥作用,并要求所有人都要对这一原则负责。在高度分化的现代社会中,多元的生活领域产生了完全不同的、不可还原的伦理人格。事实上,并不存在本质上适用于所有关系的普适性道德律令。"①尼古拉斯·胡克威(Nicholas Hookway)同样认为鲍曼这种道德主张的普适性忽略了道德社会性的特定方面,并在对他者的无尽责任中失去了自我的定位:"鲍曼的伦理学建立了'道德圣人'——总是为他者服务的道德人——而不是道德的日常自我。"②对他人负责还面临将道德对象具体所指同质化的危险。除此之外,鲍曼对现代性与大屠杀的分析虽然区别了现代社会的犹太人屠杀与前现代社会发生的大屠杀,但是仍然无法说明构成现代性机制的各个要素如何在德国得以组合演变为大屠杀,也就是说鲍曼解释了现代性下的大屠杀,却无法解释现代性下发生在德国的大屠杀。迈克尔·弗里曼(Michael Freeman)认为,鲍曼忽视了除现代性之外的因素(比如战争)对大屠杀的影响,提出"应该将大屠杀置于更为一般性的种族灭绝理论的考虑之中"③。在对于现代官僚组织对个体行为的控制方面,肖恩·贝斯特(Shaun Best)认为,鲍曼忽视了个体在组织中的自主选择能力,个体参与到大屠杀行动中不是被迫的行为,而是接受并认同纳粹意识形态之后自主的选择:"选择做一些被认为有利于社会但可能会给自己带来痛苦的事情,这种'道德'行为不受某种形式的合理化或被视为满足官僚任务的要求,而是成为一种超越个人情感状态的文化和社会的选择。"④

虽然鲍曼对现代性与大屠杀的分析与道德反思存在着一些有待商榷的地方,但探究导致大屠杀发生的决定性诱因不是他的主要目的,他想要研究的是现代性如何将各种机制组合成可能发生大屠杀的环境,以及处在这种环境中的我们何以成为大屠杀的帮凶:"关于大屠杀最令人恐惧的事情以及我们由此对大屠杀的执行者有所了解的,不是'这'也会发生在我们头上的可能性,而是想到我们也能够去进行屠杀。"⑤受害者的身份固然让我们悲愤异常,但想到我们也可以成为加害者则更加令人惊恐。并非只有参与谋害计划与实施残忍行为的行动者才应该受到道德谴责,那些旁观者的道德冷漠也需要引起我们的深思。鲍曼从大屠杀事件的视角来重新思考现代性,分析了现代文明中普通的因素以独特的组建方式促成了大屠杀的发生,警示着我们去反思现代文明中所潜伏的破坏性,从而重视现代性进程中的道德问题。

---

① Paul du Gay, "Is Bauman's Bureau Weber's Bureau: A Comment," *British Journal of Sociology*, Vol.50, No.4, 1999. p.586.

② Nicholas Hookway, "Zygmunt Bauman's Moral Saint: Reclaiming Self in the Sociology of Morality," *Acta Sociologica*, Vol.60, No.1, 2017, p.1.

③ Michael Freeman. "Genocide, Civilization and Modernity," *British Journal of Sociology*, Vol.46, No.2, 1995, p.209.

④ Shaun Best, "Agency and structure in Zygmunt Bauman's Modernity and the Holocaust," *Irish Journal of Sociology*, Vol.22, No.1, 2014, p.85.

⑤ 鲍曼:《现代性与大屠杀》,杨渝东、史建华译,南京:译林出版社,2011 年,第 200 页。

论孟德斯鸠对自然法的解构

张雨凝[*]

内容提要：孟德斯鸠在《论法的精神》第一编第二章所提出的自然法学说迥异于自然法传统，没有包含目的论或应然法则。其论述语焉不详，且与后文"法的精神"的演绎甚少关联。因此，孟德斯鸠的自然法问题一直是争论的焦点。本文主张，孟德斯鸠既解构了传统自然理性的先天自然法，又批判了近代自然权利的经验自然法。在抛弃了自然法学说的同时，他并没有回归到古典政治之中。孟德斯鸠认为，社会事实本身才是政治实定法的"自然"基础。制定法律需要的不是在观念中虚构出一套抽象的政治理论，而是对社会事实具有审慎而丰富的政治经验，这才是孟德斯鸠"法的精神"的实质性基础。

关键词：在先的公正关系　自然法　自然状态　社会事实

导　言

孟德斯鸠所处的时代是传统自然法与近代自然法碰撞的时代。传统自然法理论的起源可以追溯到斯多亚学派。西塞罗确立了自然法的经典理论形态，将"符合自然的正确理性"视为自然法的核心要义[①]。正确理性所需符合的基础是：上帝创造万物，赋予了万物存在目的，并且规定了它们实现这一目的的存在方式。这套等级存在论，至托马斯·阿奎那臻于大成。在托马斯·阿奎那的体系中，上帝创造万物体现了上帝的神圣意志，而上帝的神圣意志是依照上帝的永恒理性去统治万物的。上帝治理万物的工具是永恒法，在永恒法的指令下，每类存在者依据被规定的存在方式实现上帝所赋予的存在目的，这就是这类存在者的自然。因为上帝自身就是至善，所以上帝赋予各类存在所要实现的目的就是这一类存在者追求的善。各类存在者并非各尽其善互不相干，而是在一个整体的善的秩序中相互关联，这就体现为万物之间彼此和谐共处。因此，符合每类存在者的自然，就是使它们按照各自的方式实现自身的善，成为上帝赋予它们自身

---

　　[*]　张雨凝，中国人民大学哲学院 2018 级博士生。
　　[①]　See Cicero, *On the Commonwealth and On the Laws*, III xxi.33, edited by G.Zetzel, Cambridge：Cambridge University Press, 1999, p.71.

之所是。这就是这类存在者的自然本性。

在所有的创造物中,只有人能够认识到上帝赋予的目的和上帝的法。据此,托马斯·阿奎那对自然法的界定是:

> 因为它分有永恒理性,据此它有一个自然倾向于其适当的行为和目的:这种永恒法在理性存在物中的分有被称为自然法……这就意味着,自然的理性之光,我们据此辨别什么是善,什么是恶,这是自然法的功能,不是别的而是神圣之光对我们的一种暗示。因此,很明显,自然法无非是理性存在者对永恒法的分有。①

人的理性能够认识到自身存在的目的,也就能够认识到自身所要实现的善,从而,人的理性就是符合自然的正确理性。自然法不过就是辨别善恶的功能,对托马斯·阿奎那而言,永恒法是神统治万物的法,自然法唯独与人相关,自然法就是与善相关的理性原则。这些理性原则实质内容是实践理性指引的道德美德。总而言之,古典自然法立足于善。

近代自然法学说与此不同,它并不预设人有一个有待实现的善作为先验目的,而是从基于自我保存的自然权利出发,从人类相互冲突却又彼此需要的生存经验中推演出自然法。基于自然权利理论的现代自然法学说肇始于格劳秀斯,随后,霍布斯利用自然法为建立契约社会提供了正当基础。根据霍布斯在《论公民》中明确的说法,"'权利'这个术语的精确含义是每个人根据正确理性去使用自己的自然才能的自由。因此,自然权利的首要基础是:每个人尽可能地保护自己的生命和肢体"(1.7)②。自然权利(ius naturale)的首要基础是自我保存,自我保存这一基本的自然权利替代了先验目的论所预设的自然本性,成为了新的"自然"。正确理性不再是永恒理性的分有者,它执行的判断功能不再是分辨善恶,而是要分辨何种手段有助于达到自我保存的目的。据此目的才有正当与否,善恶之分,自然权利而非自然法才是道德的根基。总而言之,近代自然法立足于自然权利。

概览自然法理论传统,我们可以依据自然法的性质将自然法归纳为两个基本定义③。一个是,"从上帝、宇宙和人类的假定特征中以各种方式衍生出的某些规则"④。这个定义几乎覆盖了自然法这个术语的所有意义。法学家所倾向的另一个自然法定义是,"一种适合把人的本性视作一个理性和社会性存在的最终原则,是或应该是,对实

---

① Saint Thomas Aquinas, *Summa Theologica*, Question 91 Article 2, London: Burns Oates and Washbourne, 1920, pp.1333-1334.

② Thomas Hobbes, *On the Citizen*, Translated By Richard Tuck, Cambridge University Press, 1998, p.27.

③ 这两个自然法的定义以及先天与经验的区分是瓦迪科尔提出的(参见 Mark Waddicor, *Montesquieu And The Philosophy Of Natural Law*, The Hague: Martinus Nijhoff, 1970, pp.1-2)。

④ Mark Waddicor, *Montesquieu And The Philosophy Of Natural Law*, The Hague: Martinus Nijhoff, 1970, p.1.

定法的一切形式的辩护"①。前者被认为是自然理性的自然法,包含了上帝对人的命令和人之为人的目的,是先天的自然法(a priori natural law)。后者是经验和后天的自然法(a posteriori natural law),依托于自然状态下发现的自然人性。这两个定义表明,自然法既是宇宙中万事万物运作的秩序,也是规范人类行为的道德秩序。概言之,古典自然法对应以自然理性为根基的先天自然法,近代自然法对应以自然权利为根基的经验自然法。普芬道夫总结了前一种自然法定义,自然法体现了上帝对于人应该是什么的命令②,这种命令必然包含了上帝创造人的目的。后一种自然法则是一种基于人的自然本性,以及人实际上是什么的说明③。正是由于自然法概念本身的复杂性,卢梭才抱怨自然法理论众说纷纭,从来没有达成过一致④。

在孟德斯鸠的时代,哲学家们一直在这两种自然法的概念之间徘徊。孟德斯鸠自己对自然法究竟持何种观点,学界一直存在争议。这种争议反映在孟德斯鸠《论法的精神》第一编第二章"自然法"的文本中。孟德斯鸠在这一章所提出的自然法学说不但迥异于古典自然法,因为他没有提及任何先验目的或应然的道德法则;而且也迥异于近代自然法,因为他也没有以自然权利作为社会契约论的正义基础,通过社会契约建立公民社会。虽然人在自然状态中首先想到的也是保存自己,可是孟德斯鸠并没有将这一点确立为自然权利。此章题目虽为"自然法",但是丝毫没有提及自然权利。不仅如此,孟德斯鸠关于自然法本身的论述也是语焉不详,而且与后文"法的精神"的演绎甚少关联。因此,孟德斯鸠的自然法问题一直是争论的焦点。

瓦迪科尔(M.H.Waddicor)系统地研究了学界对于孟德斯鸠的自然法学说的四种看法,他认为,第一种道德主义者和保守主义者的态度与第二种进步派的态度完全相反,但他们都认为孟德斯鸠放弃了自然法。这两种看法都有文本根据。第三种是人道主义论者的看法,与上述两种看法相反,他们认为孟德斯鸠相信自然法,但是这种看法缺乏文本根据。第四种是逻辑主义者,他们认为孟德斯鸠没有关心过这个问题,孟德斯鸠解释社会和政治现象的方法和认为他相信自然法的说法是自相矛盾的⑤。

这四种看法无法达成一致,这体现出孟德斯鸠自然法理论存在的根本问题是:公民

---

① F.Pollock, *Essays in the Law*, Macmillan, 1920, p.31.转引自 Mark Waddicor, *Montesquieu And The Philosophy Of Natural Law*, The Hague: Martinus Nijhoff, 1970, p.1.

② See Samuel Pufendorf, *On the Duty of Man and Citizen*, Cambridge: Cambridge University Press, 1991, p.34.

③ See Samuel Pufendorf, *On the Duty of Man and Citizen*, Cambridge: Cambridge University Press, 1991, p.35.

④ See Rousseau, *Discourse on Inequality*, Translated by Maurice Cranston, the Penguin Group, 1984, p.267.

⑤ See Mark Waddicor, *Montesquieu And The Philosophy Of Natural Law*, The Hague: Martinus Nijhoff, 1970, pp.16-20.

社会的法则是否可以脱离自然法的道德奠基而独自成立？这是《论法的精神》的核心问题①。若是主张孟德斯鸠相信自然法，那么为什么在《论法的精神》后续对实定法各个环节规模庞大的考察中，孟德斯鸠没有让不同国家的实定法从自然法的普遍原则中获得自身规定性？为什么他在政体分类理论、分权理论以及社会现象调查中并没有让自然法充当一个适应于各类政治社会的普遍原则？卢梭对孟德斯鸠的批评已经指出了孟德斯鸠自然法问题的困难，他认为孟德斯鸠其实并没有为政治社会建立一个普遍的原则②。

相反，若是主张孟德斯鸠放弃了自然法，则等于承认公民社会的建构可以脱离于自然法。这也就等于承认，孟德斯鸠放弃了建构一个适用于所有公民社会的普遍原则。这一主张同样需要回应的也是卢梭的批评，若没有像自然法这样的一个普遍原则，公民社会的正义基础何在？放弃了自然法学说是否等于"法的精神"为社会确立规范的努力就是失败的？施特劳斯重申了这一困难：

> 像是孟德斯鸠的《论法的精神》这样一本著作，倘若我们不考虑到它是旨在反对托马斯主义的自然权利论，就会对它产生误解。孟德斯鸠私下的居心何在，将是一个人们争讼不休的话题。③

潘戈进一步澄清了这一困难：

> 但孟德斯鸠在此拒绝讨论从自然状态的自然法中推导出规范性规则。相反，他转向了对已出现在人类历史中的各种"政府形式的性质和原则"的分类和考察。如此，我们就面临《论法的精神》规划中存在的第一个重大困难，正是这个困难使一些评论者认为，在第1章到第2—8章的转折中存在着一种无法化解的张力，这种张力一方面忠实于现代自然权利学说，一方面想要回某种亚里士多德的做法中，即不强调正义的普世标准，而倾向于关注合法政治的具体类型。④

本文认为，主张孟德斯鸠相信自然法学说除了上述思想上的困难，更直接的困难在于文本本身。孟德斯鸠对"自然法"的论述缺失了自然法理论中的一些关键环节。辩护孟德斯鸠保留自然法的策略是将第一编的第一章"法与各类存在物的关系"中所提到的"在先的公正关系"解释为先天自然法，以弥补这些缺失。本文第一节通过对"在

---

① 自然法与实定法之间的张力，其实是具体不同国家的实定法能否从自然法的一般准则中获得自身规定性的问题。参见雷蒙·阿隆：《社会学主要思潮》，葛秉宁译，上海：上海译文出版社，2015年，第34页。

② 参见卢梭：《爱弥儿》，李平沤译，北京：商务印书馆，1996年，第704页。

③ 列奥·施特劳斯：《自然权利与历史》，彭刚译，北京：三联书店，2003年，第167页。

④ 潘戈：《孟德斯鸠的自由主义哲学——论法的精神疏证》，胡兴建、郑凡译，北京：华夏出版社，2016年，第34页。

先的公正关系"的文本梳理反驳了这一观点,试图证明"在先的公正关系"并不能等同于理性的先天自然法,孟德斯鸠没有走古典自然目的论建立先天自然法的道路。本文第二至第五节通过对第二章"自然法"的文本梳理,依次从自然状态、自然法、自然法的解构和战争状态这些层面进行分析,论证了孟德斯鸠实际上抛弃了自然权利论,没有走自然权利建立经验自然法的道路。最终,本文将要辩护的观点是,文本证据明显支持孟德斯鸠抛弃了自然法学说。但是,不同于施特劳斯和潘戈的看法,本文并不认为孟德斯鸠抛弃了自然权利论就意味着回归了柏拉图—亚里士多德为代表的古典政治精神①。"社会事实"才是"法"真正赖以形成的根基。

一、在先的公正关系

在《论法的精神》第一编第一章"法与各种存在物的关系"中,孟德斯鸠开篇对法的界定是,"出自事物本性的必然关系",并且进一步扩充了这个定义,"存在着一个初元理性,法就是初元理性和各种存在物之间的关系,也是各种存在物之间的相互关系"②。上帝并非一个任意的创世者,而是与宇宙处于一种必然的关系之中。这个必然的关系就是法。法就是事物据此得以存在的必然根据,即,事物的本性。依照这样的必然关系,上帝和各类存在者各有其法。这就是孟德斯鸠的总体意义上的法(des lois ex général)。与古典自然法相应,它同样体现了法在这个层面的普遍性。与古典自然法的区别在于,孟德斯鸠的上帝并不是绝对超然于法之上的神圣意志。孟德斯鸠认为,上帝与他的创造物同样处在一种必然的关系之中,因而,"上帝有其法"。正如所有的存在者都有其要遵循的法,上帝本身也要服从法的必然性。包括上帝在内的总体法意味着初元理性(raison primitive),这是存在者作为自身存在的法则,也是它们与其他存在者相互关系的根据。法体现了上帝创世的智慧,上帝通过法保存它的创造物,法是上帝的智慧与权能的体现。上帝通过法达到维持万物存在的目的,物理世界如此,人类世界亦然。孟德斯鸠的上述观点还是传统自然法的思路。然而,不同于前人,孟德斯鸠从未得出结论说,上帝为人类制定的、维系人类生存的法则就是自然法,只是说这种维系人类生存的法则是在实定法之先的公正关系。

孟德斯鸠对在先的公正关系有如下论述:

> 与众不同的智能存在物能够拥有他们自己创制的规则,但他们同样拥有一些并非由他们自己创制的法则。在智能存在物尚未存在之时,他们已经有了存在的

---

① 施特劳斯说:"但是我们可以稳妥地说,作为一个研究政治的人,作为有一个在政治上理智健全的人,他所明确教导的东西,更接近于古典派的而不是托马斯的精神。"参见列奥·施特劳斯:《自然权利与历史》,彭刚译,北京:三联书店,2003 年,第 167 页。

② 孟德斯鸠:《论法的精神》,许明龙译,北京:商务印书馆,2007 年,第 77 页。

可能性,他们彼此之间有可能存在着某些关系,因而也就可能有了某些法律。在制定法律之前,就可能存在着某些裁定是非的关系,断言有了提倡和禁止某些行为的人为法之后,才有公正和不公正的区别,那就不啻于说,在画出圆圈之前,所有半径都是长短不一的。所以,我们必须承认,在人为法确立公正关系之前,就存在着公正关系。例如,倘若已经有了人类社会,那么,遵守人类社会的法律就是正确的;倘若智能存在物获得了另一种存在物的泽惠,那么,前者理应感谢后者。倘若一个智能存在物创造了另一个智能存在物,被创造者就应该始终保持与生俱来的从属关系。倘若一个智能存在物加害于另一个智能存在物,前者就应该受到同样的损害。(1.1)①

根据孟德斯鸠的论述,首先,"在先的公正关系"的理论前提是总体法。既然总体法是初元理性和各类存在者的必然关系,人类是其中一类存在者,那么人类的法是初元理性和人类之间的必然关系。其次,人类的法不都是人自己制定的。"在先的公正关系"这种法"并非由他们自己创制的法则",并且在"人为法所确立的公正关系之前"。因此,"在先的公正关系"就是初元理性和人类之间的必然关系,这种必然关系规定了人的存在,体现了人类这种存在者的本性,是制定人为法的前提。那么,"在先的公正关系"为人为法提供了怎样的前提呢?

如果我们仔细分析就会发现,这个前提是存在论层面的。"在先的公正关系"可以被总结为四个要点:第一,如果人类社会已经存在,那么人们遵守法律是正确的。第二,如果人类作为智性存在者受益于另一个存在者(上帝),人类应该感激上帝的赐予。第三,如果一个智能存在者(人类)是另一个智能存在者(上帝)的创造物,那么人类应该维持一种原初状态的对上帝的依存关系。第四,如果一个智能存在者加害于另一个智能存在者,那么他理应受到相应的损害。因为上帝是全善的,所以在这里"加害"指的是人。以上四点是公正关系的实质。在先的公正关系的首要原则就是证明,遵守法律是一切政治社会的前提。

这段文本可以被划分为两个层次:对上帝和对他人。对上帝,人类作为受益者要感激他的赐予,人类对恩典的回馈被视为人类对上帝的依存关系。对他人,惩罚对他人的伤害也是公正的体现。对比孟德斯鸠的公正与亚里士多德的公正可以发现,孟德斯鸠继承了亚里士多德论述公正的两个基本义涵:守法和平等②。人对上帝的关系是一种纵向正义,是存在等级高低之间的公正关系。人对上帝的感恩和依存是对公正关系的正面论述。加害他人应受惩罚是一种横向正义③,是得与失之间维持平等的矫正正义

---

① 孟德斯鸠:《论法的精神》,许明龙译,北京:商务印书馆,2007年,第77页。

② 亚里士多德:《尼各马可伦理学》,廖申白译,北京:商务印书馆,2003年,第128页。

③ 孟德斯鸠对正义关系的论述对应于亚里士多德的正义理论,参见《尼各马可伦理学》第五卷。有关于亚里士多德正义概念参见聂敏里:《古典实践概念与近代自然法传统——对古典美德伦理学的一个批评性考察》,《中国人民大学学报》2021年第1期。

（τὸ διορθωτικὸν δικαιον），这其实是对公正关系的负面论述。守法的公正作为总体的公正贯穿于两个层次之中。然而，无论纵向还是横向，公正在这里都只是存在论上的准备，并没有像古典自然法那样确定公正的实质内容。

"在先的公正关系"规定了人的独特的存在方式：人在自然本性上是守法的存在者。这就为孟德斯鸠的整部著作中法对人类政治生活的总体规范奠定了根本前提。法律对人类生活而言是自然适合的，这个前提绝非可以直接等同于具有实质性内容的自然法。因此，一些研究者认为，把"在先的公正关系"直接等同于先天自然法在文本上是有困难的。① 这种看法认为，法律是人类给自己创制的行为规范，而法律必须源自自然的公正关系，从而，先于人为法的永恒的公正关系等同于先天自然法。

我们拒绝这种观点的第一个理由是，孟德斯鸠有意地弱化了上帝在自然法中的理论作用。仔细观察孟德斯鸠对法和"在先的公正关系"的界定，我们可以发现，孟德斯鸠的出发点是上帝为智能存在者所创立的法，而不是上帝的绝对意志对人所发布的指令，这就等于弱化了古典自然法中上帝的作用。所谓初元理性和上帝立法的论述只是告诉我们，法才是一切人和人类政治事务的主宰，而不是上帝的神圣意志。一旦孟德斯鸠弱化了上帝的作用，就等于抽掉了自然法最重要的支撑。因此，我们不能理所当然地将"在先的公正关系"直接等同于先天自然法。

我们拒绝这种观点的第二个理由在于文本本身。孟德斯鸠在第二章所给出的四条自然法并没有提及自然法与公正关系的任何联系。公正关系的提出是在第一章，而非自然法所处的第二章。第二章的文本告诉我们，在这个弱化版的"自然法"中，上帝始终没有作为自然法的创造者和颁布者出现，就算将"在先的公正关系"等同于古典自然法也不能解释上帝在自然法中的缺席。

如果上述理由还不够直接，我们可以站在问题的反面来思考。如果"在先的公正关系"就是自然法，为什么孟德斯鸠没有像古典自然法学家把自然法讲成爱上帝和爱邻人这种具有实质道德内容的自然法？为什么孟德斯鸠不以传统的道德美德去充实"在先的公正关系"？原因在于，孟德斯鸠同样深刻地认识到，以往自然法学家的关注点都在上帝和自然秩序之上。而孟德斯鸠那个时代的思想家更多关注的是人实际上是什么，人实然层面的自然本性是什么。进而，孟德斯鸠发现了自然法中真正重要的角色不是上帝，而是人。人既是立法的存在者，也是违法的存在者。

从而，我们拒绝这种观点的第三个理由在于孟德斯鸠对人的自然本性的界定。虽然守法是人自然正当的义务，但是，不同于物理世界的存在者，人并非总能守法。人也是违法的存在者，这同样是出于自然本性。人会违反原初法和人为实定法的原因在于，人在其本性上是一种自由的行动者（free agents），这是人与物理世界存在者决定性的不

---

① 参见申建林：《理性自然法精神走向兴盛还是衰落？——18 世纪法国思想的动向探讨》，《法国研究》2005 年第 1 期。

同,是人特有的属性。这种属性会导致违法的可能,因此它也是人性的根本缺陷。这就决定了孟德斯鸠不可能指望自然法解决人性缺陷所导致的政治生活失范问题。理性建立的各种自然权利理论,无论是强调先天的应然还是后天的利弊,都无力完全杜绝人的这种自然倾向。因此,在考察实定法应该根据何种原则制定之前,孟德斯鸠提醒我们必须注意观察人性事实。直面这一点,才能将孟德斯鸠和自然法学派划清界限,只要人具有智能存在者的身份,就永远有可能违法。自然法无力杜绝这一点,在社会之先也无立约的必要。

这个人性事实就是:1. 人作为物理性存在,与其他创造物同样受制于不变的法则,总体法所推导出的人的自然本性是守法的存在。2. 人作为智能存在,会违反上帝制定的法。3. 人作为智能存在,也可为自身制定法律:"与众不同的智能存在物能够拥有他们自己创制的规则"(1.1)。① 这一点是其他创造物所没有的,就此而言,人类是立法的存在者。第 2 点违法的存在与第 1 点的关联是,人在智能层面的缺陷恰恰证成了第 3 点人类作为自由立法者的身份,也证成了一切法律存在的必要性和实施的可行性。宗教法的存在是由于人会遗忘上帝;道德法的存在是由于人会遗忘人应当所是;政治实定法的存在是由于人会在社会生活中遗忘他人;法律因此而界定了人应当承担的责任。那么,人要守的法就不是出自上帝的自然法,第 1 点守法的倾向使第 3 点得以可能,第 2 点违法的倾向使第 3 点成为必要。第 1 点和第 2 点都说明了第 3 点所瞄准的是政治实定法而非自然法。这就使"在先的公正关系"能够在法的层面完成对人的存在的基本界定。这也是孟德斯鸠为什么要从"在先的公正关系"开始来推演"法的精神"的原因。

综上所述,与其说"在先的公正关系"类似于先天自然法,不如说它是孟德斯鸠对先天自然法的解构。他不仅弱化了上帝在古典自然法中的理论作用,而且削弱了上帝作为绝对律令的立法者处于自然法之上的超然地位,使上帝的绝对意志服从于法本身的必然性。孟德斯鸠重新刻画了人的自然本性,人既是立法的存在者也是违法的存在者,这一存在论设定才是全部实定法之必要性所需的人性前提。

从公正关系的第一点"如果人类社会已经存在"就可以看出孟德斯鸠的着眼点是人类共同生存的经验事实而非先验假设。既然人类社会已经存在,人事实上已经与他人处于共同生存的关系之中,只要这个经验关系存在着,法律就是必要的,守法就是正当的。而后,孟德斯鸠立刻剖析了自然人性的缺陷,从反面论证了正是因为人性不可靠,所以法才有存在的必要性。孟德斯鸠对自然法的真正论述,正是建立在人类自然局限性的基础之上。既然守法是正当的,违法又出于本性,人怎么能够认识并知道这些法律呢?

孟德斯鸠论述"在先的公正关系"所用的方法是理性的推理演绎,论述"自然法"所

---

① 孟德斯鸠:《论法的精神》,许明龙,北京:商务印书馆,2007 年,第 77 页。

用的是经验观察。前者是孟德斯鸠对古典自然法理论的弱化和改写,对应于人的理性和智能层面;后者是他对现代自然权利自然法的解构,对应于人的经验和动物性层面。本文在下一节进入《论法的精神》第一编第二章"自然法"的文本梳理中,从自然状态的角度考察孟德斯鸠提出自然法的理论根据。

二、自然状态

孟德斯鸠在第二章对自然法的论述十分简短。与同时代的经验自然法一样,他采取勾勒"自然状态"的方式澄清"自然法"的来源。孟德斯鸠认为,自然法完全源自我们的受造和生存,因而要认识自然法,必须在前社会的"自然状态"中去考察。

> 先于所有这些法则和规则而存在的是自然法;之所以称作自然法,是因为除了我们的存在本质之外,再没有任何其他渊源。只有考虑了社会组成之前的人,才能较好地认识自然法。自然法就是人在社会组成之前所接受的法。如果不是依照顺序而是依照重要性排列,自然法的第一条便是把造物主的观念灌输给我们,并让我们心向往之。自然状态下的人具有认知能力,但知识相当贫乏。人的最初思想显然绝非思辨意识。人首先想到的是保存自己,然后才会去思索自己来自何处。因此,人起初感到的是自己的弱小,因而十分怯懦。如果需要对此提供实证,那么,丛林中的蛮人便是。任何东西都会使他们颤栗,任何响动都会把他们吓跑。在这种情况下,人人都自以为不如他人,相互平等的感觉微乎其微。所以,谁也不会想方设法彼此攻击,和平于是成了自然法的第一条。(1.2)①

自然状态中的人在获得知识之前首先具有认识的能力,在他探究自身起源之前,人想到的仅仅是自我保存。为了更加清晰地理解孟德斯鸠对自然状态和自然人的论述,我们将其与霍布斯和卢梭的自然状态理论做一个直观简要的对比:

	自然人	自然状态	个体状态	与他者的关系
孟德斯鸠	自然人是社会的动物	自然状态非战争状态	弱小怯懦、不安、不易与人为敌,有理性	无自我保存的安全感,寻求他人和社会
霍布斯	自然人是非社会的动物	自然状态是战争状态	虚荣、竞争、猜忌、追求无休止的权力欲,有理性	人对人的战争状态,寻求他人和社会
卢梭	自然人是非社会的动物	自然状态非战争状态	强壮、无知、不易与人为敌,无理性	自足、孤独者的幸福,不寻求社会

---

① 孟德斯鸠:《论法的精神》,许明龙,北京:商务印书馆,2007年,第78页。

可以看出,孟德斯鸠的自然人总是自以为弱小而无力。与卢梭的野蛮人相似,孟德斯鸠认为处于自然状态之中的人并非倾向于相互攻击,反而对自我保存极端没有安全感。如果感到威胁,他们的第一反应总是躲避或者逃跑。与卢梭最大的不同之处是,孟德斯鸠的野蛮人在自然状态中并不满足,自然也远远没有给他们提供足够强健的力量和体魄从而可以使他们独自在森林中晃荡并且自给自足。他们总是面临匮乏和危机,这种无力和不安并没有引起霍布斯式的无休止的争夺和猜忌,反而使他们更倾向于寻求彼此和平共处。出于担惊受怕,自以为一无所有的野蛮人并没有觉得自己和别人是平等的。他们在自然状态中的理性远远没有发达到足以获得知识的程度,但却足以使他们具有自我保存的判断。这种认知能力导致的结果并不是竞争和猜忌,而是认为自己的处境不如他人,让每个人自身充满危机意识。因此,野蛮人不会争强好胜,冒着终结自我保存的危险追求超过他人带来的虚荣,孟德斯鸠的自然人不具有社会状态之中的人才有的欲望。

尽管没有社会中的竞争、对权力和荣誉的追求,孟德斯鸠依旧保留了人与他人共处这一基本的社会关系,这是人向来就有的生存状态。卢梭认为,在自然状态之中,人与人之间的平等是因为造成不平等的种种因素还没有在自然状态之中发挥作用。财产差异悬殊、奴役他人这些不平等的现象是当人的理性、语言和技术发展到一定的阶段之时才有的。在孟德斯鸠看来,不论是霍布斯式的竞争猜忌,还是卢梭无欲无求式的平等,都不是人在自然状态之中的实际情况。在自然状态之中,人的理性能力已经能够认识自身的生存状态,并且能够将自己与他人进行比较。这种比较的结果不是霍布斯和卢梭所认为的虚荣和攀比,反而是一种己不如人的危机感,是无力与人为敌的安全意识,这同样是出于自我保存的理性判断。

上述差异所造成的结果是:第一,在霍布斯看来,摆脱自然状态的根本原因不是理性,而是对暴死恐惧的自然激情[①];在卢梭看来,理性造成了人类自身的堕落,导致了人们不得不想办法退出自然状态;孟德斯鸠认为,恰恰需要依赖理性对自我保存的判断才能脱离自然状态。第二,霍布斯与卢梭都认为,自然人是有力量的,他们的区别是,用力量来追求权力还是独立生活。这种力量对于社会来说是一种不稳定因素。除了武力以及强大的公共权力之外,霍布斯无法保证单凭契约就可以约束人的这种力量;卢梭却将这种自足式的力量赋予个人,导致社会成了一种不得已而为之的替代品。不论他们是否愿意,他们的理论都在效果上造成了自然状态和政治社会之间正当性的断裂。[②] 孟德斯鸠却认为,无力自保和相互需要才是人们需要他人以及社会的根本原因。在这一点上,孟德斯鸠继承了亚里士多德"人自然是政治的动物"的前提,自然人对社会和法

---

① 参见列奥·施特劳斯:《霍布斯的政治哲学》,申彤译,南京:译林出版社,2001年,第18—21页。
② 参见潘戈:《孟德斯鸠的自由主义哲学——论法的精神疏证》,胡兴建、郑凡译,北京:华夏出版社,2016年,第31—32页。

律的需求顺理成章,从而,第一自然法被表述为寻求和平。这使得孟德斯鸠能够避免霍布斯和卢梭所面对的断裂,下一节我们对后三条自然法的分析将证实这一点。

三、自然法

自然法被表述为如下四条:

1. 在这种情况下,人人都自以为不如他人,相互平等的感觉微乎其微。所以,谁也不会想方设法彼此攻击,和平于是成了自然法的第一条。霍布斯认为,人最初的欲念是相互制服,这种说法没有道理。霸道和高踞他人之上的念头绝非单一的思想,而是从属于许多其他思想,所以,霸道和高踞他人之上不可能是人的最初思想。霍布斯问道:"人如果并非生而处于战争状态,那么,他们为什么总是全副武装,总要给自己的住所上锁呢?"但是,霍布斯没有想到,只是在社会组成之后,人才找到了相互攻击和自我保护的理由,他是把社会组成后的发生的事加之于社会组成前的人身上了。

2. 人在感到自己弱小的同时,还有需求。因此,自然法的另一条就是设法填饱肚子。

3. 我在前面说到,畏惧促使人们逃跑,但是,当人们发现彼此都心怀畏惧时,反而很快亲近起来。况且,一个动物在一个同类向它靠近时所体验到的愉悦,也会促使他们相互亲近。因此,两性之间互献殷勤便是自然法的第三条。

4. 除了最初拥有的感情,人还渐渐获得了知识,于是人便有了其他动物所没有的第二种联系,从而有了相互结合的新理由;在社会中共同生活的愿望便是自然法的第四条。(1.2)①

可以看出,孟德斯鸠采取了经验观察的方法得出这四条自然法,没有任何形而上学原则的推理和演绎,甚至没有预设任何道德原则,而是根植于一个人的生理的、本能的特性。② 根据瓦迪科尔的看法,孟德斯鸠的自然法理论有三个目标:其一是要反驳霍布斯的自然状态论,其二是重点论述自我保存理论,其三是为建立社会提供一个非目的论式的经验基础。要实现这三个目标,除了对自然状态中的自然人性和法的普遍性给出有力的论证,还要保证自然状态与社会状态不能有巨大的差异,尽力使从自然到社会有一个平稳而自然的过渡。如果像霍布斯和卢梭那样在二者之间造成巨大的反差与隔阂,自然人性注定要发生重大的改变,才能在法理上顺利地完成这种过渡。但是,如果

① 孟德斯鸠:《论法的精神》,许明龙,北京:商务印书馆,2007年,第78—79页。
② Mark Waddicor, *Montesquieu and The Philosophy of Natural Law*, The Hague: Martinus Nijhoff, 1970, p.47.

自然人性的改变不彻底,就会给社会的建立造成重要的隐患。法理和道德层面都需要极强的理由迫使人走出自然状态,才能证成自然状态向社会状态转变的正当性。

着重考察这三个目标,我们可以发现,孟德斯鸠在自然人性的理性、欲望、情感特征各方面的结论与霍布斯完全不同。孟德斯鸠对霍布斯最重要的反驳,不仅是后者将社会状态中与自然状态中的人性特点严重混淆,以及自然状态中一切人反对一切人的战争状态这些具体结论,更是指向这些结论背后的自然权利论本身。

自然权利(ius naturale)在现代主要是指主体行动的权利,即主体行动的正当性,是具有主体人身道德属性的"主体法权"①。霍布斯理所当然地将自然权利延伸到了物的所有权,因为自我保存是自然正当的,所以凡是以此目的对物的占有和使用也都是自然正当的。他人的身体就是这样被包括进来的。只要从自我保存的自然权利出发,只要一个人判断别人有可能威胁到他的自我保存,他/她甚至有杀死别人的正当性,这样一来,就会陷入人对人是狼的战争状态,人也就随时面临着暴死的可能。

为了避免这种糟糕的局面,霍布斯对第一自然法做出如下的界定:"每一个人只要有获得和平的希望时,就应当力求和平;在不能得到和平时,就可以寻求并利用战争的一切有利条件和助力。"②霍布斯的第一自然法并非无条件的道德律令,力求和平是有条件的,而基于自我保存的自然权利才是绝对的。在自然状态中,自然权利赋予个人的正当权利加剧了人与人之间的战争,自然法所要求的和平与正义永远无法限制个体自我保存的自然正当性。自然法只是正确理性对人类的指导:保全自身,谋求和平,放弃权利、制订契约才是个人保全自身的最佳方式。它终究只是内心的法庭③,本身没有力量终结自然状态,令剑拔弩张的自然人放下武器④,更没有力量去压服自然人性中根本性的骄傲和恐惧⑤。在孟德斯鸠看来,霍布斯最大的错误是,他的自然权利论并没有为自然人性的缺陷树立一种矫正的尺规,反而提供了反对社会和国家的暗刃。

因此,孟德斯鸠要放弃自然权利,从自然欲求出发。自然欲求指的就是第二、第三条自然法中所规定的,填饱肚子和两性吸引。这并非道德属性,而仅仅是人的动物性本能和基本生存需求的经验事实。故而自然欲求有别于自然权利。自然权利是具有道德属性的主体法权,自然欲求只是生存所需要的动物性欲求。自我保存指向法权上的正当性权利,体现了人作为自由行动者层面的存在,与生理性存在层面具有决定性的区

---

① 李猛在《自然社会:自然法与现代道德世界的形成》中篇自然法权的第四章详细梳理了法权概念从中世纪托马斯·阿奎那的客观法权到格劳秀斯的主观法权的演变。参见李猛:《自然社会:自然法与现代道德世界的形成》,北京:三联书店,2015年,第227—254页。

② 霍布斯:《利维坦》,黎思复、黎廷弼译,北京:商务印书馆,1986年,第98页。

③ 霍布斯:《利维坦》,黎思复、黎廷弼译,北京:商务印书馆,1986年,第103页。

④ 霍布斯在《利维坦》第14章表明,第一履约人的困境暴露了没有武力保证契约只能是一纸空文。有理性的自然人相当明智,没有人会率先放弃自然权利。

⑤ 自然法始终只是人内在良心的法庭,仅靠自然法人无法走出战争状态。自然法在自然状态中的无力延续,到了社会状态之中,就造成公共理性和私人理性之间的张力。

別,它是人不同于动物性存在所特有的属性。孟德斯鸠的自然法所提出的果腹和两性吸引仅仅是人与其他动物都具有的基本生存需求。孟德斯鸠的出发点是自然欲求,并非霍布斯式的自然权利。自然权利指的是主体行动的正当性,一个主体的行动可以划分为三个要素,按照自己的意志行动的自然自由,判断采取何种手段能达到目的的正确理性,以及行动的自然能力。逐一考察这三个要素,我们可以得出如下结论:

第一,孟德斯鸠在本章没有提到自然自由。但他在第二编论述公民自由时说,"自由就是行使自己的意志,或者至少(假如需要从所有体系来谈的话)是自认为在行使自己的意志。政治自由是享有安全,或者至少是自认为自己享有自由"(12.2)①。行使意志层面的自由可以对应于自然权利论语境下的自然自由。但是,孟德斯鸠所谓的按照自己的意志行动的自由指的是公民自由,而不是自然状态中的自由。孟德斯鸠认为,自由是自以为享有安全的政治自由。在自然状态之中,人根本不可能具有自以为享有安全的意识。从而自然自由这一点就被排除了。

其次,孟德斯鸠不认为自然人具有正确理性。孟德斯鸠与卢梭一致认为自然状态中的人是丛林的蛮人。这样的自然人不具备自然权利论体系所谓的"正确理性"(recta ratio)的能力。根据前面的分析,正确理性指的是理性对自然秩序、人之为人的目的与上帝指令的认识。这些都是需要经过思辨之后才能明白的知识,自然人根本认识不到这些东西。试想:不伤害他人的和平何以"正确"? 这不是因为理性告诉他们这样做更有利于自保,而是因为自然人感到自己弱小,感到己不如人。从而正确理性这一点也被排除了。

最后,孟德斯鸠不认为自然人具有足够的自我保存的行动能力。根据前文的分析,自然人的弱小和懦弱都是他们不具有自保能力的体现,这决定了孟德斯鸠的自然状态不是战争状态。自然人没有足够的自我保存能力,故而需要相互依靠。孟德斯鸠给予自然人自我保存的行动能力也仅仅是填饱肚子而已。

综上所述,孟德斯鸠的自然法前提绝非具有严格法权道德属性的自然权利概念,而是基于自然欲求的经验事实。自然欲求仅仅显示了人人在生存上相互需要,因此具有适合过社会生活的自然倾向。这对于论证人类需要政治生活而言已经足够了,而不需要自然权利。但是,现代自然法道路是以自然权利为基点的,以此来奠定公民社会的正义基础。正义是理性依据自然权利缔造契约进入公民社会而创造出来的,是人为正义或者说约定正义。既然孟德斯鸠与霍布斯都认为政治正义是一种约定正义,为什么孟德斯鸠没有按照现代自然法的思路,以人性缺陷→自然权利→自然法→社会契约的方式给出约定正义? 不依靠自然权利和社会契约而仅从自然欲求出发,能否成功地为政治社会提供正义基础? 仅仅表明孟德斯鸠没有走自然权利道路还不够,本文将在下一节进一步揭示孟德斯鸠拒绝这条道路的原因。

---

① 孟德斯鸠:《论法的精神》,胡兴建、郑凡译,北京:华夏出版社,2016年,第185页。

四、自然法的解构

（一）去道德化

从"在先的公正关系"中人会违法这个自然缺陷，我们可以推断出：在自然状态转变为社会状态的过程中，任何对法的规范性实质内容的预设都是不起作用的。人类不仅在本性上会违法，而且此时还处于自然状态，还没有"如果社会已经存在人就应当守法"的正当性。因此，第一条自然法的实现意味着，放弃自然权利理论的同时必须使自然法学说去道德化，也即，不是从在先的道德原则出发，而是从人类最基本的自然欲求出发。孟德斯鸠采取了格劳秀斯和洛克的策略：自然状态过渡到社会状态完全出于人类的自然欲求。进而，对自然人性的基本设定必须放弃道德属性，以人类的实际存在和自然本能作为自然法和建构社会的基础。

"在先的公正关系"和总体法仅仅将政治正当性的支点建立在守法的正当性之上。除了人是守法的存在者，再没有多余的道德被预先置入人的自然本性之中。人不仅是守法的存在者，也是违法的存在者。孟德斯鸠认为，法的必要性恰恰植根于人自然本性之中的根本缺陷，然而，通观四条自然法，它们都没有对人会违法这一缺陷做出任何应然的道德回应。显然，自然法不存在目的。在四条自然法中看不到任何类似道德原则的规定，比起第一章"在先的公正关系"，第二章自然法更加彻底地回避了人类行为的道德属性。①

依照严格的自然权利思路，孟德斯鸠应该承认自然状态之中人类具有基于自我保存的自卫权。然而，为了跟霍布斯划清界限，孟德斯鸠没有推导出当自我保存受到威胁的时候杀人是正当的这个结论，也避免了推导出自然状态中人与人为敌这样的结论的任何可能性。孟德斯鸠认为，正当的自卫权只是在政治法颁布之后才能具有合法性。从逻辑上来看，自卫权当然可以从自我保存中推导出来，但是自然状态缺少使得这种推导成立的法理条件，自然权利和自然法都没有赋予自卫权在法理上的正当性。在《论法的精神》第一编第二章，孟德斯鸠对霍布斯的说法提出了明确的反驳，指出社会状态才提供了人们彼此攻击和自卫的理由，因而只有社会状态才有正义可言。孟德斯鸠认为，人必须要进入社会状态的原因即是为了寻求正义的保护。

---

① 潘戈准确地发现了这一点，"孟德斯鸠有关自然正义原则的例子因此仅包含了行为规则，这些规则对维护几乎所有社会来说都是必要的最低标准。在此并无迹象表明，存在超出社会奇迹成员保存的社会的自然目的……第二节的标题是'论自然法'，它提醒我们注意下面事实，即孟德斯鸠从来没有称'在先的公正关系为自然法'。理由我们以后看得更加清楚：尽管确实存在着从社会的本质中推导出来的必要的正义原则，但社会本身从严格意义上讲并非自然的，因而其法律顶多是准自然的。"参见潘戈：《孟德斯鸠的自由主义哲学——论法的精神疏证》，胡兴建、郑凡译，北京：华夏出版社，2016年，第24页。

　　虽然洛克与孟德斯鸠对自然状态并非战争状态的看法大致相同,但是洛克强调自卫权的理由是,在自然状态之中人们是自己正义的仲裁者,并且他人对财产的威胁与对自我保存的威胁同样需要强调自卫权。孟德斯鸠不同于的洛克看法是,当人类处于没有财产、社会欲望与敌人的自然状态时,缺乏足够心智来进行自卫的正义仲裁,因此自卫权也就无法由自然法来直接加以确定。第二条自然法所提出的仅仅是一种最低限度维持的生存需求。第三条自然法的确可以由异性之间愉悦的吸引推导出家庭关系的可能性,这个逻辑推论也完全符合人类种族的自我保存和繁衍的本能。但是,孟德斯鸠的文本本身没有表明应当从自然法中发展出一种稳定的家庭关系,或是从男女繁衍推导出道德原则,从而把两性关系以合法的方式固定下来。

（二）去上帝化

　　四条自然法和我们对上帝的观念是否具有关联? 我们发现,自然法的四条内容既没有提到对上帝的义务,也没有论及对上帝的尊崇。这两条构成自然法实质内容都没有被提及。除此之外,模糊不清的还有最重要的自然法与后面四条自然法之间的关系。

　　我们先来看第一条自然法之前的文本,有一处说法非常奇怪:

> 　　自然法是印在我们心中的造物者的观念,使我们趋向于他。是自然法中并非依照次序而是依照重要性中的第一条。在自然状态之中,人在获得任何知识之前已经有了认知的能力。很明显,人的最初观念显然绝非思辨意识。人首先想到的是保存自己,然后才会去思索自己来自何处。(1.2)①

　　最重要的自然法的内容是,造物主的观念印入了人的心灵之中,并使得人类趋向于他。然而,自然人虽然有认知能力,但是没有知识。自然人首先想到的是保存自己,而不是思考自己的存在来自何处。自我保存的观念中并没有包含造物者的观念,人要思考自己来自何处才能发现造物者上帝。自然人恰恰是没有这种思考之后才能得到的知识。如此一来,一方面孟德斯鸠说上帝的造物者观念是自然法最重要的一条,而另一方面,他后面所提到的四条自然法却没有表现出自然人具有上帝的观念,这岂非自相矛盾?

　　带着这个问题,我们再次审视第一条自然法:人在自然状态中感觉自己一无所有、无力、弱小、比不上他人等②。这是自我保存的认知、感觉、想象共同作用所得出的结论。每个人都想象自己不如他人,不会有攻击他人的危险性,从而和平是第一自然法。孟德斯鸠没有对人的来源可追溯至上帝进行任何推理,也没有对自然法观念的来源做

---

① 孟德斯鸠:《论法的精神》,胡兴建、郑凡译,北京:华夏出版社,2016年,第78页。
② 参见孟德斯鸠:《论法的精神》,胡兴建、郑凡译,北京:华夏出版社,2016年,第78页。

出任何说明。这就造成了最重要的观念(原文称上帝是最重要的自然法)跟与之毗邻的第一自然法(自我保存,追求和平)在逻辑上存在着一个断裂:人在自然状态中无法获得上帝作为造物者的反思性知识,而只有自我保存的认知。那么,孟德斯鸠与洛克同样会面对一个重要的困难:人如何能够认识最重要的上帝自然法? 如果上帝将这些观念通过法则印入人心,为何这些天赋观念不包含后四条自然法? 事实上,根据前文分析,四条自然法完全可以依赖人的后天经验和认知能力独立得出。上帝自然法的观念是人思考自身来源之后得出的思辨知识,自然状态中的人不可能拥有这种知识。由此可知,上帝观念在四条自然法中并没有起到任何作用。

最后,我们来看第四条自然法,它提出人有过社会生活的欲望。不同于格劳秀斯和洛克,孟德斯鸠没有说,人只有过社会生活才能实现上帝创造人时赋予人类的目的①。相反,社会欲的前提并非出于上帝作为创造者命令人过社会生活,而是在后天产生的,它依赖于人区别于动物拥有逐渐获得知识的认知能力,认识到在社会中生活能更有利于自我保存。

总之,贯穿四条自然法的是,自我保存的自然欲求以及最后由此可能发展出来的知识——逐渐意识到人与人彼此结合的新理由。自然法完全可以由自然欲求这一经验事实推导出来,作为人类的目的,自我保存的实现方式是人类结盟,生活在稳定的法制社会中。这意味着自然法理论完全可以无须上帝而发挥作用。

(三)含混性

按照"在先的公正关系"中普遍法和原初理性的理论,上帝的创世行为并非出于任意,而是根据原初理性为自然秩序奠定了一种必然的关系,并且将其赋予了人的理性。按此逻辑发展,上帝必定能使人知晓他的创世法则。因为有自然秩序的理性法则存在,自然法应该能够提供一种符合理性法则的"自然正义"。然而,孟德斯鸠认为这只是在先的公正关系,只是公正的形式而非其实质内容。到了真正需要自然法赋予公正以实质性内容的时候,他并没有让上帝出场,这使得自然法失去了法律效力。从法的强制性而言,上帝创世的神圣意志不能被看做是自然法的神圣性和权威性来源,上帝也必须严格地遵循初元理性,不能随意地违背法。从法的颁布来看,无法判断自然法是否是被上帝赋予人心的,以及它是经验还是知识。从法的强制力来看,文本中也没有论及人对于自然法的义务②。最终,孟德斯鸠得出了一个既没有上帝又

---

① 自然法理论传统普遍认为,上帝创造人时也赋予人类以存在的目的,但只有在社会生活中,人才能实现这一目的。托马斯和格劳秀斯是这一理论的代表。见 J.B.Schneewind, *The Invention of Autonomy: A History of Modern Moral Philosophy*, Cambridge: Cambridge University Press,1998。尤其参见该书第一部分第二章对阿奎那和第四章对格劳秀斯的论述。

② 孟德斯鸠只是在"在先的公正关系"中提及了人对上帝作为创造者的感激和服从,但这些并不能等同于严格意义上的义务。

没有道德的奇怪的自然法理论。

五、战争状态

本文认为,孟德斯鸠对自然法的描述实际上放弃了古典自然法和近代自然权利自然法。由第二章之后的文本可以看出,自然法并没有在任何国家的法律或是实际政治生活中起到作用。潘戈的观察是正确的,孟德斯鸠的自然法理论的实际目的,仅仅是从后天经验的角度说明人们获得了在社会中生活更有利于自我保存的认知,由此才具有过社会生活的欲望①。这一点在孟德斯鸠在第三章实定法中对战争状态的论述中更为明显。

> 人一旦生活在社会中便不再感到弱小,平等不复存在,战争状态于是就开始了。每个社会都觉得自己实力强大,于是国与国之间便处于战争状态。每个社会中的每个人都开始觉得自己的实力强大,于是就想方设法使社会的主要好处为己所用,于是人与人之间便处于战争状态。(1.3)②

对比霍布斯的战争状态理论,孟德斯鸠的几点重要不同之处是:

首先,霍布斯认为,自然状态就是战争状态,战争状态是公共权力缺失的状态③,是社会和国家出现之前的状态。孟德斯鸠则认为,战争状态出现在人类进入社会状态之后。有无公共权力的存在并不能成为战争状态出现的标准。实际上,孟德斯鸠同意霍布斯关于战争状态的定义,即战争状态不仅包括实际的战争行为,更根本地在于人与人之间存在的持续敌意。只不过,在孟德斯鸠看来,在自然状态中人的一些重要的认知能力并没有得到充分发展,人们缺少足以自我保存的能力。霍布斯认为自然状态中理性使人相互猜忌,优越感带来超过他人的快乐,这些复杂的智性判断其实是社会出现之后才形成的。自然人的本性胆小怯弱,同样是出于自我保存的目的,当暴死的恐惧和己不如人的想象左右自己之际,没有人会冒着失去自我保存的危险主动攻击别人。霍布斯所谓的先发制人的攻击性敌意在孟德斯鸠这里是不存在的。

孟德斯鸠与霍布斯分歧的关键点在于人的自我保存是否无法相互兼容。孟德斯鸠

---

① 潘戈的结论代表了涂尔干以降学界对孟德斯鸠自然法的基本看法。参见潘戈:《孟德斯鸠的自由主义哲学——论法的精神疏证》,胡兴建、郑凡译,北京:华夏出版社,2016 年,第 34 页。有的学者们就此主张孟德斯鸠放弃了自然法理论为社会奠定规范性原则的道路。参见杨璐:《孟德斯鸠的"社会":不同于现代自然法传统的努力》,《社会学研究》2015 年第 2 期。

② 孟德斯鸠:《论法的精神》,胡兴建、郑凡译,北京:华夏出版社,2016 年,第 79 页。

③ 霍布斯:《利维坦》,黎思复、黎廷弼译,北京:商务印书馆,1986 年,第 94 页。

已经在关于自然状态的论证中否认了这一点。孟德斯鸠看到了霍布斯的理论后果,即:自然权利不仅是个人对国家和社会的潜在威胁,更是个人对于个人自我保存的直接威胁。如果说人性的自然缺陷是不可避免的,自然权利为一切人对一切人怀有持久的敌意提供正面支持,这样的说法就是刻意的谬误。为了彻底反驳霍布斯和自然权利理论,孟德斯鸠必须从根本上清除霍布斯立论的基础。

其次,孟德斯鸠认为,战争状态是社会出现之后才形成的①。在社会提供人类智识充分发展的环境之后,人对自己能力的预判从自然状态中自不如人的无力,变成了社会状态下自以为在力量上胜过别人的自大。战争不是来源于自我保存的冲突,而是经由社会放大之后的欲望所引起的。对社会巨大财富的认识,给人带来一种据为己有的诱惑力。更重要的是,人一定要先有基本的社会存在,没有了自我保存的后顾之忧,才会进而觉得自己有力量去寻求将社会利益转化为私人利益。社会不仅提供了人基本自保的限度,还将人基本而朴素的自然欲望复杂化与放大化,并且,在每个人都尽力将社会利益据为己有的过程中,逐渐使人进行自我重塑,这才完成了从无力自保的生存自卑感到对自己有强大力量的认知转变,开始主动出击、壮大自己,攻击性由此产生,并最终引发战争状态。

第三,霍布斯认为能够克制自然人性缺陷的只有强大的公共权力,所以放弃权利等于解除一切人对一切人相互攻击的武器。但是在孟德斯鸠看来,公共权力本身同样可以成为每个人努力追逐甚至窃为己有的目标,因为它涵盖了权力本身带来的巨大利益。如果掌握了一切权力的利维坦落在某个人的手中,这个人就会成为最大的窃贼。虽然他可以使所有的人失去继续战争的力量,但是,掌权者的变更完全可以导致战争重新爆发。因此,能够终止战争的不是公共权力,而是产生公共权力的法律。由于没有法律,出于个人的无休无止地膨胀的贪念和私欲,根本没有彼此和平共处的界线。人与人之间如此,国与国之间亦然。最终,战争状态催生了人与人之间的法律,并使得人成为自由创制法律的行动者和法律的颠覆者。

孟德斯鸠认为,尚未产生实定法之前,自然法无力解决自然人性所导致的根本问题(即战争状态)。由此他得出结论:由经验自然法预设自然正义作为政治生活的法律基础是不可能的,自然权利不能作为先在的抽象概念给予人类政治生活一个普遍正当的准则。

六、结 论

剖析了孟德斯鸠放弃古典理性自然法和经验自然权利自然法的原因之后,现在我们可以得出结论,孟德斯鸠放弃了自然法道路。无论是古典理性自然法还是近代经验

---

① 参见孟德斯鸠:《论法的精神》,胡兴建、郑凡译,北京:华夏出版社,2016年,第79页。

自然法,他们的"自然"都是一种先在于社会生活的观念性预设。这一点尤其以主张自然权利论的近代自然法为甚。放弃自然法道路其实是放弃了依据一种先于社会生活经验的抽象观念去建构政治正义原则的思路本身。由此,孟德斯鸠将眼光投射到社会生活多样复杂的经验事实之中,他看到社会事实本身才是政治实定法的"自然"基础。法绝对不是超越于具体的社会生活方式之上的抽象原则,法的适应性决定了法律无法凌驾于社会事实之上。制定法律所需要的不是在观念中所虚构的一套抽象的政治目标和理论,而是对社会事实整体的丰富的政治生活经验。

在观念先于事实,还是事实先于观念的前提之处,孟德斯鸠与自然权利论分道扬镳:"这些法律应该量身定做,仅仅适用于特定的国家;倘若一个国家的法律适用于另一个国家,那是罕见的巧合。"(1.3)①在此意义上,阿尔都塞对孟德斯鸠整体《论法的精神》的把握无疑是精准到位的:

> 这里无疑暴露出孟德斯鸠彻底的新颖性。抛弃关于自然权利和契约的这个理论,孟德斯鸠也就同时抛弃了其难题性的各种哲学蕴涵:首先是其步骤上的唯心主义。他——至少在自己深思熟虑的意识中——反对根据权利来评判事实,反对以一种理想的发生过程的名义,为人类社会提出一个目的。他只知道事实。如果说他避免根据应该是什么来评判是什么,这是因为他的原则不是从他的"成见,而是从事物的性质"(《论法的精神》,序)中提取出来的。成见可以指这样的观念:认为宗教和道德能够评判历史。这种成见与某些高谈阔论自然权利的人在原则上是一致的。但成见还可以指这样的观念:认为政治理想的抽象性——甚至披上了科学原则的外衣——能够取代历史。由此,孟德斯鸠和那些自然权利理论家无情地决裂了。②

有了这种彻底的决裂,孟德斯鸠才能开始探讨法的精神的真正前提——政治社会。在孟德斯鸠看来,社会不是一个抽象的概念,也不是政治生活所具有的法权状态的范畴。社会是一个具体的概念:"除了与各个社会有关的万民法之外,每个社会还有各自的政治法。如果没有政府,一个社会是不可能存续的。……确切地说,最符合自然的政体应该是这样的:为一个民族所设置的政体,最符合这个民族的秉性。"(1.3)③与民族国家的意义相似,社会是由诸多各自独立而完整的有机体所构成的。不同而具体的社会就是孟德斯鸠所指的法律应用的"不同的具体的场合"。这些具体的社会是由气候、土壤、地理位置、疆域、人口、贸易、宗教、习俗、民情以及农猎等民众的生活方式等诸多

---

① 孟德斯鸠:《论法的精神》,胡兴建、郑凡译,北京:华夏出版社,2016年,第80页。
② Louis Althusser, *Politics and History:Montesquieu,Rousseau,Hegel and Marx*,Translated by Ben Brewster, NLB,1972,p.30.
③ 孟德斯鸠:《论法的精神》,胡兴建、郑凡译,北京:华夏出版社,2016年,第79页。

因素所构成的社会整体。这些具体的社会通过建立一个政府而得以维持生存,根据何种原则就建立相应的"政府形式"就是所谓的"政体",这些是法律所"量身定制"需要考量的对象。经由这条道路,孟德斯鸠确立了权力的分立与制衡原则,从而为后世留下了宝贵的理论财富。

中唐时期佛教宇宙观建构的中国化范例
——以《北山录》"天地始"为中心

赵可意[①]

内容提要：释神清（755—820 年）在《北山录》的开篇"天地始"一章中，从中国僧人的视角构建了佛教的世界观体系，将《山海经》等中国传统经典的理论内涵与原始佛教的宇宙观相对照、相结合。他所构建的论说在当时具有创新性，可以说，神清的著作从知识论的基础上对佛教宇宙观进行了中国化、本土化的改造。本文主要将《北山录》"天地始"这一章所叙述的宇宙观与印度原始佛教的宇宙观进行对比探究，从而揭示中唐时期的宇宙观的发展面貌。

关键词：中唐 《北山录》 宇宙观 中国化

自古以来，天地是如何开辟的，物象是如何兴起的，世界的本原是什么，人又是如何成为人的，这些都是人类思考的终极问题。每个人的知识结构是由其社会经验所决定的，在古代社会，人类认识世界的能力尚有局限，自然而然地认为自己所在的即是世界的中心，无论是古代中国人还是古代印度人，最开始都秉持着"一元中心论"的思想。随着佛教传入中国，无论是它所带来的特有的时间、地理观念，还是支撑这些观念背后的思维模式，都对中国本土文化产生了影响与冲击。人们认识世界的方式发生了从"一元"到"多元"的转化，看待世界的角度与思考问题的方式也发生了变化。佛教中国化是佛教传入中国后为了适应本土社会与文化而产生的一系列转变，它是佛教发展的历史进程中的重要现象。佛教中国化的进程，既离不开僧团和信仰者的努力，也与当时的社会需求有着密切的关系，二者合力才使佛教在中国呈现出如今的样态。

隋唐时期是中国佛教宗派形成、发展和兴盛的时期，也是佛教中国化的关键时期。在这一时期，很多高僧大德创造出十分丰富的著作，在经典诠释和义理建构方面作出了极大的贡献。《北山录》是中唐僧人释神清（755—820 年）写给文人士大夫的一部著作，其主要内容是从多种角度来会通儒释道三教，并突出三教之中佛教的地位。释神清的著作从主观来看达到了护教的目的，从客观来看推动了佛教中国化的进程。本文主

---

① 赵可意，中国人民大学佛教与宗教学理论研究所在读博士生。中国人民大学佛教与宗教学理论研究所张雪松副教授在本文在撰写过程中提供了很多宝贵意见，特此感谢！

PHILOSOPHERS 2021 (1)

要将《北山录》"天地始"这一章所叙述的宇宙观与印度原始佛教的宇宙观进行对比探究,从而揭示中唐时期的宇宙观的发展面貌。

一、唐中叶以后佛教所面临的危机

以 8 世纪中叶安史之乱为时间节点,李唐政权自此之后逐渐衰落,这导致了很多的社会问题。当时寺院经济已经发展到相当大的规模,寺庙占据了大量的土地。随着苛捐杂税日益繁重,很多人通过出家来逃避徭役赋税,这使得经济方面的矛盾越来越无法调和。为了与教团争夺土地与劳力,扩大赋役来源,统治者也反复开展沙汰僧徒的工作。德宗时期,国家用两税法代替了租庸调法,以此来压缩寺院在经济上的特权。与此同时,思想界也发生了极大的动荡,儒生们开始重新寻找自己的政治文化定位。

唐宪宗在位期间(805—820 年),统治者对佛教的态度有所缓和,但是,士大夫开始直接向经典本身寻求圣人之道,对佛教的不满愈发强烈。例如,著名的文学家韩愈(768—824 年)就是以激烈的反佛姿态而著称,主张"人其人,火其书,庐其居"[①]。在这一时期,神清创作了《北山录》这一著作,其目的与早期中国佛教的护教著作相类似,都是想要消解对立、解决矛盾,使得儒释道三教融会贯通,以应对当时的危机。虽然此书站在佛教的立场上弘扬理论,但同时也援引儒道思想来阐释佛理。与佛教初传的时代背景不同,此时佛教的理论发展已经比较完备,在此基础上,神清把中国传统文化与印度原始佛教宇宙观中的元素相印证,以证明佛教之合理性。

二、佛教宇宙观的建构

(一)天地开辟与生成

原始佛教的宇宙结构论与当时古印度的天文地理知识密切相关,并吸收了一些《吠陀》神话和民间文学方面的相关素材,将其进行宗教角度上的创造与改进,从而形成了专属于佛教的宇宙观。

安荼论可以说是印度宇宙起源学说的一个代表,婆罗门教所秉承的是安荼论,佛教经文中引用了《吠陀》以来的安荼论。[②] 北魏菩提流支所译的《提婆菩萨释楞伽经中外道小乘涅槃论》中就有对第二十外道本生安荼论师观点的介绍:

---

① 格里高里、伊沛霞:《〈唐宋时代的宗教与社会〉前言》,载《当代西方汉学研究集萃·宗教史卷》,上海:上海古籍出版社,2012 年,第 194 页。

② 参见陈明:《印度佛教神话:书写与流传》,北京:中国大百科全书出版社,2016 年,第 75 页。此书认为,作为印度宇宙起源学说的一个代表,安荼论在中土早有传播,详见第 76 页。

第二十外道本生安荼论师说:本无日月、星辰、虚空及地,唯有大水。时大安荼生如鸡子,周匝金色,时熟破为二段,一段在上作天、一段在下作地,彼二中间生梵天,名一切众生祖公,作一切有命无命物。[1]

据这一派的观点,世界在最初始时并没有日月、星辰、虚空与大地,只有水。大安荼(Aṇḍa 的音译,意思是鸡卵)如同金色的鸡蛋一般,在成熟时破为两段,一段成为了天,另一段成为了地,中间所生的即是万物始祖梵天。类似的叙述常常可见于古代印度的经典论著,例如《摩奴法论》和《奥义书》等。

在佛教经典中,与安荼论有关的叙述基本上都是作为外道思想被引用。《摩登伽经》中也有如下的描述:

> 又汝法中,自在天者,造于世界,头以为天,足成为地,目为日月,腹为虚空,发为草木,流泪成河,众骨为山,大小便利,尽成于海。斯等皆是汝婆罗门妄为此说,夫世界者,由众生业而得成立。何有梵天能办斯事?[2]

显而易见,这种论述被认为是外道妄说,是必须加以驳斥的。佛教认为,宇宙在时间上是无限的,有消有长而又无始无终,世界消长一周期中会经历成、住、坏、空四劫,[3]这种变化不是梵天的能力可以达成的,佛教并不承认梵天的至上性。

在《北山录》中,神清在一开篇阐述宇宙之权舆之时引用了"盘古开天辟地"这一神话传说:

> 易有太极,是生两仪,厥初未兆,冯冯翼翼,湉湉洞洞,清浊一理,混沌无象。殆元气鸿蒙,萌芽资始,粤若盘古,生乎其中,万八千岁。天地开辟,天日高一丈,地日厚一丈,盘古日长一丈。头极东,足极西,左手极南,右手极北。开目为曙,闭目为夜,呼为暑,吸为寒,吹气成风云,吐声成雷霆。四时行焉,万物生焉。[4]

这一段话讲述了天地之初的情形,在混沌的一团之中,盘古孕育而生,之后开天辟地,成为了可以覆盖整个大地的巨人。盘古能够在呼吸之间、眨眼之间控制宇宙的运行,从而产生了时间与万物。这段文字分别可以见于西汉刘安《淮南子·天文训》以及

---

① 《提婆菩萨释楞伽经中外道小乘涅槃论》,《大正新修大藏经》第 32 册,第 158 页中栏第 2—6 行。(CBETA 2019.Q3,T32,No.1640,p.158b2-6)

② 《摩登伽经》卷一,《大正新修大藏经》第 21 册,第 402 页下栏第 24—29 行。(CBETA 2019.Q3,T21,no.1300,p.402c24-29)

③ 参见方立天:《佛教哲学》,北京:中国人民大学出版社,2012 年,第 147—148 页。

④ 《北山录》卷一,《大正新修大藏经》第 52 册,第 573 页中栏第 24 行—下栏第 7 行。(CBETA 2019.Q3,T52,No.2113,p.573b24-c7)

三国时期的《三五历纪》①和《五运历年纪》②等经典,神清将相关的叙述糅合在一起,并冠以"艾儒"来叙述,首先介绍了中国传统所持的宇宙观,尤其是肯定了天道之创造力,万物正是由此而出。

之后,神清转而叙述自己的经历。在神清改为修习佛教的过程中,他深觉知识横无际涯,而遗憾"不早闻也"。自此,神清开始介绍佛教的宇宙观:经过一轮演变之后,世界重归于虚空,而在虚空之上产生了风,风由弱变强逐渐形成了风轮,水又浇注于风轮之上而成水轮,水轮的最上一层凝结为金轮,而后衍生出万物如土地、山海等,如此,世界又再次形成了。随着上界诸天死者下生,而人道渐成,出现了君臣父子、国家疆土、买卖刑罚等,由一个小世界推及百亿个小世界都是如此。人的寿命先减少到十岁,后来又增加到八万岁,其间分别有由铁轮王、铜轮王、银轮王和金轮王统治,之后出现了饥馑、疾疫、刀兵小三灾与火、风、水三灾,将世界破坏殆尽,世界由此再次归为虚空。③ 对于成住坏空四劫往复的佛教宇宙观,神清进行了十分详尽的叙述,类似的记载在之前的很多佛教经典中也出现过。

显然,佛教的生成论叙述与上文中中国的传统观点颇有出入,尤其在时间和空间上,一个主张循环往复,一个主张无限。对此,神清附上圣人言论:"汤问革曰:'上下八方有极乎?'革曰:'无极之外复无极也。'冉有问仲尼曰:'未有天地可知乎?'仲尼曰:'古犹今也。'"汤与革的对话出自《列子·汤问》④,冉有与仲尼的对话出自《庄子·知北游》⑤。神清试图通过这种方式来证明,其实古圣先贤早已知晓循环往复的观念,但只是默默而示,以此来加强佛教宇宙观的可信度。神清还自比醯鸡、蟪蛄,认为自己的所知所闻与圣人相比较是不值一提的。这种叙述方式是十分典型的佛教徒护教手段之一,面对质疑,护教者一方面会指责同时代人见识浅薄,另一方面又会指出先哲早已洞悉一切,以此来证明佛教并非所谓的"外来异族",而是早已有之,再次强调佛教的地位与合理性。

此外,印度安荼论在中国产生的理论影响也值得思考。安荼论一说在佛教经典中本是"外道妄说",但在经典译出并流传之后,这方面的思想却被中国本土思想所吸纳,形成了"盘古开天辟地"的创世神话并影响了后世。饶宗颐先生经过考证,认为《三五历纪》《五运历年记》与《述异记》都或多或少受到过安荼论的影响。⑥ 到了中唐时期,《北山录》已然将"盘古开天辟地"的事迹称为大儒所说,将其纳入了儒家的体系之中,这种变化正是外来思想被本土思想融摄的体现。而这种类型的中国化、本土化所体现

---

① 《三五历纪》又作《三五历》,为三国时代吴国人徐整所著。

② 一说为三国时代吴国人徐整所著,一说作者不详。

③ 参见《北山录》卷一,《大正新修大藏经》第 52 册,第 574 页上栏第 5 行—下栏第 4 行。(CBETA 2019.Q3, T52, No.2113, p.574a5-c4)

④ 参见《列子集释》卷第五,北京:中华书局,1979 年,第 148 页。

⑤ 参见郭庆藩撰,王孝魚点校:《庄子集释》卷七下,北京:中华书局,2012 年,第 762 页。

⑥ 参见饶宗颐:《安荼论(anda)与吴晋间之宇宙观》,载《饶宗颐二十世纪学术文集》(卷五),北京:中国人民大学出版社,2009 年,第 96 页。《述异记》的作者为南朝梁任昉。

出的是外来思想中国化、本土化的另一种进路:有些思想的传播是"无意"的,但由于它更符合时人的理解,反而逐渐被吸纳进主流话语体系之中。安荼论本身来源于印度,在佛教经典传播时被了解、被吸收成为了中国的神话传说,而后又被运用到经典写作中,这种理论转变十分耐人寻味。

除了"无意"的传播,中国化的另一种进路呈现为"有意"地建构。针对后种一进路,本文将围绕两种神圣象征("须弥山"与"昆仑山")的相互比附和改造进行阐述。

(二)须弥山与昆仑山

前文中曾提到,无论是古代中国人还是古代印度人,都认为自己所生活之处即是世界的中心。在他们的宇宙观构建中,也产生了两座相应的"神圣"山脉,即须弥山和昆仑山。

在《长阿含经》中,须弥山被称为须弥山王。"一日月周行四天下",是为一小世界,而每个小世界的中心就是须弥山,须弥山处于海水之中,海平面之上的山体高八万四千由旬,海水之下的山体也有八万四千由旬,山体之下连接着大地,深十六万八千由旬;再下一层是水,深三千三十由旬;再下一层是风,深六千四十由旬。① 山顶有三十三天宫,而山的东南西北分别有四块土地——弗于逮、阎浮提、俱耶尼和欝单曰。② "须弥山南有天下,名阎浮提,其土南狭北广,纵广七千由旬,人面亦尔,像此地形。"③整个世界的构建即是围绕着须弥山而展开的,经文不仅详细介绍了须弥山上及山顶的情况,在介绍其他山脉、河流、王城时也大多以须弥山为参照物。

《北山录》中也讲述到这些特点,然而其开头却是称之为昆仑之丘:

> 中国以天下之峻极者,曾莫大于昆仑之丘焉……而释氏特以须弥闻其大也……河出昆仑山,浸流积石山,为禹所导,经于中国,东渐于海,斯阿耨达池之一源也。④

在《山海经》中,早有对昆仑的描述:在《西山经》中,昆仑之丘由神仙陆吾管理⑤;在《海内西经》中,昆仑是天帝管辖的都邑,方圆八百里,高万仞⑥;在《大荒西经》中,昆

---

① 参见《长阿含经》卷十八,《大正新修大藏经》第 1 册,第 114 页下栏第 8—14 行。(CBETA 2019.Q3,T01,No.1,p.114c8-14)

② 参见《阿毗达磨俱舍论》卷八,《大正新修大藏经》第 29 册,第 41 页上栏第 9—11 行。(CBETA 2019.Q3,T29,No.1558,p.41a9-11)。

③ 《长阿含经》卷十八,《大正新修大藏经》第 1 册,第 115 页中栏第 19—21 行。(CBETA 2019.Q3,T01,No.1,p.115b19-21)。一般认为,经中所言阎浮提指的是古代印度,南狭北广这一特点也较为符合印度的地形特征。

④ 《北山录》卷一,《大正新修大藏经》第 52 册,第 575 页中栏第 22—23 行,第 575 页下栏第 1—2 行,第 576 页中栏第 7—10 行。(CBETA 2019.Q3,T52,No.2113,p.575b22-23/p.575c1-2/p.576b7-10)。

⑤ "西南四百里,曰昆仑之丘,是实惟帝之下都,神陆吾司之。"详见袁珂校注:《山海经校注》,上海:上海古籍出版社,1980 年,第 47 页。

⑥ "海内昆仑之虚,在西北,帝之下都。昆仑之虚,方八百里,高万仞。"详见袁珂校注:《山海经校注》,第 294 页。

仑之丘是许多大川的发源地,如赤水、黑水、弱水等河流都从此流出①。《淮南子》《穆天子传》等作品中也有关于昆仑的叙述,顾颉刚先生认为这些作品都在不同程度上受到了《山海经》的影响,早在两千多年前,河出昆仑已成定说,昆仑是世界上最高大的山,在那时也已取得公认②。

关于昆仑山实际的地理方位,有很多学者进行过考辨,也有学者认为昆仑山并非特指某一座山,而只是古代先民的美好设想。然而,神清将昆仑山作为一种神圣的象征,把它与佛教中的须弥山相比附。昆仑山乃是天下最高的山,这一特征与须弥山十分符合。并且,昆仑山早就为世人所知晓,在文中使用这一意象能够更为有效地表达佛教中的地理概念。

以昆仑山比附须弥山的做法早已有之,但是,《北山录》中说,"河出昆仑山",它成为了"阿耨达池之一源",这一特征与佛教典籍中的须弥山并不相符。根据《长阿含经》,阿耨达池在雪山之上,与须弥山有一定距离。

唐初道宣(596—667年)在《释迦方志》中总结了前人著作中所说"昆仑":

> 《水经》云:无热丘者即昆仑山;
>
> 又《扶南传》云:阿耨达山即昆仑山。
>
> 又《山海经》云:南流沙滨,赤水后、黑水前,有大山名昆仑丘;又云:钟山西六百里有昆仑山,出五水;
>
> 案《穆天子传》云:舂山,音钟;又云:海内昆仑丘,在西北帝之下,方八百,高万仞;
>
> 又《十州记》云:昆仑陵即昆山也,在北海亥地,去岸十三万里。此约指佛经苏迷山也。③

苏迷山即须弥山。早在北魏郦道元写《水经注》时,尚且对《释氏西域记》④中提到的地理知识持一定的保留态度,⑤但在不断的理论构建过程中,昆仑山这一意象也在不断发展,逐渐与佛教经典中的须弥山具有了关联。到了唐代,这两者甚至已经相互混淆,在多部经典中成为了一个公共知识,为大家所接受。这种知识的扩展,也体现出佛

① "西海之南,流沙之滨,赤水之后,黑水之前,有大山,名曰昆仑之丘。"详见袁珂校注:《山海经校注》,第407页。

② 参见顾颉刚:《禹贡(全文注释)》,载《中国古代地理名著选读》(第一辑),北京:学苑出版社,2005年,第6页。

③ 《释迦方志》卷一,《大正新修大藏经》第51册,第949页中栏第23行—下栏第2行。(CBETA 2019. Q3,T51,No.2088,p.949b23-c2)

④ 一般认为该书是东晋道安撰写的《西域志》,该书有多种名称:《西域诸国志》《西域诸国记》《西域记》《西域传》《四海百川水源记》。参见颜世明、高健:《道安〈西域志〉研究三题》,《新疆社科论坛》2016年第3期。

⑤ "余考释氏之言,未为佳证。"见郦道元著,陈桥驿校证:《河水》,载《水经注校证》(卷一),北京:中华书局,2007年,第11页。

教徒"有意"地构建一个中国化的佛教宇宙观。对于新传来的未知的概念,每个人都会感到陌生并加以排斥,但是,把须弥山与早已存在的神圣意象"昆仑山"联系起来,这一概念变得更容易为人所接受。

三、总 结

历史总是相似的,佛教自从传入中国后就始终面临挑战,不仅仅要与其他宗教团体竞争,还要调和与国家的官僚阶层以及政府本身之间的矛盾,而佛教徒也在护教方面不懈地努力着。在佛教传入中国的最初三百年间,士大夫们反对寺院生活方式及其蕴含的一切,理论上主要是从政治经济、功利主义、文化优越感和伦理道德几个方面反对僧权。针对这些反对的声音,佛教徒在护教的过程中也都进行了回应,期望能够以此证明佛教与僧团生活的合理性与正确性。

上层社会流行的反对僧权的有以下几种论点:(1)僧团的活动以各种方式危害政府的权威,危及国家的稳定和繁荣(政治的及经济的论点);(2)寺院生活并不能给这个俗世带来任何具体的成效,因此是无用的和没有生产价值的(功利主义的论点);(3)佛教是一种"夷狄"之教,适合于未开化的外国人的需要。在以前的盛世记载中没有提及佛教,古代圣人既不知道也不需要佛教(文化优越感的论点);(4)寺院生活意味着对注重社会行为的圣典不合情理的违背,因此是反社会的和极不道德的(道德的论点)。

与此相对应,佛教徒的护教期望能够证明:(1)尽管僧人不遵从世俗政府的权力,但这也不意味着他们不忠诚。事实上,僧人阶层有益于保障长治久安和繁荣昌盛。僧人阶层作为一个整体不应受到责骂,因为该受责骂的仅是其中的一小部分成员;(2)寺院生活并不是没有意义的,尽管它所产生的益处并不在这个俗世;(3)佛教源自外国不应是受排斥的理由:中国经常从国外引进一些东西并带来很好的结果;或许(一个更具想象力的、很有意思的解决办法)佛教根本不是一种新的东西,最迟在阿育王(Asoka)时期,中国人已经了解佛教;(4)僧人所提倡的德行与儒家名教的基本原则并没有根本区别;相反,佛教是儒家与道家思想最完美的结合。①

中唐时期是一个比较特殊的节点,一个繁荣富强的国家从此衰落,在政治和经济上本就产生了极大的问题。而越是在这种情况下,民族主义就越容易高涨,士大夫会愈发排外,这种情况与前朝并无不同,对佛教的排斥风潮甚至愈演愈烈。由于当时佛教已经逐渐渗入了士大夫的生活和思想,作为一个生存在这种时代的佛教徒,神清在《北山录》中所采取的方法是用修改过的、可被普遍理解和接受的观点进行护教。在佛教中国化的历史进程中,佛教与本土文化的关系具有一种两难的特征:依附则难彰真义,独

---

① 详见许理和:《佛教征服中国:佛教在中国中古早期的传播与适应》,李四龙、裴勇等译,南京:江苏人民出版社,2017 年,第 373 页。

立则封闭衰颓。① 事实证明,唯有适应中土文化性格的佛教,才能长久地发展下去。

神清在《北山录》中认同并改造印度佛教宇宙观的同时,并未否定儒家的宇宙观,而是展现了一个更为宏大的宇宙观,同时也是从一个中国僧人的视角构建起来的宇宙观。正如将"须弥山"这一在佛教中占有重要地位的中心山脉比附为中国的"昆仑山",这种中国化是以中国固有的神圣象征为基础元素,与佛教的理论相融合而构建成型的新体系,它能够更好地为中国人所理解。

实际上,由于人类知识在经验上的多样性,不同民族的知识系统内的宇宙观自然是不同的。从某种见识转变为系统的知识观念,通常难度较大,可能需要几个世纪才能实现。神清的著作从知识论的基础上对佛教宇宙观进行了中国化、本土化的改造,这种努力是值得肯定的。

---

① 参见赵建永:《佛教中国化的三阶段阐论——以汤用彤中国佛教史三期划分为中心》,《世界宗教文化》2020 年第 2 期。

【我们的哲学年轮】

我与哲学系

陈先达[*]

1956 年我从马列主义研究班的哲学班毕业,分配到刚成立的哲学系任教。我的教龄与哲学系成立同龄,荣莫大焉。我亲见我们哲学系的发展壮大。

哲学分班是马列主义研究班众多研究班中的一个。1953 年成立时招收的基本上是应届大学毕业生。我们班的同学来自全国各个高校,主要任务是为全国各高校培养当时急需的四门政治课的理论教员。马克思主义研究班(马列主义研究班)的地址在现在的中央财经大学。当时还没有财大,那个地方属于人民大学。后来改为卷烟厂,再后来成为中央财经大学的校址。

我们班的同学已经亡故的不少。张钊去世多年,他是京剧名角赵燕侠的丈夫;李其驹离休后在美国生活多年后逝世;袁庐英死于乳腺癌;李希凡是 2019 年辞世的。徐鸿是我们班的老大姐,三八式干部,也早已离世;她和路逸是我研究班学习期间的入党介绍人。路逸也是一位老干部,平易近人,没有一点架子。其他同学多年失联,情况不明。当年留系的李秀林、庄福龄、汪永祥,也都已经逝世。

1953 年之前没有独立的研究生班。研究生是归各个系相关教研室培养的。例如哲学研究生是由马列主义基础教研室的辩证唯物主义和历史唯物主义教研室培养,主要是调干生,是原来的高校教师。著名学者黄枬森、高清海与庞朴都在马列主义基础教研室的哲学教研室学习过。

当时还没有哲学系。哲学系是 1956 年正式成立的,第一任系主任是何思敬教授。我是 1956 年哲学研究班毕业分配在新建的哲学系任教的。当年留下来的人很多,包括李秀林、庄福龄、林尚忻、李武林与吴伟东等。我们都分配在哲学原理教研室。当时,哲学原理教研室一室独大,这是由国家需要大批政治课教员决定的。哲学系也不像现在这样包括多个教研室,也没有如此高的学术要求。哲学系第一届本科生招生是 1956 年,是在全国高考前单独招生,可以说是先割韭菜的拔尖考试。学生的质量确实很高,都是第一志愿,自愿学哲学,的确培养了不少人才。

哲学系在风风雨雨中走过了 65 年。它的命运与祖国的命运相连。在经历了停办

---

[*] 陈先达,中国人民大学荣誉一级教授,1956 年中国人民大学马列主义研究班毕业,曾任哲学系主任。

和复校复系以后,现在变得更加壮大,也更加专业化。哲学系已建为哲学院,哲学也成为一级学科,成为由多个二级学科相互配合、相互促进的学科群。新人辈出,中青年学者在教学和科研第一线唱主角,他们为哲学系的发展都作出了卓越的贡献。

哲学系成立后自己举办的第一届辩证唯物主义和历史唯物主义研究生班是1956—1959 三年制的研究生,这应该是第一届。主讲原理课的老师是萧前。当时萧老师也只有三十岁刚出头,按现在标准属于青年教师。萧老师当时是我们学校少有的副教授。副教授现在听起来很平常,可在当时是相当光彩照人的职称。当时全校教授掰指头算也就是三位,即著名的三何:何思敬、何干之、何洛。副教授少之又少,讲师就算个人物啦。

萧老师当时风华正茂,一表人才。讲课机智诙谐,不断冒火花,学生很爱听。我和秀林担任萧老师的助教。这个研究生班有四个班,我们各管两个班。当时学习和现在不同。每章结束都有讨论,叫"习明纳尔"(семинар),我们的任务是主持课堂讨论,而且安排有辅导课,我们是辅导老师,坐在教室里,在规定时间内"等客"上门。学生有问题可以来问,不像现在讲完课就走人。

李秀林已经逝世三十多年。我们友谊特别深厚。我们都是同年分配到马列主义研究班哲学分班学习的。他来自山西大学,我来自复旦大学,都不是科班出身。他读的是教育系,我学的是历史。当时我们研究班的同学真正从哲学系毕业的几乎没有,我们是"杂牌军"。我经常说,我们对哲学是先结婚后恋爱,包办婚姻。我们没有现代哲学家们强调的"自我"意识。对我们那代人来说,组织的分配就是志愿,国家的需要就是专业,努力学习是我们的责任。秀林个子高,是我们班的篮球队员,学习成绩优秀,按现在的称呼可以称为学霸,我们班的佼佼者。

在研究生班学习期间,我们每个人的助学金是 25 元。包伙每月 12 元,8 人一桌,没有固定座位,坐满一桌即可开吃。每当学期考试结束,我和秀林总是要自我慰劳一下,下小馆子撮一顿。他善饮,好饮,自斟自饮,我滴酒不尝,吃菜相陪。他提前留哲学教研室,我于 1956 年毕业留系。我们由同学变为同事,由朋友变为至交。我们相知相交三十多年。秀林刻苦好学,忠诚党的教育事业。他生活很贫困。一个人工作,妻子当时是家庭妇女,经常是窝窝头就咸菜。即使这样,还要不断借债。可这并没有影响他的学术研究和教学工作。这种不为贫困而"困"的学习精神很值得我们现今年轻人学习的。我们当时也合作写点小文章,赚点稿费,经常开夜车,秀林妻子贤惠,半夜总要为我们煮点棒子面粥。深更半夜就咸菜捧着碗喝棒子面粥,周身热乎乎的情景,至今难忘。

秀林为人厚道,对朋友很信任。我因为写作组的事受审查时,不少熟人见面低着头绕开走,我很理解。当时秀林正走红。我和他是两种处境。他风头正劲,而我可怜兮兮的命运未定。可他没有嫌弃我。我有机会总是偷偷到他家坐一坐,虽然相对无言,但从眼神可以看出感情上并不疏远。

我对秀林也是一样。当年他不走运,在干校曾经受到子虚乌有的"五·一六"案的牵连,被审查。有时我们偶然在路上相遇,四目相对,相顾无言,但情感上有着相知相慰的灵魂交流。"药有真假多病识,人情冷暖劫后知。"人大复校以后,秀林充分发挥了自己的学术优势和行政才干,曾担任研究生院副院长。天道不公,正当奋发有为之际,秀林死于癌症。人间难留未尽才。秀林的死,同事们无不悲痛,我更是如此。我曾写过一首诗寄托我对他的哀思:

> 生也艰难死亦难,幽明路隔两茫茫。
> 上天忌才欺人老,摧尽鬓毛骨肉残。
> 风雨坎坷识马力,涸鲋相濡见肝肠。
> 托体山阿君已去,我与何人论文章。

秀林是我们系最优秀的教员,更是我们马克思主义哲学原理教研室的学科带头人。他对哲学教研室学科领先地位的确立功劳很大。20世纪60年代他曾参加艾思奇主编的全国通用的哲学教材的编写。人大复校以后,他又陆续参与主编适用于专业和文科的两种《辩证唯物主义和历史唯物主义》教材。这两种教材不断加印,一版再版。不仅我们系用,全国许多学校都用。印数之多,影响之大,在同类教材中是绝无仅有的,确实是"洛阳纸贵"。

一提到秀林,我们就会想到他参与主编的教材;一提到哲学原理教材,我们就会想到秀林。这种联想是很自然的。不仅是因为秀林对这两部教材的编写贡献最大,而且是因为教材的影响大。一本好的教材不仅对学生学习十分重要,而且代表的是系的总体水平,表现的是这个教研室全体教员的凝聚力和学术造诣。可以说,一本好的教材就是这个系的标志物。我就亲耳听见有的外校青年教师对秀林说:"您的教材是我的领路人。"这不是客气话,在很大程度上反映了这两本教材的巨大作用。

要办好哲学系,一定要重视教材建设。我们当然要重视科研,一本好的教材必须以科研成果为支撑;我们更应重视教学实践,一本好的教材必须以总结教学实践经验为基础。但是科研成果如果不能被吸收到教材中,它的作用和影响是有限的;教学经验如果不能被编写进教材中,作为学生接受水平和需要的依据,这种经验就只属于教员个人,而不能成为"公共财富"。可以说,秀林主编的教材这两方面都注意到了,既有深度又适于教学。

全国解放以后,20世纪50年代全国曾编写过六本哲学教材。其中一本就有秀林参加的人民大学哲学系的教材。60年代中央曾成立教材编写领导小组,在全国组织人员有领导地开展各学科教材编写。对马克思主义理论建设工程来说教材编写是其中最重要的组成部分,不仅包括政治理论课的教材,还包括各学科的专业教材。把编写充分吸收马克思主义中国化的重大成果,继承中国传统文化精华和西方新成就,具有中国特色、中国风格的教材列为马克思主义理论建设工程的项目,足见中央对教材建设的重视。可惜秀林英年早逝，如果他活着，一定能在此次教材编写中再显身手。昔人已乘黄鹤去。这不仅是我们哲学系与哲学教研室的巨大损失，也是中国哲学界同行的一个损失。我失去一个好友，有点难言的寂寞。

建系 65 年来，哲学系由系变院，人员也在变动，老一辈的教员或离退休，或者魂归道山，但他们对哲学系的贡献是我们永恒的记忆。新一代的中青年学者不断加入哲学院，成为哲学院的支柱和中坚，他们是哲学院的希望和未来。我已经 90 岁了，已经退休了，但我的心仍然与哲学院牢牢地拴在一起。人总是要老的，新陈代谢是永恒的规律。90 岁时我写了一首自寿诗：

> 修道学佛两难能，喧嚣世界一俗人。
> 终身舌耕胡弄笔，半篓废纸半空文。
> 头白再无攀登力，月月愧领雪花银。
> 笑迎后浪平前浪，壁间剑鞘莫生尘。

我祝哲学院全体中青年教师齐心协力，拧成一股绳。不管是哪个教研室，都是哲学这个大家族中的一员。尺有所短，寸有所长，合则同利，离则俱伤。可以有观点不同，不要有门户之见。"壁间剑鞘莫生尘"，这是我对全院后来者的期待。

中国人民大学的教育影响了我的一生

陈晏清[*]

中国人民大学五年的教育给我的影响是很全面的。以我当时的思想状况,对中国人民大学所实施的教育可以说是不加选择地接受了,而且不论是积极的影响还是消极的影响都是浸入骨髓的。它塑造了我的基本面貌,规定了我人生道路的大致轨迹。回想在离开人大之后的半个多世纪里,不论我的路怎么走,往哪儿走,都能在人大的那五年里找到它的起点或出发点。

在治学方面,这五年教育的影响是很复杂的,有非常珍贵的东西,也有一些不怎么好的东西,需要认真地加以分辨和清理。可以说,我这几十年的治学道路都同这种分辨和清理分不开。回忆人大五年,记忆最深,感想最多的是下述两个方面。

一、强调精读马列原著

强调精读马列原著是人大理论系科(如哲学系与经济系等)的突出特色,也是它的一大优势,这构成了人大办学的一种传统。我们的班主任张懋泽老师从一开始就强调,并且在他担任班主任的四年里强调得最多的就是这一条。初学哲学的人大多愿意从看阐述基本原理的通俗小册子入手,觉得那样省劲,是条捷径。张老师则反复说,小册子是不一定靠得住的,那是经过作者过滤并且加工过的。走这种"捷径",就是不想动脑子,像把别人嚼过的馍接过来咽下去一样。读书的过程本来就应当是思考的过程,读书而不思考,或者读那种不需要怎么思考的书,这对增长学问来说几乎没有意义。小册子不是不能看,但这只能充作辅助手段,而不能作为学习的主要手段或基本手段。而且,应当是读好原著以后再去看那些小册子,看看这些小册子同自己的理解有什么不同,有什么新意,而不是反过来企图通过读小册子去理解原著和原理。人大培育的这种学风在我们年级体现得非常明显充分。我们年级读原著的风气很浓。尽管在那类似"半工半读"的五年里,坐下来读书的时间不过三年,但只要能让我们坐下来,我们就会去认真读书,而且主要是读原著。"马列哲学经典著作"课讲授的几本原著自不必说,课外的原著也是尽量去读的,例如,我们班上读《资本论》(主要是第一卷)的人就有很多。

---

* 陈晏清,南开大学哲学院资深教授,中国人民大学哲学系 1957 级本科生。

有的书读了两遍、三遍乃至多遍。我用过和读过的那些书,1970年"战备疏散"的时候扔在集体宿舍里,返校后有的找不到了,不知失落何处,现在留下来的几本,有时还打开看看。那上面的记号与批注,有用钢笔的,有用铅笔的,有红色的,有蓝色的,圈圈点点,密密麻麻。我做哲学系的系主任时,看到有些学生不读经典著作,对待学问跟吃"肯德基"似的,追求"短平快",热衷于新名词与新概念,谈论学术理论问题时尽说一些不着边际、游谈无根的话,心里很是气恼。这时还产生过这样的念头,这些本子可不可以作为一种"文物"给他们展示展示,让他们看看那个年代的哲学系学生是怎么读经典著作的?

下工夫读经典著作就可以弄清楚哲学原理的来龙去脉。读书的过程是一个集中思考的过程,读得深了,读得多了,就可以融会贯通,从总体上理解马克思主义哲学,把握住它的精神实质。更重要的是,读马克思的书,读进去了,就会倾倒于它的理论的魅力,为它的逻辑的力量所折服。我就正是在读马列原著的过程中更加坚定了对马克思主义的信念的。

母校为我们培育的这种优良学风,使我们受益终生。几十年来,我主张马克思主义哲学的发展走"返本开新"之路。所谓"返本"就是恢复马克思主义哲学的真精神,就是返回到学说的创始人,返回到原创性学说,也就是返回到作为马克思主义哲学产生和发展的奠基之作,即马克思主义的经典著作去,这样才能有效地剔除后人随意附加于它的东西而把它的真精神剥显出来,释放出来。我研究的许多问题和领域都伴随着不同形式、不同激烈程度的学术争论,有的直接就是对某种理论挑战的回应。这样的情况需要有破又有立。面对这样的问题,我首先做的就是到马克思恩格斯列宁毛泽东的著作中去寻找研究问题的指导线索,寻找解决问题的理论和方法,并从那里获得理论的勇气。因而,我的研究工作虽然称不上有什么学术成就,但是在行进的路上,感觉脚跟很稳,底气很足。

二、强调哲学的现实关怀

强调理论联系实际,也是人大教育特别是理论系科教育的一大特点,是人大办学的一种传统,这当然是一种优良传统。中国人民大学的前身,是1937年在延安建立的陕北公学以及后来的华北联大、华北大学。这些学校都是在抗日战争、解放战争的烽火中诞生的,是直接为革命战争服务的,这些学校的教育都不能不是理论与实践紧密结合的。中国人民大学的成立,是为了培养建设新中国的干部,因此,它也一定要把自陕北公学以来的这种优良传统发扬光大。人大作为党一手办起来的新型大学,其中最突出的"新"正是在这一点上。

我们一入学就批判哲学家的"象牙之塔",强调马克思主义哲学的阶级性、实践性。学习毛泽东的《辩证法唯物论提纲》,那里面说"哲学的命运,看哲学满足社会阶级的需要之程度如何而定","哲学的理论与政治实践是应该密切联系着的"。老师讲课时讲到苏联红色教授学院的决议,那里面说必须在每种理论倾向的背后发现它的政治倾向。这些都给我们留下了不可磨灭的印象,都被作为学习、研究哲学的根本指导思想接受了。

教学过程中,理论联系实际的方式多种多样。首先是引导学生关心国家大事,时不时请人做形势报告。同学们也确实不是"两耳不闻窗外事",对社会生活中的重大变动特别是理论界的动向,对国际关系的变化特别是中苏关系的变化,都十分关注。在我和在部队里、高校里一些朋友的通信中,我们经常讨论问题,讨论最多的是中苏关系问题。有时,为回答他们提出的问题,要写出二十多页、三十多页的长信。我觉得作为人大哲学系的学生就应当比他们懂得更多些,要是拿不出有说服力的见解和分析,那近乎一种耻辱,会在朋友面前抬不起头来。课堂教学也紧贴实际生活,校园内外连成一气。校园外刮什么风,校园内就起什么浪,而且这浪涛必定滚进课堂,形成理论教学的热点乃至中心。更重要的并且也是更有效的是学生直接参加社会实践,让哲学走出课堂,干预现实生活。在那五年里,我们有两次较长时间的下乡,去参加劳动,同时做点农村的基层工作。一次是1958年下半年去北京市海淀区田村乡参加人民公社化运动,为期半年。一次是1959年"庐山会议"后,也是去了田村,结合批判所谓"右倾机会主义",以普及哲学的方式参加农村的社会主义教育运动,为期三个月。

对于这段历史该如何评价?对于当时的理论联系实际这种教育方式该如何看待?有些人基本上是持否定态度的,我却不这样看。在那个年代,国家的政治生活、理论生活有些不正常,一些本来符合马克思主义的正确原则在其运用过程中被扭曲,因而往往从正确的原则出发却得出了很糟糕的结果。鉴于这种情况,我们更加需要对一些事情做严肃仔细的辨析。我认为,作为哲学这类理论学科的教育方式,理论联系实际是应当得到肯定的。至于如何运用这种方式,在它的运用过程中产生了什么结果,则要联系其时代的背景加以具体分析,而不可将这种教育方式在运用过程中所产生的问题简单地归结于这种教育方式本身。将坚持理论联系实际的原则作为一种学风去看待也应如此,不能因为在理论联系实际的过程中发生过这样那样的偏差就废弃这个原则。如果认为理论曾经对实际生活做出过错误的结论或做过不正当的干预,往后就应当"洁身自好",不再与实际生活沾边;如果认为哲学曾充当过某种恶劣政治的工具,往后就应当远离政治;凡此种种,都是在思想上走向了另一个极端,都不是解决问题,而只是回避问题,取消问题。到头来,什么问题也回避不了,取消不了。这不能让哲学走出困境,而只是陷入另一种更加严重的困境。

以我的感受而论,人大的教育强调理论联系实际,强调哲学的现实关怀,其积极的影响是主要的、基本的。让学生思考一些现实生活中的问题,适当地参加一些实际工作,有利于深化、活化对基本理论的理解,培养分析、解决理论问题和实际问题的能力。就拿1959年下乡普及哲学这件事来说,我觉得值得肯定的东西多于应当否定的东西。

要把存在于农民中的"问题"从哲学的层面提出来,用哲学的观点做出分析,并且要用通俗而又不太离谱的理论语言表达出来,让农民听得进去,这是一件难度很大的事情,对于刚刚走进哲学大门的青年学生来说,是一种极其难得的锻炼机会。我们不少人从人大毕业后走到一个新的学校,经过一两个月的准备就能直接走上哲学课的讲台,这和人大上学时的这种锻炼是有直接关系的。更重要的是,让哲学走出课堂,与现实生活会通,这有助于学生逐渐树立起一种同马克思主义哲学的实践批判之本性相符合的学术观念、学术信念。尽管运用"理论联系实际"原则的背景条件会不断变换,这一原则的内涵及运作方式也须不断深化和修正,但它作为一种教育方式,作为一种学风,其基本方向、基本精神是应当坚持的。1988 年,母校派出记者对我做专访时,我说:"理论联系实际,哲学为现实实践服务,哲学家要关心民族和人类的命运。这是我的母校的传统学风,是母校给我培育的基本精神。它成了我治学的基本原则。"①几十年来,我强调哲学应是植根于现实生活的终极关怀,积极推进哲学研究的实践转向,开展以当代中国社会转型中的问题为中心的社会哲学研究,在承续马克思创立的理想性政治哲学的批判传统的基础上,致力于马克思主义的现实性政治哲学的建构,等等,这都是在弘扬我的母校的传统学风。

在我离开人大以后,这个关于如何正确地实行理论与实际相结合的问题,是我想得最多的问题,也是最伤脑筋的一个问题。在这方面,我们有丰富的经验,也有足够的教训。这个问题本身就是一个地道的哲学问题。在"理论与实际相结合"的口号之下,隐藏着不同的认识路线。如果不是遵循正确的认识路线,所谓"理论与实际相结合"的道路也不会是一条阳关大道。我在人大上学期间及其后的一个较长时期里所出现的主要错误倾向是将哲学、理论政治化,理论只是为现行政策、现实政治作注解、作论证,丧失了自己应有的功能,亦即丧失了自己的独立性。改革开放以后,这种倾向又以另一种面貌出现。各式各样的"理论家",都希望他们心爱的理论(其中有些可能是从西方直接搬过来的)为决策者采纳;而有些决策者则不是谨慎认真地选择理论,或者,对于经过选择认定是正确的理论,也不认真研究在我们国家或我们这个地区、这个部门运用这个理论的条件,而是直接把理论当成决策去推行。这都是不明白理论应当从哪里来,应当派什么样的用场。1988 年底,李瑞环同志召开理论工作者座谈会。这是和党的高层领导人直接对话,我应当讲自己最想讲的话。于是,我做了一个题为"理论应以理论的方式为改革服务"的发言,针对上述情况,着重讲了理论的基本功能即探索功能和批判功能,讲了理论的相对独立性,即理论对于政治、政策、决策等等的独立性。这个发言稿在1989 年第 5 期《求是》上刊登以后,《求是》杂志连续两期在简报中刊登了读者对于这篇文章的反应,这表明它引起了一些读者的共鸣。由于这是一个理论工作者的座谈会,只能一般性地讲"理论",而不宜专门讲哲学。后来,我把它运用于哲学的教学和研究,

---

① 中国人民大学校刊编辑部:《人民共和国的建设者》,北京:中国人民大学出版社,1992 年,第 192 页。

这个命题也就更改为"哲学应以哲学的方式为现实实践服务"。既反对和防止浮泛化或教条化的倾向,即丢失哲学的现实关怀,离开对于现实生活的具体把握而沉迷于抽象的思辨;又反对和防止实证化的倾向,这就是放弃思辨,实际上也就是放弃哲学本身。这个命题成为支配我们的哲学理论活动的一个基本观念。

　　人大哲学院能够越办越强,成为我国最强大的哲学重镇之一,除了其他一切必要的前提条件之外,最重要、最基本的原因,就是它锻造、坚守和发扬了优良的学术传统。在这种学术精神哺育下成长的学生,既能守正,又能创新。作为一种传统精神,它就不会是只体现在个别人或是少数人身上,而必定是一种群体性的表现。

　　我衷心希望我的母校认真总结历史经验,继续坚持和发扬这种优良的学术传统和办学传统,为国家培养更多更优秀的哲学人才和理论人才。

我成为中国人民大学首批哲学博士

宋志明[*]

1983年，我终于实现了到北京读书的夙愿，考取了中国人民大学的第一批博士研究生。全校考取的博士生共有5人。经济系世界经济专业有曹远征和赵涛2人，导师为吴大昆教授。哲学系有3人，其中哲学原理专业有李德顺和卢冀宁2人，导师为萧前教授。李德顺是本校在职教师，卢冀宁来自中国社会科学院哲学所。中国哲学史专业只有我一个人，导师为石峻教授。在哲学系的这3人中，卢冀宁年纪最大，生于1944年，是老五届大学生，1978级中国社会科学院哲学史首批硕士生。李德顺生于1945年，也是老五届大学生。他本科就读于中国人民大学哲学系，1978年成为哲学系首批硕士生，导师为萧前教授，现在又成为哲学系首批博士生，仍然以萧前教授为导师。我的年龄最小，生于1947年，没有大学学历，虽为吉林大学哲学系首批硕士生，但为1979级，比他们二位晚了一年。考取博士生时，我已经36岁。

1983年，我们11月份才接到录取通知书，还有一个多月就要放假了。鉴于这种情况，学校通知我们不必马上报到，等到1984年春季新学期开学时再到学校报到。因此，我们被学校认可为1983级博士生，实际上我们是1984年春季入学的。我读博士生的时间，只有5个学期，两年半多一点。1986年7月离校，10月份通过博士论文答辩。按照当时的规定，博士生不发毕业证书。论文通过，上报学校学位委员会审查批准后，授予博士学位证书；如果没有通过，也不计算为单独的学历。

1984年3月初，我到中国人民大学办理入学手续。当时学校用房很紧张，哲学系只在学1楼（现东风6楼）用两间十多平方米的学生宿舍做办公室。学校尽最大努力，在东风2楼（现已拆除）为我们首批博士生安排比较好的住宿条件。学校给了3间宿舍，赵涛是女生，单独住一间。卢冀宁和李德顺两人一间，李德顺住在家里，不住宿舍，实际上由卢冀宁一人住。我和曹远征共同住一个房间。我们博士生的住宿条件比硕士生好得多。当时硕士生4个人住一个房间，上下铺；本科生8个人住一个房间，也是上下铺。

学校对我们首批博士生很重视，主持日常工作的副校长黄达教授专门召集我们5人开座谈会，说了许多鼓励的话，希望我们为人民大学的博士生教育开个好头。由于只

---

* 宋志明，中国人民大学哲学院教授。

有 5 名博士生,分散在 3 个专业,安排课堂教学比较困难。中国哲学史专业只有我一个人,显然无法单独安排课程。我们学习专业课基本上以自学为主,定期向导师汇报学习心得,最后写成文章,导师给个成绩。需要考试的学位课程只有两门外语课,要到教室里上课。我和卢冀宁、李德顺的第一外语都是俄语,外语系专门安排张宝钤老师为我们授课,使用俄文原版教材。为了提高听力,还发给我们每人一台录音机。我选的第二外语是日语,跟硕士生在一起上课。最初由李平老师上课,后来换为成同社老师。

1984 年,中国人民大学的博士生导师也从原来的 8 位教授增加到 22 名。下半年中国人民大学的第二批博士生入学,数量有明显的增加,全校大约 30 人。在全校,哲学系招收的博士生仍然最多,有陈志良(已故)、郭湛、单少杰、王霁、翁寒松、欧阳康、方尔加、冯俊、陈宣良与焦国成等 10 人。其中方尔加是石公招的第二名博士生,我不再独学无友,终于有了一位可以交流的学友。哲学系的两届博士生共同组成一个党支部,由陈志良担任支部书记。1986 年 1 月 9 日,在陈志良和卢冀宁介绍下,我加入中国共产党,成为博士生党支部发展的第一名党员。1985 年,中国人民大学的第三批博士生入学。这一年石峻师招了冯禹、张利民两名学生,加上我和方尔加,石公指导的博士生达到 4 名。石公改进指导方式,定期召集我们 4 人在石公家里开小型的学术讨论会,每次由一人做中心发言人,汇报自己在读书过程中遇到的问题,大家共同讨论,最后由石公做总结。大家都感到,这样的学习方式很好,每次收获都很大。

由于我是第一个中国哲学史专业的博士生,石公并未规定我听哪门课程。我自己觉得,听老师讲课很有必要,因为这是一种学术熏陶。当时石公给中国哲学史专业的硕士生讲授中国哲学史史料学,我都跟着听下来了。我还选听了杨宪邦老师给硕士讲授的中国现代哲学史课程。

石公于 1934 年考入北京大学哲学系,他在北京大学读书时曾听过熊十力讲课。1985 年 12 月,我陪同石公参加了在武汉大学召开的"纪念熊十力先生诞辰一百周年学术讨论会",这次讨论会安排他做重点发言。他的题目是《熊十力先生的学术道路》,没有写成稿子,系脱口而谈。我把他讲的内容整理成文,收入这次会议编辑的《玄圃论学集》(三联书店 1990 年出版,后收入《熊十力全集》附卷[上])。石公把熊十力先生的学术道路和为人风格概括为五个特点:第一,"他很有抱负,很有气魄,非常自信,但这不是通常所说的'骄傲'";第二,"熊先生做学问的态度非常严肃认真";第三,"熊先生虽然学无常师,但涉猎甚广";第四,"熊先生认为古往今来一切学说理论的差异,如果寻根探源,最终将归于'一本'";第五,"熊先生的学术思想是同中国古代哲学有继承关系,决不是'从天而降'"。

利用石公参会的机会,武汉大学哲学系硕士生专门请他就中国佛教发表学术演讲。听讲的人很多,大约有百余人。石公坐在台上讲,台下有块黑板。我给石公当助教,把他讲授的要目以及费解的佛教名相写在上面,便于听众了解。石公的演讲受到同学们的欢迎,结束后大家报以热烈的掌声。在这次活动中,我结识了郭齐勇。他刚拿到硕士学位不久，是石公学术演讲的联络人和主持人。在参加学术会议期间，我还认识了来自美国的杜维明先生和来自苏联的布罗夫先生。

石公于 1948 年曾经担任武汉大学图书馆馆长，算是武汉大学的校友。他来此参加会议，可以说是故地重游，自然受到热烈欢迎。会议结束后，我们在武汉大学又逗留了几日。我陪石公拜望了几位多年不见的老朋友，其中有著名的敦煌学专家唐长孺先生，著名的世界史专家吴玉廑先生，西方现代哲学专家江天骥先生，还有哲学系的陈修斋、杨祖陶、萧萐父、李德永与唐明邦等几位先生。我同石公一起曾在唐长孺、江天骥和陈修斋几位先生的家中用餐。

我俩从武汉返回北京，大约在一个月以后，石公对我谈起关于这次会议的一件轶事。这次会议有台湾学者参加，他们把论文集带回去给学术界某人看。此人读后大为光火，大骂：此会开得糟透了！任继愈的文章糟透了！此人为什么反应如此激烈？石公解释说：任继愈先生在文章中提到，熊先生曾批评过此人，批评他不该总往"八大胡同"（解放前北京的"红灯区"）跑，耽误了学业。任先生揭了他的伤疤，他自然反应过激。任先生的文章编入《玄圃论学》一书正式出版时，把这件轶事删掉了。石公对我还说起此人的另外一件轶事。此人在北大读书期间很顽皮。老师上课回头板书时，他竟然把脚放到课桌上，引来同学异样的目光。等老师要回头时，他便迅速把脚从课桌上拿下，装着若无其事的样子。

我在攻读博士学位期间，全国正处在改革开放的高潮，大家都十分关心国家大事。我同室的曹远征同学学的专业是世界经济，比我更加关心经济改革。他经常参加一些热心人士组织的各种民间讨论会，议论改革中遇到的问题或应该解决的问题。他曾对我讲，一些参会者很狂，有的人竟然说，未来的总理会从我们中间产生。那时，学生关心改革成为一种风气，大家在吃饭时或睡觉前，议论的话题都是关于改革的话题。学生的政治热情高，这固然是好事，但容易走向极端，变得过激。例如，1985 年在"九一八"纪念日前夕，有些学生在中关村集会，号召抵制日货，被有关部门发现后制止了。

由于没有安排专业性学位课程，我的课业负担不重，需要考试的学位课程只有两门外语，经过一年的学习，考试都顺利通过。剩下的一件大事就是撰写博士论文了。我在读硕士生期间毕业论文的题目是《新理学简论》，这是关于冯友兰现代新儒学思想的研究。我想在硕士论文的基础上，扩大研究范围，增加梁漱溟、熊十力和贺麟三位现代新儒家，博士论文的题目叫做《现代新儒家研究》。我把自己的想法向石公做了汇报，石公表示同意。我还征求过张岱年先生的意见，没有想到岱老表示反对。他反对的理由不是来自学术上的考量，而是来自政治上的考量。岱老的意见是：把梁漱溟、冯友兰、熊十力与贺麟等学者称为"现代新儒家"容易造成误解。一来他们并不自称为"新儒家"，目前学术界也没有人把他们都归入现代新儒家学派；二来"儒家"的称呼在"文革"期间已经搞臭，好像同地富反坏右没有什么两样，把这样一种贬义的称谓放在这些学者身上，是否有"大批判"的味道？他们是否会接受？我对岱老解释说：现代新儒家是中国现代史上出现的文化现象,我做的是客观的研究,绝不是把他们当作"批评对象"来看待。经过交流,岱老表示同意我以此为博士论文的选题。

博士论文选题定下来以后,我从1984年下半年就开始收集资料,阅读资料。博士论文选题涉及四位思想家,其中关于冯友兰的研究已经完成,只有其余三位需要从头做起。好在人民大学图书馆藏书宏富,关于三位思家的著作基本都可以找到。即便有些第一手材料在人民大学找不到,到北京图书馆(现国家图书馆)和北京大学图书馆都可以找到,我不必四处奔波到处找材料。石公把他多年前珍藏的线装本熊十力著《新唯识论》最早的版本找出来,借给我读。这个版本在图书馆里已经很难找到了。至于二手资料,由于选题新,除了一些批评性文章或表态性文章外,几乎找不到有参考价值的文献。

通过硕士论文的写作,我已经掌握哲学史研究的路径。第一步从掌握资料入手。我尽量完全地收集资料,至少都看一遍。在泛读的基础上,确定哪些为作者的代表作。对于代表作,必须反复精读,做详细的笔记,概括出作者的基本观点,捕捉到作者的问题意识,摸清楚作者的思想结构,找到代表性最突出的材料。收集材料必须扎扎实实,认认真真,为进一步的研究打下坚实的基础。如果把研究者比作地球的话,那么研究对象就相当于太阳,地球必须围着太阳转。

第二步是形成观点。研究者不能像记者那样客观地报道研究对象的思想,而是要诠释研究者的思想,并且必须要有自己的观点。自己的观点不能凭空形成,而是必须要有充分的史料依据。这就叫做"论从史出"。写作论文其实就是把自己的观点同史料有机地结合起来,找到一种表达方式。如果说收集材料是"地球围着太阳转"的话,那么,表达观点可以说是"太阳围着地球转"。形成观点是一个艰苦的思考过程,要求有理有据,站得住脚;表达观点要求说理充分,鲜明深刻。

第三步是形成结构。我分别完成了对四位思想家的个案研究,但是,不能把四个人物简单地罗列在一起。只有找到他们之间的逻辑关联,方才能够写成一份结构严谨的博士论文。在个案研究的基础上,我把重点转向综合研究。我发现,可以用"主体—客体—主客体统一"的逻辑线索,把四个人物组织起来:梁漱溟侧重于主体性,冯友兰侧重于客体性,熊十力和贺麟侧重于主体与客体的统一。

大约用了一年多的时间,我以《现代新儒家研究》为题目,撰写出博士论文初稿。石公读后基本满意,提出许多修改意见。我理解和消化导师的意见,做了认真的修改,又花了多半年的工夫,终于定稿。全文28万多字,打印稿有厚厚的两大册,1986年6月,打印稿交到哲学系办公室,准备进入论文答辩程序。

收到我的博士论文打印稿之后,哲学系办公室立刻着手做答辩前的准备。办公室有人在北京找了13位论文评阅人,派人把论文送到评阅人手里。评阅人很快把评阅意见反馈回来,都表示肯定,也提出一些修改意见。在学期即将结束前夕,哲学系已经完成答辩前的各项准备,报请研究生院,要求进入答辩程序。可是,研究生院竟不予批准。

我和卢冀宁一起找到刚上任不久的研究生院副院长周新城,咨询是怎么一回事。他答复说:"论文写成后,必须经过三个月的投诉期。在这三个月里,如果有人揭发论文有学术不端情形,就不能进行答辩;只有没有人揭发,方可进入答辩程序。"我问他:"这是谁规定的?"他态度很不好,不耐烦地说:"这是研究生院规定的!"我不服气,跟他吵了一架,但是自然无法改变他的决定。事后听别人说,周新城副院长不认识我,错把我当成李德顺,以为李德顺和卢冀宁跟他吵了一次架。

按照研究生院的意见,我的论文答辩被安排在 10 月初。由于这是中国人民大学在历史上第一次举行博士论文答辩,自然很能吸引人们的眼球。答辩在资料楼(现改称人文楼)的一间大会议室里举行,来旁听的人很多,会议室挤得满满的,连走廊里也站满了人。估计旁听者有一百多人。答辩委员会主席由任继愈先生担任,委员有石峻、朱伯崑、杨宪邦、张立文与方立天五位先生。张岱年、辛冠洁、乌恩溥、丁宝兰、方克立、楼宇烈、吕希晨教授都写了评阅意见。在举行答辩前,石公嘱咐我,答辩时不要回避问题,要尽量把道理讲透。按照石公的吩咐,我做了简要的论文陈述,力求最充分地回答问题。在答辩委员中,朱伯崑先生提出的问题最多,与我对话的时间最长。答辩委员会对我的答辩表示满意,经过投票表决,一致同意通过博士论文,建议学位委员会授予博士学位。

校报编辑部把举办博士答辩看成新闻,特意派人到现场照相。事后,校报配发照片,做了详细的报道;还拿出半版的篇幅,为每位博士生发表一篇访谈记录。关于我的访谈记录是周建明写的,他后来担任过人民大学副校长。访谈记录的题目是《群体意识应建立在承认个体的前提之上——访我校第一批通过博士论文答辩的宋志明同志》,发表在《中国人民大学》校刊 1986 年 11 月 15 日第 727 期头版次条《本刊专访》栏,还配发我答辩时的照片。

我的博士论文答辩通过得很顺利,出版却不顺利。博士论文通过不久后,张岱年先生受山东人民出版社委托,准备编辑一套"历史与未来"丛书,把我撰写的《现代新儒家研究》编入其中。谁也没有想到,由于山东人民出版社主管经营的副社长出了问题,出版社在经济上陷入困境,竟然将这套丛书搁置起来,迟迟不出版。我本来是中国研究现代新儒家的第一人,可是在出版方面却被郑家栋抢了先。我写完博士论文《现代新儒家研究》一书,他刚刚到南开大学哲学系读博士不久,还没有动笔。在方克立老师的帮助下,他撰写的《现代新儒学概论》于 1990 年抢在我的博士论文正式出版之前率先在广西人民出版社出版,拔了个头筹,而我的博士论文于 1991 年出版,落在了郑家栋的后面。

我的博士论文《现代新儒家研究》在山东人民出版社压了好久,迟迟不能出版,只好撤出。我把博士论文从山东人民出版社要回来,联系中国人民大学出版社。经石峻师推荐,中国人民大学出版社总编李淮春教授同意纳入"中国人民大学博士文库"出版。1991 年,《现代新儒家研究》一书面世。石峻师为此书作序,希望我"在这一科学领域内,继续努力,扩大研究范围,加深理论探讨,沿着思想性和科学性统一的道路前进,勇于再攀高峰,获得更加丰硕的成果。"

按照中国人民大学博士文库的要求,纳入文库的著作必须有英文目录。这对于我来说是一件难事,因为我学的是俄文,对英语一窍不通。幸亏师弟冯禹出手相助,解决了我的困难。他的英文水平很高,又专攻中国哲学史,译得十分准确。如果只找英文水平高而不懂中国哲学的人,不会译得如此成功。

1982 年,我还在读硕士生期间,在《中国哲学史研究》上发表了《心与物》,是我第一次发表学术论文。在读博士生期间,我写出专著《现代新儒家研究》,这是我出版的第一本学术专著。人们对于人生中的"第一次"总是难以忘怀的,始终保持着清晰的记忆。然而,正是因为是"第一次",稚嫩之处在所难免。由于此书写成 20 世纪末,那时"左"的氛围并未完全清除,我不能不受到限制和影响。由于思想解放程度不够,有时仍采用定性式的表达方式,现在看起来都不妥当。那时采取这样的表达方式有不得不如此的苦衷。我的担心是:如果对现代新儒家评价过高,有可能在答辩时遇到麻烦。在写博士论文时,我在大陆无法读到港台新儒家和海外新儒家的著作,只好付之阙如。严格地说,我的博士论文应该叫做《大陆现代新儒家研究》,这更为贴切。

《现代新儒家研究》一书的出版使我获得进入中国哲学史研究的学术殿堂的入门券。在中国哲学史界,许多研究者常常会把我的名字与"现代新儒家"联系在一起,承认我是这一研究领域的开启者之一。以此为契入点,我进一步拓展研究范围,陆续写出其他的著作。

根据博士论文的内容,我改写了 3 篇论文公开发表。第一篇是《新唯识论的伦理思想》,发表在《中国哲学史研究》1987 年第 1 期;第二篇是《体用不二论钩玄》,发表在《社会科学战线》1987 年第 1 期;第三篇是《熊十力新唯识论思想的形成》,发表在《学术月刊》1987 年第 1 期。这三种期刊都是一流的学术刊物。

在哲学系的 3 名博士生中,李德顺是人民大学的在职教师,不存在毕业后找工作的问题。我和卢冀宁必须在毕业前找到一份合适的工作。我俩从 1986 年初就开始找工作。由于那时博士毕业生很少,全国不过几百人,而用人的地方很多,所以我们选择的余地很大,找工作不是什么难事。卢冀宁选择了国防大学,并不出于学术上的考虑,而是军队院校可以很快解决两地分居问题,解决住房问题。国防大学顺利地接收了他。受卢冀宁的影响,我也打算走从军的路线。我到军事科学院军事辩证法研究室联系工作,刚好有一位从吉林大学分配来的校友在那里工作。在校友的帮助下,一切进行得很顺利,研究室的负责人表示同意接收我。他说:"研究室特别需要懂孙子辩证法的人,你来正合适,也算专业对口。"我听了很高兴,以为求职成功的可能性很大。可是,过几天在谈到入伍后的待遇时出现了问题。负责人对我说:"总参谋部最近下达文件,硕士入伍享受正连级待遇,博士入伍享受正营级待遇。像你这种情况,只能享受正营级待遇。"我说:"我的同学到国防大学,给的是正团级待遇,是什么道理?"他解释说:"他是老大学生,在大学期间的学龄可以折合成军龄,有一定年限的军龄,就可以享受正团级待遇。你没有大学学历,无法享受这种待遇。"听了这种解释,我产生了不平衡感:同样是博士毕业,为什么待遇不同? 遂放弃了到军事科学院工作的想法。

我求职的第二个单位是中央党校马克思主义研究所。这个研究所刚成立不久,所长是江流教授,副所长是在吉林大学教过我的老师吴雄丞教授。专门研究中国现代哲学史的李振霞教授也在研究所工作。她早年毕业于中国人民大学研究生班,跟我很熟,算是校友和同行。在吴老师和李老师的帮助下,我求职成功,研究所也欢迎我来工作。我回到学校跟学生处郝彦桐处长汇报,他的答复出乎我的意料。他说:"你的毕业去向哲学系已经定下来了,得留在学校教学。"我说:"哲学系没有征求过我的意见呀!"郝处长说:"希望你服从组织决定。你们这批博士生,全校只有 4 人毕业分配,学校总得留下一个吧! 哲学系的留人报告学校已经批准,没有办法改变。"我后来得知,在没有与我沟通的情况下,哲学系副主任杨彦君和中国哲学教研室主任杨宪邦早已把留人报告打到学校去了。实际上我并没有自主选择的余地,到处找工作,等于瞎忙活。我只有一种选择:服从组织安排,留在人民大学中国哲学史教研室当老师。其实,对于我来说,能不能到中央党校工作倒也无所谓。如果当时我去了中央党校,有可能会走上从政的道路,未必能够成为一位学者。而我留在了人民大学,由于只有做学问这样一条路可走,可以心无旁骛,成为了一位名副其实的学者。

【会议实录】

关注中国认识论与人学的走向(下)
——《夏甄陶文集》出版座谈会实录

卞桂平　陈琼珍　高　佩/整理　郭　湛/校阅

2011 年 6 月,《夏甄陶文集》(6 卷本)由中国人民大学出版社出版。在中国人民大学哲学院 55 周年院庆之际,召开了"当代中国认识论与人学的走向——《夏甄陶文集》出版座谈会"。座谈会于 2011 年 11 月 13 日在人民大学人文楼五层中心会议室举行。会议分四时段展开,分别由中国人民大学校长助理、出版社贺耀敏社长,时任中国人民大学校长助理、哲学院院长郝立新教授,中国人民大学马克思主义哲学研究中心主任郭湛教授以及中国人民大学马克思主义哲学研究中心副主任张文喜教授主持。来自中国社会科学院、中共中央党校、清华大学、北京大学、国防大学、中国人民大学、中国政法大学、南开大学与华中科技大学等单位的六十余位学者会聚一堂,围绕会议议题展开了热烈而深入的研讨。

第三时段

主持人:郭湛(中国人民大学马克思主义哲学研究中心主任)

刘卫平(中共上海市委党校教授):我是带着感恩的心情来参加这个会议的。上午听了很多老师的精彩发言,大家对夏老师的学术思想和学术地位都做了很好的概括。我也认为,夏老师确实不愧是当代中国的哲学家。今天,我从个人角度出发谈谈夏老师对我的教育和对我的人生所产生的影响。1996 年我是夏老师的访问学者,从 1998 年起我跟随夏老师读博士,前后加起来有 4 年时间。从跟夏老师的接触中,我尤其感受到了夏老师在两个方面的魅力。

一方面是学术魅力。他的学术成就有目共睹,上午大家都做了很好的概括和评价。第一是夏老师的学术广度和深度,他确实做到了学贯中西,其中,他对马克思主义哲学的研究尤其丰富系统,对中国哲学的研究也具有马克思主义哲学的立场和深刻性。我先读的是夏老师在认识论方面的书,后来读他的《中国认识论思想史稿》,我感觉夏老师把马克思主义哲学和中国传统文化的研究做到了融会贯通。在平时的交流中,我感受到他对西方哲学也有深入的研究。作为大学者,夏老师具有学贯中西的学术气质,又有传统文化的深厚底蕴,形成了独成一家的学术风格,这让我深有感触。第二是夏老师治学的思维方式。他很看重关系的研究与系统性方式的研究。他能够把中西马融会贯通,实际上是与他研究的思维方式分不开的,这对我们很有启迪。第三是夏老师的学术精神。不仅是观点卓越,更是治学严谨,从他对我的论文指导中,我对此深有体会。夏老师几乎是以命题方式来指导我,直接给我命题作文,我的论文题目是《人的自我塑造和自我认识》。当时我确实感到很艰难,因为关于自我的知识不够,但是等我做下去以后,确实很有收获。可以说,夏老师的研究影响了当代中国哲学研究的走向。比如,夏老师关于目的的哲学,虽有所争论,但正是争论影响了后来哲学研究的走向。夏老师确实看得远,高瞻远瞩,不愧是一个哲学家,我深深感受到了他的这种魅力。

另一个方面是人格魅力。第一,虽然是大家,但为人谦和。这是我一辈子需要学习的财富,他让我们懂得,做学问在于做人。人越有思想,越有本事,就越要低调,做人应该谦和。第二,是宽容和理解。2002年我从湖南师大调到上海市委党校,这对我个人来说是个转折。因为工作平台不同,在学术上发生了一些转向。我就慢慢关注了一些有关领导干部的教学与培训。现在飞来飞去,到处讲课。很多人对此有所非议,说一个名师的弟子老是到外面去讲课。很多年来,由于这个原因我都不敢去见夏老师。因为我确实想念夏老师,所以去年我去见了老师,说了我的一些变化。他很理解,他说,可以把你之所学用在这方面,这也是学者的一个使命和责任。我一下就放心了,特别感动夏老师对人的这么一种理解。夏老师对我的影响是最深刻的。我这一生能成为夏老师的学生,真是我的荣幸,对我是莫大的激励。

高绍君(湖南师范大学哲学系教授):昨天上午我从长沙赶到北京,立即去拜访了夏老师,向夏老师汇报了自己的工作情况。主要谈了自己哲学学习与思考中所遇到的问题,学术道路上的一些技术问题以及对人生观的迷茫——这既是读博士期间已成为本能的习惯,也是毕业后时常感到需要夏老师的继续指导。夏老师对于我而言从来不是什么学术圈子和平台之类世俗的东西,而是一位难得的愿意跟我平等地探讨思想却又始终能够指引我的思想前辈。而且,当一个学生感到自己身处一种复杂的学术氛围时,会更强烈地需要夏老师那种学术人格和学术精神的感染、鼓舞和教导。作为学生,我当然有很多理由来见夏老师,但以上是我最大的理由。

我是夏老师1999级的博士生,那时夏老师已是哲学界的权威,在我心目中是偶像般的存在。我难以在这里详述与夏老师在人大相处的亲切难忘的三年。不知道别的同门是否和我一样,我总感觉他对我是特别的,因为我是他的湖南小老乡。他非常关心家乡发生的一切,我几次遇到他在看湖南卫视新闻节目,还询问我家乡的情况。他跟我说过他少年时代离开湖南安化山村到长沙赶考的求学经历,我能感到一个仿佛还没有做好准备而意外离开家乡的青年半个世纪后对家乡的那份眷恋。夏老师就是这样的质朴和真实,这种质朴和真实也反映在他对待他的学术成果上。有一次我去他家请教问题,一进门他就把他发表在《哲学研究》上的文章给我看,还要我谈谈对其中观点的看法。

上午师兄们的发言给了我很大的启发，他们对夏老师认识论研究成就的理解非常深刻，这也说明了师兄们为什么能够将夏老师的学术思想发扬光大。像郭湛老师、欧阳康老师，既是我辈的著名师兄，更是哲学界的著名学者。例如，郭老师的"主体性哲学"真正是在夏老师具有独创性的认识论哲学基地上找到了一个很好的理论生长和创造点。因为夏老师的认识论中的主体和客体的相关性具有实践本体论、目的论、世界观的基础，并且也有相应的研究著作，所以人的主体性问题是这种认识论所应有的纵深发展维度。欧阳老师之所以能够开创出"社会认识论"，也是因为夏老师认识论丰富的奠基性工作含有横向发展的可能性。在夏老师80岁诞辰之际的这个学术研讨会使我想到，一个思想家的思想年龄要远远超越他的自然年龄。这种超越既来自他的思想理论本身的生命力，也来自他开创的思想理论成就有人传承和发展，两位著名的师兄已经做了很好的榜样。

只有深刻地理解，才能够传承和发展。这迫使我们要在深入研究夏老师文本的基础上，寻找夏老师的认识论基地上可能的理论发展空间。夏老师跟我说过，马克思主义哲学原理的研究有两派，大原理派和小原理派。前者以马克思主义经典著作家的思想为基础，博采众家，建构起"哲学原理"，例如其中的认识论原理；后者是单纯地在马克思主义的经典著作中解读出原理。夏老师说他是"大原理"派。我理解夏老师的意思是，马克思主义哲学的认识论原理不是完全可以从经典作家的文本中解读或剥离出来的，也没有已经完成了奠基工作的认识论，也就是说，认识论的存在论或本体论前提的工作还没有完成。夏老师在我读博时已经转向人学研究了，这种转向不应理解为夏老师认为认识论原理研究已经终结，更不是由于受到外界的影响，由于外在的原因而转向。我理解夏老师的人学转向来自他的认识论关切，从他之前关于目的的哲学、主—客体相关性原理以及人学研究实践来看，他不是以认识论来研究人学，而是通过人学研究来为认识论奠基。在人民大学读海德格尔时，我被存在论的人学所深深地吸引，也被他对近代认识论的批判弄得怀疑自己从事认识论研究的学问前途。后来，哈贝马斯大讲"商谈伦理学"与"共识真理"，让我也对认识论本身中的问题感到迷茫。记得我去夏老师家跟他谈到这些时，夏老师说，这些都可以作为认识论的奠基工作，因为哲学研究本身就是一种认识活动，是对主体与客体统一的意识和追求。在夏老师指导下，我选择了《意义与自由——一种人的超越性研究》作为博士论文题目。其基本意图是以人的超越性，以自由这一存在论的"意义论"来为认识论做奠基工作，特别区分了"意义"与"价值"，研究了人的超越性、创造性活动中的"认识"问题。夏老师也是以认识论研究意义来看待后来我写出的博士论文的。

遗憾的是，我在博士毕业后的学术研究成果很不理想，辜负了夏老师的期望。博士论文出版后，很想通过意义论在认识论领域做点研究工作，但是囿于实际工作的分工和单位学科发展方向上的要求，一直没有成功。如今，更多是繁重的上课任务，研究方法上也走了小原理派的道路，更多是解读马克思的文献，研究马克思的哲学变革和存在论问题,对夏老师走的大原理派道路也越来越缺乏自信。

在湖南,只要有同行听说我是夏老师的学生,都会对我刮目相看。这是夏老师的学术和思想形象的恩泽,同时也暗示着我走的一定是夏老师的哲学道路,是研究认识论的。在今天这样的研讨会上,再想想,老师的视力越来越不好了,看书和写作都是在极端艰难下进行的,这让我再次思考,如何才不辜负是夏老师的学生? 一个学生对一位哲学家导师的最大回报应当是什么? 答案只能是传承和发展老师开创的研究。要做到这一点,今后要继续认真阅读、深刻理解夏老师的著作和论文,继续聆听夏老师的指导。

王晓升(华中科技大学教授):参加这个会是我们期待已久的,今天终于如愿了,非常开心。听了众位师兄的发言,让我有很多感触。我当时是夏老师所有学生中年龄最小的。能够得到夏老师指导是人生一大幸事,影响了人生,至少是影响了我的人生。刚才李景源学长提到一个问题,就是夏老师这些学生和老师的差距在哪里? 这是他的自谦之词。景源、郭湛、刘奔学长等都从老师那里得到不少真传。他们不仅自己获得了重要的学术成就,而且还不断地指导和提携我们。与老师存在差距主要是我们。在许多方面我们都跟老师存在差距。不是单方面的,甚至学术基础、待人接物的工夫等方面我们都跟他有差距,老师是值得我们学习的。这是今天我想讲的第一点。

第二点,如何评价夏老师的学术地位和学术贡献。今天上午很多人都做了评价,我还想做一点补充。在思想史上看,夏老师全面、系统、深入阐述了认识论,从主客体角度全面探讨认识论体系。到目前为止我所看到过的哲学文献中,包括西方哲学文献、苏联哲学文献,从认识论角度研究的,至今还没有如此完备的体系。我认为,夏老师的认识论在思想史上有其独特的地位。从改革开放以来哲学研究的成果来看,夏老师所完成的这个体系是我们教科书中这方面最经典的理论。

我的博士论文就是在夏老师提供的主体性认识论框架之中来探讨的,当年很多人和我一样都是在这个框架中进行认识论研究。我想套用恩格斯的一句话:"在那个时候,我们都成了夏甄陶派了。"我认为这话是恰当的。当时夏老师就是一个旗手,他的大多数学生都是在这个框架体系之中从各个不同角度来丰富这个理论体系,他们也做出了突出的贡献。但是,为什么夏老师的学生,包括景源、郭湛、欧阳等学长后来都在不同程度上不做认识论? 为什么后来夏老师自己都不做了呢? 我想原因就在于,夏老师已经把这个认识论体系构建得足够完备了,已经没办法超越了,连夏老师自己也没法超越了。如果说我们还能做什么,就只有在框架内修修补补,没什么工作可做了,达到极点了。

因此,走出这个框架很重要,但是如何走出夏老师所开辟的主客体认识论框架呢? 我认为夏老师后来的人学研究就指出了他自己走出夏甄陶框架的一个方向。为什么这么说? 因为主客体涉及的关键就是主体。从笛卡尔到黑格尔,近代哲学体系都凸显了主体的作用。这个框架本身有没有局限性? 也是有局限性的。现代西方哲学家指出,近代哲学这个框架是有毛病的。我们原以为的主体是真正的主体吗? 不是,结构主义已经告诉我们。阿尔都塞有一句名言：意识形态就是把人说成是主体。然而，主体是社会、文化建构起来的。因此，我们必须回到人，必须要研究人，回答人是不是主体，在什么意义上是主体，在什么意义上不是主体。主客体必须被超越。故而，我认为夏老师的人学研究就是为走出这个体系作出的贡献。

同时，夏老师的人学思想为我们提供了走出过去的思想框架。这个框架无疑概括了人学研究的主要方面。虽然这个框架比较简略，但是其基本思想非常明确，体系也很完备。当然，这里还有许多有待进一步拓展的空间。例如，萨特按照现象学理论还原掉人的经验的存在，把人理解为纯粹现象学上的自我，这就与结构主义完全对立起来了。萨特说人是自我规定的。可问题又来了，人是怎样自己规定自己的？按照结构主义的说法，人不能自己规定自己，人都是被规定的。两者提出了不同的理论。其实人是被规定同时而又自我规定的，这就是人的问题上的辩证法。夏老师在《人是什么》这本书里谈了一个思路，这个思路能够把存在主义的自我规定与结构主义的社会规定统一起来，这就走出了现象学和结构主义等现代哲学的框架，夏老师提供了一个非常好的思路。从认识论走向人学，夏老师的文集已经给我们指明了方向。夏老师的学生包括郭湛、包括后来我们这些学生，都是在这条道路上继续往前探讨。虽然我们没有继续研究认识论，但是我们在沿着夏老师开辟的道路继续前进。夏老师是一个标杆，我们与他还有很大的差距，无法赶上，但我们在继续努力着。

马俊峰（中国人民大学哲学院教授）：1985年，夏老师从社科院哲学所调来人大哲学系工作，这一年我研究生毕业留校工作。一直到夏老师退休，我们都在同一个教研室工作，真也算是老同事了。我第一次见到夏老师，认识夏老师，是在1983年冬季。那时我正在读研究生，导师是李秀林老师。当时正值组织全国学界力量编撰《中国大百科全书》，在广州华南师范大学召开一次哲学审稿会。萧前、黄楠森、李秀林、高清海、赵凤歧、夏甄陶、齐振海等马哲界名家都聚齐了。按教学计划安排，我们几个马哲研究生，庞元正、王霁、杜大宁、初玉琳和我，要去广东做为期一个月的社会调查，因此先跟着萧老师他们给这次会议做些服务工作，然后去东莞、中山与深圳做调查。

在我的印象中，夏老师调来人大工作是萧前老师的主意并一手促成的。萧老师对夏老师很器重。那时各单位住房都很紧张，社科院哲学所因种种原因无法解决夏老师的住房困难问题。萧老师想调夏老师过来，他利用其威望和影响，说服人大校方给夏老师解决了住房问题。夏老师的学问很好，但他的湖南口音重，是一个研究型人才，教学绝非他的特长。萧老师也知道这一点，故而夏老师到人大后并没有硬性的教学任务，只给研究生、博士生上点专题课。上过夏老师课的学生都知道，他上课就是念稿子，再就是与大家讨论问题，没废话，但是不生动，干巴巴的，但净是干货。他是靠着思想的深度赢得学生和学界同仁的高度尊重的。

我工作以后，又于1988年考取萧老师的在职博士。面试时夏老师是考官之一，到现在我还记得夏老师给我提的问题，例如，你读过费尔巴哈的哪些著作，中国古代哲学家有哪些关于价值方面的思想。博士论文答辩时,夏老师又是答辩委员。虽然我不是夏老师的入门弟子,但由于同一个教研室工作,近水楼台,言传身教,耳濡目染,我所受到的影响和获得的教益都是非常大、非常持久的。在我心里,夏老师就是我的老师。夏老师对我也爱护有加,几十年来一直都叫我"小马",这也是诸多老师们中唯一这么叫我的。或许这是夏老师对晚辈的习惯叫法,可在我就觉得特别亲近,是一种"殊荣"。

夏老师治学严谨,工作勤奋,博览群书,学术精湛,思想深刻,成就突出。他对哲学的深刻理解,对时代现实的独特把握,这是研读过他的著作和文章的人都深有感受的。我的师兄陈志良是出了名的狂傲之人,言行做派很有些魏晋风度。但是我们私下闲聊之时,他曾表示对夏老师由衷的敬佩,说是像夏老师的学问水平,我们这些人一辈子也达不到。

夏老师能取得那么高的学术成就,除了天分之外,更得自他对哲学学术的热爱,或者说"纯粹的学术兴趣"。他热爱和尊重学术,多次强调哲学认识论是科学,强调学术研究的独立精神。他经常说,我们不是宣传干事,我们是理论家,是哲学家,要以理论的、哲学的方式关注现实,这是我们的职责。在我的印象中,夏老师没有写过应时的文章;即使是写看起来应时的题目时,他也总是坚守学术良心,从理论和学术的高度予以申论。他的著作和文章学术味道最浓,也最能给人以理论思维的启迪。夏老师对日常俗务不太关心,也不太熟悉。教研室开会时说到这些闲事的时候,他往往就闭目养神,缄口不言;而一旦涉及学术问题、学术争论的时候,他就来了精神,滔滔不绝。他多次建议我们教研室会议要讨论真正的学术问题,不要开得像行政会议。对于例行的博士生开题报告,夏老师就觉得有些流于形式,建议要真正地重视起来,增加学术含量,开成学术研讨会。夏老师的这些精神和建议,对人民大学的马哲学科的发展、对后一代学人的影响都是非常深远的。

夏老师是非常自重、自尊、自爱的人,学术上如此,生活上也如此。由于眼科手术失败,他本来就很弱的视力不仅没有得到改善,反而雪上加霜,几近完全丧失。我们可以想象夏老师当时的痛苦,不能再阅读学术文献,对于一个视学术为生命的人来说意味着什么! 按照夏老师的资历、成就和威望,他是可以不退休的,是可以享受一级教授待遇的,可是他考虑到自己的情况,坚决要求退休。这不是一般人能够做到的。

夏老师早年主要研究认识论问题,后来转向人学。这种"转化"或者说"结合"实有其内在的逻辑和理路。在马克思主义哲学中,认识论一直是很受重视、很热门的领域。辩证法是马克思主义的认识论,唯物史观是马克思主义认识社会历史的方法论,整个马克思主义哲学就是人们认识和改造世界的锐利武器。关于实践标准的讨论引发了思想解放运动,在实践唯物主义的大讨论中,认识论领域提出的问题最多、争论最大,一时间热闹得不得了。可自那以后,整个认识论研究陷入了长期的沉寂状态。这究竟是什么原因? 这些年来,计算机技术和人工智能的发展要求将现代逻辑与认知活动结合,从而,实验心理学、认知科学、思维科学等实证科学都得到长足发展,语言哲学、科技哲学、科学技术史和科学技术方法论的研究越来越得到重视，知识社会学、传播学蓬勃兴起，等等。传统认识论的对象领域都被它们瓜分或是占领了，在这样的情况下再来抽象地研究人类认识活动的一般规律就显得没有必要了，认识论似乎遇到了如恩格斯当年所说的随着实证科学的兴起"自然哲学""历史哲学"那样的命运。问题是，果真如此吗？还是说在新的科学技术发展的条件下，认识论研究酝酿着新的突破、新的转型？夏老师的转型或转向或许不仅是个人的问题，而是具有更为深长的意味？他毕竟是中国认识论研究领域的领军人物。

我过去主要从事价值论方面的研究，博士论文题目是《评价活动论》，评价与认知（或者说认识）的关系一直是我所关注的。按照我们过去的理解，科学分为自然科学和社会科学，前者只涉及自然现象，不包含价值因素；后者则是社会现象，涉及价值因素。这实际上是只从研究对象或客体方面着眼，也是将价值当作属性来理解的结果。若从主体方面看，研究社会现象会涉及价值与评价，研究自然现象同样也有价值与评价问题，尽管主要涉及学术价值与评价。社会科学研究更是如此，认知与评价的关系更加复杂。夏老师的高足欧阳康兄的博士论文就是研究社会认识论，他的博士生和他所领导的团队多年来一直搞社会认识论。沿着这个思路往下追索，比如说科学认知的主要任务是发现，技术研究的主要任务是发明，决策思维和工程思维则在于利用既有的成果和条件包括财务条件达到预定目标，等等，都会涉及认知与评价，但彼此的比例、权重和关系会大不相同，因此思维方式也会大异其趣。此外，不同民族的思维方式各有自己的特点，也各有自己的合理性和价值，不能仅仅从高级和低级、科学与非科学的线性排列维度简单化地予以对待。认知科学再发展，思维科学再发达，这些问题都是无法被取消的，认识论研究也不会被它们所代替。

我们要把夏老师的治学经验予以总结，发扬光大，把他所开创的事业、把他的精神推向前进。我们作为学生一方面感觉到与夏老师做学问的差距，真的是有高山仰止的感觉；但另一方面就是可以站在夏老师所奠定的学术基础上，再往深处挖掘，再往前推进，这是符合学术发展的规律的。

刘敬东（清华大学马克思主义学院教授）：1996年，我硕士毕业后继续攻读博士，郭湛老师建议、动员我跟读夏公，但跟着郭老师读了3年硕士，师生情谊深厚，对郭老师依依不舍，郭老师尊重我的选择，否则我差点就成了夏公的博士。我跟郭老师读博，而郭老师是夏老师的弟子，所以我就是夏老师弟子的弟子。我硕士入学前，夏老师是面试老师之一，从硕士论文到博士论文答辩，夏老师都是答辩委员会最重要的成员。在答辩过程中，夏老师所提出的那些根本性的问题，至今仍然深刻地存留在我的历史记忆中。也就是说，在我于人大求学6年的关键节点和关键过程之中，夏公都是最重要的教导者和见证人之一。

在20世纪的70年代末到80年代读大学期间，以及此后的整个80、90年代，我最推崇和读得最多的几乎就是国内两位同龄的湖南学者李泽厚和夏甄陶的著作。在80

年代,《中国社会科学》发表了一篇与夏公争论的论文,文中一再谈到必须把"目的"概念从实践中"净化"出去。当时我虽然做不出准确的学术判断,但除了阅读夏公的论文和著作以外,那时我读黑格尔的书已经七八年了,因此,我意识到,否定目的在实践中的引领作用,把实践看成是改造客观物质世界的纯粹物质性活动,这不仅是对黑格尔,同时也是对马克思主义实践观的极大误判,这样的实践观不会、也不可能有太强的生命力。我朦胧地感悟到这一点,那时,读黑格尔和马克思,感觉到目的和观念的力量非常伟大。当年读夏公的《论目的》的《论实践观念》那样的长篇论文,感到实在是凸显了理论、思想与观念等对社会实践、对塑造现实的巨大作用,与那种把目的等从马克思主义的实践范畴中"净化"出去的极端观念形成了鲜明对峙。

上午会上在谈自己的感言时,夏公道出了一个秘密:当年同他争论,主张把目的观念从实践中净化出去的那一派学者,实际上把他说成是唯心主义者。大家看看西方哲学史,从苏格拉底、柏拉图到中世纪,从康德、黑格尔到海德格尔,几乎所有伟大的哲学家和伟大的哲学体系都是唯心主义的,只有马克思是个伟大的例外。而马克思之所以是一个伟大的例外,历史唯物主义之所以获得历史性的成功,又恰恰是在于他的历史观中创造性地容留并汲取了包括黑格尔哲学在内的一切唯心主义(或者说观念论)哲学的优点,把西方思想、特别是德国古典哲学中最奥妙的东西——观念论哲学的精华,纳入到自己的哲学"提纲"、思想结构和理论大纲之中。马克思的伟大就在于他有无与伦比的博大的理论胸襟,把观念论和目的论哲学的合理性观念经过扬弃而融合在自己的体系之中。

夏公的学术之所以获得成功,是因为他的认识论表达了这样一个体系。黑格尔说:"只有真理存在于其中的那种真正的形态,才是真理的科学体系。"因此,真理必须展示为一个体系和一个系统,才其成为真理。夏公关于马克思主义认识论、中国认识论思想史、思维世界研究,以及马克思主义人学等的一系列著作,就是在严密的范畴和概念的逻辑体系中塑造起来和表达出来的,并由此获得巨大的成功。这是我体会最深的一点。夏公的论文写得非常大气,读起来发人深思,引人入胜,当年我几乎每见必读。而他的诗词则写得美妙、深刻而富有人文情怀,同他的哲学著述的严格理性、不事声张的处事风格、淡泊明志的冷静性格恰成鲜明对照。

夏公为人低调、待人诚恳而且平等。对此我印象最深刻的一点是,有一次在郭老师家中书架上翻阅,看到夏公赠送给郭老师著作上的醒目题字:"郭湛仁弟指正。"夏公作为郭老师的导师,却把自己的学生平等而富有深情地称为"仁弟",并谦逊而诚恳地让郭老师来"指正"。这是何等伟大的开阔胸襟和平等深厚的师生情谊啊!

张文喜(中国人民大学哲学院教授):大学可以有围墙,学术可以有各种各样的规范,但是影响是没有围墙的。我自认为是受夏老师影响非常大、受益非常多的一位学者。今天大家谈得比较多的是夏老师的为人和为文的统一或一致。我觉得夏老师写的东西有两个特点。

一个是，虽然夏老师是一位马克思主义哲学家，但他又不限于马克思主义领域，我更愿意称他为哲学家。如果要把他定位于马克思主义哲学家的话，那我们可以看到他写作的一个基本方式：不是辩护而是阐扬。所谓辩护就是致力于某一种学说，如果有错失，那就需要辩护。任何一篇文章都不会认为马克思主义哲学从真理意义上讲是错失的，不是说马克思主义哲学没有错的地方，而是说其基本精神属于真理。夏老师的基本风格是从阐述和弘扬的角度来写的，这是值得我们学习的。

另一个是，大家都谈到，夏老师写的东西有深度，很深刻，这是他对生活的体察和洞察所得出来的。人文学者首先要强调一种深度，深度是什么？说不清楚，但我们看夏老师的东西就知道，深度意味着权威性。你看看他的影响，欧阳老师有那么多学生都要接着搞社会认识论，我们在座的每一位都觉得认识论还有很多可以开发的地方。晓升兄讲到，认识论意味着海德格尔的影响可以到此终止，高绍君则谈到认识论还大有可为。我的理解是，如果建立在反体系的角度真是大有可为。夏老师没有建立一个体系，他也不认为他自己站在一个绝对真理的顶峰，这也是它的生命力所在。也是在这个意义上，他更多的是做一种阐扬而不是批判。所以夏老师的深度体现在他的内省性，就是往自己内部反省，这是与他的为人低调又是一致的。没有内省的人不是低调的，而是张扬的。我是夏老师的一个编外学生，这个编外也不确切，因为现在我已经在编内了。作为一个大师，夏老师的言行、风范和影响会一直延续下去的。

郑广永（北京联合大学教授）：我是郭老师的学生，没有和夏老师直接接触过。从广泛的意义上讲，我也算是夏师门的一员。我对夏老师所写的书及夏老师的为人有两点感受比较深刻。

第一，夏老师对于我们哲学的后辈学者、对于我们中国普及新的马克思主义理论做出了巨大的贡献。我是20世纪80年代中期读他的书的，往后就接触到实践唯物主义、人学和文化哲学这些论著。那时我就觉得，这些新的研究成果对摆脱以往苏联教科书那一套是很有帮助的。我们在20世纪80年代早期所接触的还是老版本，后来就是新的东西。这些新的理论成果就是以夏老师为代表的老一辈学者们所开创的。几年前，我看到萧前主编和黄枬森、陈晏清副主编的《马克思主义哲学原理》（上、下册），那本教材的绪论是夏老师写的。这篇绪论写得太好了，值得反复研读，后人很少有能超过的，对我们后学者的指引作用和哲学普及作用太大了。

第二，夏老师的道德为人，确实是高山仰止，是学也学不来的，只有努力地去做了。刚才敬东也讲到，夏老师称郭老师"仁弟"。夏老师在道谢时也一直称他为"郭老师"，而不直呼其名，对此我的感受特别深。作为一个后学者如何做得到这一点，在做学问、做人上我们要做的太多了。我们觉得做郭老师的学生、做夏老师师门的弟子是多么荣幸。有这么好的老师，以后我们要努力地做无愧于郭老师和夏老师、无愧于人民大学哲学院的学生。

梁孝（中国社会科学院马克思主义研究院副研究员）：我从2003年进入人大，跟着夏老师研究认识论。我在北师大的硕士导师是朱红文老师,他研究的是社会科学方法论。我等于是打了个擦边球,定了《价值中立与社会科学的客观性》这个题目,夏老师也认可了。做完以后,我到社科院马研院工作,结果把我分到国际战略研究室,跟认识论离得很远。但我有一种特别深的感受就是,认识论对我的学术研究影响很大。比如,前段时间有一个争论——朝鲜战争应不应该打?有些专家就把苏联和美国的解密档案以及中国的档案全弄在一起,最后得出一个结论:不应该打。他们说了很多东西,这也错了,那也错了,讲了一大堆。如何看待这段历史?我想起做博士论文时所看的材料中的一个观点:知识分子研究中的知性与实践中的知性,这两种方法是不一样的。实践中的人,时间紧迫,战争瞬息万变,他没有多少时间做研究。另一方面是信息不全,他不知道斯大林那边的情况究竟怎样,也不知道美国人怎么想。他只能根据过去的经验来考虑,然后在短时间内做出判断,拍板决定参战或是不参战,这是实践思维模式。但是做研究的人不一样,他可以花 10 年时间从苏联和美国查档案,研究透了之后再得出一个结论。这就产生了一个误差,他把他的一些想法全堆到毛泽东的头上,但毛泽东等领导人当年不会考虑这些问题。这就是一个认识中的误区。他们好多都是就历史细节做争论,比如毛泽东在什么时间做的决定之类,却没有从认识论的角度、从实践与理论的误差这个角度去讲。这在我的研究中提供了一个知识论的视角,很多问题可以从这个视角提出新的思路。

还有一个感受是,虽然认识论现在很重要,但是很多人并不重视。2003 年时我刚来人大时,郭老师的一位博士后问我研究什么,我说跟夏老师做认识论。他的一句话给我泼了冷水,他说:那你以后申请国家课题的机会估计就没有了。这是不是就表明,在申请国家课题中认识论不受重视?任何一种社会活动说白了就是实践,实践的基础就是认识,认识和实践循环运动着,认识是其中的一个重要层次。有一位搞经济学的学者,从经济学所调到马研院,做关于科学发展观的研究。他要写一篇关于社会主义市场经济的文章,最后他发现最头疼的是认识论问题,而不是经济学问题。哈耶克说市场中的人是个人行为,比如说股票往上涨了,我就马上判断该怎么做,是投资还是如何。这种知识叫技术知识,知其然而不知其所以然,知道怎么做却不能说出个道理。经济活动依赖这种个人的技术知识。完全依赖理论知识进行计划是不可能的,只能走市场经济道路。哈耶克说得对不对,这两者能不能统一起来?或者是到底错没错、错在哪?这位学者最发愁的就是这个问题:没有批判能力。认识论在他的学科体系中占的地位太重要了,但作为经济学出身的学者,这一点是他最薄弱的环节。整个感觉就是在学科体制之中,对认识论学科的重视不够,希望比如郭老师等有影响力的前辈能呼吁一下、推动一下。虽然我现在不做认识论,但我觉得认识论对我的研究很重要。

盛卫国(国家环境保护部工作人员):在座都是我的老师、师兄和师姐,我 2005 年到人大跟着夏老师读书,成为他的关门弟子。夏老师文集出版这件事我老早就知道了,因而也一直很期盼。前段时间通知我来参加这个会,我心里也是特别兴奋。虽然现在我离开了哲学领域，但是我觉得并没有离开哲学。平常也看一些哲学的文章和书籍等，在工作中有时也会用到。我对于夏老师文章、书籍中的哲学思想的看法，用一句话来概括就是：以哲学的方式来关注现实，以现实的情怀来研究哲学。也可以用四个字来概括：第一个是思辨的"思"；第二个是历史的"史"；第三个是他的诗集的"诗"；第四个是现实的"实"。

第一个是"思"，就是说他的哲学思辨性很强。看夏老师的书，我感觉理论性和思辨性特别强，这个我就不多说了。第二个是"史"。刚才大家讲到夏老师的《中国认识论思想史稿》所谈的一些问题，关于史论结合都谈到了。第三就是"诗"。所谓诗指夏老师的一本词集，那也不一定是信手拈来之作，而恰恰反映了他的很多思想。在1954年写的《沁园春·燕园》中，他就谈到了好多，例如"育德求真"；1995年的《行香子·心物之际》讲了"滋生智慧，造化文明，但又求美，又求善，又求真"；在2004年作的《水调歌头·心物之际》中，他写道："但愿天人际，互适共和谐。"我想说的是，在他的这些词中反映了他的好多思想。第四个就是"实"，即现实。这就是我刚才讲的以哲学的方式来关注现实，以现实的情怀来研究哲学。

为什么这么讲呢？我们知道，"文革"之后，中国思想史的发展是以真理标准大讨论为起点的。这是中国改革开放事业的理论开端。1978年5月11日，《光明日报》发表评论员文章《实践是检验真理的唯一标准》，几乎与此同时，夏老师在《哲学研究》1978年第5期发表了《真理是具体的——读书笔记》。文中详细论述了马克思关于"人应该在实践中证明自己思维的真理性"的观点。1980年，他在《哲学研究》发表了《实践的要素、特性与真理的标准》和《再谈实践的涵义和要素》，1981年，他在《中国社会科学》发表了《论目的》，1982年，他出版了《关于目的的哲学》。他在某种程度上引领了舆论界对这个问题的反思和批评，特别是他自己后来对马克思主义哲学体系的反思，以及实践唯物主义的强调。

中国这30年的哲学可分几个阶段。第一个阶段，思想的解放。这是从真理标准讨论开始的拨乱反正，是思想上的革命。第二个阶段，体系的反思。这个时候是对原有的哲学教科书体系的反思。这种反思最典型的就是实践唯物主义，其影响非常之大。第三个阶段，人学的转向。中国改革开放最初二十多年的发展史，典型地就是以物为本的。在哲学思想上，夏老师指出了见物不见人，以及仁道等一系列问题。在零几年以人为本还没有被提出来之时，他和一些学者就重视人学问题。看夏老师的书可能感到抽象，感觉离现实很远，但是我却感到夏老师离现实很近。他是以看似很远的方式来显示他的这么一种近的引领。

虽然离开了人民大学，但是我并没有离开夏老师。作为一位老师，夏老师文章的力度、德行的深度与人生的厚度始终影响着我。对于他的文章，我就不再多说。对于他的德行，我的感受很深。我是经常去夏老师家的，夏老师对我十分关心。从我爱人工作的解决、小孩上学到住房问题，他可谓关怀备至，我特别受感动。夏老师是一位杰出的思想家和哲学家。他之所以有影响，第一个方面就是他有自己的思想，第二个方面就是他有自己的学生。

张立波（中国人民大学哲学院副教授）：按辈分来说，我是郭老师的学生，郭老师是夏老师的学生，这样一来我算是夏老师的徒孙了。夏老师是我们人大马哲学科的前辈，我读硕士时就听过夏老师的课，对于夏老师在认识论、思维世界和人学等方面的研究有一定的了解，也比较认真地读过他的一些著作。之前在书店时已经看到夏老师6卷本文集，今天手中拿到一套，感觉沉甸甸的，富有哲学思想和历史的厚重感。依据我的感觉，类似的系统化和体系化的构建，现如今少之又少。这是为什么？值得深思。

进入新世纪以来，包括人文、经济、法学在内的很多学科都在回顾和总结1978年以来的学术发展史。马哲学科也一直在做这样的工作，但从规模化和类型化来看，比别的学科应该是少了一些。由于从事历史哲学和理论研究的缘故，我最近三年除了从事1918年到1938年间马克思主义哲学在中国的早期状况研究，也在从事中国马克思主义哲学1978年至今发展进程回望的研究。最初的20年，刚刚过去的30年，把这样的两个阶段衔接起来，其意义毋庸置疑。我对马哲研究的参与是基于1978年到1993年之间的中国马哲进程，而今对20世纪80年代、90年代，21世纪10年代的回望，首先是对自己参与之基础的回望，其次是对自己参与之后过程的回望。这样的回望是前提性和基础性的必不可少的工作。这一工作的主要内容，就是对诸多作品的重新阅读和再度评估，从而予以恰当的历史定位。

在《哲学动态》今年第1期刊发的《从走向历史深处到回归生活——陈先达哲学论著的意义和地位》一文中，我阐述了自己对陈老师所著的随笔的评价。这是一篇学术思想评论，而非一般意义上的书评，但也是通过对四本随笔的细读来展开评论的。对我们人大马哲专业的前辈，乃至于中国当代马哲界的前辈，我们应当写一系列的学术思想评论出来。夏老师无疑值得大写特写。"大写特写"的基础是文集的编纂。就此而言，郭湛老师厥功至伟，他非常用心地编纂了6卷本《夏甄陶文集》，所投入的时间、精力和脑力不可计数。这为我们系统深入地研究夏老师的思想，为我们全面地回顾改革开放新时期以来的哲学发展，确立了一个很好的蓝本。编纂文集不只是简单的整理和编排，而有明确的学术主张和思想意志贯穿其中的。在此意义上，我们阅读夏老师的文集，亦能在相当程度上了解和体会郭老师的学术思想观念。

构建改革开放新时期以来中国马哲研究的谱系是一个重大的课题，需要我们严肃认真地加以对待。在这个谱系中，给萧前教授、陈先达教授、夏甄陶教授等前辈们以恰当的定位是至关重要的，其难度也不容低估。我想，可以从一篇篇的学术思想评论写起，进而写作人物评传，比如《萧前哲学思想评传》《陈先达哲学思想评传》和《夏甄陶哲学思想评传》。有了这些评传，人大马哲学科的历史也就有了良好的编写基础。改革开放新时期以来，在国内各大高校的马哲学科中，人大马哲无疑是一个重量级的品牌，一个独一无二的品牌。我们极大地受益于这个品牌，也有责任、有义务积极维护这个品牌。书写人大马哲学科史就是维护品牌的重要表现。老师们和博士生们都应该在这方面有所作为。目前，有两位博士生学位论文的主题聚焦于夏老师的哲学思想。这是一个很好的开端，相信以后还会有学生加入这个行列。

刚才几位老师谈到认识论研究方面的进展。夏老师在认识论研究方面开创了先河，提示了高度，对我们进一步从事认识论研究有很大启发。这些年有一种观点，即认识论研究过时了，不再可能出现 20 世纪 80 年代那样的认识论热潮。这种观点需要从两方面来看。首先，学术思想史和理论学科史是具有连续性的。如果没有 80 年代以来的实践唯物主义、主体性思想和认识论思想，今天的历史研究和文化研究都是不可思议的。"实践唯物主义"是一个具有覆盖性的大词，它在很大程度上凝聚并融汇了 80 年代以来学术研究和思想进展的成果，亦在相当程度上遮蔽并淹没了主体性、认识论和人学等研究的具体成果。这就提示我们，在回顾、总结和重塑改革开放新时期以来的马哲研究进程之时，仅仅一个大词或是一条主线是不够的，可能需要几个词相得益彰，需要几条线索相辅相成。与此类似，具有重大学术思想和理论贡献的人物，也不是只有一个或两个，而是有好几个或很多个，他们之间也是珠联璧合、相互激荡的。无论如何，在改革开放新时期以来 30 多年间的马哲发展进程中，夏老师是不可忽略、不可或缺、举足轻重的一位重要人物。

第四时段

主持人：张文喜（中国人民大学马克思主义哲学研究中心副主任）

臧峰宇（中国人民大学哲学院教授）：夏老师的文集很厚重，其中的第五卷包括夏老师的《认识论引论》和《人是什么》这两本书，这两本书我以前都读过，而文集中所收录的其他著作和论文，除了夏老师晚年的一些论文外，我大多没读过。2004 年秋天，我经常去北航南门一个旧书店，并在那里买了很多哲学书，其中就包括《认识论引论》。昨天晚上我又把这本书翻出来看，在扉页上写着"2004 年 11 月 11 日于北航南门旧书店"。当时好像是花了 5 块钱。这是一本二手书，之前读过这本书的朋友把每一行都划了重点，他大概觉得每一行都写得好。既然每一行都是重点，那就看不出重点了，但这也从另一方面表明，夏老师写的每一行文字都给这个读者留下了深刻印象。后来，我在他每行都用黑色墨水划重点的页面上，用蓝色的笔在页边做了一些笔记。这个版本对我来说是一个有价值的收藏。

夏老师是从人和世界之间的关系这个角度来写《人是什么》的，虽说是一个相对通俗的读本，但是很耐读。这两本书是我认识夏老师的开始，那时学界中的很多老师都热衷于研究认识论，讨论认识论与知识论的关系，包括从词源学的角度以及从中西方语境中的考据来讨论，也讨论认识论和价值论的关系问题。夏老师对认识论的阐述很清楚，当时有很多学者关心皮亚杰的认识论研究，也关注夏老师的学术写作。关于夏老师这些著作的成就及其在中国思想史上的意义，上午很多老师都谈到了，我觉得这个工作是非常有价值的。很高兴的是，我们学院有两位博士生分别从事夏老师的认识论思想研究和人学思想研究，有助于人们进一步理解这一卷的内容。以后，我还要认真读夏老师文集六卷本中收录的其他著作和论文，我想还会有更多的心得。

2008 年，我开始担任马克思主义哲学教研室的党支部书记，由于工作需要，隔几个月就要去一趟夏老师家，夏老师每次都跟我谈谈关于马克思主义哲学研究的看法。他的湖南口音较重，说话有一点喘，总是微笑着，有时对方言做些解释，但他谈的大多数内容我都听明白了。夏老师很关心现实问题，关心汶川地震时的抗震救灾情况，认为我们从事马克思主义哲学研究既要关注社会现实问题，也要沉下心来做好基础研究。我当时向他请教过关于认识论和人学的一些问题，他也推荐我阅读他当时刚发表的几篇论文。最近这些年来，在科学技术哲学和其他哲学领域，认识论研究似乎显得越来越重要。今天我们所从事的一些基础理论研究都在不同程度上体现着认识论的底蕴。夏老师在马克思主义哲学的基础理论研究方面下了很大的工夫，这种研究态度和研究方法对我们有很多启发。

罗骞（中国人民大学哲学院教授）：非常高兴参加夏老师文集的出版座谈会，这是一个很好的学习机会。首先我要表达一个年轻学者对夏老师的特别敬意，正是由于夏老师等老一辈学人的卓越成就，我们人大马哲才有今天的学术地位和学术影响。今天各位老师和学长的发言深深地触动了我，让我无限敬佩夏老师的学术成就，为他的学术精神和学术人格所感动。作为在人大工作的年轻学者，我们如何继承和发扬夏老师等前辈开启的学术事业，如何让人大马哲学科继往开来，如何让中国马克思主义哲学繁荣发展，这些问题的确值得深思。说实话，我自己感觉到很惭愧，虽然看过夏老师的一些文章，但是并没有系统学习和研究过夏老师的著作。以后我会认真补补课，用更多时间来学习夏老师等前辈的论著，研究中国马克思主义学者的著作。

夏老师的道德文章，对我们来说是高山仰止，但是虽不能至，心向往之。到人大哲学院工作之后，我跟夏老师没有接触过，跟郭老师接触比较多一点。从郭老师的身上，我感受到了今天学长们所谈到的夏老师一丝不苟的治学精神。郭老师真正地继承了夏老师的学术人格，治学兢兢业业，严谨精细，不急不躁，温润如玉。相信这样的学者品格能够在我们这代年轻人身上得到继承和发扬。

当然，作为一个人大哲学院的年轻老师，面对前辈学者的成就，面对人大马哲的历史影响，我有时也感觉到极大的压力，这是我内心的真实感受。人大马哲名家辈出，成就卓越。我们这些年轻人忝列于人大马哲团队，怎么做才能对得起这份工作，才能推动人大马哲的发展，这是我一直在思考的问题。刚才立波兄谈到自己的思路，比如说对我们人大马哲前辈思想的梳理等。对我来说，首先可能是认真学习，全面地吸收并融入人大的马哲传统，以虔诚的心态来学习前辈的著作和思想，学习他们的道德文章，做一个合格的人大马哲人。

常晋芳(中国人民大学哲学院副教授):夏老师文集的出版是人大马哲和全国马哲学界的一大盛事。作为晚辈,我与夏老师的直接接触并不多,感触最深的有两件事。第一件深有感触的事是我读博期间夏老师的著作给我的影响。我博士就读于中央党校马哲专业,师从崔自铎教授,研究方向是认识论。崔老师与夏老师是同辈,同为中国马克思主义认识论研究的开创者。但我在硕士阶段对认识论了解不多,除了阅读马克思主义经典和导师的论著之外,还需要扩展相关的研究基础。我的导师问我主要的兴趣方向在哪里?我当时觉得是信息网络问题。在20世纪末21世纪初,这是一个方兴未艾的事物,我隐约感觉到这个技术将给当代中国乃至整个人类发展带来全方位的深刻变革。导师了解到我的感性认识以后,充分地肯定其前沿性和研究价值,但他建议,要对其进行系统深入的研究,还需要夯实哲学史特别是认识论的基础,于是他就重点推荐了夏老师的著作。我开始认真学习夏老师的认识论著作,特别是《认识论引论》,受益非常大。它帮助我对我感兴趣的一些当代问题的认识找到了马克思主义哲学史和认识论的基本前提,为我后来的博士论文《网络哲学引论——网络时代人类存在方式的变革》的写作奠定了扎实的基础。

第二件深有感触的事是我来到人大工作之后的一次学术会议。2009年,在郭湛老师的带领下,我作为会议秘书参加了中国辩证唯物主义研究会认识论分会的一次会议。当时夏老师亲自参加,那是我第一次目睹夏老师的风范。当时夏老师年事已高,也很少参加会议,按照我们这些晚辈的想法,可能不会做很长的发言。但出乎我们意料的是,夏老师做了一个内容非常丰富深刻的长发言。他不仅有深厚的理论功底和高度的思辨能力,而且对当代社会发展和科技发展中的非常新的问题都有自己独到的看法,有些问题甚至是我没有想过的,例如,认识的中介、主客体之间的关系、符号的作用、信息工具和现代认知科学的发展,以及传统的认识论如何发展创新等问题。夏老师的新思想和新观点对我有非常大的激励和启发作用。在当时的国内哲学界,传统的80年代以来的认识论体系和认识论研究已经不是很热门了。但夏老师的发言让我意识到,即使是站在传统认识论基础上,也有很多重大的前沿问题需要我们后学来研究。即使是"旧的"体系也大有新的用武之地,绝不能因为其"过时"或"冷门"而弃之一边。这对我之后的研究是非常大的启示。现在夏老师的文集出版了,我要借此机会再次学习夏老师的认识论思想,学习夏老师的思维方式和方法,学习夏老师的问题意识,这对于我进一步研究新时代的认识论问题以及其他相关的哲学问题非常有益。

陈世珍(中国人民大学哲学院副教授):本次会议以夏老师文集的出版为主题,参会专家学者从各个不同的方面、层次和领域聚焦于一个话题。我想谈三点:

第一,夏老师认识论研究对我影响很大。夏老师的书我不仅读了,而且受益颇多。夏老师的《认识论引论》对我的博士论文选题有启发,我的论文题目是《论人的有限性及其超越方式》。从这个角度来说,我也是夏老师的一个学生。

第二，参加今天的会很有收获。我感觉我们的会开得非常细致。郭老师主持编辑的夏老师的六卷本文集，不仅内容质量特别高，而且包装也特别地精美。从会议内容来看，参加会议就像吃一顿盛宴，可以听到很多学长老师的观点，激发自己的思考。

应一个出版社的邀请，我最近在写一本关于《实践论》和《矛盾论》的书，现在已经写完了。今天来参加这个会，我感觉夏老师的认识论和毛泽东的认识论有不一样的路径。事实上，毛泽东把认识论和领导方法做了一个理论和实践相互转化的建构，使我对认识论有了一种感悟。毛泽东是一个实践哲学家，他把认识论运用到在社会实践活动中来实现正确的领导方法上。具体地说，就是领导者正确地认知实践的发展趋势，从而科学地决策，在实践中取得成功。作为学者的夏老师则对认识论做了系统的学术建构，这是很独特的。二者特色鲜明，可以相互映衬。

第三，期待未来有所传承。夏老师的研究给人大马克思主义哲学的未来发展贮备了潜能。我觉得认识论的研究是传承他的思想和学风的重要方面，这方面的工作我应该多做一点。我从研究神话问题感受到神话思维和理性认识论之间的复杂关系，我觉得应该在这方面多做点研究。

宋洪云（北京物资学院副教授）：我谈谈我的感受。现在我所在的单位是物资学院，我把从物资学院到人大的路叫做朝圣之路，因为这里有那么多我尊敬的大师们。今天这一次尤为不同，夏老师是郭湛老师的老师，那就是我的师爷了。今天是以非常尊敬的心情来拜见夏老师，因此我非常高兴，并且，能够见到夏老师的各位弟子以及各位师长，我更是喜上加喜。师承郭老师，有幸参与了夏老师文集的文稿校对工作，从中我有一些体会。

第一，我感受最深的就是，看夏老师文集不能走神。夏老师的文章句子比较长，一走神就不知道这句话是什么意思了，还得看第二遍。从中悟出夏老师思维特别缜密，逻辑性特别强，从而让我领会到哲学思维的语言表达是有高度的，也是有难度的。

第二，在校对夏老师文集之时，我觉得有很多我们看似没问题的东西其实是很有问题的。通常我们讲主体和客体概念，往往一语带过，觉得我们已经很清楚了，对于实践的含义我们也觉得十分明了。而看了夏老师的分析才明白，熟知未必是真知，真的是不知道。刚才各位师长对夏老师文集已经做了非常高的肯定。我也认为夏老师在认识论和人学上做了一些原创性的工作，其认识、思考和论证是非常扎实的。他的文章充分发挥了前面一位师兄讲到的"小题大做"的特长，这也是我在以后学习和研究哲学的过程中应该吸收的营养。

第三，夏老师的文集引导我进入一个思想的世界。读了夏老师认识论方面的书，我感觉夏老师的视野非常宽广，他不仅在哲学领域而且在科学领域都有深入的研究。由于夏老师的影响，我也进入了科学的世界。我现在看的很多书籍都是关于天体物理学的，我喜欢看《时间简史》，喜欢了解最新科学的发展，比如说暗物质、暗能量、反物质与黑洞等。夏老师的书为我开阔了视野，打开了一扇窗户，为我学术的成长拓宽了路径。

第四，夏老师是非常好的老师，这一点从我们老师的身上就可以得到验证。我们的老师可以说很好地传承了夏老师的学术和人品，我们更应该继往开来，继承夏老师的学问和品格。哲学始终是在路上的。现在，科学技术得到进一步发展，我们的认识论研究还有很大的可以更进一步拓展的空间。作为年轻一代的哲学学者，我们要尽自己最大的努力，在认识论和人学领域里作出自己应有的贡献。

最后我要说，我能够师从郭老师很荣幸，因为通过郭老师而认识了夏老师。在一次校对文稿的过程中，郭老师让我去给夏老师送文稿。在送文稿时，我自己就有一点小小的私心。那时我正在写博士论文，面对复杂事物的辩证法困惑不已，我就想借此机会向夏老师请教。当时我觉得，像夏老师这样的大师，应该不会有很多时间为我做深入的讲解。但是出乎意料，夏老师一讲讲了一个小时。直到师母留我吃饭，我才不忍打扰两位老人家而离去。我更应该在我的学术道路上努力，不辜负夏老师和郭老师的希望。

王锦刚（中国传媒大学教师、博士）：跟着郭老师学读书，做研究，组织这样的会议，做这样的交流，我的学术视野获得了拓展。3年前，我们开过纪念李秀林老师的会，那时我就感受到人大深远的学术传统和浓厚的学术氛围。今天参加夏老师的学术研讨会，我更感受到，人大哲学系这种学术传统的传承是非常重要的。刚才有的老师提到，我们应该在郭老师这里好好学习，这是我们的一个责任。最近在编辑和校对《夏甄陶文集》过程中，我有机会系统而全面地学习了夏老师的文章，受益良多。跟着郭老师做校对的工作过程中，郭老师常常放下自己手头的工作，校对书稿到很晚的时候。虽然没有亲耳聆听到夏老师的教诲，但从郭老师身上我看到了夏老师精神的传承。我相信自己能从郭老师身上学到更多东西，希望能够传承这份精神和责任。

今天研讨会的主题是"当代认识论与人学的走向"。听了各位专家学者的发言，我很受启发。最近我校也举办学术论坛，请来社科刊物的编辑做交流。他说，现在社会科学刊物普遍不好编也不好出。作者感觉文章不好发表，他们却觉得没有文章可发，这种编和发不对称的供需矛盾，恰恰说明当前社会科学研究中所存在的问题。他们认为，现在的很多文章研究的不是真问题。在20世纪80年代，夏老师站在时代和哲学发展的前沿，研究真问题，发展了马克思主义认识论，推进了人学研究。这促使我会后要好好想想，到底应该关注什么问题，到底要向哪个科研方向发展。

夏老师的认识论和人学研究是马克思的自然史—人类史思想在当代的继承和发展。马克思在《1844年经济学哲学手稿》和《德意志意识形态》中明确地提出，他要建立一门历史科学，它包括两个方面，就是自然史和人类史。自然史也就是今天的自然科学，人类史就是"人的科学"，即历史科学。马克思认为历史科学是人的科学，人的科学需要自然科学的基础，自然科学的发展也需要人的科学的引领。因此，历史唯物主义不仅不是没有"人"的理论，反而，它就是马克思的人学。我们可以把夏老师在20世纪80年代以来对马克思主义认识论和人学的研究看成是马克思历史科学思想的中国化。马克思晚年放下手头《资本论》第二卷、第三卷的出版工作，关注东方社会和前资本主义社会的研究。马克思试图从更广泛的人学视域关注人类命运，深化对资本主义的政治经济学批判，并最终完成他的人的科学的构建。但是很可惜，他没有做完这个工作。马克思所提出的自然科学和人的科学的统一是今天哲学研究的热点之一。这启示我们应该沿着马克思建立一门历史科学的思想，继续推进当代认识论和人学的探索。

朱华彬（中国社会科学出版社编辑、博士）：今天的会议气氛非常好，充满了浓浓的师生情，让我很感动。各位老师的发言，进一步深化了我对夏老师哲学思想的认识，让我更加深刻地认识到夏老师的学问之高和做人境界之高，让我进一步理解了为什么夏老师被称为哲学大师。

其实，我从硕士阶段就成了夏门弟子，因为我的硕士生导师苟志效老师也是夏老师的学生。记得当我入校报到后第一次去见苟老师，他跟我说的第一句话就是："我们是夏门弟子。"从那时开始，我对夏老师及其哲学思想有了一些懵懂的认识。后来我有幸来到中国人民大学，跟着郭老师读博士，也有了进一步结识夏老师的机缘。读博士期间，郭老师编夏老师的文集，我们学生就跟着校对文稿。到我拟定博士论文选题时，郭老师跟我说，夏老师的学术成果很值得研究和总结，建议我去研究。然后我的博士论文就选了这个题目："夏甄陶认识论思想研究"，我也因此有了近距离接触夏老师的机会。在郭老师的指导下，我带着问题多次到夏老师家中向他请教，夏老师和师母沙老师总是十分热情地接待我，让我感到非常温暖。夏老师不仅给我讲述了他的许多学术观点，更可贵的是还给我讲了提出这些学术观点的背景，每次我都为夏老师学识的渊博所折服。

在研究夏老师哲学思想的过程中，我阅读了夏老师的全部论著，但因为自身学力有限，对夏老师的思想领悟得还是不够透彻。今天能够听到各位老师的讲解，对我来说，真是一次非常难得的学习机会，所以非常感谢各位老师。会后，我将根据老师们的讲解，重新认识和理解夏老师的哲学思想及其成就。

2004年，高清海老师病重期间撰文呼吁，中华民族未来的发展需要有自己的哲学理论。我想，像夏老师和高老师这一代的哲学家，为我们建构自己的哲学理论开了头，他们在不同领域进行了自己的探索，比如夏老师的认识论思想，高老师提出的类哲学等。我们后学建构中华民族自己的哲学理论，需要充分地吸收他们的思想，因此，需要去梳理、研究和发扬光大他们的思想。李德顺老师说，现在搞文化大发展大繁荣，重视文化走出去，向国外传播中国的学术。夏老师文集这套书就很有价值，很适合推向海外。我想，要把夏老师的哲学思想向海外传播，我们自己必须重视它、研究它。但是在当前"言必称希腊"的学术氛围下，我们做得显然很不够。但是我相信，随着我国哲学事业的不断发展，这方面的研究将越来越受到重视，成果也会越来越多。

谭清华（中国人民大学马克思主义学院副教授）：在这样的场合发言，确实比较荣幸。我也是郭老师的学生，从这个意义上说，也是夏门弟子，已经毕业两年了。今天一天会议收获很多，最大的感慨是对老一代学人做学问的态度的钦佩。这是第一点。做学问的态度应当很踏实，但现在的社会太浮躁了。我们的同事都在抱怨没有时间看书，总是在写东西,在很大程度上是吃老本,要踏实现在很难。评职称和福利待遇直接与这些有关,扎扎实实做学问,对于年轻老师来说确实很难。从夏老师身上我看到,应该问问自己:到底想要做什么样的学者?是想做一个浮躁的学者,还是真正把心沉下来,做点有独到见识的学问,这是做学问的态度。

第二个就是做学问的方法。夏老师关于认识论和人学的书我都看过,越读越有味。夏老师的逻辑推理非常强,在这点上郭老师很像夏老师。以前不明白夏老师写这些目的何在,现在才知道,不论是认识论还是人学,都始终是在关注人类现实,关注这个世界。人们都说理论要结合实践,但是怎么结合?跟风是一种结合,沉下心来像马克思那样去思考,像马克思那样去对待世界,也是一种结合。这对于我们年轻人来说,又是一种启发。我相信后者,肯定是后者生命力更强,跟风很可能几年之后就过去了。

第三个就是做学问之心。像陈老师和夏老师这些老一辈学者,都有一个很大的做学问之心,确实是对国家和民族的一种关怀和责任。他们做学问不是无的放矢、无病呻吟,而是确实从国家和民族发展面临的问题思考和提炼一些东西,这对于我们这些晚辈来说也是一个启发。西方的思想到了国内,令人每天眼花缭乱,很多人都在玩时髦,前面的还没有吸收,后面的又开始流行。当然不是说不去跟踪国际前沿,而是说要考虑这些能不能解决国内的现实问题。我个人主张为了国内的问题可以去寻找国外的资源,而不是国外出了什么新人,我就去跟什么新人。这是我从老一辈做学问之心得到的一个体会。总之,今天会议这个机会很好,而这样的机会对我不多,感觉很荣幸而且很受启发。

郭湛:我们这个会开得很好。会议的主题是在筹办时我提出的,题目看起来有点空泛,但实际上确实是一个问题。虽然这个问题我们在这次会议上不可能解决,但是我们在这里能够去思考它,这就是我们的会议成功的表现。在认识论和人学方面,像夏老师这样的老一代学者的成就,我们应当怎样去接受和推进它,这确实是年轻一代学者需要思考的。可能我们现在还不能拿出思考的成果,因为我年龄比较大了,所以以这样的口吻对年轻一代学者提出这样的希望。中国社会现在发展很快,经济上已经有相当的实力,政治上虽然大家有一些不满意,但是总的来说也出现了较大的改善。在这样的情况下,在我们的哲学在能够得到迅速发展的同时,我们的社会生活还需不需要哲学?这个问题不需要专门去说,因为社会的问题恰恰不在于它有足够的哲学,而是在于它缺乏必要的哲学。如果社会已经有了比较好的哲学思想,很多低级的问题就不会发生,包括在道德和伦理上都是这样。

对于中国社会来说,我们的历史本来就是一个富有哲学传统的历史。在当今世界上,如果问哪个民族可以说是哲学的民族,我们可能会想到德国。但是,德国的历史有多长?中国进入封建社会鼎盛时期的时候,日耳曼人还处于相对野蛮的状态。当然,后来欧洲和德国迅速发展起来。因此,有长久的哲学历史传统的国家应该是中国,中国历史上有很好的哲学传统。中国的现实和未来也需要相应的哲学,这是没有疑问的。过去讨论中国哲学合法性的问题,但实际上是不存在这样的问题的。哲学的存在,凭什么说它合不合法,其实只不过是名称的问题。哲学是一个民族思想的权利。特别是像我们这样的民族,它是不可让与的权利。这样一个大的民族不可能靠别的民族去思考,就像一个成年人不能靠小孩子或者别人去思考。你必须靠自己去思考,这个思考的核心就是哲学。中国能不能真正强大起来,在思想上能不能真正成熟起来,特别是能不能在哲学上强大起来,这是中华民族能不能真正强大起来的重要标志。

作为哲学的研究者,我们负有为我们民族哲学发展尽力的责任。像夏老师这样的老一辈学者,心怀这样的使命并以自己的行动做出了回答,无愧于中华民族。在我们民族哲学历史上,他的研究成果会影响现在、也会影响以后的。我们这一代,也包括你们更年轻的一代,需要继承这种道统:哲学的使命和奋斗的精神。虽然说学术界和哲学界很繁荣,但实际上很严重的问题就是有学术却没有思想。学术上各种想法和说法都可以写出很漂亮的文章来。可是仔细推敲一下,里面到底讲了什么思想,有什么思想可以启发人,可以正确地解释和指导我们改变这个世界,那就很难说了。今天中国最大的问题就是缺乏思想。思想是广泛的,具有普遍意义的,特别是哲学思想,它被看作文明的活的灵魂。作为思想者的使命,哲学就是产生能够成为这个时代活的灵魂的思想。夏老师在认识论和人学方面提出了很多深刻的思想观点,这是能够打动人、给人以启发的,会对我们的生活产生影响。

对于我们来说,最重要的是锻炼和提高我们思想的能力,要不懈地进行思考,进而产生无愧于我们的民族和历史的思想,这是哲学的使命。不论我们搞认识论还是搞人学,从历史和现实中去提炼思想,让思想引领时代、改变生活,这就是我们要做的。现在中国发展的形势是很好的,对于思想的需要日益凸显出来。但是,怎么形成重视思想、产生思想的氛围,让大学和科研院所成为中国的思想库,创新思想,推动实践,需要我们向这个方向努力。写文章也好,做研究也好,不是说有多少万字的东西堆在那里,而是说里面有什么思想,能不能指导我们去行动。我深感我们现在的很多研究看着讲得很好,但是去掉烦琐的引文,去掉那些对解释的解释,去掉那些模棱两可、说不清楚的东西,去掉那些华丽的辞藻,可以说没有什么东西,非常空虚。这就是很多文章的问题,而没有思想就是一个没有灵魂的空壳。如果一个民族培养出来的一批学者全是这种无灵魂的喧嚣者,我们的国家就会变成一个鬼影重重的世界,那是非常可怕的。所以要有思想、有灵魂,有在思想和灵魂引导之下的行动,这是学习哲学可以促使我们做到的。

论文英文提要

From the Axial Age to the New Axial Age

AN Qinian

(School of Philosophy, Renmin University of China, Beijing 100872, China)

Abstract: During the Axial Age, China, India, the Palestine region and ancient Greece formed four distinct cultures, which influenced the historical development of the corresponding countries and the surrounding region for more than 2,000 years. The Renaissance movement in Europe distorted the cultural achievements of the Palestine region and ancient Greece to suit the needs of the civil class, forming a Western culture characterized by extreme individualism and the promotion of scientific rationality, which gave rise to capitalism and promoted the modernization of Western countries. The modernization movement swept the world, and for a period of time, Western culture achieved victory over Eastern culture. However, the unlimited conquest of nature and the world driven by extreme individualism triggered the existential crisis of human civilization, and history opened the New Axial Age. The New Axial Age requires mankind to abandon the value goals pursued by extreme individualism, and proceed from the interests of all mankind to achieve conscious control of science, technology and material production. To sum up, it is to build a community with a shared future for mankind through equal consultation among all countries. History has entered a new axis era, which is the general background for us to understand the world today and grasp the trend of historical development.

Keywords: Axial Age; Modernization movement; crisis of human civilization; New Axial Age; Building a community of shared future for mankind

Marx's Diagnosis of Modernity and Its Distinction from Postmodern Philosophy

YANG Wei

(Center for the Theoretical Studies of the Renovation of the CCP,

Academy of Military Sciences, Beijing 100166)

Abstract: Via his analyses of commodity, capital and alienation, Marx diagnosed modernity in a unique way. This diagnosis has manifested the postmodern dimensions of Marx's philosophy, including a series of important political concern, metaphysical critiques and the total understanding of modern society. However, there are crucial differences between postmodern philosophy and the postmodern dimensions of Marx's philosophy, which does not lead to fragmentary denial and reversal. It would be biased to understand Marx's philosophy merely as part of enlightenment or as postmodern. In fact, Marxism should be seen as a critical re-construction of modernity. Marx not only has formulated the pathological diagnosis of modernity but also has provided an interpretation and prediction of its geneses and prospects. In this way, he has constructed a sound and transcending standpoint rooted in modernity.

Keywords: Marx; modernity; postmodern philosophy

The Movement of the Japanese Yangmingism and
the Early Spread of JapaneseMarxism in China

WEI Bo

(School of Philosophy, Renmin University of China, Beijing 100872, China)

Abstract: In the late 19th and early 20th centuries, the movement of the Japanese Yangmingism shaped the practical spirit of Japanese scholars in the conflict and integration with various ideas, and to some extent provided ideological preparations for the spread of Marxism in Japan. Japanese scholars first study Marxism in East Asia. From 1904 to 1932, the classic works of Marx and Engels were successively translated into Japanese. In this process, Japan formed an early Japanese Marxist school with certain characters. Since the 1920s, the classic works of Japanese Marxism have spread to China and affected Chinese intellectuals. In the late 1930s, due to the outbreak of the Sino-Japanese War and the "Betrayal" of some Japanese Marxists, the process of Japanese Marxist works' translation was weakened.

Keywords: Movement of Japanese Yangmingism; Japanese Marxism; Japanese translation of Marxist classics

Returning to the Originals and Encouraging Innovations:
A Reflection on Chinese Philosophical Research

CAO Feng

(School of Philosophy, Renmin University of China, Beijing 100872, China)

Abstract: In the history of Chinese philosophy constructed in the twentieth century, the use of Western methods and frameworks has led some fields of study to deviate considerably from the original picture of the ideas, for example, the study of the school of names (名学) and of cosmogenesis. The reason for the neglect of the Huang-Lao Daoism is not only the lack of information before the emergence of a large number of unearthed manuscripts, but also the fact that relevant presumptions have led to deliberate disregard or even elimination of materials from the history of ideas. How to make full use of the excavated documents, how to activate the inherent discourse of these traditional documents, and how to invigorate the studies that match the original picture of the history of ideas, these should guide the direction of our efforts.

Keywords: returning to the original; encouraging innovations; school of names; cosmogenesis; Huang-Lao Daoism

"Holding the Two and Using the Middle" is an Important Method

YANG Chunchang

(Academy of Military Sciences, Beijing)

Abstract: The excellent Chinese traditional culture contains the ideological and spiritual core of the Chinese nation, including the idea of "performed in dual", which is deeply rooted in people's hearts, and is closely related to the ancient Chinese Zhong-yong thought, and is an appropriate wisdom in the world. The ideological approach of "performed in dual" has its theoretical and practical guiding value, but at the same time it needs to be criticized for the rigidity of old-fashioned and conservative thinking brought about by the over-exaggeration of "Eclecticism". In the practical application of the international communist movement and the development of the Communist Party of China, the "performed in dual" as an important rule of governance, plays a role in preventing wrong tendencies, and as a connotation of the excellent Chinese traditional culture, it should be made to regain its luster in contemporary times.

Keywords: Excellent Chinese traditional culture; performed in dual; Zhong-yong; Eclecticism; contemporary value

On the Logical Development of Feng Youlan's Discussion about Mencian Doctrine of "Noble Spirit"

ZHANG Chaosong

(School of Marxism, Wuzhou College, Guangxi)

Abstract: Feng Youlan concluded Mencian's "Noble Spirit" was "tendency of mysticism" in the 1920s and 1930s. It was concluded "the transcendent sphere" in the 1940s. It was "profound reflection on human spiritual life in China" in the 1980s. Such an interpretation reappeared from an aspect "noble spirit" by continuous discussion accomplished the Chinese tradition of "spiritual philosophy".

Keywords: Mencian; noble spirit; Feng Youlan; spiritual philosophy

PHILOSOPHERS 2021 (1)

"Unity of Knowing and Doing":

The Key of Science and Technology Ethics Education in China

WANG Qian and YAN Ping

(School of Marxism, Dalian University of Science and Technology)

Abstract: The key of science and technology ethics education in China lies in whether we can grasp the particularity of this kind of education and think about the corresponding education mode, education method and evaluation standard from the perspective of cultivating science and technology ethics consciousness. The concept of "unity of knowing and doing" in our excellent traditional culture provides important ideological resources for solving these problems. In accordance with the requirements of "the unity of knowledge and action", science and technology ethics education should pay attention to the unity of ethical consciousness, moral emotion and moral behavior. It is necessary to draw lessons from the beneficial experience of foreign science and technology ethics education, according to the actual situation of our country, give play to the role of experiential, situational, case and open teaching, and evaluate the educational effect and the science and technology ethics literacy of science and technology personnel from the perspective of "the unity of knowing and doing". Therefore, it is necessary to have the corresponding institutional assurance, put forward the targeted evaluation and management measures, and give full play to the practical effectiveness of science and technology ethics education.

Keywords: science and technology ethics education; unity of knowing and doing; institutional assurance; practical effectiveness

Discrimination of Realization Concepts

from the Perspective of Non-reductive Physicalism

YANG Yu and LI Jianhui

(Department of Philosophy, Beijing Normal University, Beijing 100875, China)

Abstract: The traditional view in philosophy of mind regards the concept of "realization" as simply occupying some causal functional role related to attributes or as an existential relationship between lower-order and higher-order attributes. However, by analyzing four types of realization: functional type, determinate type, subset type, and dimensioned type, the article points out that "realization" should exist as a plural concept, and the connotation of "realization" is identified according to the context in which it appears and its theoretical role. Moreover, as an instrumental concept serving non-reductive physicalists, the concept of "realization" requires certain constraints to maximize its functional mission.

Keywords: realization; non-reductive physicalism; causal power

Theoretical Interpretation of Craftsman Spirit in China
from the Perspective of Philosophy of Technology

CHEN Jia

(School of Marxism, Northeastern University)

Abstract: Craftsman spirit is one of the important contents of spiritual civilization in the new era, with rich philosophical implications. Marxist philosophy and philosophy of science and technology provide basic positions, viewpoints and methods for in-depth interpretation of craftsman spirit from the philosophical level. The concept of technological essence from technology into Tao, the technical epistemology of mind transmission and body knowledge, the technical methodology of axe industry and Tao, the technical value of the unity of heaven and man and the technical ethics of seeking perfection embody the technical philosophy implication contained in the craftsman spirit. This paper expounds the technical philosophy theory contained in craftsman spirit, which is of great significance for understanding the essence of craftsman spirit and understanding craftsman spirit in the new era when social and historical conditions have changed greatly.

Keywords: Craftsman Spirit; Philosophy of Technology; Technology; Daoism

Moist Logic of Argumentation

SUN Zhongyuan

(School of Philosophy, Renmin University of China)

Abstract: Mohist logic, ancient Greek logic and indian Hetu Vidya are recognized as the three major logic traditions in the world. In the 3rd century B.C., Mozi´s descendants wrote the Mojing, which established a systematic logic theory. The Xiao Que is a condensed paradigm and a concise outline of Mohist logic. Using modern scientific methods, this paper discusses the essence of Mohism´s argumentation logic, and discusses the nature and functions of its eight argumentation forms, such as deduction, induction, analogy, synthesis, metaphor(Pi), comparison/Bi Ci(Mou), cite precedent(Yuan), and reduction to absurdity (Tui). All the forms of argumentation run through the basic laws of logical thinking, namely the law of identity, the law of contradiction, the law of excluded middle and the law of sufficient reason, which fully embodies the scientific systematicness and strong vitality of the logic of Mohism´s argumentation.

Keywords: deduction; induction; analogy; synthesis; metaphor; comparison; cite precedent; reduction to absurdity

Logical Views of Kant and Frege

XU Difei

(School of Philosophy, Renmin University of China)

Abstract: Kant would accept Frege's thesis that arithmetic truths are analytic only if he accepts Frege's new logic as logic. Although there are quite a few literal differences in their views on logic laws, their views on logic are consistent. Based on the analysis on "objects" and " concepts " in Frege and Kant's respective theory, Iconcludethatthedifferencein-philosophicaltheoriesdoesnotmeanKantand Fregeholddifferent views about what logic should study on. Compared Kant's Jäsche Logic with Frege's new logic, I conclude thatKant'sFor-mallogicviewcouldaccommodateFrege'snewlogic.

Keywords: Jäsche Logic, Inference Forms, Logical Forms

Gödel and Mathematical Naturalism

GAO Kun

(Research Center forPhilosophy of Science and Technology, Shanxi University)

Abstract: In the philosophy of mathematics, the term "naturalism" has been used to refer to many different or even opposite views. In particular, although Gödel is a robust Platonist, some scholars still relate him to naturalism. However, despite the quite different final positions, naturalists in the philosophy of mathematics do share a basic naturalistic principle, i.e., philosophy should be naturalized, and this is what Gödel cannot accept. In another respect, some naturalists try to extend naturalism. While Gödel may be called a naturalist to a certain extent in the extended sense, a deeper analysis shows that the derived version of naturalism actually conflicts with the fundamental idea of naturalism. There is a more appropriate name for this position, i.e., the principle of philosophy−last−if−at−all.

Keywords: naturalism; Gödel; philosophy of mathematics

Zygmunt Bauman's Analysis and Moral Reflection on Modernity and Holocaust

NIU Xiaodi

(School of Philosophy, Renmin University of China, Beijing 100872, China)

Abstract: In the past, when studying the Holocaust, researchers tended to regard the Holocaust as an accidental and special historical event, and the Holocaust as the outbreak of anti−Semitism in history, which was attributed to the inhumane behavior of German Nazism. However, Bowman believes that the Holocaust is not only a special problem about Jews, but a common problem faced by mankind in modern society. The Holocaust is the product of modern civilization. The bureaucratic system derived from the order and certainty pursued by modernity and the rational cooperation between the victims are important factors for the occurrence of the Holocaust. The distance between the action and moral consequences caused by the division of labor numbs the moral conscience of the actors to a certain extent. Facing the dissolution of individual moral responsibility under modernity, Bauman puts forward the moral code of being responsible to others as a coping strategy. For us, the Holocaust should not be just a historical memory stored in the museum. It is still necessary for us to study the affinity between the Holocaust and modernity, guard against the potential destructiveness of modern civilization, and pay attention to the moral problems in the process of modernity.

Keywords: Holocaust; Modernity; modern bureaucratic system; rationality; morality

Montesquieu's Deconstruction of Natural Law

ZHANG Yuning

(School of Philosophy, Renmin University ofChina, Beijing 100872, China)

Abstract: The doctrine of natural law presented by Montesquieu in Chapter 2 of Book I of "the Spirit of the Laws" is very different from the natural law tradition and does not contain a teleological or contingent law. Its discussion is incomplete and has little relevance to the later rendition of the "spirit of the laws". Therefore, the issue of Montesquieu's natural law has been the focus of research debates. This paper argues that Montesquieu deconstructed both the traditional innate natural law of natural reason and criticized the modern empirical natural law of natural rights. While he abandoned the doctrine of natural law, he also did not return to classical politics. Montesquieu believed that social facts themselves were the "natural" basis of political realism. What is needed for the formulation of law is not a set of abstract political theories made up in ideas, but a careful and rich political life experience of social facts. This is the substantive basis of Montesquieu's "spirit of law".

Keywords: prior justice relation; natural law; state of nature; social facts

An Example of Sinicization of Buddhist Cosmology Construction in Mid-Tang China

ZHAO Keyi

(School of Philosophy, Renmin University of China, Beijing 100872, China)

Abstract: In the first chapter of *Bei Shan lu*, "the beginning of heaven and earth", Shi Shenqing(755－820) constructed the Buddhist cosmology from the perspective of Chinese monks, and combined the contents of traditional Chinese theories, such as *Shan Hai jing*, with the cosmology of primitive Buddhism. The knowledge theory he constructed was an innovative

哲学家

interpretation at that time. It can be said that Shen Qing's works have transformed the Buddhist cosmology in two aspects, sinicization and localization, on the basis of his new knowledge theory. This paper mainly compares the cosmology described in the chapter "the beginning of heaven and earth" in *Bei Shan lu* with the cosmology of Indian primitive Buddhism, so as to understand how the cosmology developed in the middle Tang Dynasty.

Keywords: Middle Tang Dynasty; *Bei Shan lu*; cosmology; sinicization

征稿启事

为了促进哲学学科建设,加强海内外哲学同行的交流,中国人民大学哲学院于 2006 年创办了《哲学家》中文年度学术刊物,由人民出版社出版,迄今为止已经出版了十多辑,逐渐受到国内外学界的瞩目。自 2020 年起,《哲学家》一年出版两期。

《哲学家》除收录马克思主义哲学、中国哲学与外国哲学的历史和经典诠释性论文外,注重发表史论结合、比较研究的佳作,涵盖伦理学、宗教哲学、科技哲学、美学、逻辑学、管理哲学、政治哲学等领域。本刊提倡对哲学问题的原创性研究,尊重资料翔实、论证充分的哲学专题研究,鼓励哲学与其他学科的交叉研究和对重大现实问题的哲学反思。

本刊欢迎哲学领域的专家学者主持研究专题,欢迎青年学者和博士研究生踊跃投稿。

编辑部严格执行双盲审稿制度,杜绝一稿多投。本刊只接受通过电子信箱发来的稿件。通过电邮的投稿,收到后即回电邮确认,并在 3 个月内通报初审情况。编辑部对决定采用的论文会提出中肯的修改意见。

本刊不收取版面费。论文一经刊用,即寄奉样刊并支付稿酬,稿酬从优;版权归中国人民大学哲学院所有。

投稿邮箱:zhexuejia@ruc.edu.cn

编辑部地址:中国北京市海淀区中关村大街 59 号,中国人民大学哲学院《哲学家》编辑部(邮编:1000872)。

稿件的格式要求:

1. 论文篇幅为 7000—12000 字(包括文献资料与注释),由标题名、作者名、具体到学院或研究所的作者单位(请用脚注标出)、内容提要(200-300 字)、关键词(4-6 个)、正文组成。在文章开头提供作者单位的英文正式标注、论文的英文题目、英文内容提要(Abstract)和英文关键词(Keywords,请注意不要写成 Key words)。

此外请注明作者联系方式(邮箱与电话号码)以便于编辑部联系。

2. 来稿注释一律采取当页脚注,每页重新编号。注释以阿拉伯数字①②③④⑤等编号。格式为"作者,《书名》,某某译,出版地:出版社,某某年,第某某页。"引用期刊文章格式为"作者,《文章名》(若引用外文期刊文章,则将书名号换为双引号),某某译,载

《期刊名》,某某年,第某某期(外文期刊需具体页码)。"外文文献采取 MLA(Modern Language Association)引用格式。请勿使用文末提供"参考文献"的格式。如果有图像、图表等,请另外提供其 PDF 文档。

3. 在作者名字之后请用脚注标出姓名、工作单位,以及文章的资助信息等等,也可以做简要的自我介绍。字号使用小四号,段落行距为 1.5 倍行距。引文四行及以上应单独分段并居中,上下各空一行。注释请提供所参考的材料的具体页码。标注网站链接的,请注明最后的登录日期。文中需要着重的地方请用下圆点或者下划线,请勿使用宽体字或斜体字,着重不宜过多;此外请注明着重来自原引文还是来自本文作者。文章分节标题用中文数词标出并居中。一级分节使用一、二、三,二级分节使用(一)(二)(三)。

4. 关键词的格式为:中文部分用两个空格隔开,英文部分用分号隔开,除了专有名词之外都用小写。例如:

关键词:梅洛-庞蒂 萨特 自由 沉积处境一般性的自由

Keywords:Merleau-Ponty;Sartre;freedom;sedimentation;situation;general freedom

责任编辑:洪　琼

图书在版编目(CIP)数据

哲学家·2021(1)/中国人民大学哲学院编;臧峰宇主编. —北京:人民出版社,2021.12
ISBN 978 - 7 - 01 - 025246 - 9

Ⅰ.①哲…　Ⅱ.①中…②臧…　Ⅲ.①哲学-文集　Ⅳ.①B-53

中国版本图书馆 CIP 数据核字(2022)第 205453 号

哲学家·2021(1)
ZHEXUEJIA 2021(1)

中国人民大学哲学院　编　臧峰宇　主编

人民出版社 出版发行
(100706　北京市东城区隆福寺街 99 号)

北京中科印刷有限公司印刷　新华书店经销

2021 年 12 月第 1 版　2021 年 12 月北京第 1 次印刷
开本:787 毫米×1092 毫米 1/16　印张:17
字数:400 千字

ISBN 978 - 7 - 01 - 025246 - 9　定价:89.00 元

邮购地址 100706　北京市东城区隆福寺街 99 号
人民东方图书销售中心　电话 (010)65250042　65289539